현장에서
바로 써먹는

리액트

With 타입스크립트

현장에서 바로 써먹는 리액트 with 타입스크립트

초판 1쇄 발행 2023년 6월 27일

지은이 김정헌
펴낸이 방세근
펴낸곳 도서출판 심통
출판등록 2003년 3월 24일
주소 경기도 의정부시 전좌로 204, 203호
전화 번호 070-7397-0492
팩스 번호 031-624-4830
이메일 basaebasae@naver.com
인쇄/제본 미래 피앤피
표지 디자인 디박스
내지 디자인 이기숙

가격 37,000원
ISBN 979-11-979730-7-9

현장에서
바로 써먹는

김정헌 지음

리액트

With
타입스크립트

: 리액트와 스토리북으로 배우는 컴포넌트 주도 개발

NO
TIME
YES

Wi Fi

심통

서문

이 책은 웹 개발을 하는 개발자, 리액트^{React}로 싱글 페이지 애플리케이션을 개발하고 있는 개발자 그리고 컴포넌트 주도 개발^{Component Driven Development, CDD}을 하고자 하는 개발자를 대상으로 하고 있다.

이 책은 리액트와 스토리북을 사용하여 컴포넌트 주도 개발을 이해할 수 있도록, 리액트의 기초부터 스토리북의 설정, 스토리북을 통해 컴포넌트 주도 개발을 다루는 방법을 예제를 통해 설명하고 있다. 이 책을 통해, 컴포넌트 주도 개발을 하지 않고 있는 실제 프로젝트에 스토리북을 적용하여 컴포넌트 주도 개발을 활용할 수 있도록 안내하고 있다.

사전 지식

이 책은 리액트에 관한 책으로, 리액트에 사용되는 프로그래밍 언어인 자바스크립트^{JavaScript}에 관해서는 다루고 있지 않다. 따라서 이 책을 공부하기 위해서는 자바스크립트에 대한 이해가 필요하다. 또한 웹 페이지 제작에 필요한 지식인 HTML과 CSS에 대한 지식도 필요하다.

이 책을 공부하기 전에 자바스크립트의 ES6 문법과 최신 자바스크립트, HTML과 CSS에 관해 먼저 공부하기를 권장한다. 특히, 리액트에서 자주 사용되는 ES6의 화살표 함수, const, let 등은 먼저 공부를 하지 않으면 책에 내용을 이해하기 어려울 수 있다. 자바스크립트, HTML과 CSS에 대해 정확히 모르고 있다면, 인터넷에서 자료를 찾아 공부한 후, 이 책을 공부하길 권장한다.

또한, 이 책은 타입스크립트^{TypeScript}를 기본적으로 사용하고 있다. 예제 소스에서 타입스크립트를 깊게 사용하고 있지 않기 때문에, 이 책을 공부하기 전에 타입스크립트를 공부할 필요는 없다. 이 책을 통해 리액트와 함께, 타입스크립트를 함께 공부할 수 있으며, 타입스크립트에 입문하기에 적합한 내용을 다루고 있으므로 이 책을 이해하기 위해 타입스크립트를 별도로 공부할 필요는 없다. 실무에서는 좀 더 다양한 방법으로 타입스크립트를 다루고 있으므로, 이 책에 내용만으론 부족할 수 있다. 따라서 이 책으로 리액트와 스토리북을 통한 컴포넌트 주도 개발을 공부한 후, 실무에서 타입스크립트를 사용하면서 깊이 있게 공부하기를 추천한다.

책의 구성

이 책은 총 12장으로 구성되어 있으며, 리액트를 사용하여 웹 애플리케이션을 개발하는 방법부터 스토리북을 사용하는 방법, 그리고 스토리북을 활용하여 컴포넌트 주도 개발을 하는 방법에 대해서 다루고 있다.

1장, 리액트란?

간단하게 웹의 역사를 살펴보고, 리액트가 왜 탄생하게 되었는지, 리액트의 특징은 무엇인지에 대해서 알아볼 예정이다.

2장, 리액트 개발 환경

리액트로 프로젝트를 개발하기 위해 윈도우와 맥에 리액트의 개발 환경을 설정하는 방법에 대해서 설명하고 있다.

3장, 나의 첫 리액트 프로젝트

create-react-app을 사용하여 리액트 프로젝트를 생성하며, 리액트에서 스타일을 적용하는 방법, 실무에서 자주 사용되는 타입스크립트, 절대 경로로 컴포넌트 추가하는 방법 그리고 Prettier와 ESLint를 설치하고 적용하는 방법에 대해서 설명하고 있다.

4장, 카운트 앱 – Props와 State

리액트의 주요 개념인 Props와 State를 설명하고 카운터 앱을 제작해 봄으로써 Props와 State를 사용하는 방법에 대해서 설명한다.

5장, 클래스 컴포넌트

리액트의 클래스 컴포넌트에 대해서 살펴볼 예정이다. 리액트는 함수 컴포넌트를 메인 컴포넌트로 사용하고 있지만, 리액트는 함수 컴포넌트 이외에도 클래스 컴포넌트를 제공하고 있다. 리액트의 클래스 컴포넌트를 이해하지 못하면, 클래스 컴포넌트를 사용하는 코드는 이해할 수 없다. 또한, 클래스 컴포넌트를 통해 리액트 컴포넌트의 라이프사이클을 설명할 예정이다.

6장, 할 일 목록 앱 −Context API

리액트의 Props와 State 이외에 데이터를 다루는 주요 개념인 Context API에 대해서 설명할 예정이다. 또한, 할 일 목록 앱을 Props와 State만을 사용하여 개발해보고, 이를 Context API를 사용하여 리팩토링하여 어떤 차이점이 있는지 확인해 볼 예정이다.

7장, react−router

리액트는 기본적으로 페이지 전환 기능을 제공하고 있지 않다. 따라서 리액트에서 페이지 전환을 위해 react-router 라이브러리를 설치하고 사용하는 방법에 대해서 설명한다. 또한, 6장에서 만든 할 일 목록 앱에 react-router를 적용하여, 페이지 전환을 하는 방법에 대해서 자세히 설명할 예정이다.

8장, Fetch API

리액트는 웹 프론트엔드(Frontend)를 개발할 때 사용한다. 따라서 API를 사용하여 백엔드(Backend)에 정보를 저장하거나 가져와야 한다. 8장에서는 리액트에서 서버의 API를 호출하기 위한 Fetch API를 사용하는 방법에 대해서 살펴볼 예정이다. 또한 블로그 글을 표시하고 작성할 수 있는 블로그 앱을 개발하여 리액트와 Fetch API를 사용하는 방법에 대해서 자세히 설명할 예정이다.

9장, 컴포넌트 주도 개발

본격적으로 컴포넌트 주도 개발에 대해서 설명할 예정이다. 9장에서는 컴포넌트 주도 개발에 필요한 지식인 아토믹 디자인을 설명하고, 리액트에서 컴포넌트 주도 개발을 할 수 있도록 도와주는 툴인 스토리북을 설명하고, 활용하는 방법에 대해서 설명할 예정이다.

10장, 컴포넌트 주도 개발 − 카운터 앱

4장에서 만든 카운터 앱을 아토믹 디자인과 스토리북을 활용하여 컴포넌트 주도 개발로 개발하는 방법에 대해서 설명할 예정이다. 이를 통해, 컴포넌트 주도 개발을 사용하지 않고 개발할 때와 컴포넌트 주도 개발을 사용하여 개발할 때의 차이점에 대해서 알아볼 예정이다.

11장, CDD – 할 일 목록 앱

7장에서 react-router를 활용하여 개발한 할 일 목록 앱을 컴포넌트 주도 개발로 다시 개발해 봄으로써, react-router가 적용된 앱에서는 어떻게 컴포넌트 주도 개발을 활용하는지에 대해서 알아볼 예정이다.

12장, CDD – 블로그 앱

8장에서 Fetch API를 사용하여 개발한 블로그 앱을 컴포넌트 주도 개발을 사용하여 다시 개발해 볼 예정이다. 이를 통해 Fetch API를 사용하는 앱에서는 어떻게 컴포넌트 주도 개발이 활용되는지에 대해서 이해해 볼 예정이다.

마지막으로, 부록에서는 Lefthook을 사용하여 실무에서 ESLint와 Prettier를 자동으로 실행하는 방법에 대해서 알아볼 예정이며, create-react-app로 개발된 앱을 배포하는 방법에 대해서 알아볼 예정이다.

감사의 글

이 책의 집필과 출판을 할 수 있도록 기회를 주신 방세근 실장님과 심통 출판사, 그리고 책을 제작할 수 있도록 도와주신 모든 분들께 감사의 인사를 드리고 싶습니다. 또한 책을 집필하는 동안 응원해 준 와이프와 아들에게 감사에 인사를 남깁니다.

- マホちゃん´ハルくん´ 援してくれてありがとうございます！愛してますﾟ-

- 저자 블로그: https://dev-yakuza.posstree.com/ko/
- 저자 GitHub: https://github.com/dev-yakuza

이 책에서 사용한 예제 소스 다운로드

- https://github.com/dev-yakuza/react_with_typescript_book_examples

목차

서문 8

1장   리액트란?   21

1.1   웹의 역사 21

1) 웹 1.0 – 웹 페이지 시대 22

2) 웹 2.0 – 웹 애플리케이션 시대 25

1.2   리액트의 특징 27

1) JSX 27

2) 단방향 데이터 바인딩 28

3) 가상 돔 29

4) 선언형 프로그래밍 32

5) 컴포넌트 기반 34

1.3   요약 35

2장   리액트 개발 환경   38

2.1   윈도우 개발 환경 설정 38

1) 초콜리티 설치 38

2) 노드 설치 40

2.2   맥 개발 환경 설정 41

1) 홈브루 설치 41

2) 노드 설치 43

2.3   리액트를 시작하는 방법 44

1) 스크립트 태그 추가 44

2) Webpack이나 Babel을 설정하여 개발 45

3) create-react-app 45

4) Next.js 프레임워크 45

2.4 **create-react-app** 46

1) create-react-app 설치 46

2) create-react-app으로 프로젝트 생성 및 실행 47

3) create-react-app 프로젝트의 폴더 구조 48

2.5 **요약** 51

3장 나의 첫 리액트 프로젝트 52

3.1 **타입스크립트** 52

1) create-react-app과 타입스크립트 54

2) create-react-app의 타입스크립트 템플릿 사용하기 57

3.2 **스타일링** 58

1) CSS와 Link 태그 59

2) CSS와 import 60

3) CSS-in-JS (Emotion) 61

3.3 **절대 경로로 컴포넌트 추가** 71

3.4 **Prettier** 73

1) Prettier 설치 74

2) Prettier 설정 74

3) Prettier 실행 75

3.5 **ESLint** 77

1) ESLint 설치 77

2) ESLint 설정 77

3) ESLint 실행 81

3.6 **요약** 83

4장 카운터 앱 – Props와 State   84

4.1 Props와 State 84

4.2 프로젝트 준비 85

4.3 개발 89

    1) 〈Container /〉 컴포넌트 90

    2) 〈Title /〉 컴포넌트 91

    3) 〈Label /〉 컴포넌트 92

    4) 〈Button /〉 컴포넌트 93

    5) State 94

    6) Props 98

4.4 요약 108

5장 클래스 컴포넌트   109

5.1 클래스 컴포넌트 109

5.2 프로젝트 준비 110

5.3 개발 115

    1) 〈Button /〉 컴포넌트 115

    2) 〈Label /〉 컴포넌트 119

    3) 〈App /〉 컴포넌트 120

5.4 라이프사이클 함수 124

    1) constructor 함수 126

    2) render 함수 126

    3) getDerivedStateFromProps 함수 127

    4) componentDidMount 함수 127

    5) shouldComponentUpdate 함수 128

    6) getSnapshotBeforeUpdate 함수 128

    7) componentDidUpdate 함수 129

    8) componentWillUnmount 함수 129

    9) componentDidCatch 함수 ·· 130

    10) 호출 순서 ·· 131

  5.5 **요약** ··· 132

6장 할 일 목록 앱 – Context API   133

  6.1 **Context API** ·· 133

  6.2 **프로젝트 준비** ·· 137

  6.3 **State와 Props로 할 일 목록 앱 개발** ··· 141

    1) 〈Title /〉 컴포넌트 ·· 143

    2) 〈Button /〉 컴포넌트 ··· 148

    3) 〈ToDoItem /〉 컴포넌트 ··· 153

    4) 〈ToDoList /〉 컴포넌트 ··· 157

    5) useState로 할 일 목록 데이터 관리하기 ·· 162

    6) 〈DataView /〉 컴포넌트 ··· 164

    7) 〈TextInput /〉 컴포넌트 ··· 168

    8) 추가 버튼 컴포넌트 ·· 173

    9) 〈ToDoInput /〉 컴포넌트 ··· 180

    10) 〈ShowInputButton /〉 컴포넌트 ··· 186

    11) 〈InputContainer /〉 컴포넌트 ·· 194

  6.4 **Context API로 할 일 목록 앱 개발** ·· 198

    1) 〈ToDoList /〉 생성 ·· 199

    2) 〈App /〉 컴포넌트에 Provider 제공 ··· 205

    3) 〈ToDoList /〉 컴포넌트: Consumer를 사용하여 Context 데이터 사용하기 ··· 210

    4) 〈ToDoInput /〉 컴포넌트: Consumer를 사용하여 Context 데이터 사용하기 ··· 213

  6.5 **요약** ··· 217

7장 react-router   218

  7.1 **react-router** ··· 218

7.2 프로젝트 준비 ·· 219

7.3 개발 ··· 224

    1) react-router ·· 224

    2) 〈DataView /〉 페이지 컴포넌트 ································ 228

    3) 〈ToDoInput /〉 페이지 컴포넌트 ······························ 231

    4) 〈Header /〉 컴포넌트 추가 ······································ 237

7.4 요약 ··· 243

8장 Fetch API   244

8.1 Fetch API ··· 244

8.2 프로젝트 준비 ·· 245

8.3 개발 ··· 249

    1) 〈Header /〉 컴포넌트 ·· 251

    2) 〈BlogPost /〉 컴포넌트 ·· 255

    3) 블로그 글 목록 State ·· 260

    4) useEffect 훅 ··· 265

    5) Fetch API로 데이터 가져오기 ·································· 267

    6) 〈Button /〉 컴포넌트 ·· 269

    7) 〈Form /〉 컴포넌트 ·· 271

    8) 〈Form /〉 표시 State ·· 277

    9) 블로그 글 State 데이터 ··· 279

    10) Fetch API로 블로그 글 등록하기 ························ 281

8.4 요약 ··· 285

9장 컴포넌트 주도 개발   286

9.1 컴포넌트 주도 개발 ·· 286

9.2 아토믹 디자인 ·· 287

9.3 스토리북 ··· 288

9.4 **프로젝트 준비** 289

9.5 **스토리북 설치** 294

9.6 **스토리북 설정** 294

9.7 **스토리북 확인** 295

   1) .storybook 폴더 295

   2) .eslintrc.js 파일 297

   3) .npmrc 파일 297

   4) package.json 파일 298

   5) ./src/stories 폴더 301

   6) ./src/stories/Button.tsx 파일 301

   7) ./src/stories/Button.stories.tsx 파일 302

   8) ./src/stories/Introduction.stories.mdx 파일 307

9.8 **스토리북 실행** 308

   1) 메뉴 310

   2) 컨트롤 패널 311

   3) 액션 탭 314

   4) 상단 메뉴 바 – 배경색 315

   5) 상단 메뉴 바 – 화면 크기 316

9.9 **요약** 318

10장 컴포넌트 주도 개발 – 카운터 앱   319

10.1 **카운터 앱** 319

10.2 **프로젝트 준비** 322

10.3 **개발** 328

   1) 〈Title /〉 원자 컴포넌트 328

   2) 〈Button /〉 원자 컴포넌트 335

   3) 〈Count /〉 원자 컴포넌트 341

   4) 〈Counter /〉 유기체 컴포넌트 346

   5) 〈CounterApp /〉 템플릿 컴포넌트 351

6) 〈Home /〉 페이지 컴포넌트 356

7) 카운터 앱 358

10.4 요약 360

11장 CDD – 할 일 목록 앱   362

11.1 할 일 목록 앱 362

11.2 프로젝트 준비 368

11.3 개발 374

1) 〈AppTitle /〉 원자 컴포넌트 375

2) 〈PageTitle /〉 원자 컴포넌트 381

3) 〈Label /〉 원자 컴포넌트 386

4) 〈Button /〉 원자 컴포넌트 391

5) 〈Input /〉 원자 컴포넌트 399

6) 〈Header /〉 유기체 컴포넌트 405

7) 〈ToDoItem /〉 유기체 컴포넌트 412

8) 〈InputToDo /〉 유기체 컴포넌트 419

9) 〈ToDoList /〉 템플릿 컴포넌트 426

10) 〈ToDoInput /〉 템플릿 컴포넌트 435

11) 〈ToDoListPage /〉 페이지 컴포넌트 441

12) ToDoList 컨텍스트 444

13) 〈ToDoInputPage /〉 페이지 컴포넌트 452

14) 〈NotFound /〉 페이지 컴포넌트 454

15) 할 일 목록 앱 458

11.4 요약 465

12장 CDD – 블로그 앱   466

12.1 블로그 앱 466

12.2 프로젝트 준비 471

12.3 개발 478

1) 〈AppTitle /〉 원자 컴포넌트 479

2) 〈BlogTitle /〉 원자 컴포넌트 482

3) 〈BlogBody /〉 원자 컴포넌트 486

4) 〈Button /〉 원자 컴포넌트 491

5) 〈DialogTitle /〉 원자 컴포넌트 499

6) 〈Label /〉 원자 컴포넌트 504

7) 〈InputText /〉 원자 컴포넌트 508

8) 〈Input /〉 분자 컴포넌트 513

9) 〈Header /〉 유기체 컴포넌트 520

10) 〈BlogItem /〉 유기체 컴포넌트 524

11) 〈RegisterBlogDialog /〉 유기체 컴포넌트 530

12) 〈BlogList /〉 템플릿 컴포넌트 540

13) 〈BlogListPage /〉 페이지 컴포넌트 551

14) 블로그 앱 556

12.4 요약 559

부록 560

1. Lefthook 560

1) 프로젝트 준비 561

2) Lefthook 설치 565

3) Lefthook 설정 565

4) Lefthook 실행 567

5) Lefthook 적용 568

2. 배포 569

리액트란?

1장에서는 웹(Web)의 역사와 리액트(React)의 탄생에 대해 살펴볼 예정이다. 또한 리액트와 그 특징을 알아보고 리액트를 사용하는 기업을 확인하여 리액트의 현재와 장래성에 대해 확인해 볼 예정이다.

1.1　웹의 역사

리액트는 웹 프론트엔드 라이브러리로, 웹에서 동작하는 프로그램 언어인 자바스크립트를 기반으로 동작한다. 따라서 리액트를 이해하기 위해서는 기본적으로 자바스크립트에 대한 이해가 필요하다. 여기서 가볍게 웹의 역사를 훑어보고 리액트가 어떻게 탄생하게 되었는지 이해해 보도록 한다.

웹의 역사를 살펴볼 때, 웹 브라우저에 큰 획을 그은 넷스케이프 커뮤니케이션즈 Netscape Communications라는 회사를 짚고 넘어가야 한다. 이 회사는 웹 브라우저를 개발한 회사로, 자바스크립트 언어를 개발하여 웹 브라우저를 동적으로 만들어 자바스크립트에 큰 영향을 미쳤기 때문이다.

1) 웹 1.0 - 웹 페이지 시대

1990년, 팀 버너스리^{Tim Berners-Lee}는 CERN 연구소에서 수많은 논문과 메모, 실험 결과들을 쉽게 찾아볼 수 있게 하기 위해 HTML^{Hyper Text Markup Language}을 개발하고, 이를 인터넷을 통해 누구나 쉽게 어디서나 열람할 수 있도록 HTTP를 개발하게 된다. 그리고 이렇게 개발한 것들을 쉽게 볼 수 있도록 월드와이드웹이라는 브라우저를 개발하여 공개한다. 이는 최초의 웹 브라우저로, 이를 통해 정적 웹 페이지를 인터넷을 통해 누구나 쉽게 어디서든 볼 수 있는 웹 브라우저 시대를 열게 된다. 팀 버너스리가 개발한 월드와이드웹 브라우저는 이후 월드 와이드 웹^{www}과의 용어 충돌을 피하기 위해 넥서스^{Nexus}로 이름을 바꾼다.

1993년, 일리노이 대학교 어배너-섐페인^{University of Illinois at Urbana-Champaign}의 NCSA^{National Center for Supercomputing Applications}는 최초의 대중적인 그래픽 웹 브라우저인 NICA 모자이크를 출시한다. 당시 이 프로젝트를 주도했던 마크 앤드리센^{Marc Andreessen}은 아르바이트 학생이라는 이유로 제대로 된 평가를 받지 못하고, 모자이크의 주력 개발 팀에도 뽑히지 못하게 된다.

이 일에 불만을 품은 마크 앤드리센은 일리노이 대학교를 떠나 실리콘 밸리로 가게 된다. 그는 실리콘 밸리에서 440만 달러의 자금을 투자받아 모자이크 커뮤니케이션^{Mosaic Communication}이라는 회사를 설립한다. 그리고 일리노이 대학교에서 모자이크 브라우저를 같이 개발했던 동료들을 모아 새로운 브라우저 개발에 착수한다. 하지만 회사 이름에 모자이크를 사용한 것과 모자이크 브라우저를 개발했던 사람들을 데리고 경쟁 제품 브라우저를 제작한다는 이유로 일리노이 대학교로부터 특허 침해 고소를 당하게 된다. 이 고소로 모자이크 커뮤니케이션은 넷스케이프 커뮤니케이션즈로 회사명을 변경하고 일리노이 대학교에 300만 달러의 합의금을 지불한다.

이렇게 회사명을 변경한 넷스케이프 커뮤니케이션즈는 1994년 10월, 그들의 첫 웹 브라우저인 넷스케이프 내비게이터^{Netscape Navigator}를 출시하게 된다. 이 브라우저는 회사 내부에서 모질라^{Mosaic and Godzilla}라는 코드명으로 시작됐으며, 브라우저 출시 이후 3개월 사이에 200만이 넘는 다운로드를 기록하며 대중적인 웹 브라우저 시대를 열게 된다.

1995년, 당시 HTML로 제작된 정적 페이지를 표시하던 브라우저에 동적인 기능에 대한 요구 사항들이 생겼으며, 이를 위해 지금은 서비스가 중단된 어도비 플래시와 같은 도구들이 제작되기 시작했다. 당시 시장 점유율이 약 90%에 달하던 넷스케이프 커뮤니케이션즈는 이런 요구 사항을 반영하기 위해 자신들의 브라우저에 새로운 프로그래밍 언어를 도입하기로 결정하고 새 프로그래밍 언어 개발에 착수하게 된다. 이때 탄생한 것이 자바스크립트JavaScript이다.

이 프로젝트를 담당한 브렌든 아이크Brendan Eich는 이 요구 사항을 반영하기 위해 모카Mocha라는 프로그래밍 언어를 10일 만에 만들었다. 모카는 1995년 3월, 넷스케이프 커뮤니케이션즈의 웹 브라우저인 넷스케이프 내비게이터 2Netscape Navigator 2에 처음 탑재된다. 그리고 그해 9월에 라이브스크립트LiveScript로 이름이 변경됐다가 최종적으로 12월에 자바스크립트JavaScript로 명명되면서 우리가 사용하고 있는 자바스크립트가 탄생하게 된다.

브렌든 아이크는 많은 언어로부터 영감을 받아 모카를 만들었다. 리스프Lisp 언어에서 영감을 받아 변수 스코프Scope와 클로저Closure 등의 규칙을 구현했으며, 스몰토크Smalltalk에서 파생된 언어인 셀프Self에서 영감을 받아 프로토타입 상속을 만들게 되었다. 또한 넷스케이프 커뮤니케이션즈는 당시 마이크로소프트와 경쟁하기 위해 선 마이크로시스템즈Sun Microsystems와 협업하고 있었는데, 자신들의 새로운 언어가 당시 인기 있던 선의 자바 문법과 유사하길 희망했기 때문에 이도 반영하게 된다.

자바스크립트라는 명칭의 유래에 대해서는 많은 이야기가 있지만, 넷스케이프 커뮤니케이션즈가 마케팅을 위해 자바스크립트라고 명명했다는 설이 가장 유력하다. 자바스크립트는 그 당시 새로운 언어였으며, 마이크로소프트와 경쟁하고 있던 넷스케이프 커뮤니케이션즈는 많은 개발자들이 이 새로운 언어를 쉽게 받아들이고 많은 기능들을 쉽게 제작하기를 바랐다. 많은 개발자들이 자바스크립트를 사용하면, 자신들이 개발한 브라우저의 시장 점유율을 계속 유지할 수 있기 때문이다. 그래서 넷스케이프 커뮤니케이션즈는 자바스크립트라는 언어가 당시 큰 인기를 얻고 있던 자바에서 파생됐다는 인상을 주어 많은 프로그래머들이 자바스크립트를 사용하도록 유도하기 위해 이름을 자바스크립트로 명명했다는 것이다. 또한 자바의 문법들을 일부 차용함으로써 자바 개발자들이 쉽게 자바스크립트를 배울 수 있도록 했다고 한다.

넷스케이프 커뮤니케이션즈의 넷스케이프 내비게이터 브라우저는 시장 점유율이

90%에 달했다. 따라서 많은 회사들이 자바스크립트를 사용하여 동적인 웹 페이지를 제작하기 시작했으며 이로 인해 많은 개발자들이 자바스크립트를 배우고 사용했다. 당시 경쟁 업체였던 마이크로소프트Microsoft에서도 동적인 웹 브라우저를 만들기 위해 자바스크립트와 호환이 가능한 J스크립트JScript라는 언어를 개발했다. J스크립트는 인터넷 익스플로러 3.0Internet Explorer 3.0에 처음으로 도입되면서 자바스크립트와 경쟁 구도를 가지게 된다.

마이크로소프트는 자신들의 OS인 윈도우에 인터넷 익스플로러를 번들로 포함시켜 판매하면서 웹 브라우저의 시장 점유율을 빠르게 늘려나가기 시작했다.

이렇게 J스크립트를 사용하는 인터넷 익스플로러와 자바스크립트를 사용하는 넷스케이프 내비게이터가 브라우저 시장을 서로 공유하기 시작하면서 특정 브라우저에서 동작하거나 동작하지 않는 크로스 브라우징Cross Browsing 문제가 발생하기 시작했다. 넷스케이프 커뮤니케이션즈는 자바스크립트에 새로운 스펙Spec을 추가하면서 자신들의 브라우저에 새로운 기능을 추가했고, 마이크로소프트도 J스크립트에 새로운 스펙을 추가하면서 새로운 기능들을 추가하기 시작했다. 처음에 자바스크립트와 호환이 되던 J스크립트는 독자적인 스펙들이 더해지면서 점점 자바스크립트와 호환이 되지 않게 되면서 크로스 브라우징 문제가 커지기 시작했다. 이렇게 호환이 되지 않는 두 브라우저가 브라우저 시장을 공유하면서 개발자들은 웹 페이지를 개발하는 데 큰 어려움을 겪기 시작했다.

1996년 11월, 넷스케이프 커뮤니케이션즈는 문제를 빠르게 인식하고, 이런 크로스 브라우징 문제를 일으키는 자바스크립트의 파편화를 방지하기 위한 표준화된 자바스크립트의 필요성을 느꼈다. 그래서 컴퓨터 시스템의 표준을 관리하는 비영리 표준화 기구인 ECMA 인터내셔널에 자바스크립트 표준화를 요청하게 된다.

요청을 받은 ECMA 인터내셔널은 1997년 7월, ECMA-262라 불리는 표준화된 자바스크립트 초판 명세서를 완성한다. 하지만 자바스크립트의 상표권 문제로 ECMAScript로 명명하게 된다. 이렇게 우리가 알고 있는 ECMAScript가 탄생하게 된 것이다.

오픈 소스의 힘과 표준화에 대한 인식이 큰 지금과 달리, 당시 비영리 표준화 기구의 표준화된 명세서는 큰 힘이 없었으며, 크로스 브라우징 문제는 여전히 해결되지 않았다. 또한 점점 동적인 동작이 많아지는 웹 페이지에서 자바스크립트와 J 스크립트를 사용한 브라우저의 돔DOM, Document Object Model 조작은 너무나 복잡하고 불편했다.

이런 불편함을 해결하기 위해 2006년, jQuery가 등장하게 된다. jQuery는 당시 가지고 있던 크로스 브라우징 문제와 더불어 자바스크립트보다 배우기 쉽고 직관적인 APIApplication Programming Interface를 제공함으로써 선풍적인 인기를 끌게 된다. jQuery는 지금까지도 브라우저의 돔을 다루는 방식에서 가장 쉽고 효율적인 방식으로 인정받고 있으며 웹 브라우저에서 사실상 표준으로 오랜 기간 사랑받았다.

CMSContents Management System 세계 점유율 1위인 워드프레스Wordpress도 jQuery를 적용했으며, 한동안 인기였던 Bootstrap에서도 jQuery를 기본으로 제공했다. 따라서 워드프레스 또는 Bootstrap으로 제작된 기존 사이트를 수정할 일이 생긴다면, 아주 높은 확률로 jQuery를 만나게 될 것이다.

2) 웹 2.0 – 웹 애플리케이션 시대

1999년, 인터넷 익스플로러 5에서 XMLHttpRequest API를 소개하게 된다. 이는 자바스크립트에서 HTTP를 통해 데이터를 요청하고 받을 수 있는 API였는데, 새로운 정보를 표시하기 위해 서버에 웹 페이지를 매번 요청하던 방식에 큰 변화를 가져오게 된다.

2001년, 더글라스 크락포드Douglas Crockford가 그동안 자바스크립트와 서버 간 데이터 통신에 많이 사용되던 XML을 대체하는 JSON 데이터 포맷을 만들어 소개하게 된다. 이로써 프론트엔드와 백엔드 사이의 데이터 전송에 JSON이 널리 사용된다.

구글은 2004년에는 Gmail, 2005년에는 구글 지도에 AjaxAsynchronous JavaScript And XML를 사용하면서 Ajax를 사용하는 웹 서비스들이 등장하기 시작했다.

2007년에는 아이폰, 2008년에는 안드로이드가 등장하면서 애플리케이션Application 이라는 개념이 대중적으로 사용되게 된다. 또한 단말기(PC, 스마트폰 등)의 성능이 크게 향상됐으며, 데이터를 데이터베이스DB에 저장하고 표시하는 웹 애플리케이션 서버가 스마트폰 애플리케이션에도 사용되면서 웹 서비스에서도 애플리케이션이라는 용어가 사용되기 시작한다. 이때 스마트폰 애플리케이션, 웹 애플리케이션이라는 이름으로 많은 서비스들이 출시되면서 웹 애플리케이션 시대가 열리게 된다.

2010년, 구글은 이런 웹 애플리케이션 트렌드에 대응하고자 AngularJS라는 웹 애플리케이션 프레임워크를 출시하게 된다. AngularJS는 웹 서비스에 싱글 페이지 애플리케이션SPA, Single Page Application이라는 새로운 시대를 열게 한다. AngularJS는 MVWModel-View-Whatever, 양방향 데이터 바인딩Two-way Data Binding 등 싱글 페이지 애플리케이션 이외에도 새로운 개념들을 많이 도입했다. 하지만 당시 AngularJS는 jQuery를 기반으로 하고 있었으며, 싱글 페이지 애플리케이션 이외에도 너무 많은 새로운 개념과 변화 때문에 많은 개발자들이 쉽게 접근하기 어려운 러닝 커브Learning Curve를 안겨주었다.

2011년, PHP를 주 언어로 개발하고 있던 페이스북의 개발자 조던 워크Jordan Walke가 PHP용 HTML 컴포넌트 프레임워크였던 XHP에 영감을 받아 리액트를 개발하게 된다. 리액트는 2011년에 페이스북의 뉴스피드에 처음 적용되고, 2012년에 인스타그램닷컴에 적용된다.

2013년 5월, 페이스북이 JSConf US에서 리액트를 오픈 소스로 발표하면서 리액트의 역사가 시작된다.

리액트는 싱글 페이지 애플리케이션 프레임워크였던 앵귤러Angular와 달리, 싱글 페이지 애플리케이션의 UI 자바스크립트 라이브러리로 출시된다. 이처럼 싱글 페이지 애플리케이션의 거의 모든 부분을 담당했던 앵귤러와 다르게 리액트는 UIUser Interface에 집중한 라이브러리로 출시된 것이다.

앵귤러는 거의 새로운 언어에 가깝다는 평을 받고 있었지만, 리액트는 자바스크립트에 HTML을 포함하는 JSXJavaScript XML라는 간단한 문법과 양방향 데이터 바인딩이 가지는 문제점을 보완하고자 단방향 데이터 바인딩One-way Data Binding을 채택했다. 그리고 웹 브라우저의 리플로Reflow와 리페인트Repaint를 최적화시키는 가상 돔Virtual DOM이라는 새로운 개념을 도입하여 싱글 페이지 애플리케이션의 극적인 성능 개선으로 큰 인기를 끌게 된다.

리액트는 싱글 페이지 애플리케이션의 UI를 만드는 자바스크립트 라이브러리이므로 싱글 페이지 애플리케이션 프레임워크였던 앵귤러보다 러닝 커브가 낮다. 하지만 프레임워크가 아닌 라이브러리이므로 부족한 부분들이 존재하고, 이런 부분들을 채우기 위해서는 다른 라이브러리들과 함께 사용해야 한다. 예를 들어 리액트는 페이지 전환에 관한 기능이 존재하지 않는다. 이 부분은 react-router 등과 같은 다른 라이브러리를 사용해야 한다. 이런 문제를 해결하기 위해 NextJS와 같은 리액트 프레임워크가 등장한다.

1.2 리액트의 특징

웹의 역사에서도 잠깐 언급됐지만, 리액트는 가상 돔과 같은 새로운 개념과 다른 프레임워크와는 다르게 단방향 데이터 바인딩을 사용하는 등 리액트만의 특징을 가지고 있다.

여기서는 이런 특징들을 자세히 살펴보면서 리액트를 좀 더 이해해 보고자 한다.

1) JSX

리액트에서는 JSX라는 독특한 문법을 가지고 있다. 이 문법 때문에 많은 자바스크립트 개발자들이 큰 혼란을 겪지만, PHP나 JSP와 같은 다른 프로그래밍 언어를 다뤄봤다면, 좀 더 쉽게 이해할 수 있다.

JSX는 자바스크립트와 HTML을 동시에 사용하며, 자바스크립트 함수가 HTML을 반환하거나 HTML에 자바스크립트의 변수들을 바로 사용할 수 있는 일종의 템플릿 언어Template Language이다.

```
const App = () => {
  const greeting = 'Hello world!';
  return <div>{greeting}</div>;
};
```

이 예제는 리액트의 JSX 문법을 사용하여 화면에 "Hello world!"를 출력하는 코드이다. 자바스크립트의 변수인 greeting을 HTML 태그인 div 안에 {greeting}을 사용하여 출력하고 있음을 확인할 수 있다. 자바스크립트라는 틀 안에서 보면 굉장히 이상한 코드이지만, 다른 템플릿 언어를 생각하면 좀 더 쉽게 다가올 것이다.

예를 들어 자바의 JSP를 살펴보면, 다음과 같이 HTML 태그 안에서 자바의 변수를 사용하여 데이터를 출력하는 것을 확인할 수 있다. 물론, 이는 브라우저가 아닌 서버에서 동작하지만, 문법만을 비교하면 굉장히 비슷한 것을 알 수 있다.

```
<div><%= greeting %></div>
```

우리는 이미 많은 언어에서 템플릿 언어를 사용하고 있다. 이처럼 JSX도 자바스크립트의 일종의 템플릿 언어라고 이해하면 좀 더 거부감 없이 받아들일 수 있다.

2) 단방향 데이터 바인딩

싱글 페이지 애플리케이션의 대표적인 프레임워크인 앵귤러와 뷰[Vue]는 기본적으로 양방향 데이터 바인딩을 사용한다.

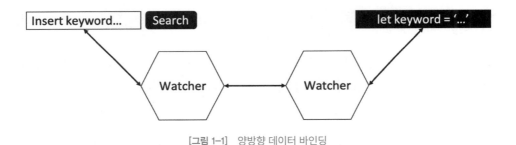

[그림 1-1] 양방향 데이터 바인딩

양방향 데이터 바인딩은 사용자 UI의 데이터 변경을 감시하는 왓처[Watcher]와 자바스크립트 안에서 데이터 변경을 감시하는 왓처를 통해 UI와 프로그램 안에 데이터를 자동으로 동기화해 주는 기능이다. 이를 통해 프로그래머는 자바스크립트 안의 데이터 변경과 사용자 UI에서 데이터 변경 및 동기화를 크게 신경 쓰지 않고 프로그램을 작성할 수 있다.

양방향 데이터 바인딩은 자동으로 데이터를 동기화해 주는 장점도 있지만, 단점도 존재한다. 예를 들어 데이터 하나에 동기화를 위한 왓처가 두 개 사용되기 때문에 간단한 기능임에도 불구하고 오버 스펙인 경우가 발생할 수 있고, 수많은 왓처들에 의해 성능 저하가 발생할 수도 있다. 하지만 앵귤러와 뷰는 이런 오버 스펙과 많은 왓처에 의한 성능 저하를 방지하기 위해 단방향 데이터 바인딩을 지원하고 있다. 또한 현재 데이터가 사용자에 의해 변경된 것인지, 프로그램에 의해 변경된 것인지 인지하기 어려운 단점도 있다.

그래서 리액트는 양방향 데이터 바인딩이 가지는 문제점과 복잡성을 피하고자 단방향 데이터 바인딩을 채택하고 있다.

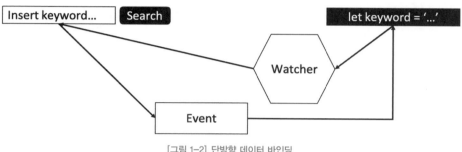

[그림 1-2] 단방향 데이터 바인딩

단방향 데이터 바인딩은 단 하나의 왓처가 자바스크립트의 데이터 갱신을 감지하여 사용자의 UI를 갱신한다. 사용자가 UI를 통해 데이터를 갱신할 때에는 양방향 데이터 바인딩과 다르게 왓처가 아닌 이벤트를 통해 명시적으로 데이터를 갱신한다. 이처럼 단방향 데이터 바인딩은 하나의 왓처를 사용하기 때문에 양방향 데이터 바인딩에서 발생하는 문제들을 해결할 수 있으며, 더 명확하게 데이터를 추적할 수 있다.

리액트는 이런 단방향 데이터 바인딩과 더불어 Flux라는 개념을 도입하여 데이터의 흐름이 한쪽 방향으로만 진행되는 것을 권장하고 있다.

3) 가상 돔

리액트는 가상 돔이라는 개념으로 싱글 페이지 애플리케이션의 퍼포먼스 향상에 새로운 접근 방식을 제안했고, 이를 통해 웹 애플리케이션의 성능을 극대화했다. 가상 돔이 어떻게 웹 퍼포먼스의 성능을 향상시켰는지 이해하기 위해서는 우선 브라우저에서 HTML, CSS가 렌더링Rendering되는 부분을 이해할 필요가 있다.

사용자가 브라우저를 통해 웹 페이지를 요청하면, 해당 페이지의 HTML을 전달받게 된다. 브라우저는 렌더 엔진을 통해 HTML을 파싱하여 돔 노드^{DOM Node}로 이뤄진 트리를 만든다. 또한 CSS 파일과 각 엘리먼트의 인라인 스타일을 파싱하여 스타일 정보를 가진 스타일 렌더 트리를 만들게 된다.

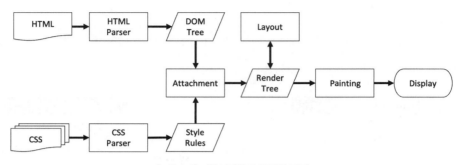

[그림 1-3] 웹 브라우저 렌더링 과정

이렇게 렌더 트리가 생성되면, 브라우저는 Attachment라는 과정을 통해 화면에 표시될 부분의 스타일 정보를 계산하게 된다. 렌더 트리의 모든 돔 노드들은 attach라는 메소드를 가지고 있는데, Attachment 과정에서 이 메소드가 호출되게 된다. 해당 메소드는 스타일 정보를 계산하고 결괏값을 객체 형태로 반환한다. 이 과정은 동기적^{Synchronous}으로 동작하며 만약 렌더 트리에 새로운 노드가 추가되면, 해당 노드의 attach 메소드가 실행되고 스타일 정보를 다시 계산하게 된다.

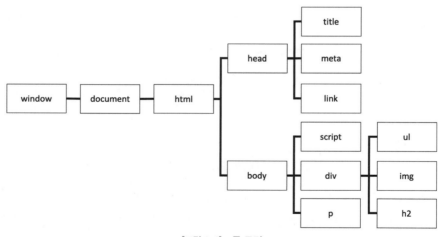

[그림 1-4] 돔 트리

Attachment 과정을 마친 렌더 트리는 레이아웃이라는 과정을 거치게 된다. 레이아웃 과정에서는 브라우저의 렌더 엔진이 렌더 트리의 각 노드들에 좌표를 부여하고 어디에 어떻게 표시되는지 결정하게 된다.

마지막으로 브라우저는 각 노드들에 paint 메소드를 호출하여 렌더링된 요소들에 색상을 입히는 페인팅^{Painting}이라는 과정을 거쳐 최종적으로 화면에 표시되게 한다.

이렇게 화면에 표시된 돔 트리를 자바스크립트를 사용하여 조작하게 되면, 레이아웃 과정을 통해 각각의 돔 노드는 좌표를 다시 계산하며 색상을 입히는 페인팅 과정 역시 다시 수행된다. 여기서 레이아웃 과정이 다시 수행되는 것을 리플로^{Reflow}라고 하고, 페인팅 과정이 다시 수행되는 것을 리페인트^{Repaint}라고 한다. 이 리플로와 리페인트는 돔 트리의 각각의 노드에 관해 많은 연산을 수행하므로 이 과정을 많이 수행하게 되면 웹 애플리케이션의 성능이 떨어지게 된다.

정적인 웹 사이트나 자바스크립트를 사용하여 돔을 변경하는 동작이 적은 웹 페이지인 경우에는 크게 문제가 되지 않지만, 싱글 페이지 애플리케이션처럼 사용자와의 상호작용이 많고 돔 변경이 동시 다발적으로 빈번히 발생하는 사이트인 경우에는 리플로와 리페인트가 많이 발생하면 애플리케이션의 성능 문제가 발생하게 된다.

리액트는 빈번하게 발생하는 리플로와 리페인트의 문제를 해결하기 위해 가상 돔이라는 개념을 도입했다. 가상 돔은 화면에 표시되는 돔 트리와 동일한 돔 트리를 메모리상에 만들고 돔 트리의 변경이 발생하면 메모리상에 생성한 가상 돔 트리에서 모든 연산을 한 후 실제 돔 트리를 갱신하는 방식으로 리플로와 리페인트의 연산을 최소화했다.

예를 들어 사용자가 로그인을 하게 되면, 로그인 사용자의 프로필 이미지와 이름을 화면에 표시하고 기존에 표시된 내용을 지우고 해당 사용자에게 맞는 추천 콘텐츠를 표시하고 접속한 친구 리스트를 표시하는 기능이 있는 웹 애플리케이션이 있다고 생각해 보자. 가상 돔이 없는 시스템에서는 사용자 프로필 이미지와 이름을 화면에 표시하기 위해 한 번, 기존에 표시된 내용을 지울 때 한 번, 사용자 맞춤 콘텐츠를 표시하기 위해 한 번, 접속한 친구 리스트를 표시하기 위해 한 번 등 총 4번의 리플로와 리페인트가 발생하게 된다. 하지만 리액트는 프로필 이미지와 이름 표시, 추천 콘텐츠 표시, 접속한 친구 리스트 표시를 모두 가상 돔에서 계산한 후 계산이 완료된 돔 트리를 실제 브라우저에 전달하므로 브라우저에서는 단 한 번의 리플로와 리페인트로 화면을 갱신하게 된다. 이렇게 리액트는 가상 돔을 통해 리플로와 리페인트를 최소화하여 브라우저의 성능을 최적화했다.

4) 선언형 프로그래밍

프로그래밍은 크게 명령형 프로그래밍과 선언형 프로그래밍으로 구별할 수 있다. 명령형 프로그래밍은 "어떻게How"에 집중하여 프로그래밍하는 방법을 말한다. 예를 들어 택시를 타고 "집"에 돌아가는 것을 명령형 프로그래밍으로 설명하면, "첫 번째 사거리에서 우회전하고 다음 사거리에서 좌회전한 후 계속 직진하다가 은행이 나오면, 그 앞이 우리 집입니다."와 같이 어떻게 집으로 돌아가는지에 대해 집중하여 설명하게 된다.

반면 선언형 프로그래밍은 명령형 프로그래밍과 다르게 "무엇What"에 집중하여 프로그래밍을 한다. 앞에서 설명한 택시를 타고 "집"에 돌아가는 것에 대한 예를 선언형 프로그래밍으로 설명하면, "집" 자체에 집중하기 때문에 "우리 집은 ○○○번지입니다."로 설명하게 된다.

좀 더 이해를 돕기 위해 소스 코드를 살펴보자.

```
// 명령형 프로그래밍
const double = (arr) => {
  let results = [];
  for (let i = 0; i < arr.length; i ++) {
    results.push(arra[i] * 2);
  }
  return results;
}

// 선언형 프로그래밍
const double = (arr) => {
  return arr.map((elem) => elem * 2);
}
```

이 예제는 함수의 인자로 전달받은 배열 안에 값을 두 배로 증가시키는 동작을 하는 자바스크립트 함수이다. 첫 번째 함수는 명령형 프로그래밍으로 작성된 함수이고,

두 번째 함수는 선언형 프로그래밍으로 작성된 함수이다.

명령형 프로그래밍으로 작성된 함수는 주어진 배열의 값을 두 배로 늘리기 위해 for 문을 사용했으며, i 변수와 배열의 크기^{length}를 사용하여 배열값을 하나씩 가져와 두 배로 만든 후 results라는 새로운 배열에 추가한 다음 결괏값으로 반환했다. 이렇게 명령형 프로그래밍은 과정을 중심으로 프로그래밍을 하게 된다.

반면 선언형 프로그래밍은 map 함수를 사용하여 주어진 배열값을 두 배로 만들어 반환했다. map이 어떻게 동작하는지는 크게 신경 쓰지 않고 결과인 배열값을 두 배로 만드는 데 집중하여 프로그래밍한 것이다.

이 예제에서 명령형 프로그래밍과 선언형 프로그래밍으로 얻은 결괏값은 동일하다. 하지만 명령형 프로그래밍은 그 값을 얻기 위해 "어떻게" 하는지에 집중하고 있고, 선언형 프로그래밍은 자바스크립트의 기본 제공 함수인 map을 사용하여 결괏값이 "무엇"인지에 집중하고 있다는 것을 알 수 있다. 이처럼 라이브러리나 프레임워크 등으로 비선언형 부분을 캡슐화함으로써 명령형 프로그래밍 언어로 선언형 프로그래밍을 할 수 있다.

리액트에서는 특히 JSX를 사용함으로써 더욱 명확하게 선언형 프로그래밍을 활용하고 있다. 다음의 예제를 확인해 보자.

```
<ul id="list"></ul>
<script>
var arr = [1, 2, 3, 4, 5]
var elem = document.querySelector("#list");

for(var i = 0; i < arr.length; i ++) {
  var child = document.createElement("li");
  child.innerHTML = arr[i];
  elem.appendChild(child);
}
</script>
```

이 예제는 자바스크립트를 사용하여 HTML에 새로운 리스트를 추가하는 코드이다. 예제를 자세히 살펴보면, 새로운 리스트를 표시할 ul 태그를 생성한 후 자바스크립트의 querySelector를 사용하여 추가할 위치를 가져온 다음 for문을 사용하여 하나씩 리스트에 아이템을 추가하고 있는 것을 확인할 수 있다. 이는 앞에서 살펴본 명령형 프로그래밍과 동일하다.

이 예제를 리액트의 JSX 문법을 사용하면, 다음과 같이 작성할 수 있다.

```
const arr = [1, 2, 3, 4, 5];
return (
  <ul>
    {arr.map((elem) => (
      <li>{elem}</li>
    ))}
  </ul>
);
```

리액트는 JSX라는 문법을 사용하기 때문에 이 예제와 같이 HTML 안에서 map 함수를 사용하여 리스트에 아이템을 표시할 수 있다. 이처럼 리액트는 JSX 문법을 활용하여 HTML을 조작할 때에도 선언형 프로그래밍을 할 수 있다.

이런 선언형 프로그래밍은 코드를 예측 가능하게 하고 디버깅을 쉽게 할 수 있도록 하므로 전체적인 코드의 질과 코드의 이해를 도와주는 효과를 얻을 수 있다.

5) 컴포넌트 기반

리액트로 웹 애플리케이션을 개발할 때에는 "컴포넌트"라고 불리는 작고 고립된 코드들을 이용하여 구현하게 된다.

```
const Title = () => {
  return <h1>Hello world</h1>;
};

const Button = () => {
  return <button>This is a Button</button>;
};

const App = () => {
  return (
    <div>
```

```
      <Title />
      <Button />
    </div>
  );
};
```

이 예제처럼 리액트에서는 〈Title /〉과 〈Button /〉 컴포넌트를 만든 후 〈App /〉 컴포넌트에서 이미 만들어진 컴포넌트를 조합하여 페이지를 제작한다. 물론, 〈Title /〉 컴포넌트와 〈Button /〉 컴포넌트는 다른 컴포넌트에서도 반복적으로 사용이 가능하다. 이처럼 리액트는 기본적으로 필요한 컴포넌트들을 만들고, 레고처럼 조합하여 페이지를 제작하는 컴포넌트 기반 프로그래밍을 하게 된다.

앞으로 예제를 다루면서 리액트로 필요한 컴포넌트를 제작하고, 제작한 컴포넌트를 조합하여 화면을 구성하는 컴포넌트 기반 프로그래밍을 경험하게 될 것이고, 더 나아가 컴포넌트 주도 개발 방법CDD, Component Driven Development에 대해 공부하게 될 것이다.

1.3 요약

1장에서는 웹 프론트엔드의 역사를 통해 리액트가 어떻게 탄생하게 됐는지에 대해 살펴보았다. 또한 리액트의 특징들을 살펴보면서 리액트란 무엇인지 이해하는 시간을 가졌다.

마지막으로 리액트를 사용하는 기업들을 살펴보면서 1장을 마무리하려고 한다. 리액트를 사용하는 기업을 살펴보려는 이유는 리액트가 오픈 소스이기 때문이다. 오픈 소스는 해당 오픈 소스에 기여하는 커뮤니티나 사용하는 기업들이 많을수록 해당 기술이 오래 살아남고 발전할 수 있기 때문이다.

리액트를 사용하고 있는 유명한 기업들로는 트위터, 넷플릭스, 드롭박스, Atlassian, 세일즈포스, 레딧, 깃헙, 페이팔, 우버 등이 있다. 물론, 리액트를 개발한 페이스북과 페이스북 자회사인 인스타그램 등도 포함된다.

또한 마이크로소프트에서도 리액트에 많은 기여를 하고 있다. 심지어 리액트를 기반으로 새로운 크로스 플랫폼 라이브러리를 만들어 제공하고 있다.

– ReactXP: https://microsoft.github.io/reactxp/

2022년 6월 21일 기준으로 리액트 깃헙에는 190k 스타와 39.2k 포크 그리고 1,561
명의 컨트리뷰터들이 활동하고 있다.

– 리액트 깃헙: https://github.com/facebook/react

페이스북은 리액트 네이티브^{React Native}도 오픈 소스로 공유하고 있다. 리액트를 할 줄
안다면, 리액트 네이티브를 사용하여 간단히 iOS와 안드로이드 애플리케이션을 제
작할 수 있다.

– 리액트 네이티브: https://reactnative.dev/

npm 다운로드 트렌드를 살펴보면, 많은 사람들이 리액트를 사용하는 것을 알 수
있다.

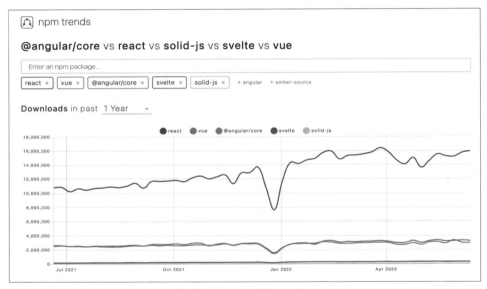

[그림 1–5] npm 다운로드 트렌드

– npm download trends: https://www.npmtrends.com/react–vs–vue–vs–@angular/core–vs–
svelte–vs–solid–js

구글 트렌드 역시 리액트가 웹 프론트엔드에서 가장 많이 검색되고 있는 것을 알 수
있다. 그만큼 많은 사람들이 관심을 가지고 있으며 사용되고 있는 것을 알 수 있다.

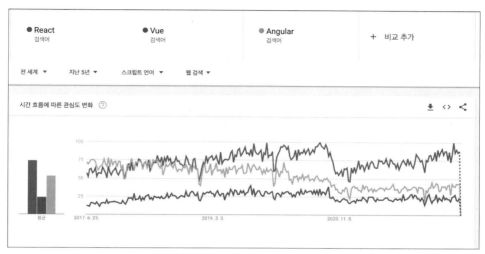

[그림 1-6] 구글 트렌드

— Google trends: https://trends.google.com/trends/explore?cat=733&date=today%20
5-y&q=React,Vue,Angular

리액트 개발 환경

2장에서는 리액트를 사용하여 웹 프론트엔드를 개발하기 위한 개발 환경 구성부터 구성된 개발 환경을 사용하여 리액트 프로젝트를 생성하는 방법을 알아본다.

2.1 윈도우 개발 환경 설정

윈도우^{Windows}에서 리액트를 사용하기 위해서는 노드 설치가 필요하다. 윈도우에서 리액트 개발 환경을 구성하는 방법에 대해 살펴보도록 하자.

1) 초콜리티 설치

초콜리티^{Chocolatey}는 윈도우에서 패키지를 설치하고 관리할 수 있는 윈도우용 패키지 관리자이다. 초콜리티를 통해 윈도우에 필요한 패키지를 간단하게 설치할 수 있다. 윈도우 패키지 매니저인 초콜리티를 설치하는 방법에 대해 알아보자.

아래의 링크를 통해 초콜리티 다운로드 설치 페이지로 이동한다.

– 초콜리티 설치 페이지: https://chocolatey.org/install#individual

초콜리티 설치 페이지로 이동하면, [그림 2-1]과 같이 초콜리티 설치 방법이 자세히 나와 있는 것을 확인할 수 있다. 이를 단계별로 진행하면 초콜리티를 설치할 수 있다.

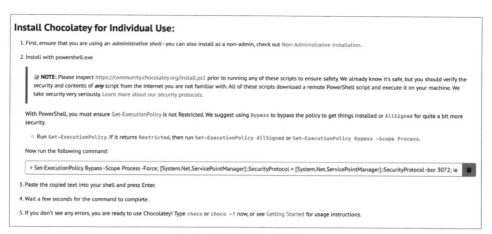

Install Chocolatey for Individual Use:

1. First, ensure that you are using an *administrative shell* - you can also install as a non-admin, check out Non-Administrative Installation.

2. Install with powershell.exe

   ▨ **NOTE:** Please inspect https://community.chocolatey.org/install.ps1 prior to running any of these scripts to ensure safety. We already know it's safe, but you should verify the security and contents of *any* script from the internet you are not familiar with. All of these scripts download a remote PowerShell script and execute it on your machine. We take security very seriously. Learn more about our security protocols.

   With PowerShell, you must ensure Get-ExecutionPolicy is not Restricted. We suggest using Bypass to bypass the policy to get things installed or AllSigned for quite a bit more security.

   ◦ Run Get-ExecutionPolicy. If it returns Restricted, then run Set-ExecutionPolicy AllSigned or Set-ExecutionPolicy Bypass -Scope Process.

   Now run the following command:

   > Set-ExecutionPolicy Bypass -Scope Process -Force; [System.Net.ServicePointManager]::SecurityProtocol = [System.Net.ServicePointManager]::SecurityProtocol -bor 3072; ie ▯

3. Paste the copied text into your shell and press Enter.

4. Wait a few seconds for the command to complete.

5. If you don't see any errors, you are ready to use Chocolatey! Type choco or choco -? now, or see Getting Started for usage instructions.

[그림 2-1] 초콜리티 설치 사이트

우선 초콜리티 설치 페이지 하단에 있는 Now run the following command 명령어를 오른쪽 복사 버튼을 눌러 클립보드에 복사해 둔다.

그런 다음 초콜리티 설치를 위해 명령 프롬프트(cmd) 또는 파워셸PowerShell을 관리자 권한으로 실행할 필요가 있다. 여기서는 명령 프롬프트를 사용하는 방법을 소개하도록 하겠다. [그림 2-2]와 같이 시작에서 명령 프롬프트를 검색한 후 검색 결과의 오른쪽에 있는 관리자 권한 실행 메뉴를 눌러 명령 프롬프트를 관리자 권한으로 실행시킨다.

[그림 2-2] 명령 프롬프트를 관리자 권한으로 실행

이제 초콜리티 사이트에서 복사한 명령어를 명령 프롬프트에서 실행하여 초콜리티를 설치한다.

```
Set-ExecutionPolicy Bypass -Scope Process -Force;
[System.Net.ServicePointManager]::SecurityProtocol = [System.Net.Servi
cePointManager]::SecurityProtocol -bor 3072; iex ((New-Object System.
Net.WebClient).DownloadString('https://community.chocolatey.org/
install.ps1'))
```

설치가 완료되면, 다음 명령어를 실행시켜 초콜리티가 잘 설치됐는지 확인한다.

```
choco —version
```

문제 없이 잘 설치됐다면, 다음과 같이 초콜리티의 버전을 확인할 수 있다.

```
1.1.0
```

2) 노드 설치

리액트는 자바스크립트 라이브러리로, 프로젝트를 생성하고 개발에 필요한 외부 라이브러리를 사용할 때에 노드 패키지Node Package를 이용하게 된다. 따라서 리액트를 개발하기 위해서는 노드의 설치가 필요하다. 윈도우용 패키지 관리자인 초콜리티를 통해 노드를 설치해 보자.

윈도우의 명령 프롬프트를 관리자 권한으로 실행시키고 다음 명령어를 실행시켜 노드를 설치한다.

```
choco install -y nodejs.install
```

설치가 완료되면, 명령 프롬프트를 종료시킨 후 다시 실행시킨다. 명령 프롬프트가 다시 실행되면, 다음 명령어를 명령 프롬프트에서 실행하여 노드가 잘 설치됐는지 확인한다.

```
node --version
```

문제 없이 잘 설치됐다면, 다음과 같이 노드의 버전을 확인할 수 있다.

```
v16.13.2
```

노드를 설치하면, 노드 패키지 매니저^{npm, Node Package Manager}도 같이 설치된다. 노드 패키지 매니저가 잘 설치됐는지 확인하기 위해 다음 명령어를 실행시킨다.

```
npm --version
```

노드 패키지 매니저가 잘 설치됐다면, 다음과 같이 노드 패키지 매니저의 버전을 확인할 수 있다.

```
8.1.2
```

2.2 맥 개발 환경 설정

맥에서 리액트를 사용하기 위해서는 노드^{Node} 설치가 필요하다. 리액트의 맥 개발 환경 설정을 각 단계별로 진행하여 확인해 보자.

1) 홈브루 설치

홈브루^{Homebrew}는 맥에서 패키지를 설치하고 관리할 수 있는 맥용 패키지 관리자이다. 홈브루를 통해 맥에 필요한 패키지를 간단하게 설치할 수 있다. 우선 자신의 맥에 홈브루가 설치되어 있는지 터미널을 열고 다음 명령어를 입력하여 확인한다.

```
brew --version
```

명령어를 실행하여 다음과 같은 결과를 얻었다면, 홈브루가 설치된 것이므로 다음 단계로 넘어간다.

```
Homebrew 3.4.6
Homebrew/homebrew-core (git revision c199393579c; last commit 2022-04-12)
```

```
Homebrew/homebrew-cask (git revision 0b7e9ffca0; last commit 2022-04-12)
```

만약 홈브루에 버전이 표시되지 않는다면, 홈브루를 설치할 필요가 있다. 다음 링크를 사용하여 홈브루 사이트로 이동한다.

– 홈브루 사이트: https://brew.sh/

홈브루 사이트로 이동하면, [그림 2-3]과 같이 "Install Homebrew" 항목 밑에서 홈브루 설치 명령어를 확인할 수 있다.

[그림 2-3]   홈브루 설치

맥에서 터미널을 실행하고 해당 명령어를 복사한 후 실행하여 홈브루를 설치한다.

```
/bin/bash -c "$(curl -fsSL https://raw.githubusercontent.com/Homebrew/
install/HEAD/install.sh)"
```

설치가 완료되면, 홈브루가 제대로 설치됐는지 다음 명령어를 실행하여 확인한다.

```
brew --version
```

문제 없이 홈브루가 잘 설치됐다면, 다음과 같이 홈브루의 버전을 확인할 수 있다.

```
Homebrew 3.4.6
Homebrew/homebrew-core (git revision c199393579c; last commit 2022-04-12)
```

```
Homebrew/homebrew-cask (git revision 0b7e9ffca0; last commit 2022-04-12)
```

2) 노드 설치

리액트는 프로젝트를 생성하고 개발에 필요한 외부 라이브러리를 사용할 때에 노드 패키지Node Package를 이용하게 되므로 리액트를 개발하기 위해서는 노드의 설치가 필요하다. 맥용 패키지 관리자인 홈브루를 통해 노드를 설치해 보자.

터미널을 열고 다음 명령어를 실행하여 노드를 설치한다.

```
brew install node
```

설치가 완료되면, 다음 명령어로 노드가 제대로 설치됐는지 확인한다.

```
node -v
```

노드가 제대로 설치됐다면, 다음과 같이 노드의 버전을 확인할 수 있다.

```
v16.13.2
```

또한 노드를 설치하면, 노드의 패키지를 관리하는 노드 패키지 매니저npm, Node Package Manager도 같이 설치된다. 노드 패키지 매니저도 잘 설치됐는지 확인하기 위해 터미널에서 다음 명령어를 실행한다.

```
npm -v
```

노드 패키지 매니저가 잘 설치됐다면, 다음과 같이 버전을 확인할 수 있다.

```
8.1.2
```

참고로 이 책에서는 맥의 터미널이라는 용어 대신 윈도우의 명령 프롬프트라는 용어를 사용하여 진행할 예정이므로 명령 프롬프트라는 용어가 나오면 터미널이라고 이해하도록 하자.

2.3 리액트를 시작하는 방법

리액트를 사용하여 프로젝트를 시작하는 방법은 다양하다. 이 책에서는 create-react-app을 사용하여 진행할 예정이지만, 다른 방법에는 어떤 것들이 있는지, 어떤 차이가 있는지 살펴보도록 하자.

- 스크립트 태그 추가
- Webpack이나 Babel을 설정하여 개발
- create-react-app
- Next.js 프레임워크

그러면 각각의 방법을 하나씩 자세히 살펴보고, 어떤 차이점이 있는지 알아보도록 하자.

1) 스크립트 태그 추가

리액트는 자바스크립트 라이브러리이므로 jQuery와 같은 보통의 자바스크립트의 사용 방법과 동일하게 스크립트 태그를 추가하여 사용할 수 있다.

```
<body>
  ...
  <div id="app"></div>
  ...
  <script src="https://unpkg.com/react@17/umd/react.development.js"
crossorigin></script>
  <script src="https://unpkg.com/react-dom@17/umd/react-dom.
development.js" crossorigin></script>

  <script src="/app.js"></script>
</body>
```

우선 리액트를 사용할 부분에 div 태그와 id를 추가한 후 리액트에서 제공하는 리액트 라이브러리의 스크립트를 〈script /〉 태그를 사용하여 추가한다. 그리고 자신이 개발한 리액트 코드를 〈script /〉 태그를 통해 추가함으로써 리액트를 사용할 수 있다.

– [공식 문서] 웹 사이트에 React 추가: https://ko.reactjs.org/docs/add-react-to-a-website.html

스크립트 추가 방식은 쉽고 빠르게 기존의 웹 서비스에 리액트를 시작할 수 있는 방법이다. 하지만 Webpack, Babel 등을 사용하지 않으므로 모든 브라우저에서 동작하는 순수 자바스크립트로 리액트 코드를 작성해야 한다.

2) Webpack이나 Babel을 설정하여 개발

크로스 브라우징 문제와 최신 ECMAScript, TypeScript 등을 사용하여 리액트 프로젝트를 진행하기 위해서는 Webpack, Babel을 설정하여 개발해야 한다.

– Webpack으로 리액트 시작하기: https://dev-yakuza.posstree.com/ko/react/start/

하지만 이 방법은 Webpack이나 Babel을 잘 알아야 하고, 많은 설정을 해야 리액트 프로젝트를 시작할 수 있다. 그러므로 리액트만을 집중하여 개발하기가 어렵고 처음 리액트를 접하는 초보자들에게는 큰 어려움으로 다가올 수 있다.

3) create-react-app

Webpack이나 Babel을 설정하여 개발하는 방법에 대한 어려움을 인지한 페이스북에서 create-react-app이라는 CLI^{Command Line Interface} 툴을 만들어 배포했다.

– create-react-app: https://create-react-app.dev/

이 툴을 사용하면, 복잡한 Webpack이나 Babel을 설정하지 않아도 간단하게 리액트 프로젝트를 생성하고 개발할 수 있다.

4) Next.js 프레임워크

리액트는 웹 서비스의 UI를 담당하는 자바스크립트 라이브러리이다. 프레임워크가 아닌 라이브러리이므로 UI 이외에 페이지 전환과 같은 기능은 제공하지 않고 있다. 따라서 UI 이외의 기능들을 구현하기 위해서는 외부 라이브러리를 함께 사용해야 한다. 예를 들어 페이지 전환에는 react-router와 같은 외부 라이브러리를 함께 사용한다.

Next.js는 리액트로 웹 서비스를 만들 때에 주로 사용되는 기능들을 함께 묶어 제공하는 리액트 프레임워크이다.

- Next.js: https://nextjs.org/

Next.js를 사용하면, react-router와 같은 외부 라이브러리를 사용하지 않고도 페이지 전환 기능을 사용할 수 있다. 또한 서버 사이드 렌더링^{SSR, Server Side Rendering}과 같은 리치^{Rich} 기능도 제공하고 있다.

하지만 Next.js는 프레임워크이므로 리액트와 상관없이 해당 프레임워크만의 고유한 사용 방법들을 따로 공부해야 할 필요가 있다. 따라서 처음 리액트에 익숙하지 않은 개발자들이 Next.js로 리액트 개발을 시작하면, 어디까지가 리액트이고 어디까지가 프레임워크의 기능인지 구분하기가 어렵다.

2.4 create-react-app

이 책에서는 Webpack이나 Babel 등의 복잡한 설정을 피하고 리액트에만 집중할 수 있는 create-react-app을 사용하여 진행할 예정이다. 그러면 create-react-app으로 리액트를 개발하는 방법에 대해 알아보자.

1) create-react-app 설치

create-react-app으로 리액트 프로젝트를 생성하고 개발하기 위해서는 create-react-app을 설치할 필요가 있다. 다음 명령어를 실행하여 create-react-app을 설치한다.

```
npm install -g create-react-app
```

설치가 완료되면, 다음 명령어를 사용하여 문제 없이 설치됐는지 확인한다.

```
npx create-react-app --version
```

문제 없이 설치됐다면, 다음과 같이 create-react-app의 버전을 확인할 수 있다.

```
5.0.1
```

여기서 사용한 npx는 오타가 아니라 노드 패키지 매니저의 5.2 이상 버전부터 지원하는 패키지 실행 도구이다. npm은 패키지를 설치할 때에 사용하고, npx는 npm을 통해 설치한 패키지를 실행할 때에 사용한다. 앞으로도 npm과 npx를 혼용하여 사용하므로 잘 구별하여 사용하도록 하자.

2) create-react-app으로 프로젝트 생성 및 실행

이제 create-react-app을 사용하여 리액트 프로젝트를 생성하는 방법을 살펴보자. 다음 명령어를 실행하여 create-react-app으로 리액트 프로젝트를 생성한다.

```
npx create-react-app my-app
```

프로젝트 생성이 완료되면, 다음 명령어를 실행하여 리액트 프로젝트를 실행해 본다.

```
cd my-app
npm start
```

문제 없이 리액트 프로젝트가 실행됐다면, 웹 브라우저에 [그림 2-4]와 같은 화면이 자동으로 열리는 것을 확인할 수 있다.

[그림 2-4] 리액트 프로젝트

create-react-app으로 생성한 리액트 프로젝트는 이렇게 npm start를 사용하여 개발 서버를 실행하여 개발하게 된다.

3) create-react-app 프로젝트의 폴더 구조

그러면 이제 create-react-app으로 생성된 프로젝트를 자세히 살펴보자. create-react-app으로 생성된 my-app 폴더는 다음과 같이 2개의 폴더와 17개의 파일로 구성된 것을 확인할 수 있다.

```
.
├── README.md
├── package-lock.json
├── package.json
├── public
│   ├── favicon.ico
│   ├── index.html
│   ├── logo192.png
│   ├── logo512.png
│   ├── manifest.json
│   └── robots.txt
└── src
    ├── App.css
    ├── App.js
    ├── App.test.js
    ├── index.css
    ├── index.js
    ├── logo.svg
    ├── reportWebVitals.js
    └── setupTests.js

2 directories, 17 files
```

create-react-app에서는 크게 public 폴더와 src 폴더를 확인할 수 있다. public 폴더에는 리액트 프로젝트에 필요한 HTML 파일과 favicon 등 정적인^{Static} 파일들이 담겨 있다. src 폴더에는 우리가 실제로 리액트를 가지고 프로그래밍할 자바스크립트 파일들을 보관하고 있다.

리액트도 웹 서비스이므로 기본적으로 HTML 파일이 필요하다. ./public/index. html이 이 역할을 하고 있으며, 우리가 만든 리액트 앱이 이 HTML 파일 위에 표시되게 된다. HTML 파일을 열어서 확인해 보면, ⟨div id="root"⟩⟨/div⟩ 부분을 확인할 수 있다. 이 부분에 우리가 개발한 리액트 애플리케이션이 표시된다.

이제 src/index.js 파일을 열어보면, 다음과 같은 부분을 찾을 수 있다.

```
const root = ReactDOM.createRoot(document.getElementById('root'));
root.render(
  <React.StrictMode>
    <App />
  </React.StrictMode>
);
```

이 부분은 HTML의 div 태그에 리액트 애플리케이션을 삽입하는 코드이다. 앞에서 보았던 HTML의 요소^{Element}를 document.getElementById('root')를 사용하여 찾는 것을 확인할 수 있다. 그리고 리액트의 ReactDOM.createRoot를 통해 리액트 프로젝트를 생성한 후 render 함수를 통해 root 요소에 ⟨App /⟩를 표시하는 것을 알 수 있다. 웹 브라우저를 열고 인스펙터^{Inspect}를 사용하면, [그림 2-5]와 같이 HTML 파일에 리액트 애플리케이션이 표시된다.

```
···  ▼<div id="root"> == $0
      ▼<div class="App">
        ▶<header class="App-header">…</header>
        </div>
      </div>
```

[그림 2-5] HTML에 표시된 리액트

화면에 표시된 내용은 ./src/App.js 파일의 내용이고, ./src/index.js에서 ./src/App. js 파일을 불러와 표시하고 있음을 알 수 있다.

```
import App from './App';
...
ReactDOM.render(
  <React.StrictMode>
    <App />
  </React.StrictMode>,
```

```
    ...
  );
```

./src/reportWebVitals.js는 리액트의 성능을 측정하기 위해 제공되는 파일이고, ./src/setupTests.js는 리액트 프로젝트를 테스트하는 데 필요한 설정 파일이다.

package.json 파일은 리액트 애플리케이션 개발에 필요한 라이브러리들이나 프로젝트에서 사용하는 명령어 스크립트 등을 관리하는 파일이다. package.json 파일을 열면, 다음과 같은 내용을 확인할 수 있다.

```
"scripts": {
    "start": "react-scripts start",
    "build": "react-scripts build",
    "test": "react-scripts test",
    "eject": "react-scripts eject"
  },
```

앞에서 리액트 프로젝트를 실행하기 위해 사용한 npm start는 이곳에 정의된 start 스크립트를 실행한 것이다. 이 밖에도 리액트 프로젝트를 배포하기 위해 배포 파일을 생성하는 build 스크립트, 테스트를 위한 test 스크립트, create-react-app에서 관리하는 리액트 프로젝트를 일반 리액트 프로젝트로 변경하는 eject 스크립트를 사용할 수 있다.

start 스크립트는 npm start를 사용하여 실행할 수 있지만, 다른 스크립트들은 npm run을 통해 실행해야 한다. 예를 들어 build 스크립트를 실행하기 위해서는 npm run build, test 스크립트를 실행하기 위해서는 npm run test로 실행해야 한다.

> ✎ 참고
>
> create-react-app으로 생성한 리액트 프로젝트에서 npm start를 통해 개발 서버를 실행할 수 있다. 이 개발 서버는 개발하고 있는 파일이 수정되면, 자동으로 웹 페이지에 적용해 주는 Fast Refresh라는 기능을 기본적으로 제공한다. 그러므로 파일을 수정할 때마다 웹 페이지를 새로고침할 필요가 없다. 개발이 완료된 리액트 프로젝트는 npm run build를 통해 개발한 프로젝트를 하나의 자바스크립트 파일로 생성한 후 이를 배포하여 사용하게 된다. 배포에 관한 자세한 내용은 책 뒤편의 부록을 확인하길 바란다.

2.5 요약

이것으로 리액트로 웹 애플리케이션을 개발하기 위한 개발 환경 구성에 대해 알아보았다. 또한 리액트 프로젝트를 생성하기 위한 다양한 방법을 살펴보았으며, 그중에서 create-react-app을 사용하여 리액트 프로젝트를 생성하고 생성된 결과물에 대해서도 자세히 살펴보았다.

2장을 통해 리액트 프로젝트를 시작하는 방법에는 여러 가지가 있음을 알 수 있었다. 이 책에서는 리액트에만 집중하기 위해 create-react-app을 사용할 예정이지만, 이 책을 공부한 이후 Webpack이나 Babel을 사용하여 리액트 개발 환경을 직접 구축해 보거나 Next.js 프레임워크를 사용하여 프레임워크의 편리성도 공부해 보길 바란다.

앞으로 이 책에서 소개하는 모든 소스 코드는 깃헙 링크에서 확인할 수 있다. 소스 코드를 미리 확인하고 싶다면, 다음 소스 코드를 다운로드하여 확인하도록 하자.

– 소스 코드 깃헙: https://github.com/dev-yakuza/react_with_typescript_book_examples

나의 첫 리액트 프로젝트

지금까지 리액트에 대해 간단히 알아보았고, 리액트로 프로젝트를 개발하기 위한 개발 환경 구성부터 프로젝트 생성을 위한 create-react-app 설치 및 사용 방법 등 리액트 프로젝트를 진행하기 위한 준비를 했다.

3장에서는 리액트 create-react-app으로 프로젝트를 생성해 보고, 실전에서 자주 사용되는 라이브러리인 타입스크립트(TypeScript)와 스타일 라이브러리인 Emotion을 설치하고 사용하는 방법에 대해 알아본다.

여기서 설명하는 소스 코드는 앞에서 소개한 깃헙 링크를 통해 확인할 수 있다. 소스 코드를 직접 입력하면서 공부하는 것을 추천하지만, 소스 코드를 바로 확인하고 싶은 경우에는 2장의 요약 부분에 소개한 링크에서 소스 코드를 다운로드할 수 있다.

3.1 타입스크립트

리액트는 자바스크립트인데, 자바스크립트는 동적 프로그래밍 언어^{Dynamic Programming Language}이다. 동적 프로그래밍 언어는 런타임 시(프로그램이 실행될 때) 변수의 타입이 결정된다. 이렇게 런타임 중 변수의 타입이 결정되면, 변수의 타입 때문에 발생하는 버그와 에러는 소스 코드를 실행해 보지 않으면 알 수가 없다.

자바스크립트는 타입에 조금 관대한 언어이다. 따라서 다음과 같은 것들이 가능하다.

```
console.log(1 + "1");      // "11"
console.log(1 * "1");      // 1
console.log(1 + true);     // 2
```

```
console.log("2" + "2" - "2");       // 20
console.log(0 == "0");       // true
console.log(0 == []);        // true
console.log("0" == []);      // false
```

자바스크립트는 타입이 자유로워 이 예제와 같은 연산들이 가능하고, 이런 연산이 런타임 중 버그와 에러를 발생시킨다.

이런 문제를 해결하고자 리액트에서는 플로^{Flow}라는 정적 타입 분석기 사용을 권장한다. 플로는 페이스북에서 만든 정적 타입 분석기로, 리액트, 리액트 네이티브에서 변수에 타입을 미리 지정하여 변수의 타입으로 발생하는 문제를 해결할 수 있도록 도와주는 라이브러리이다.

하지만 이 책에서는 정적 타입 분석기로 마이크로소프트^{Microsoft}가 개발한 타입스크립트를 사용하려고 한다. 타입스크립트를 자세히 다루기 위해서는 책 한 권은 필요하지만, 이 책에서는 타입스크립트를 타입 체크에 사용하여 간단하게 타입스크립트를 도입하는 방법을 안내하고자 한다. 타입스크립트에 대해 더 자세히 공부하고 싶다면, 타입스크립트의 공식 사이트를 참고하길 바란다.

– 타입스크립트: https://www.typescriptlang.org/

이 책에서 플로가 아닌 타입스크립트를 사용하는 이유는, 플로가 리액트 전용 정적 타입 분석기로 개발된 반면에 타입스크립트는 자바스크립트 전반에 걸쳐 사용할 수 있도록 개발됐기 때문이다. 따라서 타입스크립트가 플로보다 좀 더 범용적으로 사용할 수 있다.

또한 많은 자바스크립트 라이브러리에서 이미 타입스크립트의 타입 정의 파일을 제공하고 있다. 따라서 타입스크립트를 사용하면, 타입 정의 파일을 통해 라이브러리를 사용하기 위한 올바른 데이터 타입, 매개 변수를 쉽게 확인할 수 있다.

마지막으로 타입스크립트는 텍스트 에디터의 지원이 좋다. 특히 마이크로소프트가 만든 VSCode 에디터는 기본적으로 타입스크립트를 지원하고 있으며, 이는 개발 생산성에 크게 도움이 된다. 물론, 아톰, WebStorm, Sublime Text 등 많은 에디터에서도 타입스크립트를 사용하는 것이 가능하다. 타입스크립트의 공식 사이트를 확인하여 자신의 에디터에 맞는 방법으로 에디터를 설정하길 바란다.

– 타입스크립트 에디터: https://github.com/Microsoft/TypeScript/wiki/TypeScript–Editor–Support

1) create–react–app과 타입스크립트

그러면 create-react-app으로 생성한 리액트 프로젝트에 타입스크립트를 적용하는 방법에 대해 알아보자. 다음 create-react-app의 명령어를 실행하여 리액트 프로젝트를 생성한다.

```
npx create-react-app my-app
```

create-react-app으로 생성한 리액트 프로젝트에 타입스크립트를 적용하기 위해서는 타입스크립트 라이브러리와 리액트의 타입이 정의된 타입 정의 파일을 설치할 필요가 있다. 다음 명령어를 사용하여 타입스크립트와 타입 정의 파일을 설치한다.

```
# cd my-app
npm install --save-dev typescript @types/node @types/react @types/
react-dom
```

여기서 설치한 라이브러리와 타입 정의 파일은 다음과 같다.

* typescript: 타입스크립트 라이브러리
* @types/node: 자바스크립트 런타임인 노드^{Node}의 타입이 정의된 타입 정의 파일
* @types/react: 리액트의 타입이 정의된 타입 정의 파일
* @types/react–dom: react-dom의 타입이 정의된 타입 정의 파일

이제 프로젝트에 타입스크립트를 설정하기 위해 tsconfig.json 파일을 생성하고 내용을 수정할 필요가 있다. tsconfig.json 파일은 타입스크립트 프로젝트를 컴파일하기 위한 여러 가지 옵션을 설정할 수 있는 파일이다. 타입스크립트는 빌드 과정이 필요하고 빌드 결과물로 자바스크립트 파일들이 생성되게 된다. tsconfig.json 파일에 대한 자세한 내용은 공식 문서를 참고하길 바란다.

– 타입스크립트 tsconfig.json: https://www.typescriptlang.org/docs/handbook/tsconfig-json.html

그러면 tsconfig.json 파일을 프로젝트 루트 폴더(./my-app/tsconfig.json)에 생성하고
다음 내용을 추가한다.

```json
{
  "compilerOptions": {
    "target": "es5",
    "lib": [
      "dom",
      "dom.iterable",
      "esnext"
    ],
    "allowJs": true,
    "skipLibCheck": true,
    "esModuleInterop": true,
    "allowSyntheticDefaultImports": true,
    "strict": true,
    "forceConsistentCasingInFileNames": true,
    "noFallthroughCasesInSwitch": true,
    "module": "esnext",
    "moduleResolution": "node",
    "resolveJsonModule": true,
    "isolatedModules": true,
    "noEmit": true,
    "jsx": "react-jsx"
  },
  "include": [
    "src"
  ]
}
```

타입스크립트 설정을 끝냈다면, 자바스크립트 파일들을 타입스크립트 파일로 변경
해야 한다.

- ./src/App.js 파일을 ./src/App.tsx로 변경
- ./src/App.test.js 파일을 ./src/App.test.tsx로 변경
- ./src/index.js 파일을 ./src/index.tsx로 변경

- ./src/reportWebVitals.js 파일을 ./src/reportWebVitals.ts로 변경
- ./src/setupTests.js 파일을 ./src/setupTests.ts로 변경

여기서 .tsx 파일은 TypeScript JSX 파일을 의미하고, .ts 파일은 TypeScript JavaScript 파일을 의미한다. 타입스크립트에게 해당 파일이 자바스크립트가 아닌 타입스크립트라는 것을 알리기 위해 이와 같이 파일 확장자명을 변경해야 한다.

다음으로는 기존의 자바스크립트 코드를 타입스크립트를 사용하여 변경해야 한다. 우선 svg 파일을 타입스크립트에서 불러올 수 있게 하기 위해 ./src/custom.d.ts 파일을 생성하고 다음과 같이 수정한다.

```
declare module '*.svg' {
  export const ReactComponent: React.FunctionComponent<React.SVGProps<
    SVGSVGElement
  > & { title?: string }>;

  const src: string;
  export default src;
}
```

여기서 생성하는 d.ts 파일은 타입 정의 파일로 타입스크립트가 인식하지 못하는 타입이지만, 타입스크립트 안에서 사용할 특정 타입들을 정의할 때 사용한다.

그리고 ./src/reportWebVitals.ts 파일을 열고 다음과 같이 수정한다.

```
import { ReportHandler } from 'web-vitals';
const reportWebVitals = (onPerfEntry?: ReportHandler) => {
...
```

모든 설정이 끝났다면, 다음 명령어를 실행하여 실제로 리액트 프로젝트가 잘 실행되는지 확인해 보자.

```
npm start
```

이 명령어가 문제 없이 실행됐다면, 웹 브라우저에 localhost:3000으로 페이지가 자동으로 열리면서 [그림 3-1]과 같은 화면을 확인할 수 있다.

[그림 3-1] 타입스크립트가 적용된 리액트 프로젝트 실행 결과

이것으로 create-react-app을 사용하여 생성한 리액트 프로젝트에 타입스크립트를 설정하는 방법에 대해 알아보았다. 하지만 너무 복잡하다. 2장에서 create-react-app을 설명할 때에 특별한 설정 없이 리액트 프로젝트를 만들 수 있어 리액트에 집중할 수 있는 방법이라고 소개했지만, 이와 같은 방법으로 타입스크립트를 추가하면 해당 장점이 없어지게 된다.

이런 점을 리액트를 개발하는 사람들도 너무도 잘 알기에 create-react-app은 템플릿^{Template}이라는 옵션을 제공하고 있다.

2) create-react-app의 타입스크립트 템플릿 사용하기

그러면 create-react-app에서 제공하는 템플릿 옵션을 사용하여 타입스크립트가 적용된 리액트 프로젝트를 생성하는 방법에 대해 알아보자. 다음 명령어를 사용하여 새로운 리액트 프로젝트를 생성해 보자.

```
npx create-react-app my-app-typescript --template=typescript
```

이 명령어로 생성된 프로젝트를 살펴보면, 우리가 앞에서 템플릿 옵션 없이 생성한 리액트 프로젝트에 타입스크립트를 적용한 것과 동일하다는 것을 알 수 있다. 이렇게 우리는 create-react-app의 템플릿 옵션을 사용하여 타입스크립트가 적용된 리액트 프로젝트를 간단하게 생성할 수 있다.

이제 다음 명령어를 실행하여 템플릿 옵션으로 생성한 리액트 프로젝트가 잘 동작하는지 확인해 보자.

```
npm start
```

리액트 프로젝트가 성공적으로 실행됐다면, [그림 3-2]와 같이 localhost:3000으로 웹 브라우저가 자동으로 열리는 것을 확인할 수 있다.

[그림 3-2] 템플릿 옵션으로 생성한 리액트 프로젝트 실행 결과

이를 통해 우리는 create-react-app의 템플릿 옵션을 사용하여 타입스크립트를 간단하게 적용할 수 있다는 것을 알게 되었다. 앞으로 이 책에서는 템플릿 옵션을 사용하여 생성한 리액트 프로젝트를 사용할 것이다.

3.2 스타일링

리액트는 웹 애플리케이션 개발에 사용하는 라이브러리이므로 스타일링에는 물론, 웹 페이지 개발과 동일하게 CSS^{Cascading Style Sheets}를 사용할 수 있다. 또한 자바스크립트에서 CSS 파일을 불러오거나 자바스크립트 안에서 스타일링을 하는 데 CSS-in-JS 기법을 사용할 수 있다. 여기서는 리액트에서 스타일링을 다루는 방법에 대해 알아보려고 한다.

1) CSS와 Link 태그

우선 웹 페이지 스타일링과 동일한 방법인 CSS와 〈link /〉 태그를 통한 추가 방법에 대해 알아보자. 이 방법을 사용하여 스타일링 적용 방법을 알아보기 위해 다음 명령어를 사용하여 타입스크립트가 적용된 새로운 리액트 프로젝트를 생성해 보자.

```
npx create-react-app my-app-style --template=typescript
```

우리는 2장에서 리액트 프로젝트의 폴더와 파일 구조를 확인했다. 리액트도 웹 UI 개발 라이브러리이므로 기본적으로 HTML 파일이 필요하고, ./public/index.html 파일이 이 역할을 한다고 설명했다.

그러므로 해당 파일에 〈link /〉 태그로 CSS 파일을 추가하여 스타일링을 할 수 있다. 그러면 이를 확인하기 위해 ./public/custom.css 파일을 생성하고 다음과 같이 수정한다.

```
.App-header {
  background-color: yellow !important;
}
```

우리가 만든 CSS가 제대로 적용되는지 확인하기 위해 .App-header 클래스의 배경색을 강제적 import 으로 노란색으로 표시하도록 했다. 이 CSS 파일을 불러오기 위해 ./public/index.html 파일을 열고 다음과 같이 수정한다.

```
...
<title>React App</title>
<link rel="stylesheet" href="%PUBLIC_URL%/custom.css" />
...
```

보통의 웹 페이지처럼 〈link /〉 태그를 사용하여 우리가 만든 custom.css 파일을 추가했다. create-react-app으로 만든 프로젝트의 public 폴더는 %PUBLIC_URL%와 같이 접근할 수 있다.

이제 ./src/App.tsx 파일을 열어 실제로 CSS 클래스를 사용하는 부분을 확인해 보

자. ./src/App.tsx 파일을 열면, 다음과 같이 ⟨header /⟩ 태그에서 .App-header 클래스를 사용하는 부분을 찾을 수 있다.

```
...
function App() {
  return (
    ...
    <header className="App-header">
    ...
    </header>
    ...
  );
}...
```

리액트에서는 HTML 태그에 class 대신 className을 사용하여 클래스를 지정한다. 이제 우리가 추가한 CSS가 제대로 동작하는지 확인하기 위해 다음 명령어를 실행하여 리액트 프로젝트를 실행한다.

```
npm start
```

리액트 프로젝트가 문제 없이 실행되면, localhost:3000으로 웹 페이지가 자동으로 열리는 것을 확인할 수 있다. 우리는 .App-header의 배경색을 노란색으로 강제 변경했기 때문에 이전 프로젝트들과 다르게 노란색 배경으로 프로젝트가 실행되는 것을 확인할 수 있다. 이와 같이 보통의 웹 페이지처럼 ⟨link /⟩ 태그로 CSS를 추가하여 웹 페이지의 스타일링을 할 수 있다.

2) CSS와 import

리액트는 보통의 웹 페이지 개발과 달리, 컴포넌트를 중심으로 개발한다. 그러므로 ⟨link /⟩ 태그를 사용하여 CSS를 한 곳에서 관리하게 되면, 어떤 컴포넌트에서 어떤 스타일을 활용하고 있는지 쉽고 빠르게 이해할 수 없다. 그래서 리액트에서는 CSS 파일을 리액트 컴포넌트 파일에서 import하는 방식으로 스타일도 컴포넌트 중심으로 설계할 수 있도록 하고 있다.

우리가 create-react-app 명령어로 생성한 프로젝트의 리액트 컴포넌트인 ./src/App.tsx 파일을 열어보면, 다음과 같이 CSS 파일을 자바스크립트 파일에서 직접 불러오는 것import을 확인할 수 있다.

```
...
import './App.css';
...
```

리액트는 이와 같이 JSX 파일에서 직접 CSS를 불러오게 함으로써 해당 리액트 컴포넌트가 어떤 스타일을 사용하는지 쉽고 빠르게 알 수 있도록 하고 있다. 그러면 해당 스타일 파일이 잘 적용되고 있는지 확인하기 위해 ./src/App.css 파일을 열고 파일 제일 하단에 다음의 배경 색상을 변경하는 코드를 추가한다.

```
...
.App-header {
  background-color: blue !important;
}
...
```

이제 웹 브라우저를 다시 확인해 보면, 노란색 배경이었던 화면이 파란색으로 표시되는 것을 확인할 수 있다. 이렇게 리액트에서는 컴포넌트 파일에서 직접 CSS를 불러오도록 하여 좀 더 직관적으로 스타일링을 할 수 있도록 하고 있다.

3) CSS-in-JS (Emotion)

보통 리액트는 컴포넌트를 기반으로 개발되며 컴포넌트별로 CSS 파일을 갖는 형식으로 스타일을 관리하게 된다. 하지만 이렇게 각각의 컴포넌트에서 CSS를 분리하여 관리하다 보면, CSS의 클래스 명이 중복되어 의도치 않은 스타일이 적용될 수 있다.

이런 문제를 해결하고자 CSS-in-JS라는 방법론이 탄생했는데, 리액트에서는 styled-components, Emotion 등과 같은 라이브러리를 통해 이를 적용할 수 있다. 리액트에서 CSS-in-JS를 사용하여 스타일링을 하게 되면, 다음과 같은 장점이 있다.

- **클래스 명 버그 해결**: 보통 CSS에 클래스 명을 생성하고 스타일을 작성한 후 해당 이름을 HTML 태그에 적용함으로써 스타일을 적용한다. 하지만 이런 방식은 클래스 명의 중복, 겹침 또는 철자 오류와 같은 문제가 발생할 수 있다. CSS-in-JS는 스타일을 컴포넌트에 직접 적용함으로써 이런 문제를 해결하고 있다.
- **보다 쉬운 CSS 관리**: 일반적인 방식으로 스타일을 적용하면, 해당 스타일의 클래스가 어디에 있는지, 어디서 사용되고 있는지 쉽게 알 수 없다. CSS-in-JS는 모든 스타일이 특정 컴포넌트에 연결되기 때문에 보다 명확히 사용되는 스타일을 알 수 있으며, 모든 스타일이 특정 컴포넌트에 연결되어 있기 때문에 사용되지 않은 불필요한 스타일을 쉽게 제거할 수 있다.
- **간단한 동적 스타일 적용**: 일반적으로 동적 스타일을 위해 여러 클래스를 생성하고, 해당 클래스가 특정 조건일 때에 추가가 되도록 한다. 하지만 CSS-in-JS는 동적인 스타일을 관리하기 위해 여러 클래스를 만들 필요가 없으며 컴포넌트의 상태에 따라 쉽고 직관적으로 동적 스타일을 적용할 수 있다.
- **CSS 자동 구성**: CSS-in-JS 라이브러리인 styled-components 또는 Emotion을 사용하면 페이지에 렌더링되는 컴포넌트를 추적하여 해당 스타일을 완전히 자동으로 추가한다. 또한 코드 분할Code Splitting 시 사용자가 필요한 최소한의 코드를 자동으로 추가한다.

실무에서도 이런 장점 때문에 CSS-in-JS를 많이 사용하며, 이 책에서도 앞으로 Emotion이라는 라이브러리를 통해 CSS-in-JS를 사용하여 스타일링을 할 예정이다. 처음 CSS-in-JS를 사용하면 이런 장점이 잘 체감되지 않지만, 자주 사용하다 보면 앞에서 소개한 장점들이 점차 이해가 될 것이다.

이제 CSS-in-JS 라이브러리인 Emotion을 사용하여 스타일링을 해보기 위해 다음 명령어를 사용하여 새로운 리액트 프로젝트를 생성한다.

```
npx create-react-app my-app-css-in-js --template=typescript
```

새로운 프로젝트가 생성됐다면, 프로젝트 폴더로 이동한 후 다음 명령어를 실행하여 Emotion을 설치한다.

```
# my-app-css-in-js
```

```
npm install --save @emotion/react @emotion/styled
```

설치가 완료됐다면, Emotion을 사용하여 현재 페이지를 리팩토링해 보자. 일단, Emotion을 사용하기 위해 ./src/App.tsx 파일을 열고 다음과 같이 라이브러리를 추가한다.

```
...
import './App.css';
import styled from '@emotion/styled';
...
```

그리고 CSS의 .App 클래스를 대체하기 위해 Emotion을 사용하여 다음과 같이 새로운 컴포넌트를 생성한다.

```
...
import styled from '@emotion/styled';

const Container = Styled.div`
`;
...
```

Emotion을 사용하여 리액트 컴포넌트를 생성하기 위해서는 Styled.[HTML 태그] 형식과 자바스크립트의 템플릿 리터럴(Template literals, `)을 사용한다. 템플릿 리터럴은 다음 링크에서 확인하길 바란다.

– Template literals: https://developer.mozilla.org/ko/docs/Web/JavaScript/Reference/Template_ literals

Emotion에서는 이 템플릿 리터럴 기호 안에 다음과 같이 스타일 코드를 작성함으로써 컴포넌트의 스타일링을 하게 된다.

```
...
const Container = Styled.img`
  text-align: center;
`;
...
```

여기서 추가한 스타일은 ./src/App.css 파일 안에 있는 App 클래스 명의 스타일 내용을 복사, 붙여넣기 한 것이다.

```
.App {
  text-align: center;
}
...
```

이제 Emotion으로 생성한 리액트 컴포넌트를 사용하기 위해 .App 클래스를 사용하는 부분을 찾아 다음과 같이 수정한다.

```
...
function App() {
  return (
    // <div className="App">
    <Container>
      ...
    </Container>
    // </div>
  );
}
...
```

기존에 있던 〈div className="App" /〉 태그 부분은 삭제해도 되지만, 비교하기 쉽게 하기 위해 주석 처리했다. 코드를 보면, 우리가 만든 Emotion 컴포넌트를 사용하기 위해 기존의 HTML 태그 대신 〈Container /〉 컴포넌트를 사용한 것을 확인할 수 있다.

이렇게 ./src/App.tsx 파일을 수정하고 저장한 후 브라우저를 확인해 보면, 처음 화면과 아무 변화가 없는 것을 확인할 수 있다. 즉, 우리가 만든 Emotion 컴포넌트가 이전의 CSS 방식의 스타일링을 잘 대체하고 있음을 확인할 수 있다.

그러면 이제 〈header /〉 태그를 Emotion 컴포넌트로 변경해 보자. 〈header /〉 태그를 Emotion 컴포넌트로 변경하기 위해 ./src/App.tsx 파일을 다음과 같이 수정한다.

```
...
```

```
const Container = styled.div`
  text-align: center;
`;

const Header = styled.header`
  background-color: #282c34;
  min-height: 100vh;
  display: flex;
  flex-direction: column;
  align-items: center;
  justify-content: center;
  font-size: calc(10px + 2vmin);
  color: white;
`;
...
```

앞에서 우리가 Emotion으로 만든 〈Container /〉 컴포넌트와 마찬가지로 Styled.
[HTML 태그]와 템플릿 리터럴을 사용하여 〈Header /〉 컴포넌트를 생성했다. 또한
./src/App.css 파일에서 다음과 같이 〈header className="App-header" /〉에서
사용하고 있는 스타일을 찾아 그 내용을 복사, 붙여넣기 했다.

```
...
.App-header {
  background-color: #282c34;
  min-height: 100vh;
  display: flex;
  flex-direction: column;
  align-items: center;
  justify-content: center;
  font-size: calc(10px + 2vmin);
  color: white;
}
...
```

이제 생성한 Emotion 컴포넌트를 실제로 사용하기 위해 ./src/App.tsx 파일을 다음
과 같이 수정한다.

```
...
function App() {
  return (
    <Container>
      {/* <header className="App-header"> */}
      <Header>
      ...
      </Header>
      {/* </header> */}
    </Container>
  );
}
...
```

이 역시 비교하기 쉽도록 ⟨header /⟩ 태그를 삭제하지 않고 주석 처리했다. 그리고
우리가 만든 ⟨Header /⟩ 컴포넌트를 ⟨header /⟩ 태그 대신 사용했다. 이렇게 수정
한 ./src/App.tsx 파일을 저장하고 브라우저를 확인해 보면, 여전히 이전과 동일한
화면이 표시되는 것을 확인할 수 있다. 이를 통해 이번에도 우리가 만든 Emotion 컴
포넌트가 이전 방식인 CSS 방식을 잘 대체한 것을 알 수 있다.

이제 애니메이션이 포함되어 조금 복잡한 .App-logo 클래스를 Emotion 컴포넌트
로 변경해 보자. .App-logo 클래스를 Emotion 컴포넌트로 변경하기 위해 ./src/
App.tsx 파일을 열고 다음과 같이 수정한다.

```
...
const Header = styled.header`
  ...
`;

const AppLogo = styled.img`
  height: 40vmin;
  pointer-events: none;
`;
...
```

해당 스타일 내용 역시 다음과 같이 ./src/App.css 파일에서 .App-logo 클래스의
스타일 내용을 복사, 붙여넣기 한 것이다.

66

```
.App-logo {
  height: 40vmin;
  pointer-events: none;
}
```

그리고 ./src/App.tsx 파일에서 .App-logo 클래스를 사용하는 부분을 찾아 다음과 같이 수정한다.

```
{/* <img src={logo} className="App-logo" alt="logo" /> */}
<AppLogo src={logo} alt="logo" />
```

〈img /〉 태그 부분은 삭제해도 되지만, 비교하기 쉽도록 주석 처리했다. 이전과 동일하게 우선 〈img /〉 태그 대신 우리가 Emotion으로 만든 〈AppLogo /〉 컴포넌트를 사용했다.

이렇게 수정하고 저장한 후 웹 브라우저를 확인해 보면, 스타일이 잘 적용된 것을 확인할 수 있다. 하지만 이전과는 다르게 리액트의 로고가 회전하지 않는 것을 알 수 있다. 이는 아직 우리가 CSS의 애니메이션 부분을 Emotion 컴포넌트에 추가하지 않았기 때문이다.

이제 우리가 Emotion을 사용하여 만든 〈AppLogo /〉 컴포넌트에 회전 애니메이션을 추가하기 위해 ./src/App.tsx 파일을 열고 다음과 같이 수정한다.

```
...
const AppLogo = styled.img`
  height: 40vmin;
  pointer-events: none;

  @media (prefers-reduced-motion: no-preference) {
    animation: App-logo-spin infinite 20s linear;
  }

  @keyframes App-logo-spin {
    from {
      transform: rotate(0deg);
    }
    to {
```

```
          transform: rotate(360deg);
      }
    }
  `;
  ...
```

이 코드 역시 ./src/App.css 파일의 내용을 복사하여 붙여 넣은 것이다. 하지만 이전과는 다르게 CSS 내용을 그냥 복사, 붙여넣기 하지 않았다. CSS에서 애니메이션을 사용할 때에는 다음과 같이 애니메이션을 사용할 클래스 명을 지정해야 한다.

```
...
@media (prefers-reduced-motion: no-preference) {
  .App-logo {
    animation: App-logo-spin infinite 20s linear;
  }
}
...
```

하지만 Emotion을 사용하여 제작한 컴포넌트에서는 해당 컴포넌트가 직접 애니메이션을 수행하므로 클래스 명을 특별히 지정하지 않고 다음과 같이 직접 애니메이션을 사용하는 것을 확인할 수 있다.

```
...
const AppLogo = styled.img`
  ...
  @media (prefers-reduced-motion: no-preference) {
    animation: App-logo-spin infinite 20s linear;
  }
  ...
`;
...
```

이렇게 수정한 ./src/App.tsx 파일을 저장하고 브라우저를 확인해 보면, 이전과 동일하게 로고 이미지의 회전 애니메이션이 잘 동작하고 있는 것을 확인할 수 있다.

이처럼 CSS 애니메이션이 한 곳에서만 사용되는 경우 하나의 컴포넌트에 전부 선언하여 사용한다. 하지만 만약 여러 곳에서 사용하는 애니메이션을 만들고 싶다면, Emotion에서 제공하는 keyframes를 사용해야 한다. 애니메이션 내용을 keyframes 를 사용하여 분리하는 방법을 확인하기 위해 ./src/App.tsx 파일을 열고 다음과 같 이 keyframes를 불러오도록 수정한다.

```
...
import styled from '@emotion/styled';
import { keyframes } from '@emotion/react';
...
```

그리고 다음과 같이 keyframes를 사용하여 로고 이미지에서 사용할 회전 애니메이 션을 따로 선언한다.

```
...
const spinAnimation = keyframes`
  from {
      transform: rotate(0deg);
  }
  to {
    transform: rotate(360deg);
  }
`;
...
```

마지막으로 실제 애니메이션을 사용하는 컴포넌트에서 다음과 같이 keyframes로 생성한 애니메이션 변수를 사용하도록 수정한다.

```
...
const AppLogo = styled.img`
  ...
  @media (prefers-reduced-motion: no-preference) {
    animation: ${spin} infinite 20s linear;
  }
`;
...
```

Emotion으로 제작한 컴포넌트는 자바스크립트의 템플릿 리터럴을 사용하기 때문에 예제와 같이 문자열 중간에 자바스크립트 변수를 사용할 수 있다.

이제 이렇게 수정한 ./src/App.tsx 파일을 저장하고 브라우저를 확인해 보면, 여전히 로고의 애니메이션이 잘 동작하는 것을 확인할 수 있다. 이처럼 자주 사용되는 애니메이션은 Emotion의 keyframes를 사용하여 미리 정의하고, 필요한 부분에서 불러와 사용하면 된다.

설명문인 ⟨p /⟩ 태그에는 어떤 스타일도 적용되어 있지 않으므로 그대로 남겨두도록 한다. 마지막으로 .App-link 클래스를 Emotion 컴포넌트로 변경해 보자.

.App-link 클래스 스타일을 Emotion 컴포넌트로 만들기 위해 ./src/App.tsx 파일을 열고 다음과 같이 수정한다.

```
...
const AppLogo = styled.img`
  ...
`;
const AppLink = Styled.a`
  color: #61dafb;
`;
...
```

스타일은 역시 ./src/App.css의 내용을 복사, 붙여넣기 했다. 그리고 Emotion으로 만든 컴포넌트를 사용하여 다음과 같이 수정한다.

```
...
<AppLink
  href="https://reactjs.org"
  target="_blank"
  rel="noopener noreferrer"
>
  Learn React
</AppLink>
...
```

이와 같이 ./src/App.tsx 파일을 수정하고 저장한 후 브라우저를 확인해 보면, 우리가 만든 Emotion 컴포넌트가 잘 동작하여 여전히 이전과 동일한 화면이 표시되고 있음을 확인할 수 있다.

이제 우리는 모든 CSS 파일의 내용을 Emotion을 사용하여 CSS-in-JS로 구현했다.
즉, CSS 파일에 내용은 더 이상 필요 없음을 의미한다. 따라서 ./src/App.tsx 파일 상
단에 있는 다음 코드를 삭제하도록 한다.

```
...
import './App.css';
...
```

또한 물리적인 CSS 파일도 더 이상 필요 없게 됐다. 따라서 ./src/App.css 파일도 삭
제하도록 한다. 이렇게 ./src/App.css 파일을 불러오는 부분과 물리적인 CSS 파일을
삭제하고 브라우저를 확인해도 여전히 이전과 동일한 스타일로 화면이 잘 표시되고
있음을 확인할 수 있다.

3.3   절대 경로로 컴포넌트 추가

리액트 프로젝트 개발 시 우리는 수많은 리액트 컴포넌트를 제작하고, 제작한 컴포
넌트를 블록을 조합하듯 하여 페이지를 제작하게 된다. 이때 리액트 컴포넌트는 보
통은 상대 경로(import Button from '../../../Buttton')를 사용하여 불러와 사용하게 된다.

이는 컴포넌트의 개수가 적고 폴더 구조가 복잡하지 않을 경우에는 큰 문제가 없다.
하지만 프로젝트가 커지고 수많은 컴포넌트들이 추가되면서 프로젝트의 폴더 구조
가 복잡해지면, 상대 경로 추가 방식은 어떤 경로를 지정하고 있는지 명확하게 파악
하기 어렵고 필요한 컴포넌트를 추가할 때에 경로를 추가하기 어렵다.

이런 문제는 타입스크립트의 설정으로 간단히 해결할 수 있다. 우선 테스트하기 위
해 다음의 명령어로 새로운 프로젝트를 생성한다.

```
npx create-react-app my-app-root-import --template=typescript
```

이제 타입스크립트 설정 파일인 tsconfig.json을 열고 다음과 같이 baseUrl 옵션을
추가한다.

```
{
  "compilerOptions": {
    ...
    "jsx": "react-jsx",
    "baseUrl": "src"
  },
  ...
}
```

이렇게 타입스크립트의 설정 파일인 tsconfig.json에 baseUrl을 설정하면, src 폴더를 기본으로 하는 절대 경로로 컴포넌트를 추가할 수 있다. 물론, 상대 경로로 컴포넌트를 추가하는 방법도 사용이 가능하다.

이제 절대 경로로 컴포넌트를 추가하는 방법을 확인하기 위해 src 폴더 하위에 components라는 폴더를 생성하고 그 안에 App이라는 폴더를 생성한다. 폴더 생성을 완료했다면, ⟨App /⟩ 컴포넌트와 관련 있는 파일인 App.css, App.test.tsx, App.tsx, logo.svg를 이동시킨 후 파일 명을 index.css, index.test.tsx, index.tsx로 수정한다.

그런 다음 ./src/components/App/index.tsx 파일을 열고 다음과 같이 App.css를 index.css로 수정한다.

```
...
import './index.css';
...
```

또한 테스트 파일인 ./src/components/App/index.test.tsx 파일을 열고 다음과 같이 App을 index로 수정한다.

```
...
import App from './index';
...
```

리액트 컴포넌트를 제작할 때에는 주로 해당 컴포넌트에 필요한 파일들을 하나의 폴더에 모아서 관리하고, 해당 폴더 안에서 서로를 참조할 때에는 상대 경로 컴포넌트를 사용한다.

그러면 생성한 컴포넌트를 절대 경로 컴포넌트를 통해 추가해 보도록 하자. 절대 경로를 사용하여 컴포넌트를 추가하는 방법을 확인하기 위해 src/index.tsx 파일을 열고 다음과 같이 수정한다.

```
...
import App from 'components/App';
...
```

물론, 상대 경로로도 컴포넌트를 추가할 수 있으므로 다음과 같이도 사용할 수 있다.

```
...
import App from './components/App';
...
```

현재는 하나의 컴포넌트만 있고 폴더 구조가 많이 복잡하지 않으므로 필요성이 크게 느껴지지 않을 수 있다. 하지만 실무에서 복잡한 폴더 구조를 다루게 된다면, 절대 경로로 컴포넌트를 추가하는 방법이 왜 필요한지 알게 될 것이다. 앞으로 예제를 진행할 때에는 절대 경로로 컴포넌트를 추가하는 방식을 사용할 예정이다.

이제 문제가 없는지 확인하기 위해 다음 명령어를 실행하여 우리가 만든 리액트 프로젝트를 실행해 본다.

```
npm start
```

문제 없이 실행됐다면, localhost:3000이 웹 브라우저에 자동으로 열리면서 지금까지 보아왔던 리액트 프로젝트의 화면이 동일하게 표시되는 것을 확인할 수 있다.

3.4 Prettier

Prettier는 코드 포맷터Code Formatter로, JavaScript, CSS, JSON 등을 지원한다. Prettier는 미리 약속한 코드 스타일에 맞춰 자동으로 코드의 형식을 수정해 주는 도구로, 협업 시 여러 개발자들의 코드 스타일을 맞추는 데 큰 도움을 준다.

– Prettier: https://prettier.io/

1) Prettier 설치

Prettier를 설정하는 방법을 확인하기 위해 다음 명령어를 실행하여 새로운 리액트 프로젝트를 생성한다.

```
npx create-react-app my-app-prettier --template=typescript
```

리액트 프로젝트 생성이 완료됐다면, 다음 명령어를 실행하여 Prettier를 설치한다.

```
npm install --save-dev prettier
```

2) Prettier 설정

설치한 Prettier를 설정해 보도록 하자. .prettierrc.js 파일을 생성하고 다음과 같이 수정하여 Prettier를 설정한다.

```
module.exports = {
  singleQuote: true,
  trailingComma: 'all',
  printWidth: 100,
};
```

여기서 설정한 내용은 다음과 같다.

- singleQuote: 싱글쿼트(')를 주로 사용하도록 설정
- trailingComma: 콤파(,)를 추가할 수 있다면, 콤마를 추가
- printWidth: 한 줄에 작성할 수 있는 최대 코드 문자 수를 설정

3) Prettier 실행

설정이 완료됐다면, 이제 Prettier를 실행하는 스크립트를 작성해 보자. package.json 파일을 열고 scripts 항목을 찾은 후 다음과 같이 수정한다.

```
{
  ...
  "scripts": {
    ...
    "eject": "react-scripts eject",
    "format": "prettier --check ./src",
    "format:fix": "prettier --write ./src"
  },
  ...
}
```

format 스크립트는 Prettier를 check 옵션과 함께 실행하여 우리가 설정한 내용에 위반되는 내용이 있는지 검사한다. format:fix는 Prettier를 write 옵션과 함께 사용하여 잘못된 내용을 설정한 내용에 맞게 자동으로 수정해 준다.

그러면 다음과 같이 format 스크립트를 실행하여 잘못된 내용이 있는지 확인해 보자.

```
npm run format
```

명령어 실행이 완료되면, 다음과 같은 결과를 확인할 수 있다.

```
Checking formatting...
[warn] jsxBracketSameLine is deprecated.
[warn] src/index.css
[warn] src/index.tsx
[warn] Code style issues found in 2 files. Forgot to run Prettier?
```

결과 내용을 살펴보면, src/index.css와 src/index.tsx 파일에서 우리가 설정한 내용을 위반하고 있음을 알려주고 있다.

이제 위반 내용을 Prettier를 사용하여 수정해 보도록 하자. Prettier를 사용하여 위반 내용을 수정하기 위해 다음 명령어를 실행한다.

```
npm run format:fix
```

명령어가 실행되면, 다음과 같이 src 폴더 하위의 모든 파일들을 검사하고 수정하는 것을 확인할 수 있다.

```
src/App.css 44ms
src/App.test.tsx 311ms
src/App.tsx 14ms
src/index.css 10ms
src/index.tsx 15ms
src/react-app-env.d.ts 5ms
src/reportWebVitals.ts 15ms
src/setupTests.ts 4ms
```

그러면 Prettier가 실제로 문제를 잘 해결했는지 확인하기 위해 다시 다음과 같이 format을 검사하는 명령어를 실행해 보자.

```
npm run format
```

명령어 실행이 완료되면, 다음과 같이 Prettier가 모든 문제를 잘 해결한 것을 확인할 수 있다.

```
Checking formatting...
All matched files use Prettier code style!
```

Prettier는 혼자서 개발할 때에는 큰 힘을 발휘하지 않지만, 여러 명이 동시에 같은 프로젝트를 수정할 때에 일관된 코드 스타일을 유지할 수 있도록 도와주기 때문에 협업에서는 필수 툴로 자리 잡고 있다.

3.5 ESLint

ESLint는 ES^{ECMAScript}와 Lint(에러 코드 표식)의 합성어로, 자바스크립트의 코드를 분석하고 잠재적인 오류나 버그를 찾는 데 도움을 주는 정적 분석 툴이다. 여러 개발자들이 하나의 소스 코드를 수정하는 협업 환경에서 ESLint는 소스 코드를 분석하고 오류나 버그의 가능성을 지적하거나 소스 코드의 스타일을 일관성 있게 관리해 주기 때문에 Prettier와 함께 자주 사용된다.

1) ESLint 설치

create-react-app으로 생성한 리액트 프로젝트에 ESLint를 적용하는 방법을 확인하기 위해 다음 명령어를 실행하여 새로운 리액트 프로젝트를 생성한다.

```
npx create-react-app my-app-eslint --template=typescript
```

프로젝트 생성이 완료됐다면, 다음 명령어를 실행하여 ESLint를 설치한다.

```
npm install eslint --save-dev
```

2) ESLint 설정

설치가 완료됐다면, 이제 ESLint를 사용하기 위해 ESLint를 설정할 필요가 있다. 다음 명령어를 실행하여 ESLint를 초기화하자.

```
npx eslint --init
```

명령어를 실행하면, 다음과 같이 ESLint를 설정하기 위해 필요한 라이브러리를 설치할지 물어본다.

```
Need to install the following packages:
  @eslint/create-config
Ok to proceed? (y)
```

키보드의 y를 눌러 ESLint에 필요한 라이브러리를 설치하도록 하자. 필요한 라이브 러리가 설치되면, 다음과 같은 질문을 확인할 수 있다.

```
? How would you like to use ESLint? ...
  To check syntax only
› To check syntax and find problems
  To check syntax, find problems, and enforce code style
```

이 책에서는 문제점을 찾는 것과 잘못된 점을 고치는 스크립트를 따로 작성할 예정 이므로 To check syntax and find problems를 선택했다.

이렇게 To check syntax and find problems 옵션을 선택하면, 다음과 같은 질문이 표시된다.

```
? What type of modules does your project use? ...
› JavaScript modules (import/export)
  CommonJS (require/exports)
  None of these
```

ESLint를 사용하는 자바스크립트 프로젝트에서 모듈을 추가할 때에 어떤 방식을 사용하는지 선택하는 질문이다. 리액트는 기본적으로 자바스크립트 모듈(import/ export) 방식을 사용하므로 JavaScript modules (import/export) 옵션을 선택한 다. 이렇게 모듈 옵션을 선택하면, 다음과 같은 질문이 표시된다.

```
? Which framework does your project use? ...
› React
  Vue.js
  None of these
```

이 예제는 ESLint를 사용할 프레임워크를 선택하는 옵션으로, 우리는 당연히 리액 트 프로젝트에 적용할 예정이므로 React 옵션을 선택하여 진행한다. 이렇게 해당 옵션을 선택하면, 다음과 같이 타입스크립트 사용 여부를 물어보는 화면을 확인할 수 있다.

```
? Does your project use TypeScript? › No / Yes
```

이 책에서는 타입스크립트를 적용하여 사용할 예정이므로 키보드의 화살표를 이용하여 Yes를 선택한 후 엔터^{Enter}를 눌러 Yes 옵션을 선택하여 진행한다. 이렇게 Yes 옵션을 선택하여 진행하면, 다음과 같이 현재 프로젝트가 어떤 환경에서 실행되는지 물어보는 화면을 확인할 수 있다.

```
? Where does your code run? ...  (Press <space> to select, <a> to
toggle all, <i> to invert selection)
  Browser
  Node
```

리액트 프로젝트는 웹 브라우저에서 실행되므로 Browser 옵션을 선택한다. 해당 옵션을 선택하면, 다음과 같이 지금까지 설정한 내용을 어떤 형식으로 저장할지 물어보는 화면이 표시된다.

```
? What format do you want your config file to be in? ...
> JavaScript
  YAML
  JSON
```

이 책에서는 자바스크립트 형식을 사용할 예정이므로 JavaScript 옵션을 선택하여 진행한다. 이렇게 설정 파일의 포맷을 결정하면, 다음과 같이 지금까지 설정한 내용을 적용하기 위한 추가적인 라이브러리를 설치할지 물어보는 화면이 표시된다.

```
eslint-plugin-react@latest @typescript-eslint/eslint-plugin@latest @
typescript-eslint/parser@latest
? Would you like to install them now with npm? > No / Yes
```

지금까지 설정한 내용을 정상적으로 적용하기 위해서는 해당 라이브러리들이 필요하므로 Yes 옵션을 선택하여 진행한다.

해당 옵션을 선택하면, 추가적으로 필요한 라이브러리들을 설치한 후 .eslintrc.js 파일이 자동으로 생성되는 것을 확인할 수 있다. 해당 파일을 열어보면, 다음과 같은 형태를 확인할 수 있다.

```
module.exports = {
```

```
    "env": {
        "browser": true,
        "es2021": true
    },
    "extends": [
        "eslint:recommended",
        "plugin:react/recommended",
        "plugin:@typescript-eslint/recommended"
    ],
    "parser": "@typescript-eslint/parser",
    "parserOptions": {
        "ecmaFeatures": {
            "jsx": true
        },
        "ecmaVersion": "latest",
        "sourceType": "module"
    },
    "plugins": [
        "react",
        "@typescript-eslint"
    ],
    "rules": {
    }
}
```

extends를 살펴보면, ESLint, 리액트와 타입스크립트의 추천 룰^{Rule}을 사용하는 것을 확인할 수 있다. 만약 ESLint와 타입스크립트를 검사하는 룰을 변경하고 싶다면, rules 옵션에 필요한 내용을 추가하면 된다. 이 책에서는 기본적인 설정을 사용할 예정이지만, 변경을 원한다면 ESLint와 타입스크립트의 공식 문서를 참고하도록 하자.

– ESLint: https://eslint.org/docs/latest/rules/

– 타입스크립트: https://github.com/typescript-eslint/typescript-eslint/tree/main/packages/eslint-plugin#supported-rules

마지막으로 ESLint에 리액트 버전을 알려줄 필요가 있으며 react/react-in-jsx-scope 규칙의 사용을 중지시킬 필요가 있다. 현재 보고 있는 .eslintrc.js 파일 상단에 다음과 같이 리액트의 버전을 인식할 수 있게 설정하고 rules에 불필요한 규칙을 사용하지 않도록 설정한다.

```
module.exports = {
  settings: {
    react: {
      version: 'detect',
    },
  },
  env: {
    ...
  },
  ...
  rules: {
    'react/react-in-jsx-scope': 'off',
  },
}
```

react/react-in-jsx-scope 규칙은 JSX 파일에서 import React from 'react'를 항상 사용하도록 하는 규칙이다. 하지만 리액트의 버전 17부터 import React from 'react'를 할 필요가 없어졌기 때문에 이 규칙을 사용하지 않도록 할 필요가 있다. 해당 규칙에 대한 자세한 내용은 공식 문서를 참고하길 바란다.

- react/react-in-jsx-scope: https://github.com/jsx-eslint/eslint-plugin-react/blob/master/docs/rules/react-in-jsx-scope.md

- Removing Unused React Imports: https://reactjs.org/blog/2020/09/22/introducing-the-new-jsx-transform.html#removing-unused-react-imports

ESLint 설정 파일을 수정했다면, ./src/App.tsx 파일을 열고 다음과 같이 상단에 있는 import문을 제거하도록 하자.

```
import React from 'react';
```

3) ESLint 실행

이제 설정한 ESLint를 사용하여 잠재적인 오류나 버그를 찾기 위한 실행 스크립트를 만들어 보자. 실행 스크립트를 추가하기 위해 package.json 파일을 열고 scripts 부분에 다음과 같이 추가한다.

```
{
  ...
  },
  "scripts": {
    ...
    "eject": "react-scripts eject",
    "lint": "eslint ./src",
    "lint:fix": "eslint --fix ./src"
  },
  ...
}
```

lint 명령어는 src 폴더를 ESLint로만 검사하도록 설정했으며, lint:fix 명령어는 ESLint를 fix 옵션과 함께 사용하여 우리가 설정한 룰을 기반으로 자동으로 수정하도록 설정했다.

이제 설정한 명령어를 실행하여 ESLint로 소스 코드를 검사해 보자. ESLint로 소스 코드를 검사하기 위해 다음 명령어를 실행한다.

```
npm run lint
```

그러면 다음과 같이 어떤 문제도 검출되지 않는 것을 확인할 수 있다.

```
> my-app-eslint@0.1.0 lint
> eslint ./src
```

이로써 우리가 만든 소스 코드가 잠재적인 오류나 버그가 없을 가능성이 높다는 것을 알 수 있다. ESLint는 정적 소스 코드 분석 툴이기 때문에 간단한 문법적 오류나 복잡한 코드 스타일에 의해 발생할 가능성이 높은 버그만 찾을 수 있다. 즉, 프로그램이 실행 중에 발생하는 버그는 알 수 없으며 비즈니스 로직에서 문제점을 찾을 수 없다. 따라서 ESLint는 보조적인 툴로써 사용하도록 하자. ESLint에서 어떤 문제가 발생하지 않았다고 현재 프로그램에 문제가 없다고 말해서는 안된다.

3.6 요약

3장에서는 리액트 프로젝트를 사용할 때에 실무에서 자주 사용되는 라이브러리인 타입스크립트와 CSS-in-JS 라이브러리인 Emotion을 적용하는 방법에 대해 알아보았다. 또한 컴포넌트 기반인 리액트에서 컴포넌트를 좀 더 쉽게 추가하기 위해 상대 경로가 아닌 절대 경로를 사용하여 컴포넌트를 추가하는 방법에 대해서도 알아보았다.

그리고 다른 개발자와 협업할 때에 소스 코드의 스타일을 맞추거나 잠재적인 오류, 버그를 방지하기 위해 실무에서 자주 사용되는 Prettier와 ESLint를 소개했고, 설정하여 실행하는 방법에 대해 알아보았다.

3장에서 소개한 내용은 리액트를 사용하기 위한 필수 과정은 아니다. 하지만 실무에서 많이 사용되는 방법이고, 다른 개발자들과 협업하기 위해서는 꼭 필요한 내용이므로 잘 알아두도록 하자. 이 책에서는 3장에서 설명한 내용을 매번 다시 설치하고 설정할 예정이다. 이를 통해 리액트뿐만 아니라 실무에서 사용되는 내용들을 꾸준히 복습할 예정이므로 내용이 어렵다고 너무 걱정하지 말자.

지금까지 리액트 프로젝트를 구성하고 프로그래밍에 도움이 되는 라이브러리들에 대해 알아보았다. 4장부터는 본격적으로 리액트를 사용하는 방법에 대해 알아보도록 하자.

카운터 앱 - Props와 State

지금까지 리액트와 리액트를 사용하기 위한 환경 설정 그리고 실무에서 리액트와 함께 사용하는 라이브러리에 대해 알아보았다. 4장에서는 리액트를 사용하여 간단한 카운터 앱을 제작해 봄으로써 리액트의 주요 개념인 Props와 State에 대해 알아보려고 한다.

4.1 Props와 State

Props와 State는 리액트의 핵심 개념 중 하나이다. Props와 State를 빼고서는 리액트를 이야기할 수 없다. 리액트에서는 데이터를 다루는 방법으로 Props와 State, Context를 제공한다. 4장에서는 그중에서도 Props와 State에 대해 알아보도록 하겠다.

Props는 영어로 'Properties'로 '특성'이라는 의미를 가지고 있다. Props는 리액트 컴포넌트의 특성을 나타내며, 이 특성을 통해 부모 컴포넌트가 자식 컴포넌트에 데이터를 전달할 수 있다. 부모 컴포넌트로부터 전달받는 데이터이고 해당 컴포넌트의 특성이므로 자식 컴포넌트에서는 변경이 불가능하다.

State는 영어 의미 그대로 '상태'를 의미한다. State는 리액트 컴포넌트의 현재 상태를 의미하며, 이 컴포넌트 상태는 변경이 가능하다. State는 한 컴포넌트 안에서 유동적인 데이터를 다룰 때에 사용되며, 컴포넌트 안에서 데이터를 변경할 수 있다. 즉, State는 한 컴포넌트의 상태State를 나타낸다.

하나의 컴포넌트에는 컴포넌트의 특성을 나타내며 변경이 불가능한 데이터인 Props

와 컴포넌트 안에서 해당 컴포넌트의 상태를 나타내며 변경이 가능한 데이터인 State가 존재한다.

좀 더 이해를 돕기 위해 4장에서는 리액트의 Props와 State를 사용하여 카운터 앱을 제작할 예정이다.

4.2 프로젝트 준비

카운터 앱을 제작하기 위해 다음 명령어를 실행하여 새로운 리액트 프로젝트를 생성한다.

```
npx create-react-app counter --template=typescript
```

프로젝트 생성이 완료되면, 컴포넌트를 절대 경로로 추가할 수 있도록 하기 위해 타입스크립트 설정 파일인 tsconfig.json을 열고 다음과 같이 baseUrl 옵션을 추가한다.

```
{
  "compilerOptions": {
    ...
    "jsx": "react-jsx",
    "baseUrl": "src"
  },
  ...
}
```

우리는 리액트 프로젝트에서 스타일링을 하기 위해 CSS-in-JS 라이브러리인 Emotion을 사용하고, Prettier와 ESLint를 사용하여 소스 코드 포맷 및 잠재적인 오류를 찾도록 할 예정이다. 따라서 다음 명령어를 실행하여 Emotion과 Prettier, ESLint를 설치한다.

```
# cd counter
npm install --save @emotion/react @emotion/styled
npm install --save-dev prettier eslint
```

설치가 완료됐다면, Prettier를 설정하기 위해 .prettierrc.js 파일을 생성하고 다음과 같이 수정한다.

```
module.exports = {
  singleQuote: true,
  trailingComma: 'all',
  printWidth: 100,
};
```

이제 ESLint를 설정하기 위해 다음 명령어를 실행한다.

```
npx eslint --init
```

명령어가 실행되면, ESLint를 설정하기 위한 질문들이 나온다. 다음과 같은 질문에 y 를 눌러 ESLint를 설정하도록 한다.

```
Ok to proceed? y
```

다음과 같은 질문에 To check syntax and find problems를 선택한다.

```
? How would you like to use ESLint? ...
  To check syntax only
> To check syntax and find problems
  To check syntax, find problems, and enforce code style
```

다음과 같은 질문에 JavaScript modules (import/export)를 선택한다.

```
? What type of modules does your project use? ...
> JavaScript modules (import/export)
  CommonJS (require/exports)
  None of these
```

다음과 같은 질문에 React를 선택한다.

```
? Which framework does your project use? ...
> React
  Vue.js
```

```
None of these
```

다음과 같은 질문에 Yes를 선택한다.

```
? Does your project use TypeScript? › No / Yes
```

다음과 같은 질문에 Browser를 선택한다.

```
? Where does your code run? ...  (Press <space> to select, <a> to toggle
all, <i> to invert selection)
  Browser
  Node
```

다음과 같은 질문에 JavaScript를 선택한다.

```
? What format do you want your config file to be in? ...
> JavaScript
  YAML
  JSON
```

다음과 같은 질문에 Yes를 선택한다.

```
eslint-plugin-react@latest @typescript-eslint/eslint-plugin@latest @t
ypescript-eslint/parser@latest
? Would you like to install them now with npm? › No / Yes
```

마지막으로 ESLint가 리액트 버전을 인식할 수 있도록 하고, 불필요한 import문을
제거하기 위해 .eslintrc.js 파일을 다음과 같이 수정한다.

```
module.exports = {
  settings: {
    react: {
      version: 'detect',
    },
  },
  env: { ... },
  ...
```

```
  rules: {
    'react/react-in-jsx-scope': 'off',
  },
}
```

그런 다음 ./src/App.tsx 파일을 열고 다음과 같이 불필요한 import문을 제거한다.

```
import React from 'react';
```

Prettier와 ESLint를 설치하고 설정했다면, package.json 파일을 열고 다음과 같이 수정하여 Prettier와 ESLint를 실행하는 명령어를 추가한다.

```
...
"scripts": {
  ...
  "eject": "react-scripts eject",
  "format": "prettier --check ./src",
  "format:fix": "prettier --write ./src",
  "lint": "eslint ./src",
  "lint:fix": "eslint --fix ./src"
},
...
```

이제 명령 프롬프트를 열고 다음 명령어를 실행하여 Prettier와 ESLint의 룰에 맞게 파일들을 수정한다.

```
npm run format:fix
npm run lint:fix
```

명령어 실행을 완료했다면, 다음 명령어를 실행하여 Prettier와 ESLint의 룰을 잘 지키고 있는지 확인한다.

```
npm run format
npm run lint
```

이것으로 카운터 프로젝트를 위한 새 리액트 프로젝트의 모든 준비가 끝났다. 이제 다음 명령어를 실행하여 리액트 프로젝트가 잘 실행되는지 확인한다.

```
npm start
```

명령어가 문제 없이 실행됐다면, 웹 브라우저에 localhost:3000으로 페이지가 자동으로 열리면서 [그림 4-1]과 같은 화면을 확인할 수 있다.

[그림 4-1] 리액트 프로젝트

지금까지 배운 타입스크립트, Emotion 그리고 Prettier와 ESLint로 리액트 프로젝트를 생성하고 개발 환경을 만들어 보았다. 이제 본격적으로 카운터 앱을 개발해 보자.

4.3 개발

리액트의 Props와 State를 이해하기 위해 본격적으로 카운터 앱을 개발해 보자. 우선 완성된 카운터 앱의 이미지는 [그림 4-2]와 같다.

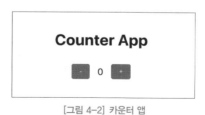

[그림 4-2] 카운터 앱

빼기(-) 버튼을 클릭하면 가운데 표시된 숫자(0)가 1씩 감소하고, 더하기 버튼(+)을 클릭하면 가운데 표시된 숫자(0)가 1씩 증가하는 단순한 앱이다. 이 앱을 단계별로 제작해 봄으로써 Props와 State를 좀 더 깊게 이해해 보자.

완성된 소스 코드는 다음의 깃헙^{GitHub} 주소에서 확인할 수 있다.

– 깃헙: https://github.com/dev-yakuza/react_with_typescript_book_examples/tree/main/ch4.
   counter

1) 〈Container /〉 컴포넌트

우선 카운터 앱을 표시할 영역인 〈Container /〉 컴포넌트를 만들어 보자. 현재 브라우저에 표시된 내용을 수정하기 위해 ./src/App.tsx 파일을 열고 다음과 같이 수정한다.

```
import styled from '@emotion/styled';

const Container = styled.div`
  height: 100vh;
  display: flex;
  flex-direction: column;
  align-items: center;
  justify-content: center;
`;

function App() {
  return (
    <Container>
    </Container>
  );
}

export default App;
```

이 책은 리액트에 관한 책이므로 스타일링(CSS)에 대한 자세한 설명은 생략하도록 하겠다. 〈Container /〉 컴포넌트는 CSS-in-JS 라이브러리인 Emotion을 사용하여 스타일링된 컴포넌트이다. 이 컴포넌트는 브라우저의 전체 화면을 차지하여 표시되며, 하위에 표시되는 컴포넌트들을 flex를 사용하여 가운데 표시되도록 하고 있다.

App.tsx 파일을 수정하고 저장한 후 브라우저를 확인해 보면, 이전과는 다르게 하얀 화면이 표시되는 것을 확인할 수 있다.

2) 〈Title /〉 컴포넌트

앱의 이름인 Counter App을 표시하기 위한 〈Title /〉 컴포넌트를 만들어 보자. 〈Title /〉 컴포넌트를 만들기 위해 ./src/App.tsx 파일을 열고 다음과 같이 수정한다.

```tsx
import styled from '@emotion/styled';

const Container = styled.div`
  ..
`;

const Title = styled.h1`
  margin-bottom: 32px;
`;

function App() {
  return (
    <Container>
      <Title>Counter App</Title>
    </Container>
  );
}

export default App;
```

App.tsx 파일을 수정하고 저장한 후 브라우저를 확인해 보면, [그림 4-3]과 같이 화면에 Counter App이라는 문자열이 표시되는 것을 확인할 수 있다.

Counter App

[그림 4-3] 〈Title /〉 컴포넌트

3) ⟨Label /⟩ 컴포넌트

이제 카운터 앱의 카운터를 표시하는 ⟨Label /⟩ 컴포넌트를 만들어 보자. ⟨Label /⟩ 컴포넌트를 만들기 위해 ./src/App.tsx 파일을 열고 다음과 같이 수정한다.

```tsx
import styled from '@emotion/styled';

...

const Contents = styled.div`
  display: flex;
  align-items: center;
  justify-content: center;
`;

const Label = styled.span`
  margin: 0 16px;
  font-size: 1.2rem;
`;

function App() {
  return (
    <Container>
      <Title>Counter App</Title>
      <Contents>
        <Label>0</Label>
      </Contents>
    </Container>
  );
}

export default App;
```

나중에 표시될 버튼들과 ⟨Label /⟩ 컴포넌트는 가로로 표시될 예정이다. 따라서 ⟨Contents /⟩ 컴포넌트를 함께 만들어 추가했다.

App.tsx 파일을 수정하고 저장한 후 브라우저를 확인해 보면, [그림 4-4]와 같이 ⟨Label /⟩ 컴포넌트가 잘 표시되는 것을 확인할 수 있다.

[그림 4-4] <Label /> 컴포넌트

4) 〈Button /〉 컴포넌트

다음으로 카운터를 올리고 내릴 〈Button /〉 컴포넌트를 만들어 보자. 〈Button /〉 컴
포넌트를 만들기 위해 ./src/App.tsx 파일을 열고 다음과 같이 수정한다.

```
import styled from '@emotion/styled';

...

const Button = styled.button`
  border: 0;
  color: #ffffff;
  background-color: #ff5722;
  cursor: pointer;
  padding: 8px 16px;
  border-radius: 4px;

  &:hover {
    background-color: #ff5722;
    opacity: 0.8;
  }

  &:active {
    box-shadow: inset 5px 5px 10px rgba(0, 0, 0, 0.2);
  }
`;

function App() {
  return (
    <Container>
      <Title>Counter App</Title>
```

```
    <Contents>
      <Button>-</Button>
      <Label>0</Label>
      <Button>+</Button>
    </Contents>
  </Container>
  );
}

export default App;
```

〈Button /〉 컴포넌트로는 마우스를 호버^{Hover}했을 때와 클릭했을 때를 인지하기 쉽
게 하기 위한 스타일링을 해보았다.

App.tsx 파일을 수정하고 저장한 후 브라우저를 확인해 보면, [그림 4-5]와 같이
〈Button /〉 컴포넌트가 잘 표시되는 것을 확인할 수 있다.

[그림 4-5]   <Button /> 컴포넌트

이것으로 카운터 앱의 화면 구성이 끝났다. 이제 Props와 State를 사용하여 컴포넌
트를 분리하고, 컴포넌트 안에서 데이터를 변경하는 방법에 대해 알아보도록 하자.

5) State

State는 리액트 컴포넌트의 현재 상태를 의미하며, 이 컴포넌트 상태는 변경이 가능
하다고 이야기했다. 따라서 State는 한 컴포넌트 안에서 유동적인 데이터를 다루거
나 컴포넌트 안에서 데이터가 변경되고 그 내용이 화면에 반영되어야 할 때에 사용
한다.

카운터 앱에서는 더하기, 빼기 버튼을 클릭했을 때에 카운터 값이 변경되고, 변경된
값이 화면에 표시돼야 한다. 즉, 화면에 표시된 0이라는 숫자가 State에 의해 관리돼
야 하는 변수인 것이다.

그러면 화면에 표시된 0이라는 숫자를 State로 관리하기 위해 ./src/App.tsx 파일을
열고 파일 상단을 다음과 같이 수정한다.

```
Import { useState } from 'react';
import styled from '@emotion/styled';
...
```

리액트의 함수 컴포넌트에서 State를 사용하기 위해서는 리액트가 제공하는
useState 훅^{Hook}을 사용할 필요가 있다. 함수 컴포넌트와 훅에 대해서는 5장 클래스
컴포넌트에서 자세히 설명하도록 하겠다. 4장에서는 리액트 컴포넌트에서 State를
가지는 컴포넌트를 생성하기 위해서는 리액트가 제공하는 useState를 사용할 필요
가 있다는 점만 기억하도록 하자.

이제 추가한 useState를 사용하여 State를 생성해 보도록 하자. ./src/App.tsx 파일
을 다음과 같이 수정하여 State를 생성한다.

```
function App() {
  const [counter, setCounter] = useState(0);

  return (
    ...
  );
}
```

리액트의 useState 훅은 함수로, 우리가 생성할 State 변수의 초깃값을 매개 변수로
전달하여 호출하며, 결괏값으로는 배열을 반환한다.

```
const 배열 = useState (데이터 초깃값);
// 배열[0]: 데이터 초깃값이 들어간 변수
// 배열[1]: 데이터를 수정할 수 있는 set 함수
```

반환된 배열에는 useState 함수를 호출할 때에 설정한 초깃값이 할당된 변수와 해당
변수를 수정하기 위한 set 함수가 포함되어 있다.

실무에서는 반환된 결괏값을 자바스크립트의 구조 분해 할당^{Destructuring Assignment} 문법
을 통해 변수와 set 함수를 할당하여 사용한다.

```
const [변수명, set 함수명] = useState (데이터 초깃값);
```

useState를 사용하여 만든 State를 구조 분해 할당을 통해 변수와 set 함수를 할당 받고, 할당받은 State 변수와 이 변수를 수정하기 위한 set 함수를 필요한 곳에서 호출하여 사용하게 된다.

이제 만든 State 변수인 counter를 화면에 표시하기 위해 ./src/App.tsx 파일에서 〈Label /〉 컴포넌트 부분을 다음과 같이 수정한다.

```
function App() {
  const [counter, setCounter] = useState(0);

  return (
    <Container>
      <Title>Counter App</Title>
      <Contents>
        <Button>-</Button>
        <Label>{counter}</Label>
        <Button>+</Button>
      </Contents>
    </Container>
  );
}
```

이렇게 수정한 App.tsx 파일을 저장하고 브라우저를 확인해 보면, [그림 4-6]과 같이 이전과 동일한 화면을 확인할 수 있다. 즉, 우리가 만든 State 변수가 하드 코딩한 "0" 문자를 잘 대체한 것을 확인할 수 있다.

[그림 4-6] State 변수 표시

그러면 이제 useState로 생성한 set 함수를 사용하여 State값을 변경해 보도록 하자. set 함수를 사용하여 State값을 변경하기 위해 App.tsx 파일에서 〈Button /〉 컴포넌트 부분을 다음과 같이 수정한다.

```
function App() {
  const [counter, setCounter] = useState(0);

  const sub = () => {
    setCounter(counter - 1);
  };
  const add = () => {
    setCounter(counter + 1);
  };

  return (
    <Container>
      <Title>Counter App</Title>
      <Contents>
        <Button onClick={sub}>-</Button>
        <Label>{counter}</Label>
        <Button onClick={add}>+</Button>
      </Contents>
    </Container>
  );
}
```

추가한 내용을 살펴보면, 빼기 버튼을 클릭했을 때에 현재 State에서 1을 뺀 값을 State의 set 함수인 setCounter 함수를 통해 State의 값을 변경하는 sub 함수를 만든 것을 확인할 수 있다. 마찬가지로 더하기 버튼을 클릭했을 때에 현재 State에서 1을 더한 값을 State의 set 함수인 setCounter 함수를 통해 State의 값을 변경하는 add 함수를 만든 것을 확인할 수 있다.

이렇게 만든 sub 함수와 add 함수를 빼기와 더하기 ⟨Button /⟩ 컴포넌트의 onClick 이벤트와 연결하여 각각의 버튼을 클릭했을 때에 동작하도록 했다.

이제 수정한 App.tsx 파일을 저장하고 브라우저에 표시된 화면에서 더하기 버튼 또는 빼기 버튼을 클릭해 보면, [그림 4-7]과 같이 화면에 표시된 카운터 값이 변경되는 것을 확인할 수 있다.

[그림 4-7] set 함수를 통해 State 변수 변경

리액트에서는 이처럼 State를 사용하여 한 컴포넌트 안에서 데이터를 변경하고, 변경된 내용을 화면에 반영시킬 수 있다. 이런 State 변수를 생성하기 위해서는 useState를 사용하여 State 변수와 set 함수를 할당받고, 할당받은 State 변수를 화면에 표시하고, set 함수를 통해 이를 변경해야 한다.

6) Props

지금까지는 ./src/App.tsx 파일 안에 있는 하나의 컴포넌트에서 모든 내용을 개발했다. 이제 Props를 알아보기 위해 〈Button /〉과 〈Label /〉 컴포넌트를 별도의 파일로 분리해 보도록 하자.

우선 〈Button /〉 컴포넌트를 분리하기 위해 src 폴더 밑에 components라는 폴더를 만들고, 그 안에 Button 폴더를 만든 후 index.tsx 파일을 만든다. 이제 〈Button /〉 컴포넌트를 만들기 위해 ./src/components/Button/index.tsx 파일을 열고 다음과 같이 필요한 라이브러리를 불러온다.

```
import styled from '@emotion/styled';
```

그런 다음 ./src/App.tsx 파일에서 CSS-in-JS 라이브러리인 Emotion으로 만든 〈Button /〉 컴포넌트와 동일한 컴포넌트를 다음과 같이 생성한다.

```
import styled from '@emotion/styled';

const Container = styled.button`
  border: 0;
  color: #ffffff;
  background-color: #ff5722;
  cursor: pointer;
  padding: 8px 16px;
  border-radius: 4px;
```

```
  &:hover {
    background-color: #ff5722;
    opacity: 0.8;
  }

  &:active {
    box-shadow: inset 5px 5px 10px rgba(0, 0, 0, 0.2);
  }
`;
```

현재 〈Button /〉 컴포넌트를 제작하고 있으므로 이름의 중복을 피하기 위해 변수명을 Button이 아닌 Container를 사용한 것을 확인할 수 있다.

생성한 〈Container /〉 컴포넌트를 다음과 같이 사용하여 〈Button /〉 컴포넌트를 만든다.

```
import styled from '@emotion/styled';

const Container = styled.button`
  ...
`;

export const Button = () => {
  return <Container onClick={() => console.log('click')}>test</
Container>;
};
```

일단, 잘 동작하는지 확인하기 위해 onClick 이벤트에 console.log를 출력하는 함수를 추가했으며, test라는 글자가 화면에 표시되도록 만들었다.

〈Button /〉 컴포넌트를 만들었다면, 잘 만들어졌는지 확인하기 위해 ./src/App.tsx 파일에서 해당 컴포넌트를 불러와 사용해 보도록 하자. ./src/App.tsx 파일에서 〈Button /〉 컴포넌트를 사용하기 위해 우선 파일 상단에 다음과 같은 내용을 추가하여 우리가 만든 〈Button /〉 컴포넌트를 불러오도록 한다.

```
import { useState } from 'react';
import styled from '@emotion/styled';
```

```
import { Button } from 'components/Button';
```

우리는 절대 경로로 컴포넌트를 추가하도록 설정했으므로 components/Button과 같이 컴포넌트를 추가할 수 있다. 또한 Button 폴더 이후 특별한 파일을 지정하지 않은 것을 확인할 수 있다. 이렇게 특정 파일 명을 지정하지 않으면, 기본적으로 index. tsx 파일을 찾게 된다. 따라서 components/Button/index.tsx와 같이 불러오지 않고, components/Button으로 불러와 사용할 수 있다.

그러면 이제 ./src/App.tsx 파일에서 더 이상 사용하지 않는 ⟨Button /⟩ 컴포넌트를 다음과 같이 제거하여 컴포넌트의 이름 충돌 문제를 해결하도록 하자.

```
...
const Button = styled.button`
  border: 0;
  color: #ffffff;
  background-color: #ff5722;
  cursor: pointer;
  padding: 8px 16px;
  border-radius: 4px;

  &:hover {
    background-color: #ff5722;
    opacity: 0.8;
  }

  &:active {
    box-shadow: inset 5px 5px 10px rgba(0, 0, 0, 0.2);
  }
`;
...
```

마지막으로 ./src/App.tsx 파일에서 기존의 ⟨Button /⟩ 컴포넌트를 사용하는 부분을 다음과 같이 수정하여 우리가 만든 컴포넌트를 사용하도록 하자.

```
...
function App() {
  ...
```

```
  return (
    <Container>
      <Title>Counter App</Title>
      <Contents>
        <Button />
        <Label>{counter}</Label>
        <Button />
      </Contents>
    </Container>
  );
}
```

수정한 App.tsx 파일을 저장하고 브라우저를 확인해 보면, [그림 4-8]과 같이 우리
가 만든 〈Button /〉 컴포넌트가 잘 표시되는 것을 확인할 수 있다.

[그림 4-8] 〈Button /〉 컴포넌트

현재는 하드 코딩을 한 내용이 화면에 표시되고 있다. 이제 부모 컴포넌트로부터
Props를 통해 데이터를 전달받고, 전달받은 데이터를 사용하여 화면을 표시하는 방
법에 대해 알아보자.

우선 〈Button /〉 컴포넌트에서 부모로부터 데이터를 전달받을 준비를 해야 한다.
부모 컴포넌트로부터 Props를 통해 데이터를 전달받기 위해 ./src/components/
Button/index.tsx 파일을 열고 다음과 같이 수정한다.

```
import styled from '@emotion/styled';

const Container = styled.button`
  ...
`;

interface Props {
  readonly label: string;
```

```
    readonly onClick: () => void;
}

export const Button = () => {
  ...
};
```

이와 같이 Props를 통해 전달받을 데이터를 타입스크립트의 interface를 사용하여 Props라는 인터페이스를 정의했다. 타입스크립트에서 interface는 객체의 스펙이나 함수의 매개 변수, 클래스 등을 정의할 때 사용된다.

```
interface 인터페이스 명 {
  변수명: 변수 타입;
}
```

여기서 인터페이스 명에는 어떤 이름도 사용이 가능하다. 일반적으로 리액트 컴포넌트에서는 Props라는 이름을 사용한다.

```
interface Props {
  readonly label: string;
  readonly onClick?: () => void;
}
```

〈Button /〉 컴포넌트는 label이라는 읽기 전용readonly의 문자열string 데이터를 부모 컴포넌트로부터 필수로 전달받아야 한다. 만약 〈Button /〉 컴포넌트를 사용하는 곳에서 label을 전달하지 않으면 에러가 발생한다.

또한 onClick이라는 이름의 반환값을 가지지 않는void 함수를 선택적으로(?) 전달받을 수 있다. 여기서 물음표(?)는 해당 변수가 필수가 아닌 경우 사용되며, 부모 컴포넌트로부터 해당 값을 전달받지 않는다면, 해당 값은 undefined값을 가지게 된다.

이제 Props 인터페이스를 사용하여 〈Button /〉 컴포넌트의 Props를 지정해 보도록 하자. 〈Button /〉 컴포넌트에서 Props 인터페이스를 사용하기 위해 다음과 같이 수정한다.

```
    ...
```

```
interface Props {
  readonly label: string;
  readonly onClick: () => void;
}

export const Button = (props: Props) => {
  return <Container onClick={props.onClick}>{props.label}</Container>;
};
```

리액트 컴포넌트는 기본적으로 자바스크립트의 함수 형태를 띠고 있다. 따라서 부모 컴포넌트로부터 전달받는 Props 데이터는 리액트 컴포넌트 함수의 매개 변수로 전달받게 된다.

```
export const 컴포넌트 명 = (Props 데이터) => {
  컴포넌트 구현
};
```

이렇게 전달받은 Props 데이터는 객체 형태를 가지게 되며, props.onClick, props.label과 같이 접근하여 사용할 수 있다. 부모 컴포넌트로부터 전달받는 매개 변수인 Props 데이터는 단순한 변수이므로 변수명은 어떤 이름을 사용해도 상관없다.

실무에서는 이렇게 객체에 접근하는 방식을 사용하지 않고, 다음과 같이 구조 분해 할당을 사용한다.

```
export const Button = ({ label, onClick }: Props) => {
  return <Container onClick={onClick}>{label}</Container>;
};
```

이것으로 〈Button /〉 컴포넌트에서 Props를 사용할 준비가 끝났다. 이제 〈Button /〉 컴포넌트를 사용하는 ./src/App.tsx 파일에서 Props로 데이터를 전달하는 방법에 대해 알아보자.

Props로 데이터를 전달하는 방법을 알아보기 위해 〈Button /〉 컴포넌트를 사용하고 있는 ./src/App.tsx 파일을 열어 보면, [그림 4-9]와 같이 에러가 발생하고 있는 것을 확인할 수 있다.

```
import Button
Property 'label' is missing in type '{}' but required in type 'Props'. ts(2741)
index.tsx(21, 12): 'label' is declared here.
View Problem    Quick Fix... (⌘.)
```

[그림 4-9] <Button /> 컴포넌트

에러 내용을 확인해 보면, Props 타입에서 label을 필수로 요구하고 있지만 label을 전달하지 않고 있다는 내용이다. 그러면 다음과 같이 〈Button /〉 컴포넌트의 필수 Props인 label 데이터를 전달하여 에러를 고쳐보도록 하자.

```
function App() {
  ...

  return (
    <Container>
      <Title>Counter App</Title>
      <Contents>
        <Button label="-" />
        <Label>{counter}</Label>
        <Button label="+" />
      </Contents>
    </Container>
  );
}
```

이와 같이 〈Button /〉 컴포넌트의 필수 Props인 label 데이터를 지정하면, 에러가 사라지는 것을 확인할 수 있다. 또한 파일을 저장하고 브라우저를 확인해 보면, [그림 4-10]과 같이 우리가 전달한 label 데이터가 잘 표시되는 것을 확인할 수 있다.

[그림 4-10] Props의 label 데이터 표시

하지만 해당 버튼을 클릭해도 화면에 표시된 0이 변경되지 않는 것을 알 수 있다. 이는 해당 〈Button /〉 컴포넌트의 Props인 onClick에 State를 변경하는 함수를 지정하지 않았기 때문이다. 이제 〈App /〉 컴포넌트를 다음과 같이 수정하여 〈Button /〉 컴포넌트를 클릭했을 때에 State가 변경되도록 만들어 보자.

```
function App() {
  ...

  return (
    <Container>
      <Title>Counter App</Title>
      <Contents>
        <Button label="-" onClick={sub} />
        <Label>{counter}</Label>
        <Button label="+" onClick={add} />
      </Contents>
    </Container>
  );
```

〈App /〉 컴포넌트의 State를 변경하기 위한 함수는 미리 만들어 두었기 때문에 해당 함수를 〈Button /〉 컴포넌트의 Props인 onClick에 전달해 주었다. 수정한 후 파일을 저장하고 브라우저에 표시된 버튼을 클릭해 보면, [그림 4-11]과 같이 화면에 표시된 카운터가 잘 변경되는 것을 확인할 수 있다.

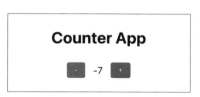

[그림 4-11] Props의 onClick을 통한 State 변경

이것으로 리액트에서 Props를 사용하여 부모 컴포넌트로부터 자식 컴포넌트로 데이터를 전달하는 방법에 대해 알아보았다. 한 번 더 복습하기 위해 〈Label /〉 컴포넌트도 별도의 파일로 분리하고 Props를 사용하여 데이터를 전달하도록 만들어 보자.

우선 〈Label /〉 컴포넌트를 별도의 파일로 분리하기 위해 src 폴더 안에 있는

components 폴더에 Label이라는 폴더를 만들고 index.tsx 파일을 생성한다.

이렇게 생성한 ./src/components/Label/index.tsx 파일을 열고 다음과 같이 수정하여 ⟨Label /⟩ 컴포넌트를 생성한다.

```tsx
import styled from '@emotion/styled';

const Container = styled.span`
  margin: 0 16px;
  font-size: 1.2rem;
`;

interface Props {
  readonly data: number;
}

export const Label = ({ data }: Props) => {
  return <Container>{data}</Container>;
};
```

앞에서 만든 ⟨Button /⟩ 컴포넌트와 동일한 구조이므로 자세한 설명은 생략하도록 하겠다. 컴포넌트의 스타일을 지정하기 위해 Emotion의 styled를 불러왔으며, App.tsx 파일에서 정의한 ⟨Label /⟩ 컴포넌트와 동일한 내용을 가지는 ⟨Container /⟩ 컴포넌트를 생성했다.

또한 타입스크립트의 interface를 사용하여 Props 인터페이스를 정의했으며, 읽기 전용의 data라는 숫자형 데이터를 필수로 전달받도록 설정했다. 이렇게 정의한 인터페이스를 사용하여 ⟨Label /⟩ 컴포넌트 함수의 매개 변수를 지정했으며, 구조 분해 할당을 통해 할당받은 data 변수를 화면에 표시하도록 만들었다.

이제 정의한 ⟨Label /⟩ 컴포넌트를 사용하기 위해 ./src/App.tsx 파일을 열고 다음과 같이 수정한다.

```tsx
...
import { Button } from 'components/Button';
import { Label } from 'components/Label';
...
const Label = styled.span`
```

```
    margin: 0 16px;
    font-size: 1.2rem;
  `;

function App() {
  ...
  return (
    <Container>
      <Title>Counter App</Title>
      <Contents>
        <Button label="-" onClick={sub} />
        <Label data={counter} />
        <Button label="+" onClick={add} />
      </Contents>
    </Container>
  );
}

export default App;
```

우리가 만든 〈Label /〉 컴포넌트를 사용하기 위해 절대 경로로 컴포넌트를 추가했으며, 이전에 Emotion으로 만든 〈Label /〉 컴포넌트는 이름 중복 문제를 피하기 위해 제거했다.

```
<Label data={counter} />
```

그리고 Emotion으로 만든 〈Label /〉 컴포넌트를 사용하는 부분을 별도의 파일로 만든 〈Label /〉 컴포넌트로 대체했다. 이때 〈Label /〉 컴포넌트의 필수 Props인 data를 전달했다.

이렇게 ./src/App.tsx 파일을 수정하고 저장한 후 브라우저를 확인해 보면, 이전과 동일하게 동작하는 것을 확인할 수 있다. 이를 통해 우리는 별도의 파일로 만든 〈Label /〉 컴포넌트가 정상적으로 동작하는 것을 알 수 있다.

4.4 요약

이것으로 리액트에서 데이터를 다루는 방식인 Props와 State를 카운터 앱을 제작해 보면서 알아보았다. Props는 부모 컴포넌트로부터 자식 컴포넌트로 전달되는 데이터이고, State는 한 컴포넌트 안에서 유동적인 데이터를 다룰 때에 사용한다는 것을 배웠다. Props와 State는 리액트 개발의 핵심이며, 이를 빼고는 개발이 불가능하므로 4장을 통해 잘 기억해 두도록 하자.

5장에서는 지금까지 만든 카운터 앱을 리액트의 클래스 컴포넌트로 변경하여 클래스 컴포넌트를 이해하고, 리액트 컴포넌트의 라이프사이클Lifecycle에 대해 알아보도록 하자.

클래스 컴포넌트

4장에서 리액트 컴포넌트를 제작할 때에 함수 컴포넌트(Function Component)를 사용하여 제작했다. 리액트는 버전 16.8부터 함수 컴포넌트를 기본 컴포넌트로 사용하기 시작했으며, 그 이전에는 클래스 컴포넌트(Class Component)를 기본 컴포넌트로 사용했다.

이와 같이 리액트가 출시되어 16.8 버전이 될 때까지 긴 시간 클래스 컴포넌트가 기본 컴포넌트로 사용되어 왔기 때문에 클래스 컴포넌트로 제작된 많은 예제들과 라이브러리들이 아직 존재하고 있다. 또한 리액트는 여전히 클래스 컴포넌트를 지원하고 있기 때문에 클래스 컴포넌트로 리액트 컴포넌트를 제작하는 것이 가능하다. 따라서 우리는 리액트의 클래스 컴포넌트를 사용하는 방법을 이해할 필요가 있다.

5장에서는 4장에서 만든 카운터 앱을 클래스 컴포넌트로 제작해 봄으로써 리액트의 클래스 컴포넌트를 이해해 보려고 한다.

5.1 클래스 컴포넌트

리액트는 리액트 훅^{React Hook}이 나오기 전까지 클래스 컴포넌트를 기본 컴포넌트로 사용했다. 클래스 컴포넌트를 기본으로 사용한 것은 함수 컴포넌트에서는 컴포넌트의 상태를 관리하는 데 State를 사용할 수 없었기 때문이다. 따라서 리액트 훅 이전에는 State를 가지는 컴포넌트는 클래스 컴포넌트로 제작하고, 단순히 부모 컴포넌트로부터 Props를 받아 화면에 표시하는 컴포넌트를 제작할 때에는 함수 컴포넌트를 많이 사용했다.

하지만 리액트 훅이 나오면서 함수 컴포넌트에서도 State를 사용할 수 있게 됐다. 그로 인해 많은 리액트 개발자들이 클래스 컴포넌트보다 이해하기 쉽고 사용하기 쉬운 함수 컴포넌트를 사용하기 시작했다.

– 리액트 훅 도입 동기: https://ko.reactjs.org/docs/hooks-intro.html#motivation

리액트 훅이란 4장의 카운터 앱 예제에서 사용한 useState를 포함하여 앞으로 배울 useEffect, useContext 등을 사용하여 함수 컴포넌트에서도 클래스 컴포넌트의 상태 관리, 컴포넌트의 생명 주기를 사용할 수 있게 해주는 방법을 말한다.

리액트의 버전 16.8이 나오기 전까지 긴 시간 동안 이미 많은 웹 애플리케이션이나 리액트와 관련된 라이브러리들이 클래스 컴포넌트로 개발되어 왔기 때문에 우리는 클래스 컴포넌트를 다루는 방법에 대해서도 이해하고 있어야 한다. 여전히 클래스 컴포넌트로 개발하는 개발자들이 있고, 리액트도 아직까지 클래스 컴포넌트를 제거할 계획을 가지고 있지 않다. 즉, 리액트로 계속 개발을 한다면, 언젠가는 클래스 컴포넌트를 만나게 될 것이고 클래스 컴포넌트로 개발할 필요가 생길 수도 있다는 것이다.

따라서 5장에서는 4장에서 함수 컴포넌트로 만든 할 일 목록 앱을 클래스 컴포넌트로 제작해 봄으로써 리액트의 클래스 컴포넌트를 이해해 보려고 한다.

5.2 프로젝트 준비

4장에서 만든 카운터 앱을 그대로 사용해도 되지만, 프로젝트 생성을 연습하기 위해 새로운 프로젝트를 다시 생성해 보도록 한다.

새로운 카운터 앱을 제작하기 위해 create-react-app 명령어를 사용하여 새로운 리액트 프로젝트를 생성한다.

```
npx create-react-app class-counter --template=typescript
```

프로젝트 생성이 완료되면, 컴포넌트를 절대 경로로 추가할 수 있도록 하기 위해 타입스크립트 설정 파일인 tsconfig.json을 열고 다음과 같이 baseUrl 옵션을 추가한다.

```
{
  "compilerOptions": {
```

```
    ...
    "jsx": "react-jsx",
    "baseUrl": "src"
  },
  ...
}
```

우리는 리액트 프로젝트에서 스타일링하기 위해 CSS-in-JS 라이브러리인 Emotion 을 사용하고, Prettier와 ESLint를 사용하여 소스 코드 포맷 및 잠재적인 오류를 찾도록 할 예정이다. 따라서 다음 명령어를 실행하여 Emotion과 Prettier, ESLint를 설치한다.

```
# cd class-counter
npm install --save @emotion/react @emotion/styled
npm install --save-dev prettier eslint
```

설치가 완료됐다면, Prettier를 설정하기 위해 .prettierrc.js 파일을 생성하고 다음과 같이 수정한다.

```
module.exports = {
  singleQuote: true,
  trailingComma: 'all',
  printWidth: 100,
};
```

이제 ESLint를 설정하기 위해 다음 명령어를 실행한다.

```
npx eslint --init
```

명령어가 실행되면, ESLint를 설정하기 위한 질문들이 나온다. 다음과 같은 질문에 y 를 눌러 ESLint를 설정하도록 한다.

```
Ok to proceed? y
```

다음과 같은 질문에 To check syntax and find problems를 선택한다.

```
? How would you like to use ESLint? ...
  To check syntax only
> To check syntax and find problems
  To check syntax, find problems, and enforce code style
```

다음과 같은 질문에 JavaScript modules (import/export)를 선택한다.

```
? What type of modules does your project use? ...
> JavaScript modules (import/export)
  CommonJS (require/exports)
  None of these
```

다음과 같은 질문에 React를 선택한다.

```
? Which framework does your project use? ...
> React
  Vue.js
  None of these
```

다음과 같은 질문에 Yes를 선택한다.

```
? Does your project use TypeScript? > No / Yes
```

다음과 같은 질문에 Browser를 선택한다.

```
? Where does your code run? ...  (Press <space> to select, <a> to toggle
all, <i> to invert selection)
  Browser
  Node
```

다음과 같은 질문에 JavaScript를 선택한다.

```
? What format do you want your config file to be in? ...
> JavaScript
  YAML
  JSON
```

다음과 같은 질문에 Yes를 선택한다.

```
eslint-plugin-react@latest @typescript-eslint/eslint-plugin@latest @t
ypescript-eslint/parser@latest
? Would you like to install them now with npm? › No / Yes
```

마지막으로 ESLint가 리액트 버전을 인식할 수 있도록 하고, 불필요한 import문을
제거하기 위해 .eslintrc.js 파일을 다음과 같이 수정한다.

```
module.exports = {
  settings: {
    react: {
      version: 'detect',
    },
  },
  env: {
    ...
  },
  ...
  rules: {
    'react/react-in-jsx-scope': 'off',
  },
}
```

그런 다음 ./src/App.tsx 파일을 열고 다음과 같이 불필요한 import문을 제거한다.

```
import React from 'react';
```

Prettier와 ESLint를 설치하고 설정했다면, package.json 파일을 열고 다음과 같이
수정하여 Prettier와 ESLint를 실행하는 명령어를 추가한다.

```
{
  ...
  "scripts": {
    ...
    "eject": "react-scripts eject",
    "format": "prettier --check ./src",
    "format:fix": "prettier --write ./src",
```

```
    "lint": "eslint ./src",
    "lint:fix": "eslint --fix ./src"
  },
  ...
}
```

이제 명령 프롬프트를 열고 다음 명령어를 실행하여 Prettier와 ESLint의 룰에 맞게 파일들을 수정한다.

```
npm run format:fix
npm run lint:fix
```

명령어 실행을 완료했다면, 다음 명령어를 실행하여 Prettier와 ESLint의 룰을 잘 지키고 있는지 확인한다.

```
npm run format
npm run lint
```

이것으로 클래스 컴포넌트로 카운터 앱을 제작하기 위한 새 리액트 프로젝트의 모든 준비가 끝났다. 이제 다음 명령어를 실행하여 리액트 프로젝트가 잘 실행되는지 확인한다.

```
npm start
```

명령어가 문제 없이 실행됐다면, 웹 브라우저에 localhost:3000으로 페이지가 자동으로 열리면서 [그림 5-1]과 같은 화면을 확인할 수 있다.

Edit src/App.tsx and save to reload.

Learn React

[그림 5-1] 리액트 프로젝트

이것으로 지금까지 배운 타입스크립트, Emotion 그리고 Prettier와 ESLint로 리액트 프로젝트를 생성하고 개발 환경을 만들어 보았다.

이제 4장의 src 폴더(counter/src)를 복사하여 5장의 프로젝트에 복사(class-counter/src)한다.

복사가 완료됐다면, 브라우저를 열고 새로고침을 하면 [그림 5-2]와 같이 4장에서 리액트의 함수 컴포넌트로 만든 카운터 앱이 잘 표시되는 것을 확인할 수 있다.

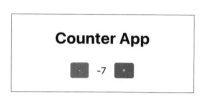

[그림 5-2] 리액트의 함수 컴포넌트로 제작된 카운터 앱

또한 표시된 버튼을 클릭하면, State의 값이 변경되어 화면에 표시된 카운터가 잘 변경되는 것을 확인할 수 있다.

이렇게 복사한 코드를 리액트의 클래스 컴포넌트를 사용하도록 수정하여 리액트의 클래스 컴포넌트와 리액트 컴포넌트의 생명 주기를 이해해 보도록 하자.

5.3 개발

4장에서 함수 컴포넌트를 사용하여 개발한 카운터 앱을 클래스 컴포넌트로 리팩토 링해 보면서 클래스 컴포넌트를 이해해 보자.

1) 〈Button /〉 컴포넌트

별도의 파일로 만든 〈Button /〉 컴포넌트를 클래스 컴포넌트로 리팩토링해 보자. 〈Button /〉 컴포넌트를 클래스 컴포넌트로 리팩토링하기 위해 ./src/components/Button/index.tsx 파일을 열고 다음과 같이 Component를 리액트로부터 불러온다.

```
import { Component } from 'react';
```

```
import styled from '@emotion/styled';
...
```

추가한 Component를 사용하여 다음과 같이 함수 컴포넌트였던 〈Button /〉 컴포넌 트를 클래스 컴포넌트로 리팩토링한다.

```
...
export const Button = ({ label, onClick }: Props) => {
  return <Container onClick={onClick}>{label}</Container>;
};

export class Button extends Component<Props> {
  render() {
    const { label, onClick } = this.props;
    return <Container onClick={onClick}>{label}</Container>;
  }
}
```

리액트에서 클래스 컴포넌트를 생성하기 위해서는 리액트의 Component 클래스를 상속^{extends}받아 새로운 클래스^{Button}를 생성할 필요가 있다.

```
export class 클래스 컴포넌트 명 extends Component<Props의 제네릭, State의
제네릭>{
  ...
}
```

Component 클래스를 상속할 때에 타입스크립트의 제네릭^{Generic}으로 Props와 State의 타입을 지정할 수 있다. 타입스크립트의 제네릭이란 여러 타입에 동작하는 컴포넌트 를 제작할 때에 사용하는 기술이다. 자세한 내용은 공식 문서를 참고하도록 하자.

– 타입스크립트 제네릭: https://www.typescriptlang.org/docs/handbook/2/generics.html

클래스 컴포넌트로 리팩토링하고 있는 〈Button /〉 컴포넌트는 컴포넌트 안에서 변 경이 가능한 데이터인 State는 사용하지 않고, 부모 컴포넌트로부터 전달받는 데이 터인 Props만 사용하고 있으므로 다음과 같이 State의 제네릭을 생략하고 Props의 제네릭만 제공하고 있다.

```
export class Button extends Component<Props> {
  ...
}
```

만약 만들고자 하는 클래스 컴포넌트가 Props도 존재하지 않는다면, 다음과 같이
Props의 제네릭도 생략할 수 있다.

```
export class Button extends Component {
  ...
}
```

반대로 만들고자 하는 클래스 컴포넌트가 State만 존재하는 컴포넌트라면, 다음과
같이 조금 복잡한 타입을 사용해야 한다.

```
export class Button extends Component<Record<string, never>, State> {
  ...
}
```

리액트의 함수 컴포넌트는 다음과 같이 화면에 표시되는 부분을 JSX를 사용하여 함
수의 반환값으로 작성한다.

```
export const Button = ({ label, onClick }: Props) => {
  return <Container onClick={onClick}>{label}</Container>;
};
```

이때 부모 컴포넌트로부터 전달받는 데이터인 Props를 함수의 매개 변수를 통해 전
달받게 된다.

반면 리액트의 클래스 컴포넌트는 리액트의 라이프사이클 함수인 render 함수에서
화면에 표시될 부분을 반환해야 한다.

```
export class Button extends Component<Props> {
  render() {
    const { label, onClick } = this.props;
    return <Container onClick={onClick}>{label}</Container>;
  }
```

```
  }
```

그리고 부모 컴포넌트로부터 전달받는 데이터인 Props는 this.props를 통해 접근하여 사용할 수 있다.

리액트의 클래스 컴포넌트로 리팩토링한 〈Button /〉 컴포넌트의 전체 소스 코드는 다음과 같다.

```
import { Component } from 'react';
import styled from '@emotion/styled';

const Container = styled.button`
  border: 0;
  color: #ffffff;
  background-color: #ff5722;
  cursor: pointer;
  padding: 8px 16px;
  border-radius: 4px;

  &:hover {
    background-color: #ff5722;
    opacity: 0.8;
  }

  &:active {
    box-shadow: inset 5px 5px 10px rgba(0, 0, 0, 0.2);
  }
`;

interface Props {
  readonly label: string;
  readonly onClick?: () => void;
}

export class Button extends Component<Props> {
  render() {
    const { label, onClick } = this.props;
    return <Container onClick={onClick}>{label}</Container>;
  }
}
```

이렇게 〈Button /〉 컴포넌트를 수정하고 저장한 후 브라우저를 확인해 보면, 이전과 동일하게 카운터 앱이 잘 표시되는 것을 확인할 수 있다. 이를 통해 우리가 클래스 컴포넌트로 리팩토링한 〈Button /〉 컴포넌트가 잘 동작하는 것을 알 수 있다.

이것으로 리액트의 함수 컴포넌트였던 〈Button /〉 컴포넌트를 클래스 컴포넌트로 리팩토링해 보았다. 다른 컴포넌트들도 클래스 컴포넌트로 변경해 보면서 리액트의 라이프사이클 함수를 이해해 보도록 하자.

2) 〈Label /〉 컴포넌트

별도의 파일로 만든 〈Label /〉 컴포넌트를 클래스 컴포넌트로 리팩토링해 보자. 〈Label /〉 컴포넌트를 클래스 컴포넌트로 리팩토링하기 위해 ./src/components/ Label/index.tsx 파일을 열고 다음과 같이 Component를 리액트로부터 불러온다.

```
import { Component } from 'react';
import styled from '@emotion/styled';
...
```

추가한 Component를 사용하여 다음과 같이 함수 컴포넌트였던 〈Label /〉 컴포넌트를 클래스 컴포넌트로 리팩토링한다.

```
...
export const Label = ({ data }: Props) => {
  return <Container>{data}</Container>;
};

export class Label extends Component<Props> {
  render() {
    const { data } = this.props;
    return <Container>{data}</Container>;
  }
}
```

〈Button /〉 컴포넌트를 리팩토링할 때와 동일한 수정 사항이므로 자세한 설명은 생략하도록 하겠다. 리액트로부터 불러온 Component를 상속받아 〈Label /〉 컴포넌트를 만들었으며 이때 타입스크립트의 제네릭을 통해 Props의 타입을 지정했다. 또한 리액트의 클래스 컴포넌트의 라이프사이클 함수인 render 함수를 사용하여 화면에 표시될 내용을 반환했다.

리액트의 클래스 컴포넌트로 리팩토링한 〈Label /〉 컴포넌트의 전체 소스 코드는 다음과 같다.

```
import { Component } from 'react';
import styled from '@emotion/styled';

const Container = styled.span`
  margin: 0 16px;
  font-size: 1.2rem;
`;

interface Props {
  readonly data: number;
}

export class Label extends Component<Props> {
  render() {
    const { data } = this.props;
    return <Container>{data}</Container>;
  }
}
```

이렇게 〈Label /〉 컴포넌트를 수정하고 저장한 후 브라우저를 확인해 보면, 이전과 동일하게 카운터 앱이 잘 표시되는 것을 확인할 수 있다. 이를 통해 우리가 클래스 컴포넌트로 리팩토링한 〈Label /〉 컴포넌트가 잘 동작하는 것을 알 수 있다.

3) 〈App /〉 컴포넌트

마지막으로 다른 컴포넌트들과 달리, 컴포넌트 안의 데이터를 수정하기 위한 State를 가지고 있는 〈App /〉 컴포넌트를 클래스 컴포넌트로 리팩토링해 보자. 〈App /〉 컴포넌트를 클래스 컴포넌트로 리팩토링하기 위해 ./src/App.tsx 파일을 열고 다음과 같이 Component를 리액트로부터 불러온다.

```
import { useState } from 'react';
import { Component } from 'react';
...
```

useState는 함수 컴포넌트에서 State를 사용하기 위한 리액트 훅이다. 따라서 클래스 컴포넌트에서는 이 훅을 사용할 수 없다. 다음과 같이 Props와 State의 타입을 정의하고, 클래스 컴포넌트를 상속받을 때에 타입스크립트의 제네릭을 사용하여 타입을 지정하도록 한다.

```
...
type Props = Record<string, never>;
interface State {
  readonly counter: number;
}

export class App extends Component<Props, State> {
  ...
}
```

〈App /〉 컴포넌트는 Props를 사용하지 않고, State만 사용하는 컴포넌트이다. 따라서 앞에서 설명한 대로 Record〈string, never〉라는 타입을 사용하여 지정했다. 이전 설명과는 다르게 타입스크립트의 Type을 사용하여 타입을 재정의했는데, 이는 다음과 같이 Props 타입을 생성자 함수에서 다시 사용하기 위해서이다.

```
...
export class App extends Component<Props, State> {
  constructor(props: Props) {
    super(props);

    this.state = {
      counter: 0,
    };
  }
  ...
}
```

리액트의 클래스 컴포넌트는 기본적으로 클래스이므로 생성자 함수를 사용할 수 있다. 생성자 함수는 State를 초기화하는 데 활용된다. 생성자 함수를 사용할 때에는 super(props)를 통해 상속받은 클래스(Component)에 Props를 전달해 주어야 한다.

다음으로 버튼 이벤트에 활용되는 sub 함수와 add 함수를 정의해 보자. 클래스 컴포넌트 안에서만 사용되는 함수는 다음과 같이 private을 사용하여 클래스 내부에서만 사용됨을 명시하여 선언한다.

```
...
export class App extends Component<Props, State> {
  constructor(props: Props) {
    ...
  }

  private sub = () => {
    const { counter } = this.state;
    this.setState({
      counter: counter - 1,
    });
  };

  private add = () => {
    const { counter } = this.state;
    this.setState({
      counter: counter + 1,
    });
  };
  ...
}
```

useState 훅을 사용하는 함수 컴포넌트와 달리, 클래스 컴포넌트에서 State 변수에 접근하기 위해서는 this.state를 사용해야 한다. 또한 State를 변경하기 위해서는 this.setState라는 함수를 통해 State를 변경해야 한다.

마지막으로 화면을 표시하는 부분을 구현하기 위해 다음과 같이 render 함수를 추가하고 수정한다.

```
...
```

```tsx
export class App extends Component<Props, State> {
  constructor(props: Props) {
    ...
  }

  private sub = () => {
    ...
  };

  private add = () => {
    ...
  };
  ...
  render() {
    const { counter } = this.state;

    return (
      <Container>
        <Title>Counter App</Title>
        <Contents>
          <Button label="-" onClick={this.sub} />
          <Label data={counter} />
          <Button label="+" onClick={this.add} />
        </Contents>
      </Container>
    );
  }
}
```

클래스 컴포넌트 안에 정의한 함수에 접근하기 위해서는 this 키워드를 사용해야 하며, 역시 State의 변수 값에 접근하기 위해서는 this.state를 사용해야 한다.

이제 수정한 App.tsx 파일을 저장하고 브라우저를 확인해 보면, 여전히 카운터 앱이 정상적으로 동작하는 것을 확인할 수 있다. 이를 통해 함수 컴포넌트였던 〈App /〉 컴포넌트를 클래스 컴포넌트로 잘 변경한 것을 알 수 있다.

5.4 라이프사이클 함수

클래스 컴포넌트는 함수 컴포넌트와 달리, 라이프사이클 함수들을 가지고 있다. 이 라이프사이클 함수를 잘 이해하면, 클래스 컴포넌트를 좀 더 효율적으로 활용할 수 있다. 다음은 〈App /〉 컴포넌트에 리액트의 모든 라이프사이클 함수를 적용한 예제이다.

```
...
import { IScriptSnapshot } from 'typescript';
...
export class App extends Component<Props, State> {
  constructor(props: Props) {
    super(props);

    this.state = {
      counter: 0,
    };
  }

  private sub = () => {
    ...
  };

  private add = () => {
    ...
  };

  render() {
    const { counter } = this.state;

    return (
      <Container>
        <Title>Counter App</Title>
        <Contents>
          <Button label="-" onClick={this.sub} />
          <Label data={counter} />
          <Button label="+" onClick={this.add} />
        </Contents>
      </Container>
    );
```

```
  }

  static getDerivedStateFromProps(nextProps: Props, prevState: State) {
    console.log('getDerivedStateFromProps');
    console.log('nextProps: ', nextProps);
    console.log('prevState: ', prevState);

    return null;
  }

  componentDidMount() {
    console.log('componentDidMount');
  }

  getSnapshotBeforeUpdate(prevProps: Props, prevState: State) {
    console.log('getSnapshotBeforeUpdate');
    console.log('prevProps: ', prevProps);
    console.log('prevState: ', prevState);

    return {
      testData: true,
    };
  }

  componentDidUpdate(prevProps: Props, prevState: State, snapshot:
IScriptSnapshot) {
    console.log('componentDidUpdate');
    console.log('prevProps: ', prevProps);
    console.log('prevState: ', prevState);
    console.log('snapshot: ', snapshot);
  }

  shouldComponentUpdate(nextProps: Props, nextState: State) {
    console.log('shouldComponentUpdate');
    console.log('nextProps: ', nextProps);
    console.log('nextState: ', nextState);
    return true;
  }

  componentWillUnmount() {
    console.log('componentWillUnmount');
```

```
  }

  componentDidCatch(error: Error, info: React.ErrorInfo) {
    console.log('componentDidCatch');
    console.log('error: ', error);
    console.log('info: ', info);
    // this.setState({
    //   error: true,
    // });
  }
}

export default App;
```

〈App /〉 컴포넌트에 적용한 리액트의 라이프사이클 함수를 이해하기 위해 함수를
하나씩 자세히 살펴보자.

1) constructor 함수

앞에서도 설명했지만, 클래스 컴포넌트는 기본적으로 클래스이기 때문에 클래스의
생성자 함수를 사용할 수 있다. 클래스 컴포넌트에서 State를 사용하지 않아 State의
초깃값을 설정할 필요가 없다면, 생성자 함수도 생략이 가능하다. 생성자 함수를 사
용할 때에는 반드시 super(props) 함수를 호출하여 상속받은 클래스(Component)의
생성자를 호출해야 한다. 생성자 함수는 해당 클래스 컴포넌트가 생성될 때에 한 번
만 호출된다.

2) render 함수

render 함수는 클래스 컴포넌트의 화면 표시 부분(렌더링되는 부분)을 정의하는 데 사
용한다. 즉, render 함수의 반환값이 화면에 표시되게 한다. render 함수는 부모 컴
포넌트로부터 받는 Props값이 변경되거나 클래스 컴포넌트 안에서 this.setState를
사용하여 State의 값이 변경되어 화면을 갱신할 필요가 있을 때마다 호출된다.

따라서 render 함수 안에서 this.setState를 사용하여 State값을 직접 변경할 경우 무
한 루프에 빠질 수 있으므로 주의해야 한다. 이번 예제에서는 render 함수에서 this.

setState를 직접 호출하지 않고, 클릭 이벤트와 연결했다. 따라서 클릭 이벤트가 발생할 때에만 this.setState가 호출되므로 무한 루프에 빠지지 않았다.

3) getDerivedStateFromProps 함수

getDerivedStateFromProps 함수는 부모 컴포넌트로부터 받은 Props와 State를 동기화할 때에 사용된다. 부모 컴포넌트로부터 받은 Props로 State의 특정값을 설정하거나 State값이 Props에 의존하여 결정될 때에 getDerivedStateFromProps 함수를 사용한다.

이 함수에서는 Props로 State를 설정하고 싶을 때에 State에 설정하고 싶은 값을 반환하도록 설정하면 된다. 만약 부모 컴포넌트로부터 전달받은 Props에 의해 State값을 변경할 필요가 없는 경우에는 "null"을 반환하면 된다.

```
static getDerivedStateFromProps(nextProps, prevState) {
  if (nextProps.id !== prevState.id) {
    return { type: "admin"};
  }
  return null;
}
```

getDerivedStateFromProps 함수는 컴포넌트가 생성될 때에 Props에 의해 State값을 결정해야 하므로 한 번 호출되며, 이후에는 Props와 State를 동기화해야 하므로 Props가 변경될 때마다 호출된다.

4) componentDidMount 함수

클래스 컴포넌트가 처음으로 화면에 표시된 후 componentDidMount 함수가 호출된다. 즉, render 함수가 처음 한 번 호출된 후 componentDidMount 함수가 호출되는 것이다. 이 함수는 컴포넌트가 화면에 처음 표시된 후 한 번만 호출되므로 Ajax를 통한 데이터 습득이나 다른 자바스크립트 라이브러리와 연동을 수행할 때에 주로 사용된다.

componentDidMount 함수는 부모로부터 받는 Props값이 변경되어도, this.
setState로 State값이 변경되어도 두 번 다시 호출되지 않는다. 따라서 render 함수
와 달리, 이 함수에 this.setState를 직접 호출할 수 있으며, Ajax를 통해 서버로부터
전달받은 데이터를 this.setState를 사용하여 State에 설정하기에 가장 적합하다.

5) shouldComponentUpdate 함수

클래스 컴포넌트는 기본적으로 부모 컴포넌트로부터 전달받은 Props가 변경되거
나 클래스 컴포넌트 내부에서 this.setState로 State를 변경하면, 화면을 다시 그리
기 위해 리렌더링을 하게 된다. 하지만 특정 이유(보통은 컴포넌트 최적화)로 Props
또는 State가 변경되어도 화면을 변경하고 싶지 않은 경우가 발생할 수 있다. 이
와 같이 Props 또는 State의 값이 변경됐지만, 다시 화면을 그리고 싶지 않은 경
우에는 shouldComponentUpdate 함수를 사용하여 컴포넌트의 리렌더링을 제어
할 수 있다.

이 함수에서 false를 반환하면, 컴포넌트의 리렌더링을 수행하지 않도록 막을 수 있
다. 앞에 예제에서는 true를 사용하여 항상 리렌더링되게 했지만, 다음과 같이 특정
값을 비교하여 리렌더링을 제어할 수 있다.

```
shouldComponentUpdate(nextProps: Props, nextState: State) {
  console.log('shouldComponentUpdate');
  return nextProps.id !== this.props.id;
}
```

이와 같이 리렌더링을 제어하는 이유는 화면 렌더링을 최적화하기 위해서이다. 가상
돔을 설명하면서 브라우저의 렌더링이 웹 성능에 큰 영향이 있다고 설명했다. 화면
을 다시 그리는 리렌더링 역시 리액트에서 가장 비용이 많이 드는 부분이다. 따라서
shouldComponentUpdate 함수를 사용하여 데이터를 비교하고 불필요한 리렌더
링을 제어한다면, 좀 더 성능 좋은 앱을 제작할 수 있다.

6) getSnapshotBeforeUpdate 함수

Props나 State가 변경되어 화면을 다시 그리기 위해 render 함수가 호출된 후 render

함수의 반환값이 실제로 화면에 반영되기 바로 직전에 getSnapshotBeforeUpdate 함수가 호출된다. 이 함수에서 반환하는 값은 다음에 소개할 componentDidUpdate 의 세 번째 매개 변수(snapshot)로 전달된다.

이 라이프사이클 함수는 많이 활용되지는 않지만, 화면을 갱신하는 동안 수동으로 스크롤 위치를 고정해야 하는 경우 등에 사용된다.

getSnapshotBeforeUpdate 함수를 선언한 후 반환값을 반환하지 않는 경우 또는 getSnapshotBeforeUpdate 함수를 선언하고 componentDidUpdate 함수를 선언 하지 않는 경우에는 경고warning가 발생하므로 주의해서 사용해야 한다.

7) componentDidUpdate 함수

componentDidMount 함수는 컴포넌트가 처음 화면에 표시된 후 실행되고 두 번 다시 호출되지 않는 함수이다. 반대로 componentDidUpdate 함수는 컴포넌트가 처음 화면에 표시될 때에는 실행되지 않지만, Props 또는 State가 변경되어 화면이 갱신될 때마다 render 함수가 호출된 후 매번 호출되는 함수이다.

잘 활용되지는 않지만, getSnapshotBeforeUpdate 함수와 함께 사용하여 스크롤을 수동으로 고정시킬 때에 활용되기도 한다.

render 함수와 마찬가지로 이 함수는 State값이 변경될 때에도 호출되므로 State값 을 변경하는 this.setState를 직접 호출한다면, 무한 루프에 빠질 수 있으므로 사용 시 주의해야 한다.

8) componentWillUnmount 함수

componentWillUnmount 함수는 해당 컴포넌트가 화면에서 완전히 사라진 후 호출되는 함수이다. 이 함수는 보통 componentDidMount 함수에서 연동한 자 바스크립트 라이브러리를 해제하거나 setTimeout, setInterval 등의 타이머를 clearTimeout, clearInterval을 사용하여 해제할 때에 사용한다.

componentWillUnmount 함수는 클래스 컴포넌트가 화면에서 완전히 사라진 후 호출되므로 컴포넌트의 State값을 변경하기 위한 this.setState를 호출하면, 갱신하고자 하는 컴포넌트가 사라진 후이기 때문에 경고가 발생할 수 있다.

9) componentDidCatch 함수

리액트는 자바스크립트이므로 비즈니스 로직에서 에러의 예외 처리로 try-catch문을 사용할 수 있다. 하지만 render 함수의 JSX 문법을 사용하는 부분에서 에러가 발생하는 경우 try-catch문을 사용하여 예외를 처리할 수 없다. 이와 같이 render 함수의 JSX 부분에서 발생하는 에러를 예외 처리할 수 있게 도와주는 라이프사이클 함수가 componentDidCatch이다.

render 함수의 JSX 부분에서 에러가 발생하면, componentDidCatch 함수가 실행된다. 이때 다음과 같이 State를 사용하여 에러가 발생했을 때에 자식 컴포넌트를 표시하지 않게 하거나 에러 화면을 표시함으로써 사용자 경험을 개선할 수 있다.

```
interface State {
  ...
  readonly error: boolean;
}

class App extends Component<Props, State> {
  constructor(props: Props) {
    super(props);

    this.state = {
      ...
      error: false,
    };
  }
  ...
  render() {
    const { ..., error } = this.state;

    return (
      <Container>
        {!error && (
          <Contents>
            ...
```

```
        </Contents>
      )}
    </Container>
  );
}
...
componentDidCatch(error: Error, info: React.ErrorInfo) {
  this.setState({
    error: true,
  });
}
}
```

여기서 소개한 리액트 클래스 컴포넌트의 모든 라이프사이클 함수는 render 함수를 제외하고 모두 생략이 가능하며, 필요할 때에 재정의하여 사용할 수 있다.

10) 호출 순서

앞에서 예제를 통해 클래스 컴포넌트의 전체 라이프사이클 함수를 살펴보았다. 마지막으로 이 라이프사이클 함수들의 호출 순서를 정리해 보도록 하자.

- **컴포넌트가 생성될 때**: constructor → getDerivedStateFromProps → render → componentDidMount
- **컴포넌트의 Props가 변경될 때**: getDerivedStateFromProps → shouldComponentUpdate → render → getSnapshotBeforeUpdate → componentDidUpdate
- **컴포넌트의 State가 변경될 때**: shouldComponentUpdate → render → getSnapshotBeforeUpdate → componentDidUpdate
- **컴포넌트의 렌더링 중 에러가 발생할 때**: componentDidCatch
- **컴포넌트가 화면에서 제거될 때**: componentWillUnmount

클래스 컴포넌트에서 이 라이프사이클 함수를 잘 활용하면, 좀 더 최적화된 컴포넌트를 만들 수 있다. 반대로 잘못 사용하면, 컴포넌트가 의도치 않은 동작을 하거나 성능이 나빠질 수 있음도 인지하고 넘어가도록 하자.

5.5 요약

클래스 컴포넌트가 리액트에서 기본 컴포넌트로 사용되었을 때에 클래스의 개념과 라이프사이클의 이해가 리액트를 배우는 데 어려운 부분이었다. iOS나 안드로이드와 같이 앱을 개발하는 언어에서는 이런 라이프사이클이 존재한다. 따라서 싱글 페이지 애플리케이션Single Page Application을 제작하는 라이브러리인 리액트에서도 앱과 동일하게 라이프사이클 함수가 있는 것이 어쩌면 당연한 일일지도 모른다.

만약 지금 이 개념이 이해하기 어렵다면, 잠시 잊어도 좋다. 지금의 리액트는 함수 컴포넌트가 기본 컴포넌트이기 때문이다. 함수 컴포넌트에서도 5장에서 소개한 라이프사이클 함수와 동일한 기능을 하는 훅이 존재한다. 또한 함수 컴포넌트만의 최적화 기법도 존재한다. 그러므로 리액트를 새로 배우는 경우라면, 함수 컴포넌트를 집중해서 공부하길 추천한다.

현재는 많은 라이브러리, 예제들이 함수 컴포넌트를 사용하고 있지만, 여전히 클래스 컴포넌트를 사용하는 라이브러리나 예제들을 찾아볼 수 있다. 만약 클래스 컴포넌트를 접하게 되면, 당황하지 말고 이 책을 펴고 라이프사이클 함수를 확인하면서 공부하면 충분히 이해할 수 있을 것이다.

할 일 목록 앱 – Context API

지금까지는 리액트의 부모 컴포넌트에서 자식 컴포넌트로 데이터를 전달하는 방법인 Props와 한 컴포넌트 안에서 변경이 가능한 데이터를 다루는 State에 대해 알아보았다. 리액트는 이런 Props와 State 이외에도 전역 데이터를 다루는 Context가 존재한다. 6장에서는 리액트에서 제 공하는 기본 기능인 Context API를 사용하여 할 일 목록 앱을 만들어 봄으로써 전역 데이터인 Context를 다루는 방법에 대해 알아본다.

6.1 Context API

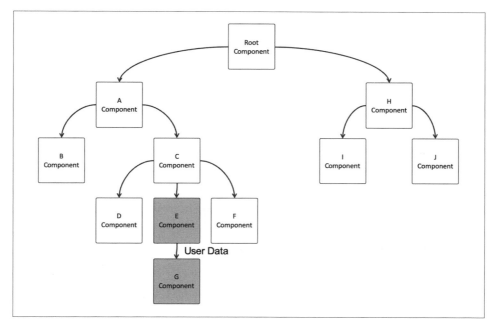

[그림 6-1] Props와 State

리액트에서 Props와 State는 부모 컴포넌트와 자식 컴포넌트 또는 한 컴포넌트 안에서 데이터를 다루기 위해 사용된다. 이 Props와 State를 사용하게 되면, [그림 6-1]과 같이 부모 컴포넌트에서 자식 컴포넌트, 즉 위에서 아래, 한쪽 방향으로 데이터가 이동하게 된다.

만약 [그림 6-2]와 같이 현재의 데이터 흐름과 다른 데이터 흐름에 있는 컴포넌트에서 현재의 데이터 흐름에 있는 데이터를 사용하고 싶은 경우 또는 다른 컴포넌트에서 사용하고 있는 데이터를 현재의 데이터 흐름에 넣고 싶은 경우가 발생한다면 어떻게 될까?

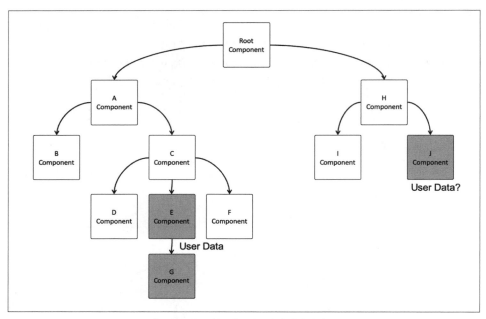

[그림 6-2] 다른 컴포넌트에서 데이터 사용

리액트에서 데이터는 위에서 아래로, 한쪽 방향으로만 전달할 수 있다. 그러므로 [그림 6-3]과 같이 사용하고 싶은 데이터와 이 데이터를 사용할 위치에 공통 부모 컴포넌트에 State를 만들고, 사용하고자 하는 데이터를 Props를 통해 해당 컴포넌트까지 전달하여 이 문제를 해결할 수 있을 것이다.

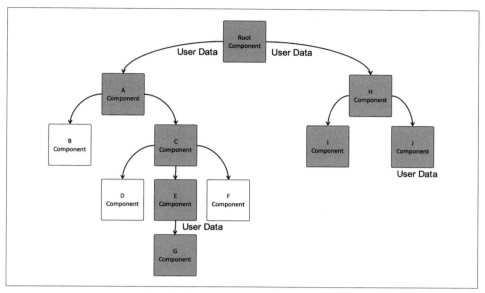

[그림 6-3] Props와 State를 이용한 데이터 전달

하지만 이와 같이 컴포넌트 사이에 공유되는 데이터를 위해 매번 공통 부모 컴포넌트를 수정하고 데이터를 사용하는 컴포넌트까지의 모든 컴포넌트에 Props를 전달하여 데이터를 사용하는 것은 매우 비효율적이다. 이와 같은 비효율적인 문제를 해결하기 위해 리액트에서는 Flux라는 개념을 도입했고, 그에 걸맞는 Context API를 제공하기 시작했다.

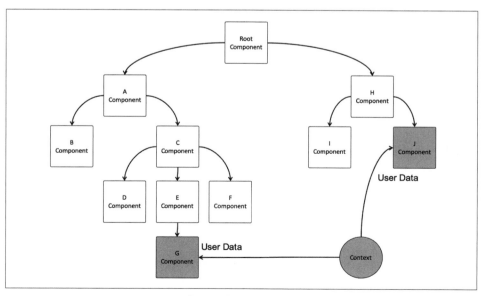

[그림 6-4] Context API

Context는 부모 컴포넌트로부터 자식 컴포넌트로 전달되는 데이터의 흐름과 상관없이 전역적으로 데이터를 관리할 수 있도록 한다. Context API를 사용하면, [그림 6-4]와 같이 전역 데이터를 Context에 저장한 후 필요한 컴포넌트에서 해당 데이터를 불러와 사용할 수 있다.

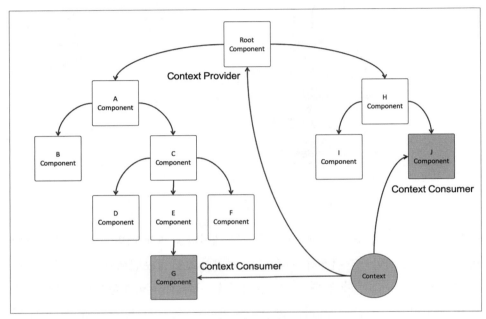

[그림 6-5] Context의 Provider, Consumer

Context를 사용하기 위해서는 Context API를 사용하여 해당 Context의 프로바이더Provider와 컨슈머Consumer를 생성해야 한다. 그리고 Context에 저장된 데이터를 사용하기 위해서는 [그림 6-5]와 같이 공통 부모 컴포넌트에 컨텍스트의 프로바이더를 사용하여 데이터를 제공하고 데이터를 사용하려는 컴포넌트에서 Context의 컨슈머를 사용하여 실제 데이터를 사용(소비)하게 된다.

6장에서는 앞에서 만든 할 일 목록 앱에 Context API를 적용해 봄으로써 Context API를 사용하여 전역 데이터를 다루는 컨텍스트를 생성하고 활용하는 방법을 확인할 예정이다.

6.2 프로젝트 준비

할 일 목록 앱을 제작하기 위해 다음 명령어를 실행하여 새로운 리액트 프로젝트를
생성한다.

```
npx create-react-app todo --template=typescript
```

프로젝트 생성이 완료되면, 컴포넌트를 절대 경로로 추가할 수 있도록 하기 위해
타입스크립트 설정 파일인 tsconfig.json을 열고 다음과 같이 baseUrl 옵션을 추가
한다.

```
{
  "compilerOptions": {
    ...
    "jsx": "react-jsx",
    "baseUrl": "src"
  },
  ...
}
```

우리는 리액트 프로젝트에서 스타일링하기 위해 CSS-in-JS 라이브러리인 Emotion
을 사용하고, Prettier와 ESLint를 사용하여 소스 코드 포맷 및 잠재적인 오류를 찾을
예정이다. 따라서 다음 명령어를 실행하여 Emotion과 Prettier, ESLint를 설치한다.

```
npm install --save @emotion/react @emotion/styled
npm install --save-dev prettier eslint
```

설치가 완료됐다면, Prettier를 설정하기 위해 .prettierrc.js 파일을 생성하고 다음과
같이 수정한다.

```
module.exports = {
  singleQuote: true,
  trailingComma: 'all',
  printWidth: 100,
};
```

이제 ESLint를 설정하기 위해 다음 명령어를 실행한다.

```
npx eslint --init
```

명령어가 실행되면, ESLint를 설정하기 위한 질문들이 나온다. 다음과 같은 질문에 y 를 눌러 ESLint를 설정하도록 한다.

```
Ok to proceed? y
```

다음과 같은 질문에 To check syntax and find problems를 선택한다.

```
? How would you like to use ESLint? ...
  To check syntax only
〉To check syntax and find problems
  To check syntax, find problems, and enforce code style
```

다음과 같은 질문에 JavaScript modules (import/export)를 선택한다.

```
? What type of modules does your project use? ...
〉JavaScript modules (import/export)
  CommonJS (require/exports)
  None of these
```

다음과 같은 질문에 React를 선택한다.

```
? Which framework does your project use? ...
〉React
  Vue.js
  None of these
```

다음과 같은 질문에 Yes를 선택한다.

```
? Does your project use TypeScript? › No / Yes
```

다음과 같은 질문에 Browser를 선택한다.

```
? Where does your code run? ...  (Press <space> to select, <a> to toggle
```

```
all, <i> to invert selection)
  Browser
  Node
```

다음과 같은 질문에 JavaScript를 선택한다.

```
? What format do you want your config file to be in? ...
> JavaScript
  YAML
  JSON
```

다음과 같은 질문에 Yes를 선택한다.

```
eslint-plugin-react@latest @typescript-eslint/eslint-plugin@latest @
typescript-eslint/parser@latest
? Would you like to install them now with npm? > No / Yes
```

마지막으로 ESLint가 리액트 버전을 인식할 수 있도록 하고, 불필요한 import문을 제거하기 위해 .eslintrc.js 파일을 다음과 같이 수정한다.

```
module.exports = {
  settings: {
    react: {
      version: 'detect',
    },
  },
  env: {
    ...
  },
  ...
  rules: {
    'react/react-in-jsx-scope': 'off',
  },
}
```

그런 다음 ./src/App.tsx 파일을 열고 다음과 같이 불필요한 import문을 제거한다.

```
import React from 'react';
```

Prettier와 ESLint를 설치하고 설정했다면, package.json 파일을 열고 다음과 같이 수정하여 Prettier와 ESLint를 실행하는 명령어를 추가한다.

```
{
  ...
  "scripts": {
    ...
    "eject": "react-scripts eject",
    "format": "prettier --check ./src",
    "format:fix": "prettier --write ./src",
    "lint": "eslint ./src",
    "lint:fix": "eslint --fix ./src"
  },
  ...
}
```

이제 명령 프롬프트를 열고 다음 명령어를 실행하여 Prettier와 ESLint의 룰에 맞게 파일들을 수정한다.

```
npm run format:fix
npm run lint:fix
```

명령어 실행을 완료했다면, 다음 명령어를 실행하여 Prettier와 ESLint의 룰을 잘 지키고 있는지 확인한다.

```
npm run format
npm run lint
```

이것으로 카운터 프로젝트를 위한 새 리액트 프로젝트의 모든 준비가 끝났다. 이제 다음 명령어를 실행하여 리액트 프로젝트가 잘 실행되는지 확인한다.

```
npm start
```

명령어가 문제 없이 실행됐다면, 웹 브라우저에 localhost:3000으로 페이지가 자동으로 열리면서 [그림 6-6]과 같은 화면을 확인할 수 있다.

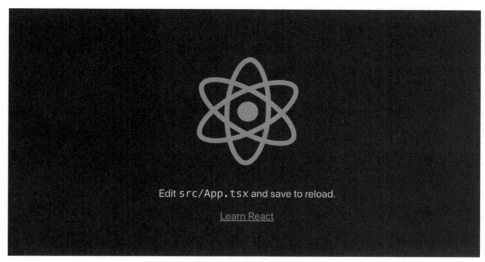

[그림 6-6] 리액트 프로젝트

이것으로 타입스크립트, Emotion 그리고 Prettier와 ESLint로 리액트 프로젝트를 생성하고 개발 환경을 만들어 보았다. 이제 본격적으로 할 일 목록 앱을 개발하면서 Context API의 사용 방법에 대해 알아보자.

6.3 State와 Props로 할 일 목록 앱 개발

6장에서 만들 할 일 목록 앱은 [그림 6-7]과 같이 할 일 목록이 표시되는 화면을 가지고 있으며, 각각의 할 일 데이터 오른쪽에 표시된 삭제 버튼을 클릭하면, 해당 할 일 데이터가 삭제되도록 만들 예정이다.

[그림 6-7] 완성된 할 일 목록 앱

또한 할 일 목록 페이지 오른쪽 하단에 표시된 할 일 추가 버튼을 클릭하면, [그림 6-8]과 같이 할 일 데이터를 입력하는 화면이 표시되도록 할 예정이다.

[그림 6-8] 할 일 추가 화면

이렇게 표시된 할 일 추가 화면에서 할 일 데이터를 입력하고 추가 버튼을 클릭하면, 사용자가 입력한 할 일 데이터가 할 일 목록에 추가되는 앱이다.

이와 같은 할 일 목록 앱은 [그림 6-9]와 같은 컴포넌트 구조를 갖도록 만들 예정인데, 처음에는 리액트 컴포넌트의 Props와 State만으로 할 일 목록 앱을 만들려고 한다.

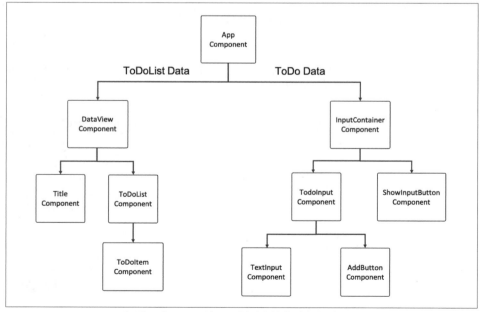

[그림 6-9] Props와 State를 사용한 할 일 목록 앱 구조

이후 [그림 6-10]과 같이 리액트의 Context API를 사용하여 할 일 목록 앱을 리팩토링할 예정이다. Context API를 사용하여 할 일 목록과 할 일 데이터를 전역 데이터 보관소인 Context에 저장하고 이를 제공하기 위해 Provider를 공통 컴포넌트인 〈App /〉 컴포넌트에서 사용할 것이다. 그리고 이렇게 생성한 전역 데이터인 Context를 Consumer를 통해 할 일 목록을 표시하는 〈ToDoList /〉 컴포넌트와 할 일을 입력하는 〈ToDoInput /〉 컴포넌트에서 사용할 것이다.

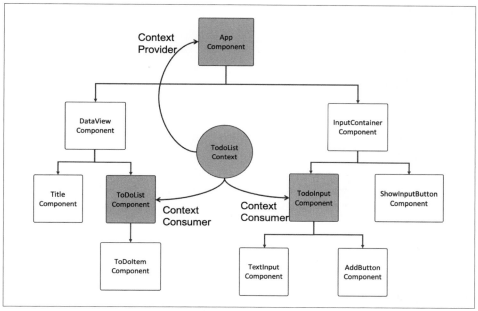

[그림 6-10] Context API를 사용한 할 일 목록 앱 구조

이와 같이 Props와 State를 통해 할 일 목록 앱을 개발한 후 Context API를 통해 리팩토링하는 것은 리액트에서 데이터를 다루는 방법을 비교하기 위해서이다. 6장을 통해 Context API의 사용 방법을 익힌다면, 실전에서 먼저 Props와 State로 앱을 개발하고 Context API로 리팩토링할 필요 없이 전역 데이터를 바로 Context API를 통해 관리하면 된다. 그러면 본격적으로 할 일 목록 앱을 개발해 보자.

1) 〈Title /〉 컴포넌트

우선 가장 단순한 컴포넌트인 〈Title /〉 컴포넌트를 만들어 보자. 〈Title /〉 컴포넌트

는 단순히 할 일 목록 앱이라는 문자열을 화면에 표시하는 컴포넌트이다. ⟨Title /⟩
컴포넌트를 만들기 위해 ./src/App.tsx 파일을 열고 다음과 같이 수정한다.

```
import styled from '@emotion/styled';
```

우리는 리액트 컴포넌트 스타일에 CSS-in-JS 라이브러리인 Emotion을 사용할 예
정이다. 따라서 Emotion에서 제공하는 styled를 추가했다. 이제 다음과 같이 수정하
여 앱의 전체 배경 영역을 담당할 컴포넌트를 생성한다.

```
import styled from '@emotion/styled';

const Container = styled.div`
  height: 100vh;
  display: flex;
  flex-direction: column;
  align-items: center;
  justify-content: center;
  background-color: #eeeeee;
`;

function App() {
  return (
    <Container>
    </Container>
  );
}

export default App;
```

이렇게 App.tsx 파일을 수정하고 저장한 후 브라우저를 확인해 보면, 옅은 회색의
화면을 확인할 수 있다. 그러면 이제 할 일 목록이라는 문자열을 표시하는 ⟨Title /⟩
컴포넌트를 만들어 보자. 계속해서 App.tsx 파일을 다음과 같이 수정하여 ⟨Title /⟩
컴포넌트를 추가한다.

```
import styled from '@emotion/styled';

const Container = styled.div`
```

```
  ...
`;

const Title = styled.div`
  display: flex;
  flex-direction: column;
  justify-content: center;
`;

const Label = styled.h1`
  margin-top: 0;
`;

function App() {
  return (
    <Container>
      <Title>
        <Label>할 일 목록</Label>
      </Title>
    </Container>
  );
}

export default App;
```

단순한 컴포넌트이고 이전에 카운터 앱을 제작하면서 설명한 내용들을 바탕으로 제
작했으므로 자세한 설명은 생략하도록 하겠다. 이렇게 App.tsx 파일을 수정하고 저
장한 후 브라우저를 확인해 보면, [그림 6-11]과 같이 할 일 목록이라는 글자가 화
면에 표시되는 것을 확인할 수 있다.

할 일 목록

[그림 6-11] <Title /> 컴포넌트

이제 제작한 〈Title /〉 컴포넌트를 별도의 파일로 분리하여 컴포넌트를 관리해 보자.

별도의 파일로 분리하기 위해 src 폴더에 components 폴더를 생성한 후 Title 폴더를 생성하고 그 안에 index.tsx 파일을 생성한다. 그런 다음 ./src/components/Title/index.tsx 파일을 열고 다음과 같이 수정하여 〈Title /〉 컴포넌트를 생성한다.

```tsx
import styled from '@emotion/styled';

const Container = styled.div`
  display: flex;
  flex-direction: column;
  justify-content: center;
`;

const Label = styled.h1`
  margin-top: 0;
`;

export const Title = () => {
  return (
    <Container>
      <Label>할일 목록</Label>
    </Container>
  );
};
```

코드의 내용은 App.tsx 파일에서 제작한 내용과 동일하다. 다만, 이름의 중복을 피하기 위해 App.tsx 파일에서 Title로 생성한 Emotion 컴포넌트를 Container로 컴포넌트 명을 변경했다.

〈Title /〉 컴포넌트를 별도의 파일로 분리했다면, 이제 이 컴포넌트를 사용하도록 App.tsx 파일을 수정할 필요가 있다. 다시 ./src/App.tsx 파일을 열고 다음과 같이 수정하여 별도의 파일로 분리한 〈Title /〉 컴포넌트를 사용하도록 한다.

```tsx
import styled from '@emotion/styled';
import { Title } from 'components/Title';

const Container = styled.div`
  height: 100vh;
  display: flex;
```

```
  flex-direction: column;
  align-items: center;
  justify-content: center;
  background-color: #eeeeee;
`;

function App() {
  return (
    <Container>
      <Title />
    </Container>
  );
}


export default App;
```

이전에 Emotion으로 생성한 〈Title /〉 컴포넌트 부분을 모두 제거하고 별도의 파일로 제작한 〈Title /〉 컴포넌트를 불러와 화면에 표시하도록 했다.

이렇게 App.tsx 파일을 수정하고 저장한 후 브라우저를 확인해 보면, 이전과 동일하게 할 일 목록이라는 문자열이 잘 표시되는 것을 확인할 수 있다. 이를 통해 우리가 별도의 파일로 만든 〈Title /〉 컴포넌트가 잘 동작하고 있는 것을 알 수 있다.

이제 부모 컴포넌트로부터 Props를 사용하여 화면에 표시되는 문자열을 변경할 수 있도록 만들어 보자. 〈Title /〉 컴포넌트에 Props를 추가하기 위해 ./src/components/Title/index.tsx 파일을 열고 다음과 같이 수정한다.

```
...
interface Props {
  readonly label: string;
}

export const Title = ({ label }: Props) => {
  return (
    <Container>
      <Label>{label}</Label>
    </Container>
  );
};
```

화면에 표시될 문자열을 부모 컴포넌트로부터 전달받기 위해 타입스크립트의 interface를 통해 Props를 정의했다. 이후 인터페이스로 정의한 Props를 사용하여 부모 컴포넌트로부터 label이라는 데이터를 전달받도록 했고, 전달받은 label을 화면에 표시하도록 했다.

이와 같이 〈Title /〉 컴포넌트를 수정하고 저장하면, 에러가 발생하는 것을 확인할수 있다. 이는 우리가 타입스크립트의 인터페이스를 통해 label이라는 필수 Props를 정의했지만, 부모 컴포넌트에서 필수 Props를 전달하지 않아 발생하는 에러이다.

이제 부모 컴포넌트에서 Props를 설정하여 설정한 데이터가 화면에 표시될 수 있도록 수정해 보자. ./src/App.tsx 파일을 열고 다음과 같이 수정하여 부모 컴포넌트에서 Props를 지정하도록 한다.

```
...
function App() {
  return (
    <Container>
      <Title label="할일목록" />
    </Container>
  );
}
```

이렇게 App.tsx 파일을 수정하고 저장하면, 이전에 발생하던 에러가 사라진 것을 확인할 수 있다. 또한 브라우저를 확인해 보면, 여전히 할 일 목록이라는 문자열이 잘표시되는 것을 확인할 수 있다. 이를 통해 우리가 만든 Props가 정상적으로 동작하여 부모 컴포넌트로부터 전달받은 데이터를 표시하고 있음을 알 수 있다.

2) 〈Button /〉 컴포넌트

다음으로 할 일 목록 앱에서 자주 사용될 〈Button /〉 컴포넌트를 만들어 보자. 〈Button /〉 컴포넌트를 만들기 위해 ./src/App.tsx 파일을 열고 다음과 같이 수정한다.

```
import styled from '@emotion/styled';
```

```
import { Title } from 'components/Title';

const Container = styled.div`
  ...
`;

const Button = styled.button`
  border: 0;
  color: #ffffff;
  background-color: #ff5722;
  cursor: pointer;
  padding: 8px 16px;
  border-radius: 4px;

  &:hover {
    background-color: #ff5722;
    opacity: 0.8;
  }

  &:active {
    box-shadow: inset 5px 5px 10px rgba(0, 0, 0, 0.2);
  }
`;

function App() {
  return (
    <Container>
      <Title label="할일목록" />
      <Button onClick={() => console.log('test')}>삭제</Button>
    </Container>
  );
}

export default App;
```

4장 카운터 앱에서 만든 버튼과 동일한 내용이므로 자세한 설명은 생략하도록 하겠다. Emotion을 이용하여 〈Button /〉 컴포넌트를 만들고 화면에 표시하도록 했다. 파일을 수정하고 저장한 후 브라우저를 확인해 보면, [그림 6-12]와 같이 삭제 버튼이 화면에 표시되는 것을 확인할 수 있다.

[그림 6-12] <Button /> 컴포넌트

이제 Emotion으로 제작한 〈Button /〉 컴포넌트를 별도의 파일로 분리해 보자. 〈Button /〉 컴포넌트를 별도의 파일로 분리하기 위해 ./src/components/Button/index.tsx 파일을 생성한 후 다음과 같이 수정한다.

```
import styled from '@emotion/styled';

const Container = styled.button`
  border: 0;
  color: #ffffff;
  background-color: #ff5722;
  cursor: pointer;
  padding: 8px 16px;
  border-radius: 4px;

  &:hover {
    background-color: #ff5722;
    opacity: 0.8;
  }

  &:active {
    box-shadow: inset 5px 5px 10px rgba(0, 0, 0, 0.2);
  }
`;

export const Button = () => {
  return <Container onClick={() => console.log('test')}>삭제</
Container>
}
```

App.tsx 파일에서 〈Button /〉 컴포넌트 부분을 복사, 붙여넣기 하여 만들었다. 이전에 설명한 내용과 동일하므로 자세한 설명은 생략하도록 하겠다. Emotion으로 만든

〈Button /〉 컴포넌트 명을 이름의 중복을 피하기 위해 〈Container /〉로 변경하여 화면에 표시하도록 했다.

그러면 별도의 파일로 만든 〈Button /〉 컴포넌트를 사용하기 위해 ./src/App.tsx 파일을 열고 다음과 같이 수정한다.

```tsx
import styled from '@emotion/styled';
import { Title } from 'components/Title';
import { Button } from 'components/Button';

const Container = styled.div`
  ...
`;

function App() {
  return (
    <Container>
      <Title label="할일목록" />
      <Button />
    </Container>
  );
}

export default App;
```

별도의 파일로 분리한 〈Button /〉 컴포넌트를 불러와 화면에 표시하도록 했다. 현재는 하드 코딩으로 삭제라는 문자열을 표시하고 클릭하면 console.log로 test라는 문자열을 출력하도록 했다. 이제 Props를 사용하여 부모 컴포넌트로부터 전달받은 문자열을 표시하고 클릭 이벤트를 처리하도록 만들어 보자.

〈Button /〉 컴포넌트에서 Props를 사용하기 위해 ./src/components/Button/index.tsx 파일을 열고 다음과 같이 수정한다.

```tsx
import styled from '@emotion/styled';

const Container = styled.button`
  ...
`;
```

```
interface Props {
  readonly label: string;
  readonly onClick?: () => void;
}

export const Button = ({ label, onClick }: Props) => {
  return <Container onClick={onClick}>{label}</Container>;
};
```

〈Button /〉 컴포넌트에서 Props를 통해 부모 컴포넌트로부터 데이터를 전달받기 위해 타입스크립트의 인터페이스를 사용하여 전달받을 데이터를 정의했다. 이후 정의한 Props 인터페이스를 사용하여 함수의 매개 변수로 데이터를 전달받고, 전달받은 데이터를 화면에 표시하도록 수정했다. 이와 같이 〈Button /〉 컴포넌트를 수정하고 저장하면, 에러가 발생하는 것을 확인할 수 있다. 이는 우리가 〈Button /〉 컴포넌트를 사용하여 부모 컴포넌트로부터 데이터를 전달받도록 수정했지만, 실제 부모 컴포넌트인 〈App /〉 컴포넌트에서 데이터를 전달하고 있지 않기 때문에 발생한 에러이다.

이제 이 에러를 수정하기 위해 ./src/App.tsx 파일을 열고 다음과 같이 수정한다.

```
...
function App() {
  return (
    <Container>
      <Title label="할일목록" />
      <Button label="삭제" />
    </Container>
  );
}
```

〈Button /〉 컴포넌트의 필수 Props인 label에 삭제라는 문자열 데이터를 전달했다. 이렇게 App.tsx 파일을 수정하고 저장하면, 이전에 발생하던 에러가 사라진 것을 확인할 수 있다. 또한 브라우저를 확인해 보면, 여전히 버튼이 잘 표시되는 것을 확인할 수 있다. 이를 통해 우리는 〈Button /〉 컴포넌트를 별도의 파일로 잘 분리한 것을 알 수 있다.

3) 〈ToDoItem /〉 컴포넌트

그러면 할 일 목록 중 할 일 하나를 표시할 〈ToDoItem /〉 컴포넌트를 만들어 보자. 우선 한 개의 할 일을 표시하기 위해 〈ToDoItem /〉 컴포넌트를 만든 후 이를 반복하여 표시함으로써 할 일 목록을 표시할 예정이다. 이제 〈ToDoItem /〉 컴포넌트를 만들기 위해 ./src/App.tsx 파일을 열고 다음과 같이 수정한다.

```tsx
import styled from '@emotion/styled';
import { Title } from 'components/Title';
import { Button } from 'components/Button';

const Container = styled.div`
  ...
`;

const ToDoItem = styled.div`
  display: flex;
  align-items: center;
  justify-content: center;
  margin-bottom: 16px;
`;

const Label = styled.div`
  flex: 1;
  font-size: 1.2rem;
  margin-right: 16px;
`;

function App() {
  return (
    <Container>
      <Title label="할일목록" />
      <ToDoItem>
        <Label>리액트 공부하기</Label>
        <Button label="삭제" />
      </ToDoItem>
    </Container>
  );
}
```

```
export default App;
```

앞에서 Emotion으로 컴포넌트를 만드는 방식과 동일하므로 자세한 설명은 생략하
도록 하겠다. App.tsx 파일을 수정하고 저장한 후 브라우저를 확인해 보면, [그림
6-13]과 같이 리액트 공부하기라는 문자열과 삭제 버튼이 잘 표시되는 것을 확인할
수 있다.

[그림 6-13] <ToDoItem /> 컴포넌트

이제 만든 〈ToDoItem /〉 컴포넌트를 별도의 파일로 분리해 보자. 〈ToDoItem /〉
컴포넌트를 별도의 파일로 분리하기 위해 ./src/components/ToDoItem/index.tsx
파일을 생성하고 다음과 같이 수정한다.

```
import styled from '@emotion/styled';
import { Button } from 'components/Button';

const Container = styled.div`
  display: flex;
  align-items: center;
  justify-content: center;
  margin-bottom: 16px;
`;

const Label = styled.div`
  flex: 1;
  font-size: 1.2rem;
  margin-right: 16px;
`;

export const ToDoItem = () => {
  return (
    <Container>
```

```
      <Label>리액트 공부하기</Label>
      <Button label="삭제" />
    </Container>
  );
};
```

App.tsx 파일에서 Emotion으로 만든 〈ToDoItem /〉 컴포넌트를 복사, 붙여넣기 하여 생성했다. 이름의 중복을 피하기 위해 Emotion으로 만든 〈ToDoItem /〉 컴포넌트를 〈Container /〉로 컴포넌트 명을 변경했다.

별도의 파일로 분리한 〈ToDoItem /〉 컴포넌트를 사용하기 위해 ./src/App.tsx 파일을 열고 다음과 같이 수정한다.

```
import styled from '@emotion/styled';
import { Title } from 'components/Title';
import { ToDoItem } from 'components/ToDoItem';

const Container = styled.div`
  ...
`;

function App() {
  return (
    <Container>
      <Title label="할일목록" />
      <ToDoItem />
    </Container>
  );
}

export default App;
```

별도의 파일로 분리한 〈ToDoItem /〉 컴포넌트를 불러와 화면에 표시하도록 했다. 이로 인해 불필요해진 컴포넌트를 모두 제거했다.

App.tsx 파일을 수정하고 저장한 후 브라우저를 확인해 보면, 여전히 할 일 목록이 하나 표시되고 있는 것을 확인할 수 있다. 이를 통해 우리가 별도의 파일로 만든 〈ToDoItem /〉 컴포넌트가 잘 표시되는 것을 알 수 있다.

이제 부모 컴포넌트로부터 데이터를 전달받아 화면에 표시하도록 〈ToDoItem /〉 컴포넌트를 리팩토링해 보자. 리팩토링을 위해 ./src/components/ToDoItem/index.tsx 파일을 열고 다음과 같이 수정한다.

```
...
const Label = styled.div`
  ...
`;

interface Props {
  readonly label: string;
  readonly onDelete?: () => void;
}

export const ToDoItem = ({ label, onDelete }: Props) => {
  return (
    <Container>
      <Label>{label}</Label>
      <Button label="삭제" onClick={onDelete} />
    </Container>
  );
};
```

타입스크립트의 interface를 사용하여 Props를 정의했으며, 정의한 Props를 사용하여 부모 컴포넌트로부터 전달받을 데이터 타입을 지정했다. 그리고 부모 컴포넌트로부터 전달받은 Props 데이터를 사용하여 화면을 구성했다. 이렇게 〈ToDoItem /〉 컴포넌트를 수정하고 저장하면, 에러가 발생하는 것을 확인할 수 있다. 이는 부모 컴포넌트로부터 데이터를 전달받기 위해 Props를 정의했지만, 아직 부모 컴포넌트로부터 필수 Props를 전달받지 못했기 때문이다.

이를 해결하기 위해 ./src/App.tsx 파일을 열고 부모 컴포넌트에서 Props 데이터를 전달받을 수 있도록 다음과 같이 수정한다.

```
...

function App() {
  return (
```

```
      <Container>
        <Title label="할일목록" />
        <ToDoItem label="리액트 공부하기" />
      </Container>
    );
  }
```

App.tsx 파일을 수정하고 저장한 후 브라우저를 확인해 보면, 이전과 동일하게 화면이 잘 표시되는 것을 확인할 수 있다. 이를 통해 Props로 데이터를 전달받고 화면에 잘 표시하는 것을 알 수 있다.

4) 〈ToDoList /〉 컴포넌트

이제 만든 〈ToDoItem /〉 컴포넌트를 사용하여 할 일 목록을 표시하는 컴포넌트를 만들어 보자. 할 일 목록을 표시하는 〈ToDoList /〉 컴포넌트를 만들기 위해 ./src/App.tsx 파일을 열고 다음과 같이 수정한다.

```
...
const Container = styled.div`
  ...
`;

const ToDoList = styled.div`
  display: flex;
  flex-direction: column;
`;

function App() {
  return (
    <Container>
      <Title label="할일목록" />
      <ToDoList>
        <ToDoItem label="리액트 공부하기" />
        <ToDoItem label="운동하기" />
        <ToDoItem label="책 읽기" />
      </ToDoList>
    </Container>
  );
```

```
}

export default App;
```

지금까지 개발한 컴포넌트들과 동일하게 Emotion을 사용하여 컴포넌트를 구성했고, 여러 개의 〈ToDoItem /〉 컴포넌트를 사용하여 다수의 할 일을 표시하도록 했다. App.tsx 파일을 수정하고 저장한 후 브라우저를 확인해 보면, [그림 6-14]와 같이 〈ToDoList /〉 컴포넌트가 잘 표시되는 것을 확인할 수 있다.

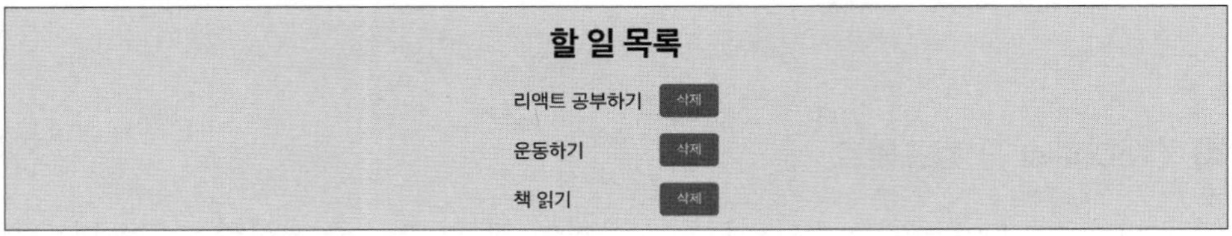

[그림 6-14]   <ToDoList /> 컴포넌트

그러면 이제 만든 〈ToDoList /〉 컴포넌트를 별도의 파일로 만들어 보자. 〈ToDoList /〉 컴포넌트를 별도의 파일로 만들기 위해 ./src/components/ToDoList/index.tsx 파일을 생성한 후 다음과 같이 수정한다.

```tsx
import styled from '@emotion/styled';
import { ToDoItem } from 'components/ToDoItem';

const Container = styled.div`
  display: flex;
  flex-direction: column;
`;

export const ToDoList = () => {
  return (
    <Container>
      <ToDoItem label="리액트 공부하기" />
      <ToDoItem label="운동하기" />
      <ToDoItem label="책 읽기" />
    </Container>
  );
};
```

App.tsx에서 Emotion을 사용하여 만든 〈ToDoList /〉 컴포넌트를 복사, 붙여넣기 한 후 이름의 중복을 피하기 위해 〈Container /〉로 컴포넌트 명을 변경했다. 이렇게 생성한 컴포넌트를 사용하여 화면에 여러 개의 〈ToDoItem /〉 컴포넌트를 표시하는 〈ToDoList /〉 컴포넌트를 만들었다.

이제 별도의 파일로 만든 〈ToDoList /〉 컴포넌트를 사용하기 위해 ./src/App.tsx 파일을 열고 다음과 같이 수정한다.

```tsx
import styled from '@emotion/styled';
import { Title } from 'components/Title';
import { ToDoList } from 'components/ToDoList';

const Container = styled.div`
  ...
`;

function App() {
  return (
    <Container>
      <Title label="할일목록" />
      <ToDoList />
    </Container>
  );
}

export default App;
```

App.tsx 파일을 수정하고 저장한 후 브라우저를 확인해 보면, 여전히 할 일 목록이 잘 표시되는 것을 확인할 수 있다. 이를 통해 우리가 별도의 파일로 제작한 〈ToDoList /〉 컴포넌트가 잘 동작하는 것을 알 수 있다.

이제 부모 컴포넌트로부터 Props를 통해 데이터를 전달받아 표시하도록 〈ToDoList /〉 컴포넌트를 리팩토링해 보자. 〈ToDoList /〉 컴포넌트에서 부모 컴포넌트로부터 Props를 통해 데이터를 전달받고, 전달받은 데이터를 표시하기 위해 ./src/components/ToDoList/index.tsx 파일을 열고 다음과 같이 수정한다.

```tsx
...
```

```
const Container = styled.div`
  ...
`;

interface Props {
  readonly toDoList: ReadonlyArray<string>;
  readonly onDelete?: (todo: string) => void;
}

export const ToDoList = ({ toDoList, onDelete }: Props) => {
  return (
    <Container>
      {toDoList.map((todo) => (
        <ToDoItem
          key={todo}
          label={todo}
          onDelete={() => {
            if (typeof onDelete === 'function') onDelete(todo);
          }}
        />
      ))}
    </Container>
  );
};
```

〈ToDoList /〉 컴포넌트는 부모 컴포넌트로부터 읽기 전용인 할 일 목록을 문자열 리스트(readonly toDoList: ReadonlyArray〈string〉)로 전달받을 예정이다. 이렇게 전달받은 문자열 리스트를 map을 사용하여 화면에 표시하도록 했다.

map을 통해 여러 개 표시되는 〈ToDoItem /〉을 보면, key라는 Props를 확인할 수 있다. 하지만 이 Props는 우리가 생성하지 않았다. 리액트에서는 map과 같이 루프를 통해 화면에 동일한 컴포넌트를 표시할 때에는 key를 꼭 설정해 주어야 한다. key는 동일한 컴포넌트 안에서 해당 컴포넌트를 인식하기 위한 것으로, 리액트는 복수의 동일한 컴포넌트에서 key를 통해 각각의 컴포넌트를 인지할 수 있게 된다.

```
<Container>
  <ToDoItem label="test1"/>
  <ToDoItem label="test2"/>
```

```
    <ToDoItem label="test3"/>
  </Container>
```

이와 같이 map을 통해 동일한 컴포넌트가 세 개가 되고, map의 데이터가 변경되어 test2, test3만 표시하게 된다고 가정해 보자. test1이 제거되어도 test2와 test3은 동일한 데이터이고 동일한 컴포넌트이므로 다시 렌더링할 필요가 없다. 하지만 key가 존재하지 않으면, 리액트는 현재 표시되어 있는 test2, test3과 test1을 제거한 데이터에서 test2, test3이 동일한 데이터인지를 알 수가 없다. 따라서 test1을 제거하게 되면, test2와 test3을 다시 렌더링하게 된다.

```
  <Container>
    <ToDoItem label="test2"/> // ----------- re-rendering
    <ToDoItem label="test3"/> // ----------- re-rendering
  </Container>
```

하지만 key가 존재한다면, 리액트는 key값을 보고 동일한 데이터인지를 판단하게 된다. 따라서 이전 데이터와 동일한 test2, test3은 다시 렌더링되지 않고 test1 컴포넌트만 제거되므로 좀 더 효율적으로 렌더링을 관리할 수 있다.

```
  <Container>
    <ToDoItem key="test2" label="test2"/>
    <ToDoItem key="test3" label="test3"/>
  </Container>
```

따라서 리액트에서 map을 통해 동일한 컴포넌트를 반복적으로 표시할 때에는 key값을 필수로 설정해 주어야 한다. 이 key값은 반드시 유일한 값이어야 한다. 그렇지 않으면 리액트는 중복된 key값의 컴포넌트를 동일한 컴포넌트로 간주하여 동일한 key값을 가지는 컴포넌트 중 하나의 컴포넌트가 다시 렌더링되면, 다른 컴포넌트도 렌더링된다. 따라서 실무에서는 데이터의 id값을 주로 설정한다. 이번 예제에서는 할 일 데이터를 설정했지만, 이는 중복될 가능성이 있기 때문에 실제로는 이런 값을 key값으로 사용해서는 안된다.

이렇게 〈ToDoList /〉 컴포넌트를 수정하고 저장하면, 부모 컴포넌트에서 데이터를 전달하고 있지 않기 때문에 에러가 발생하는 것을 확인할 수 있다. 이제 부모 컴포넌트인 〈App /〉 컴포넌트에서 〈ToDoList /〉 컴포넌트로 데이터를 전달하도록 리팩토링해 보자. ./src/App.tsx 파일을 열고 다음과 같이 수정한다.

```
...
function App() {
  return (
    <Container>
      <Title label="할일목록" />
      <ToDoList toDoList={['리액트 공부하기', '운동하기', '책 읽기']} />
    </Container>
  );
}
```

Props를 통해 데이터를 전달받을 수 있도록 만든 〈ToDoList /〉 컴포넌트에서 필수 Props인 toDoList에 문자열 리스트를 전달하도록 했다. 이렇게 App.tsx 파일을 수정하고 저장하면, 이전에 발생하던 에러가 사라지는 것을 확인할 수 있다. 또한 브라우저를 확인해 보면, 할 일 목록이 여전히 잘 표시되는 것을 확인할 수 있다.

이로써 Props를 통해 부모 컴포넌트로부터 데이터를 전달받을 수 있도록 리팩토링한 〈ToDoList /〉 컴포넌트가 잘 동작하는 것을 알 수 있다.

5) useState로 할 일 목록 데이터 관리하기

지금까지는 할 일 목록 데이터를 하드 코딩을 통해 화면에 표시했다. 이제 리액트 컴포넌트 안에서 데이터 변경이 가능한 State를 사용하여 할 일 목록 데이터를 다뤄보도록 하자. State를 통해 할 일 목록 데이터를 관리하기 위해 ./src/App.tsx 파일을 열고 다음과 같이 수정한다.

```
import { useState } from 'react';
...
function App() {
  const [toDoList, setToDoList] = useState([
    '리액트 공부하기',
    '운동하기',
```

```
    '책 읽기',
  ]);

  const onDelete = (todo: string) => {
    setToDoList(toDoList.filter((item) => item !== todo));
  };

  return (
    <Container>
      <Title label="할일목록" />
      <ToDoList toDoList={toDoList} onDelete={onDelete} />
    </Container>
  );
}
```

리액트의 함수 컴포넌트에서 State를 사용하기 위해서는 리액트가 제공하는 useState 혹을 사용할 필요가 있다. useState 혹을 사용하기 위해 리액트로부터 useState를 import했고, useState를 사용하여 기존의 하드 코딩된 할 일 목록 데이터를 초깃값으로 설정하여 State를 생성했다. 또한 State의 set 함수를 사용하여 할 일 목록을 하나 제거하는 함수를 만들어 보았다. 이렇게 App.tsx 파일을 수정하고 저장한 후 브라우저를 확인해 보면, [그림 6-15]와 같이 여전히 할 일 목록이 잘 표시되는 것을 확인할 수 있다.

[그림 6-15] State를 사용한 할 일 목록

그리고 표시된 할 일 목록 중에서 하나의 할 일의 삭제 버튼을 클릭해 보면, [그림 6-16]과 같이 해당 할 일이 할 일 목록에서 삭제되는 것을 확인할 수 있다.

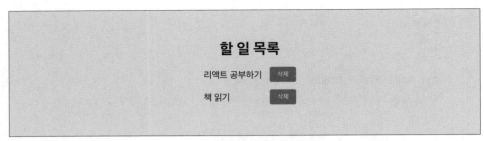

[그림 6-16] 할 일이 삭제된 할 일 목록

이로써 우리가 useState 훅으로 만든 State의 데이터가 잘 표시되고, State의 set 함수로 만든 삭제 기능이 잘 동작하는 것을 알 수 있다.

6) 〈DataView /〉 컴포넌트

이제 지금까지 만든 〈Title /〉 컴포넌트와 〈ToDoList /〉 컴포넌트를 하나의 컴포넌트로 묶어보자. 지금도 충분히 컴포넌트화가 잘 되어 있다. 따라서 〈DataView /〉 컴포넌트는 실제로는 불필요할 공산이 크다. 하지만 Context를 이해하기 위해 이번 예제에서는 〈DataView /〉 컴포넌트를 만들고, 〈Title /〉 컴포넌트와 〈ToDoList /〉 컴포넌트를 묶을 예정이다.

그러면 〈DataView /〉 컴포넌트를 만들기 위해 ./src/App.tsx 파일을 열고 다음과 같이 수정한다.

```
const Container = styled.div`
...
`;

const DataView = styled.div`
  display: flex;
  flex-direction: column;
  align-items: center;
  justify-content: center;
  background-color: #ffffff;
  padding: 32px;
  border-radius: 8px;
`;
```

```
function App() {
  ...
  return (
    <Container>
      <DataView>
        <Title label="할일목록" />
        <ToDoList toDoList={toDoList} onDelete={onDelete} />
      </DataView>
    </Container>
  );
}
export default App;
```

CSS-in-JS 라이브러리인 Emotion을 사용하여 〈DataView /〉 컴포넌트를 만들었고, 이를 〈Title /〉 컴포넌트와 〈ToDoList /〉 컴포넌트의 부모 컴포넌트로 사용했다. 이렇게 App.tsx 파일을 수정하고 저장한 후 브라우저를 확인해 보면, [그림 6-17]과 같이 〈DataView /〉 컴포넌트가 표시되는 것을 확인할 수 있다.

[그림 6-17]   <DataView /> 컴포넌트

이제 생성한 〈DataView /〉 컴포넌트를 별도의 파일로 분리해 보자. 별도의 파일로 〈DataView /〉 컴포넌트를 생성하기 위해 ./src/components/DataView/index.tsx 파일을 생성한 후 다음과 같이 수정한다.

```
import styled from '@emotion/styled';
import { Title } from 'components/Title';
import { ToDoList } from 'components/ToDoList';

const Container = styled.div`
```

```
  display: flex;
  flex-direction: column;
  align-items: center;
  justify-content: center;
  background-color: #ffffff;
  padding: 32px;
  border-radius: 8px;
`;

interface Props {
  readonly toDoList: ReadonlyArray<string>;
  readonly onDelete?: (todo: string) => void;
}

export const DataView = ({ toDoList, onDelete }: Props) => {
  return (
    <Container>
      <Title label="할일목록" />
      <ToDoList toDoList={toDoList} onDelete={onDelete} />
    </Container>
  );
};
```

App.tsx 파일에서 생성한 〈DataView /〉 컴포넌트를 그대로 옮겨왔으며, 이름의 중복을 피하기 위해 〈Container /〉로 컴포넌트 명을 변경했다. 또한 〈ToDoList /〉 컴포넌트에 표시할 데이터를 부모 컴포넌트로부터 전달받기 위해 타입스크립트의 interface를 사용하여 Props를 정의했다.

정의한 Props를 사용하여 부모 컴포넌트로부터 데이터를 전달받고, 전달받은 데이터를 〈ToDoList /〉 컴포넌트에 전달했다.

이제 별도의 파일로 생성한 〈DataView /〉 컴포넌트를 사용하기 위해 ./src/App.tsx 파일을 열고 다음과 같이 수정한다.

```
import { useState } from 'react';
import styled from '@emotion/styled';
import { DataView } from 'components/DataView';
```

```
const Container = styled.div`
  ...
`;

function App() {
  const [toDoList, setToDoList] = useState([
    '리액트 공부하기',
    '운동하기',
    '책 읽기',
  ]);

  const onDelete = (todo: string) => {
    setToDoList(toDoList.filter((item) => item !== todo));
  };

  return (
    <Container>
      <DataView toDoList={toDoList} onDelete={onDelete} />
    </Container>
  );
}

export default App;
```

별도의 파일로 분리한 〈DataView /〉 컴포넌트를 사용하기 위해 〈DataView /〉 컴포넌트를 별도의 파일로부터 불러왔으며, 이로 인해 불필요해진 〈Title /〉 컴포넌트와 〈ToDoList /〉 컴포넌트는 제거했다. 그리고 별도의 파일로부터 불러온 〈DataView /〉 컴포넌트를 화면에 표시하고, State로 만든 할 일 목록 데이터와 set 함수를 사용한 삭제 기능을 〈DataView /〉 컴포넌트로 전달했다.

별도의 파일로 분리한 〈DataView /〉 컴포넌트를 사용할 수 있도록 수정한 App.tsx 파일을 저장하고 브라우저를 확인해 보면, [그림 6-18]과 같이 할 일 목록이 잘 표시되는 것을 확인할 수 있다.

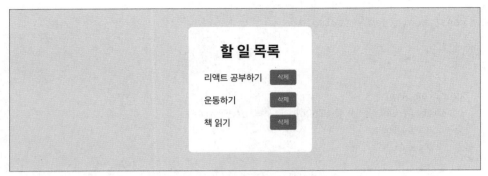

[그림 6-18] 별도의 파일로 분리한 <DataView /> 컴포넌트

표시된 할 일 목록에서 하나의 할 일의 삭제 버튼을 클릭해 보면, [그림 6-19]와 같이 해당 할 일이 할 일 목록에서 삭제되는 것을 확인할 수 있다.

[그림 6-19] 별도의 파일로 분리한 <DataView /> 컴포넌트에서 삭제

이것으로 할 일 목록 데이터를 표시하는 부분을 구현해 보았다. 이제 새로운 할 일 데이터를 추가하는 기능을 구현해 보자.

7) 〈TextInput /〉 컴포넌트

이제부터 할 일 데이터를 입력하는 기능을 구현해 보자. 먼저 할 일을 입력하기 위한 〈TextInput /〉 컴포넌트를 개발할 예정이다. 〈TextInput /〉 컴포넌트를 개발하기 위해 ./src/App.tsx 파일을 열고 다음과 같이 수정한다.

```
...
const Container = styled.div`
```

```
  ...
`;

const TextInput = styled.input`
  font-size: 1.2rem;
  padding: 8px;
`;

function App() {
  const [toDoList, setToDoList] = useState([
    '리액트 공부하기',
    '운동하기',
    '책 읽기',
  ]);
  const [toDo, setToDo] = useState('');

  const onDelete = (todo: string) => {
    setToDoList(toDoList.filter((item) => item !== todo));
  };

  return (
    <Container>
      <DataView toDoList={toDoList} onDelete={onDelete} />
      <TextInput
        value={toDo}
        onChange={(event) => setToDo(event.target.value)}
      />
    </Container>
  );
}

export default App;
```

할 일 데이터를 입력하기 위해 Emotion을 이용하여 〈TextInput /〉 컴포넌트를 만들었으며, 이렇게 만든 〈TextInput /〉 컴포넌트를 사용하여 화면에 표시되도록 했다. 또한 사용자가 입력한 데이터를 저장하기 위해 useState 훅을 사용하여 State 데이터를 만들었다. 이 State를 사용하여 사용자가 데이터를 입력하면, State의 set 함수를 통해 해당 데이터를 State에 저장하고, 저장된 데이터를 HTML의 input 태그의

value를 통해 화면에 표시하도록 했다.

이렇게 App.tsx 파일을 수정하고 저장한 후 브라우저를 확인해 보면, [그림 6-20]과 같이 〈TextInput/〉 컴포넌트가 잘 표시되는 것을 확인할 수 있다.

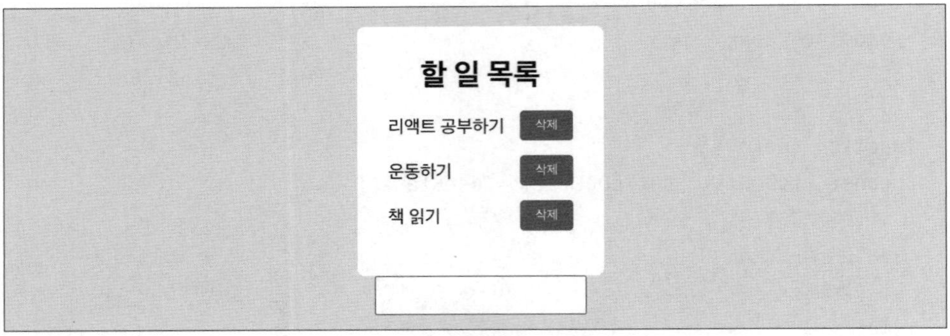

[그림 6-20] 〈TextInput /〉 컴포넌트

화면에 표시된 〈TextInput /〉 컴포넌트에 [그림 6-21]과 같이 데이터를 입력하면, 데이터가 onChange 이벤트를 통해 State에 저장되고, 저장된 데이터가 value를 통해 화면에 잘 표시되는 것을 확인할 수 있다.

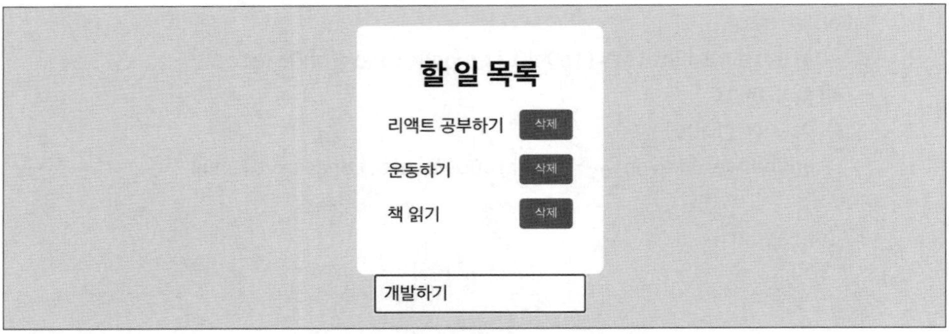

[그림 6-21] 〈TextInput /〉 컴포넌트에 데이터 입력

이제 만든 〈TextInput /〉 컴포넌트를 별도의 파일로 분리해 보자. 〈TextInput /〉 컴포넌트를 별도의 파일로 분리하기 위해 ./src/components/TextInput/index.tsx 파일을 열고 다음과 같이 수정한다.

```
import styled from '@emotion/styled';
```

170

```
const Input = styled.input`
  font-size: 1.2rem;
  padding: 8px;
`;

export const TextInput = () => {
  return <Input />;
};
```

App.tsx 파일에서 만든 〈TextInput /〉 컴포넌트를 복사, 붙여넣기 한 후 이름의 중복을 피하기 위해 〈Input /〉으로 컴포넌트 명을 변경했고, 변경한 컴포넌트를 화면에 표시하도록 했다.

이제 별도의 파일로 분리한 〈TextInput /〉 컴포넌트를 사용하기 위해 ./src/App.tsx 파일을 열고 다음과 같이 수정한다.

```
import { useState } from 'react';
import styled from '@emotion/styled';
import { DataView } from 'components/DataView';
import { TextInput } from 'components/TextInput';
...
function App() {
  ...
  return (
    <Container>
      <DataView toDoList={toDoList} onDelete={onDelete} />
      <TextInput />
    </Container>
  );
}

export default App;
```

별도의 파일로 만든 〈TextInput /〉 컴포넌트를 불러와 추가했고, 이전에 Emotion으로 만든 컴포넌트를 제거했다. 그리고 별도의 파일로 분리한 〈TextInput /〉 컴포넌트는 아직 부모 컴포넌트로부터 데이터를 전달받도록 구성되어 있지 않기 때문에 Props를 설정하지 않고 〈TextInput /〉 컴포넌트를 그대로 사용한 것을 확인할 수 있다.

이렇게 App.tsx 파일을 수정하고 저장한 후 브라우저를 확인해 보면, [그림 6-22]와 같이 〈TextInput /〉 컴포넌트가 잘 표시되는 것을 확인할 수 있다.

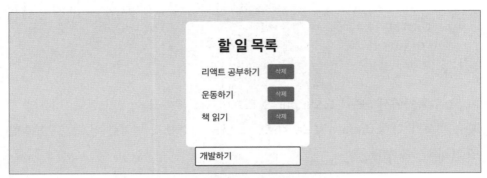

[그림 6-22] 별도의 파일로 분리한 <TextInput /> 컴포넌트

이제 별도의 파일로 분리한 〈TextInput /〉 컴포넌트를 리팩토링하여 부모 컴포넌트로부터 데이터를 전달받을 수 있도록 만들어 보자. 별도의 파일로 분리한 〈TextInput /〉 컴포넌트가 부모 컴포넌트로부터 데이터를 전달받을 수 있도록 만들기 위해 ./src/components/TextInput/index.tsx 파일을 열고 다음과 같이 수정한다.

```
...
interface Props {
  readonly value: string;
  readonly onChange: (text: string) => void;
}

export const TextInput = ({ value, onChange }: Props) => {
  return (
    <Input value={value} onChange={(event) => onChange(event.target.
value)} />
  );
};
```

부모 컴포넌트로부터 데이터를 전달받기 위해 타입스크립트의 interface를 사용하여 Props를 정의했다. 정의한 Props와 구조 분해 할당을 통해 부모 컴포넌트로부터 데이터를 전달받았고, 전달받은 데이터를 컴포넌트에 적용했다. 이렇게 〈TextInput /〉 컴포넌트를 수정하고 저장한 후 확인해 보면, 에러가 발생하는 것을 확인할 수 있다. 〈TextInput /〉 컴포넌트에 필수 Props를 정의했지만, 부모 컴포넌트에서 해당 데이터를 전달하지 않고 있기 때문이다.

이제 부모 컴포넌트인 〈App /〉 컴포넌트를 수정하여 필수 Props를 전달하도록 수정해 보자. 〈TextInput /〉 컴포넌트의 필수 Props를 부모 컴포넌트가 전달하게 하기 위해 ./src/App.tsx 파일을 열고 다음과 같이 수정한다.

```
...
function App() {
  ...
  const [toDo, setToDo] = useState('');
  ...
  return (
    <Container>
      <DataView toDoList={toDoList} onDelete={onDelete} />
      <TextInput value={toDo} onChange={setToDo} />
    </Container>
  );
}

export default App;
```

〈TextInput /〉 컴포넌트에 useState 훅을 사용하여 생성한 할 일 State와 set 함수를 전달했다. 이렇게 App.tsx 파일을 수정하고 저장하면, 에러가 사라지는 것을 확인할 수 있다. 또한 브라우저를 확인해 보면, 여전히 〈TextInput /〉 컴포넌트가 잘 표시되는 것을 확인할 수 있다. 이를 통해 우리는 별도의 파일로 분리하여 부모 컴포넌트로부터 데이터를 전달받도록 만든 〈TextInput /〉 컴포넌트가 잘 동작하는 것을 알 수 있다.

8) 추가 버튼 컴포넌트

〈TextInput /〉 컴포넌트로 사용자가 할 일 State 데이터를 입력했다면, 이제 해당 할 일을 할 일 목록 State에 저장하여 할 일 목록에 표시되도록 할 필요가 있다. 사용자

가 추가 버튼 컴포넌트를 클릭하면, 할 일 State 데이터를 할 일 목록 State 데이터로
저장되도록 할 예정이다.

추가 버튼 컴포넌트를 만들기 위해 ./src/App.tsx 파일을 열고 다음과 같이 수정한다.

```
import { useState } from 'react';
import styled from '@emotion/styled';
import { DataView } from 'components/DataView';
import { TextInput } from 'components/TextInput';
import { Button } from 'components/Button';
...
function App() {
  ...

  return (
    <Container>
      <DataView toDoList={toDoList} onDelete={onDelete} />
      <TextInput value={toDo} onChange={setToDo} />
      <Button label="추가" />
    </Container>
  );
}

export default App;
```

우리가 미리 만들어 놓은 ⟨Button /⟩ 컴포넌트를 활용하여 추가 버튼을 표시했다.
이렇게 App.tsx 파일을 수정하고 저장한 후 브라우저를 확인해 보면, [그림 6-23]과
같이 추가 버튼이 표시되는 것을 확인할 수 있다.

[그림 6-23]   <Button /> 컴포넌트를 이용한 추가 버튼

하지만 추가 버튼과 삭제 버튼이 동일한 색상이므로 사용자가 혼동할 수 있을 것이다. 그래서 〈Button /〉 컴포넌트에 색상 Props를 추가하여 부모 컴포넌트가 버튼의 색상을 변경할 수 있도록 변경해 보자.

〈Button /〉 컴포넌트의 색상 Props를 추가하기 위해 ./src/components/Button/index.tsx 파일을 열고 다음과 같이 수정한다.

```tsx
import styled from '@emotion/styled';

interface ContainerProps {
  readonly color: string;
}

const Container = styled.button<ContainerProps>`
  border: 0;
  color: #ffffff;
  background-color: ${(props) => props.color};
  cursor: pointer;
  padding: 8px 16px;
  border-radius: 4px;

  &:hover {
    background-color: ${(props) => props.color};
    opacity: 0.8;
  }

  &:active {
    box-shadow: inset 5px 5px 10px rgba(0, 0, 0, 0.2);
  }
`;

interface Props {
  readonly label: string;
  readonly color?: string;
  readonly onClick?: () => void;
}

export const Button = ({ label, color = '#ff5722', onClick }: Props) => {
  return (
```

```
    <Container color={color} onClick={onClick}>
      {label}
    </Container>
  );
};
```

Emotion으로 만든 컴포넌트도 리액트 컴포넌트이다. 따라서 Props를 통해 데이터를 전달하는 것이 가능하다. 이를 위해 타입스크립트의 interface를 사용하여 필요한 Props를 정의했다.

```
interface ContainerProps {
  readonly color: string;
}
```

정의한 인터페이스를 Emotion 컴포넌트가 인지할 수 있도록 타입스크립트의 제네릭을 통해 전달했다.

```
interface ContainerProps {
  readonly color: string;
}
const Container = styled.button<ContainerProps>`
  ...
`;
```

이와 같이 인터페이스로 Props를 지정하면 자바스크립트의 템플릿 리터럴(Template literals, `)로 작성한 스타일 코드에서 다음과 같이 Props를 사용할 수 있다.

```
const Container = styled.button<ContainerProps>`
  ...
  background-color: ${(props) => props.color};
  ...
  &:hover {
    background-color: ${(props) => props.color};
    ...
  }
  ...
`;
```

이렇게 Emotion으로 만든 컴포넌트에 Props로 데이터를 전달할 수 있게 만들었다면, 부모 컴포넌트인 〈Button /〉 컴포넌트에서 다음과 같이 Props를 통해 데이터를 전달할 수 있다.

```
export const Button = ({ label, color = '#ff5722', onClick }: Props)
=> {
  return (
    <Container color={color} onClick={onClick}>
      {label}
    </Container>
  );
};
```

마지막으로 〈Button /〉 컴포넌트도 부모 컴포넌트로부터 Props를 통해 색상을 전달받을 수 있도록 하기 위해 다음과 같이 〈Button /〉 컴포넌트의 Props에 color를 필수가 아닌 Props로 추가했다.

```
interface Props {
  readonly label: string;
  readonly color?: string;
  readonly onClick?: () => void;
}
```

color는 필수 Props가 아니므로 데이터가 비어 있는 경우가 있다. 하지만 우리가 만든 ContainerProps의 color는 필수 Props이므로 데이터를 꼭 전달해 주어야 한다. 따라서 color가 비어 있다면, 초기화를 통해 데이터를 초기화하도록 했다.

```
export const Button = ({ label, color = '#ff5722', onClick }: Props)
=> {
  return (
    <Container color={color} onClick={onClick}>
      {label}
    </Container>
  );
};
```

이렇게 부모 컴포넌트로부터 전달받은 Props를 〈Container /〉 컴포넌트의 Props로 전달함으로써 색상을 변경할 수 있도록 했다.

그러면 이제 새롭게 추가한 Props를 통해 색상을 변경해 보자. 〈Button /〉 컴포넌트를 사용하는 곳에서 색상을 변경하기 위해 ./src/App.tsx 파일을 열고 다음과 같이 수정한다.

```
function App() {
  ...
  return (
    <Container>
      <DataView toDoList={toDoList} onDelete={onDelete} />
      <TextInput value={toDo} onChange={setToDo} />
      <Button label="추가" color="#304FFE" />
    </Container>
  );
}
```

이렇게 App.tsx 파일을 수정하고 저장한 후 브라우저를 확인해 보면, 추가 버튼의 색상이 변경된 것을 확인할 수 있다.

이제 추가 버튼을 클릭하여 현재 작성한 할 일 데이터를 할 일 목록 데이터에 추가하고, 작성한 할 일을 입력창에서 제거하도록 만들어 보자. 계속해서 ./src/App.tsx 파일을 열고 다음과 같이 수정하여 할 일 데이터를 추가하도록 만든다.

```
function App() {
  ...
  const onAdd = () => {
    if (toDo === '') return;

    setToDoList([...toDoList, toDo]);
    setToDo('');
  };

  return (
    <Container>
      <DataView toDoList={toDoList} onDelete={onDelete} />
      <TextInput value={toDo} onChange={setToDo} />
```

```
      <Button label="추가" color="#304FFE" onClick={onAdd} />
    </Container>
  );
}
```

할 일 데이터를 할 일 목록 데이터에 추가하기 위해 onAdd 함수를 생성했다. 이 함수에서는 할 일이 작성되어 있는지 확인하고 작성이 되어 있다면, 할 일 목록 State에 저장하고 할 일 State에 빈 문자열을 대입함으로써 입력창에 작성한 내용을 제거하도록 했다.

이렇게 작성한 onAdd 함수를 〈Button /〉 컴포넌트를 통해 만든 추가 버튼의 onClick 이벤트에 연결했다. 이와 같이 App.tsx 파일을 수정하고 저장한 후 [그림 6-24]와 같이 브라우저에 표시된 〈TextInput /〉 컴포넌트를 사용하여 데이터를 작성한다.

[그림 6-24] 할 일 데이터 추가

이번 예제에서는 "개발하기"라는 문자열을 입력했다. 이렇게 할 일 데이터를 입력했다면, 새롭게 만든 추가 버튼을 클릭하여 할 일 데이터를 할 일 목록에 저장해 보도록 한다. 할 일 데이터를 작성하고 추가 버튼을 클릭해 보면, [그림 6-25]와 같이 할일 데이터가 할 일 목록에 잘 저장되는 것을 확인할 수 있다. 또한 〈TextInput /〉 컴포넌트에 작성한 할 일 데이터가 잘 사라지는 것을 확인할 수 있다.

[그림 6-25] 할 일 목록에 데이터 추가

이로써 우리가 만든 추가 버튼 컴포넌트가 잘 동작하며, 할 일 State 데이터가 할 일 목록 State에 잘 저장되는 것을 알 수 있다.

9) 〈ToDoInput /〉 컴포넌트

이제 〈TextInput /〉 컴포넌트와 할 일 추가 버튼을 하나의 컴포넌트로 묶어보자. 〈TextInput /〉 컴포넌트와 할 일 추가 버튼을 하나의 컴포넌트로 묶기 위해 〈ToDoInput /〉 컴포넌트를 생성할 예정이다. 생성한 〈ToDoInput /〉 컴포넌트는 화면 전체에 표시되도록 하고, 추후에 추가할 〈ShowInputButton /〉 컴포넌트를 통해 화면에 표시할 예정이다.

그러면 〈TextInput /〉 컴포넌트와 할 일 추가 버튼을 하나의 컴포넌트인 〈ToDoInput /〉 컴포넌트로 만들기 위해 ./src/App.tsx 파일을 열고 다음과 같이 수정한다.

```
...
import { Button } from 'components/Button';
import { Title } from 'components/Title';

const Container = styled.div`
  ...
`;

const ToDoInput = styled.div`
  position: absolute;
  top: 0;
```

```
    left: 0;
    bottom: 0;
    right: 0;
    display: flex;
    align-items: center;
    justify-content: center;
`;

const Background = styled.div`
  position: absolute;
  top: 0;
  left: 0;
  bottom: 0;
  right: 0;
  background-color: rgb(0 0 0 / 75%);
`;

const Contents = styled.div`
  display: flex;
  align-items: center;
  justify-content: center;
  flex-direction: column;
  background-color: #ffffff;
  padding: 32px;
  border-radius: 8px;
  z-index: 1;
`;

const InputContainer = styled.div`
  display: flex;
  align-items: center;
  justify-content: center;
`;

function App() {
  ...
  return (
    <Container>
      <DataView toDoList={toDoList} onDelete={onDelete} />
      <ToDoInput>
        <Background />
```

```
      <Contents>
        <Title label="할일 추가" />
        <InputContainer>
          <TextInput value={toDo} onChange={setToDo} />
          <Button label="추가" color="#304FFE" onClick={onAdd} />
        </InputContainer>
      </Contents>
    </ToDoInput>
  </Container>
  );
}


export default App;
```

Emotion과 〈Title /〉 컴포넌트를 활용하여 〈ToDoInput /〉 컴포넌트를 구성해 보
았다. 이전의 컴포넌트를 만드는 방식과 동일하므로 자세한 설명은 생략하도록 하
겠다. 이렇게 App.tsx 파일을 수정하고 저장한 후 브라우저를 확인해 보면, [그림
6-26]과 같이 〈ToDoInput /〉 컴포넌트가 화면 전체에 표시되는 것을 확인할 수
있다.

[그림 6-26] 〈ToDoInput /〉 컴포넌트

이제 〈ToDoInput /〉 컴포넌트를 별도의 파일로 분리해 보자. 〈ToDoInput /〉 컴포
넌트를 별도의 파일로 분리하기 위해 ./src/components/ToDoInput/index.tsx 파
일을 생성하고 다음과 같이 수정한다.

```
import { useState } from 'react';
import styled from '@emotion/styled';
import { TextInput } from 'components/TextInput';
import { Button } from 'components/Button';
import { Title } from 'components/Title';

const Container = styled.div`
  position: absolute;
  top: 0;
  left: 0;
  bottom: 0;
  right: 0;
  display: flex;
  align-items: center;
  justify-content: center;
`;

const Background = styled.div`
  position: absolute;
  top: 0;
  left: 0;
  bottom: 0;
  right: 0;
  background-color: rgb(0 0 0 / 75%);
`;

const Contents = styled.div`
  display: flex;
  align-items: center;
  justify-content: center;
  flex-direction: column;
  background-color: #ffffff;
  padding: 32px;
  border-radius: 8px;
  z-index: 1;
`;
const InputContainer = styled.div`
  display: flex;
  align-items: center;
  justify-content: center;
`;
```

```
interface Props {
  readonly onAdd: (toDo: string) => void;
}

export const ToDoInput = ({ onAdd }: Props) => {
  const [toDo, setToDo] = useState('');

  const onAddTodo = () => {
    if (toDo === '') return;

    onAdd(toDo);
    setToDo('');
  };

  return (
    <Container>
      <Background />
      <Contents>
        <Title label="할일추가" />
        <InputContainer>
          <TextInput value={toDo} onChange={setToDo} />
          <Button label="추가" color="#304FFE" onClick={onAddTodo} />
        </InputContainer>
      </Contents>
    </Container>
  );
};
```

App.tsx 파일에서 Emotion으로 만든 컴포넌트들을 복사, 붙여넣기 했으며, 이름의 중복을 피하기 위해 Emotion으로 만든 〈ToDoInput /〉 컴포넌트를 〈Container /〉로 컴포넌트 명을 변경했다. 그리고 할 일 데이터를 관리하는 State도 〈ToDoInput /〉 컴포넌트로 옮겨왔다.

마지막으로 추가 버튼을 클릭했을 때에 부모 컴포넌트로부터 데이터를 전달받기 위해 타입스크립트로 onAdd라는 Props를 추가했으며, 이 함수는 onAddToDo 함수 안에서 할 일 데이터가 비어 있지 않는 경우에 데이터를 전달하도록 했다.

이제 별도의 파일로 만든 〈ToDoInput /〉 컴포넌트를 부모 컴포넌트에서 사용하도록 만들기 위해 App.tsx 파일을 열고 다음과 같이 수정한다.

```tsx
import { useState } from 'react';
import styled from '@emotion/styled';
import { DataView } from 'components/DataView';
import { ToDoInput } from 'components/ToDoInput';

const Container = styled.div`
  ...
`;

function App() {
  ...
  const onAdd = (toDo: string) => {
    setToDoList([...toDoList, toDo]);
  };

  return (
    <Container>
      <DataView toDoList={toDoList} onDelete={onDelete} />
      <ToDoInput onAdd={onAdd} />
    </Container>
  );
}

export default App;
```

이전에 Emotion으로 만든 〈ToDoInput /〉 컴포넌트를 모두 제거했으며, 더 이상 사용하지 않는 〈TextInput /〉 컴포넌트와 〈Button /〉 컴포넌트도 제거했다. 그리고 별도의 파일로 만든 〈ToDoInput /〉 컴포넌트를 화면에 표시하도록 했으며, 필수 Props인 onAdd에 함수를 전달하도록 했다. 전달한 onAdd 함수는 단순히 전달받은 할 일 문자열을 할 일 목록 데이터에 추가하도록 했다.

이렇게 App.tsx 파일을 수정하고 저장하면, 여전히 우리가 만든 〈ToDoInput /〉 컴포넌트가 잘 표시되는 것을 확인할 수 있다. 이로써 우리가 별도의 파일로 만든 〈ToDoInput /〉 컴포넌트가 문제 없이 표시되고 있는 것을 알 수 있다.

10) 〈ShowInputButton /〉 컴포넌트

현재 〈ToDoInput /〉 컴포넌트가 화면 전체에 표시되고 있다. 이제 〈ShowInput Button /〉 컴포넌트를 생성하여 화면 전체에 표시되는 〈ToDoInput /〉 컴포넌트를 필요할 때에만 표시되도록 변경할 예정이다. 〈ShowInputButton /〉 컴포넌트를 생성하기 위해 ./src/App.tsx 파일을 열고 다음과 같이 수정한다.

```
...
import { ToDoInput } from 'components/ToDoInput';
import { Button } from 'components/Button';

const Container = styled.div`
  ...
`;

const ShowInputButton = styled.div`
  position: absolute;
  right: 40px;
  bottom: 40px;
  z-index: 1;
`;

function App() {
  ...

  return (
    <Container>
      <DataView toDoList={toDoList} onDelete={onDelete} />
      <ToDoInput onAdd={onAdd} />
      <ShowInputButton>
        <Button label="할 일 추가" color="#304FFE" />
      </ShowInputButton>
    </Container>
  );
}

export default App;
```

〈ToDoInput /〉 컴포넌트를 필요할 때에만 보이도록 하기 위해 추가한

186

〈ShowInputButton /〉 컴포넌트는 우리가 미리 만들어 놓은 〈Button /〉 컴포넌트를 활용했으며, 해당 버튼이 오른쪽 하단에 계속 표시되도록 Emotion을 사용하여 스타일 컴포넌트를 추가했다. 그리고 이렇게 만든 컴포넌트를 화면에 표시되도록 〈App /〉 컴포넌트를 수정했다.

이렇게 App.tsx 파일을 수정하고 저장한 후 브라우저를 확인해 보면, [그림 6-27]과 같이 오른쪽 하단에서 할 일 추가라는 문자열을 표시하는 〈ShowInputButton /〉 컴포넌트를 확인할 수 있다.

[그림 6-27] 〈ShowInputButton /〉 컴포넌트

이제 이 버튼을 통해 〈ToDoInput /〉 컴포넌트를 표시하거나 닫도록 만들어 보자.

〈ShowInputButton /〉 컴포넌트를 통해 〈ToDoInput /〉 컴포넌트를 표시하거나 닫도록 만들기 위해 ./src/App.tsx 파일을 다음과 같이 수정한다.

```
function App() {
  const [toDoList, setToDoList] = useState([ ... ]);
  const [showToDoInput, setShowToDoInput] = useState(false);
  ...
  const onAdd = (toDo: string) => {
    setToDoList([...toDoList, toDo]);
    setShowToDoInput(false);
  };

  return (
    <Container>
```

```
      <DataView toDoList={toDoList} onDelete={onDelete} />
      {showToDoInput && <ToDoInput onAdd={onAdd} />}
      <ShowInputButton>
        <Button
          label={showToDoInput ? '닫기' : '할일추가'}
          color={showToDoInput ? undefined : '#304FFE'}
          onClick={() => setShowToDoInput(!showToDoInput)}
        />
      </ShowInputButton>
    </Container>
  );
}
```

우선 〈ToDoInput /〉 컴포넌트를 필요할 때에만 표시할 수 있도록 하기 위해 새로운
State 변수를 선언했다.

```
  const [showToDoInput, setShowToDoInput] = useState(false);
```

기본값은 false이고 처음에는 〈ToDoInput /〉 컴포넌트가 보이지 않도록 설정했다.
이렇게 선언한 State를 사용하여 〈ToDoInput /〉 컴포넌트가 화면에 표시될 수 있도
록 수정했다.

```
function App() {
  ...
  const [showToDoInput, setShowToDoInput] = useState(false);
  ...
  return (
    <Container>
      ...
      {showToDoInput && <ToDoInput onAdd={onAdd} />}
      ...
    </Container>
  );
}
```

이제 showToDoInput이라는 State가 true이면 〈ToDoInput /〉 컴포넌트가 화면에
표시될 것이고, false이면 화면에서 사라지게 될 것이다.

이렇게 State를 사용하여 〈ToDoInput /〉 컴포넌트가 화면에 표시되거나 사라질 수 있도록 변경한 후 우리가 만든 〈ShowInputButton /〉을 클릭했을 때에 State의 set 함수를 통해 〈ToDoInput /〉 컴포넌트가 표시되거나 사라지게 만들었다.

```
function App() {
  ...
  const [showToDoInput, setShowToDoInput] = useState(false);
  ...
  return (
    <Container>
      ...
      <ShowInputButton>
        <Button
          label={showToDoInput ? '닫기' : '할 일 추가'}
          color={showToDoInput ? undefined : '#304FFE'}
          onClick={() => setShowToDoInput(!showToDoInput)}
        />
      </ShowInputButton>
    </Container>
  );
}
```

또한 State값을 확인하여 "할 일 추가"라는 문자열을 표시할지, "닫기"라는 문자열을 표시할지와 버튼의 색상을 변경하여 해당 버튼의 역할을 좀 더 확실하게 알 수 있도록 만들었다.

마지막으로 할 일 데이터를 입력하고 "추가" 버튼을 클릭했을 때에 〈ToDoInput /〉 컴포넌트를 화면에서 제거하기 위해 onAdd 함수에 setShowToDoInput(false)를 추가하여 〈ToDoInput /〉 컴포넌트가 사라지도록 만들었다.

```
function App() {
  ...
  const [showToDoInput, setShowToDoInput] = useState(false);
  ...
  const onAdd = (toDo: string) => {
    setToDoList([...toDoList, toDo]);
    setShowToDoInput(false);
  };
```

```
  ...
  return (
    ...
  );
}
```

이렇게 App.tsx 파일을 수정하고 저장한 후 브라우저를 확인해 보면, [그림 6-28]과 같이 〈ToDoInput /〉 컴포넌트가 더 이상 표시되지 않는 것을 확인할 수 있다. 또한 우리가 추가한 〈ShowInputButton /〉 컴포넌트가 잘 표시되고 있는 것을 확인할 수 있다.

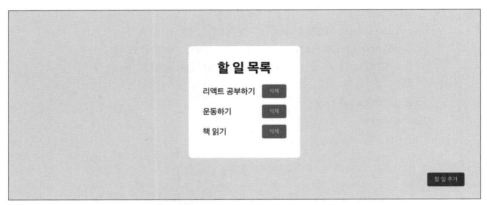

[그림 6-28] 〈ShowInputButton /〉 컴포넌트

이제 화면에 표시된 〈ShowInputButton /〉 컴포넌트를 클릭해 보자. 〈ShowInput Button /〉 컴포넌트를 클릭해 보면, [그림 6-29]와 같이 〈ToDoInput /〉 컴포넌트가 표시되는 것을 확인할 수 있다.

[그림 6-29] 〈ToDoInput /〉 컴포넌트 표시

또한 〈ShowInputButton /〉 컴포넌트가 "할 일 추가"에서 "닫기"로 잘 변경되는 것을 확인할 수 있으며, 버튼 색상 역시 잘 변경되는 것을 확인할 수 있다.

마지막으로 [그림 6-30]과 같이 〈ToDoInput /〉 컴포넌트에 할 일 데이터를 추가한 후 "추가" 버튼을 클릭하거나 "닫기" 버튼으로 변경된 〈ShowInputButton /〉 컴포넌트를 클릭해 보자.

[그림 6-30] 〈ToDoInput /〉 컴포넌트에 데이터 입력

[그림 6-31]과 같이 할 일 데이터가 할 일 목록에 잘 추가되는 것을 확인할 수 있으며, 〈ToDoInput /〉 컴포넌트도 잘 사라지는 것을 확인할 수 있다.

[그림 6-31] 할 일 데이터 추가

이것으로 〈ShowInputButton /〉 컴포넌트의 모든 기능을 구현했다. 이제 만든 컴포

넌트를 별도의 파일로 분리해 보자. 〈ShowInputButton /〉 컴포넌트를 별도의 파일로 만들기 위해 ./src/components/ShowInputButton/index.tsx 파일을 생성한 후 다음과 같이 수정한다.

```tsx
import styled from '@emotion/styled';
import { Button } from 'components/Button';

const Container = styled.div`
  position: absolute;
  right: 40px;
  bottom: 40px;
  z-index: 1;
`;

interface Props {
  readonly show: boolean;
  readonly onClick: () => void;
}
export const ShowInputButton = ({ show, onClick }: Props) => {
  return (
    <Container>
      <Button
        label={show ? '닫기' : '할일 추가'}
        color={show ? undefined : '#304FFE'}
        onClick={onClick}
      />
    </Container>
  );
};
```

App.tsx 파일에서 Emotion으로 만든 컴포넌트와 우리가 미리 만들어 둔 〈Button /〉 컴포넌트 부분을 복사하여 생성했다. 다만, 이름의 중복을 피하기 위해 Emotion으로 만든 컴포넌트를 〈Container /〉로 컴포넌트 명을 변경했다.

이후 부모 컴포넌트에 있는 State를 사용하기 위해 타입스크립트의 인터페이스로 Props를 정의했다.

```tsx
interface Props {
  readonly show: boolean;
```

```
    readonly onClick: () => void;
  }
```

그리고 정의한 Props를 〈ShowInputButton /〉 컴포넌트에서 사용하도록 만들었다.
이렇게 〈ShowInputButton /〉 컴포넌트를 별도의 파일로 분리했다면, 이제 App.tsx
파일을 수정하여 별도의 파일로 분리한 〈ShowInputButton /〉 컴포넌트를 사용하
도록 수정해 보자.

별도의 파일로 분리한 〈ShowInputButton /〉 컴포넌트를 사용하기 위해 ./src/App.
tsx 파일을 열고 다음과 같이 수정한다.

```
...
import { ToDoInput } from 'components/ToDoInput';
import { ShowInputButton } from 'components/ShowInputButton';

const Container = styled.div`
  ...
`;

function App() {
  ...
  return (
    <Container>
      <DataView toDoList={toDoList} onDelete={onDelete} />
      {showToDoInput && <ToDoInput onAdd={onAdd} />}
      <ShowInputButton
        show={showToDoInput}
        onClick={() => setShowToDoInput(!showToDoInput)}
      />
    </Container>
  );
}

export default App;
```

별도의 파일로 분리한 〈ShowInputButton /〉 컴포넌트를 추가했고, 기존의
Emotion으로 만든 컴포넌트와 더 이상 사용하지 않는 〈Button /〉 컴포넌트를 제거
했다. 그리고 〈ShowInputButton /〉 컴포넌트의 필수 Props에 State 변수와 해당

State를 변경하는 함수를 전달했다.

이렇게 App.tsx 파일을 수정하고 저장한 후 브라우저를 확인해 보면, 여전히
⟨ShowInputButton /⟩ 컴포넌트가 잘 표시되는 것을 확인할 수 있으며, 모든 기능이
정상적으로 동작하는 것을 확인할 수 있다. 이로써 ⟨ShowInputButton /⟩ 컴포넌트
를 별도의 파일로 잘 분리한 것을 알 수 있다.

11) ⟨InputContainer /⟩ 컴포넌트

이제 ⟨ShowInputButton /⟩ 컴포넌트와 ⟨ToDoInput /⟩ 컴포넌트를 하나의 컴포넌
트로 묶어보자. 역시 예제를 위한 컴포넌트이므로 실제로는 이렇게 복잡하게 컴포넌
트를 만들지는 않는다.

그러면 ⟨InputContainer /⟩ 컴포넌트를 생성하여 ⟨ShowInputButton /⟩ 컴포넌트
와 ⟨ToDoInput /⟩ 컴포넌트를 하나의 컴포넌트로 묶기 위해 ./src/App.tsx 파일을
열고 다음과 같이 수정한다.

```
...
const InputContainer = styled.div``;

function App() {
  ...
  return (
    <Container>
      <DataView toDoList={toDoList} onDelete={onDelete} />
      <InputContainer>
        {showToDoInput && <ToDoInput onAdd={onAdd} />}
        <ShowInputButton
          show={showToDoInput}
          onClick={() => setShowToDoInput(!showToDoInput)}
        />
      </InputContainer>
    </Container>
  );
}

export default App;
```

〈InputContainer /〉 컴포넌트는 특별한 기능이나 디자인을 가지고 있지 않는 단순한 컴포넌트이다. 따라서 자세한 설명은 생략하도록 하겠다.

이제 〈InputContainer /〉 컴포넌트를 별도의 파일로 분리해 보자. 〈InputContainer /〉 컴포넌트를 별도의 파일로 분리하기 위해 ./src/components/InputContainer/index.tsx 파일을 생성하고 다음과 같이 수정한다.

```tsx
import { useState } from 'react';
import { ToDoInput } from 'components/ToDoInput';
import { ShowInputButton } from 'components/ShowInputButton';

interface Props {
  readonly onAdd: (toDo: string) => void;
}

export const InputContainer = ({ onAdd }: Props) => {
  const [showToDoInput, setShowToDoInput] = useState(false);

  const onAddToDo = (toDo: string) => {
    onAdd(toDo);
    setShowToDoInput(false);
  };

  return (
    <>
      {showToDoInput && <ToDoInput onAdd={onAddToDo} />}
      <ShowInputButton
        show={showToDoInput}
        onClick={() => setShowToDoInput(!showToDoInput)}
      />
    </>
  );
};
```

지금까지 별도의 파일로 분리한 컴포넌트들과 동일하므로 자세한 설명은 생략하도록 하겠다. 타입스크립트의 인터페이스를 통해 부모 컴포넌트에 할 일 데이터를 저장할 수 있도록 onAdd 함수를 선언하여 사용했으며, 〈ToDoInput /〉 컴포넌트를 표시하거나 숨기기 위한 State인 showToDoInput을 함께 복사했다. 또한 할 일을 추가할 경우 부모 컴포넌트로부터 전달받은 onAdd 함수를 호출하여 할 일 데이터를 전달한 후 setShowToDoInput을 통해 State를 변경하여 〈ToDoInput /〉 컴포넌트를 숨기도록 했다.

화면에 표시되는 부분을 살펴보면, App.tsx 파일에서 만든 〈InputContainer /〉 컴포넌트를 사용하지 않고 리액트의 Fragment(〈〉〈/〉)를 사용한 것을 확인할 수 있다.

– 리액트의 Fragment: https://ko.reactjs.org/docs/fragments.html

리액트 컴포넌트는 반드시 하나의 노드(Element)를 부모로 가지는 HTML을 반환해야 한다. 하지만 다수의 노드를 반환하는 경우가 흔한 패턴이기 때문에 리액트는 이를 대응할 필요가 생겼고, Fragment라는 기능을 추가하게 된다. Fragment는 리액트 컴포넌트가 하나 이상의 노드로 이뤄진 HTML을 반환하는 경우 사용되며, 실제 화면에는 표시되지 않는 컴포넌트이다.

```
export const InputContainer = ({ onAdd }: Props) => {
  ...
  return (
    <>
      {showToDoInput && <ToDoInput onAdd={onAddToDo} />}
      <ShowInputButton
        show={showToDoInput}
        onClick={() => setShowToDoInput(!showToDoInput)}
      />
    </>
  );
};
```

이전에 App.tsx 파일에서 Emotion으로 만든 〈InputContainer /〉 컴포넌트는 어떤 스타일도 가지고 있지 않고, 어떤 기능도 하지 않는 컴포넌트였다. 또한 〈ShowInputButton /〉 컴포넌트와 〈ToDoInput /〉 컴포넌트가 position: absolute를 사용하여 화면에 표시되고 있기 때문에 이 컴포넌트들을 하나의 컴포넌트로 묶어서 제공할 필요가 없다. 따라서 리액트 Fragment를 사용하여 화면을 구성해 보았다.

이제 별도의 파일로 분리한 〈InputContainer /〉 컴포넌트를 활용하도록 〈App /〉 컴포넌트를 변경해 보도록 하자. 별도의 파일로 분리하여 만든 〈InputContainer /〉 컴포넌트를 사용하기 위해 ./src/App.tsx 파일을 열고 다음과 같이 수정한다.

```javascript
import { useState } from 'react';
import styled from '@emotion/styled';
import { DataView } from 'components/DataView';
import { InputContainer } from 'components/InputContainer';

const Container = styled.div`
  height: 100vh;
  display: flex;
  flex-direction: column;
  align-items: center;
  justify-content: center;
  background-color: #eeeeee;
`;

function App() {
  const [toDoList, setToDoList] = useState([
    '리액트 공부하기',
    '운동하기',
    '책 읽기',
  ]);

  const onDelete = (todo: string) => {
    setToDoList(toDoList.filter((item) => item !== todo));
  };

  const onAdd = (toDo: string) => {
    setToDoList([...toDoList, toDo]);
  };

  return (
    <Container>
      <DataView toDoList={toDoList} onDelete={onDelete} />
      <InputContainer onAdd={onAdd} />
    </Container>
  );
}

export default App;
```

이전에 Emotion으로 만든 〈InputContainer /〉 컴포넌트와 더 이상 사용하지 않는

〈ToDoInput /〉 컴포넌트, 〈ShowInputButton /〉 컴포넌트를 제거했다. 이로 인해 더 이상 사용하지 않는 State인 showToDoInput도 함께 제거됐다.

그리고 우리가 별도의 파일로 만든 〈InputContainer /〉 컴포넌트를 불러와 화면에 표시하도록 했으며, 마지막으로 〈InputContainer /〉 컴포넌트의 필수 Props인 onAdd에 〈App /〉 컴포넌트의 onAdd 함수를 연결해 주었다.

이렇게 App.tsx 파일을 수정하고 저장한 후 브라우저를 확인해 보면, 여전히 〈ShowInputButton /〉 컴포넌트가 잘 표시되는 것을 확인할 수 있으며, 해당 버튼을 클릭하면 〈ToDoInput /〉 컴포넌트가 잘 표시되는 것을 확인할 수 있다. 이로써 우리가 별도의 파일로 만든 〈InputContainer /〉 컴포넌트가 문제 없이 동작하는 것을 알 수 있다.

6.4 Context API로 할 일 목록 앱 개발

지금까지 할 일 목록 앱은 [그림 6-32]와 같이 리액트의 Props와 State만을 사용하여 부모 컴포넌트로부터 자식 컴포넌트로 데이터를 전달하는 방식으로 개발을 했다.

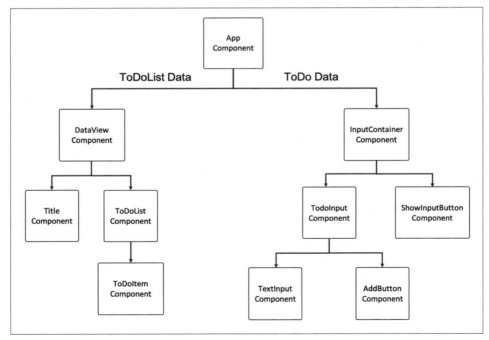

[그림 6-32] Props와 State를 사용한 할 일 목록 앱 구조

Props와 State만을 사용하여 할 일 목록 앱을 개발하면, 변경이 가능한 State 데이터(할 일 목록 데이터, 할 일 데이터)를 사용하기 위해 공통 부모 컴포넌트부터 해당 데이터를 사용하는 컴포넌트까지 Props로 데이터를 전달해야 한다. 따라서 해당 데이터를 실제로 사용하지 않는 컴포넌트들도 부모 컴포넌트로부터 해당 데이터를 전달받아야 하고, 전달받은 데이터를 다시 자식 컴포넌트로 전달해야 하는 문제가 발생한다.

이런 불편함을 해결하기 위해 [그림 6-33]과 같이 Context API를 사용하여 데이터를 필요로 하는 곳에서만 사용하도록 변경할 예정이다. 그러면 지금부터 Context API를 사용하여 할 일 목록 앱을 개발해 보도록 하자.

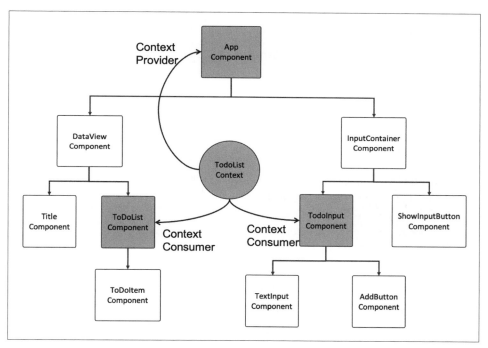

[그림 6-33] Context API를 사용한 할 일 목록 앱 구조

1) 〈ToDoList /〉 생성

Context API를 사용하기 위해서는 Context를 생성하여 공통 부모 컴포넌트에는 Provider를 제공하고, 데이터를 사용하는 곳에서는 Consumer를 통해 데이터를 사용해야 한다. 이제 Context를 생성하기 위해 ./src/contexts/ToDoList/index.tsx

파일을 열고 다음과 같이 수정한다.

```
import { createContext, useState } from 'react';

interface Context {
  readonly toDoList: string[];
  readonly onAdd: (toDo: string) => void;
  readonly onDelete: (toDo: string) => void;
}

const ToDoListContext = createContext<Context>({
  toDoList: [],
  /* eslint-disable @typescript-eslint/no-empty-function */
  onAdd: (): void => {},
  onDelete: (): void => {},
  /* eslint-enable @typescript-eslint/no-empty-function */
});

interface Props {
  children: JSX.Element | JSX.Element[];
}

const ToDoListContextProvider = ({ children }: Props) => {
  const [toDoList, setToDoList] = useState([
    '리액트 공부하기',
    '운동하기',
    '책 읽기',
  ]);

  const onDelete = (todo: string) => {
    setToDoList(toDoList.filter((item) => item !== todo));
  };

  const onAdd = (toDo: string) => {
    setToDoList([...toDoList, toDo]);
  };

  return (
    <ToDoListContext.Provider
      value={{
```

```
        toDoList,
        onAdd,
        onDelete,
      }}>
      {children}
    </ToDoListContext.Provider>
  );
};

export { ToDoListContext, ToDoListContextProvider };
```

이제 코드를 자세히 살펴보면서 Context를 어떻게 생성하는지 확인해 보도록 하자.

```
import { createContext, useState } from 'react';
```

Context를 생성하기 위해서는 createContext라는 훅을 사용해야 한다. Context 도 하나의 리액트 컴포넌트이다. 따라서 변경이 가능한 데이터를 사용하기 위해서는 useState 훅을 사용하여 State 변수를 생성해야 한다.

```
import { createContext, useState } from 'react';

interface Context {
  readonly toDoList: string[];
  readonly onAdd: (toDo: string) => void;
  readonly onDelete: (toDo: string) => void;
}

const ToDoListContext = createContext<Context>({
  toDoList: [],
  /* eslint-disable @typescript-eslint/no-empty-function */
  onAdd: (): void => {},
  onDelete: (): void => {},
  /* eslint-enable @typescript-eslint/no-empty-function */
});
```

createContext 훅을 사용하여 Context를 생성할 때에는 Context의 기본값을 설정할 필요가 있다. 이때 타입스크립트의 인터페이스를 사용하여 해당 Context가 가져야 할 데이터와 함수의 타입을 정의하고 지정한다.

우리는 앞에서 ESLint를 설정했다. ESLint의 규칙 중에는 빈 함수를 선언하는 것을 금지하는 no-empty-function이 있다. 우리가 앞으로 만들 Context의 함수는 아직 어떤 형태가 될지 모르고 State 변수를 다룰 예정이므로 기본값을 설정할 때에 해당 함수를 생성할 수 없다. 따라서 빈 함수를 설정할 수밖에 없으므로 여기서는 해당 규칙을 체크하지 않도록 수정했다.

```
import { createContext, useState } from 'react';

interface Context {
  ...
}

const ToDoListContext = createContext<Context>({
  ...
});

interface Props {
  children: JSX.Element | JSX.Element[];
}

const ToDoListContextProvider = ({ children }: Props) => {
  const [toDoList, setToDoList] = useState([
    '리액트 공부하기',
    '운동하기',
    '책 읽기',
  ]);

  const onDelete = (todo: string) => {
    setToDoList(toDoList.filter((item) => item !== todo));
  };

  const onAdd = (toDo: string) => {
    setToDoList([...toDoList, toDo]);
  };

  return (
    <ToDoListContext.Provider
```

```
      value={{
        toDoList,
        onAdd,
        onDelete,
      }}>
      {children}
    </ToDoListContext.Provider>
  );
};
```

앞에서 설명했지만, Context도 하나의 리액트 컴포넌트이다. 따라서 리액트의 함수 컴포넌트와 동일한 구조를 가지고 있다. 여기서는 부모 컴포넌트로부터 한 개 또는 복수 개의 리액트 컴포넌트를 children으로 전달받도록 했다.

```
interface Props {
  children: JSX.Element | JSX.Element[];
}

const ToDoListContextProvider = ({ children }: Props) => {
  ...
  return (
    ...
  );
};
```

그리고 우리가 전역적으로 관리할 데이터는 할 일 목록 데이터이므로 useState를 사용하여 할 일 목록 데이터를 생성했다.

```
const ToDoListContextProvider = ({ children }: Props) => {
  const [toDoList, setToDoList] = useState([
    '리액트 공부하기',
    '운동하기',
    '책 읽기',
  ]);
  ...
  return (
    ...
  );
```

```
};
```

또한 생성한 할 일 목록 데이터에 이미 존재하는 데이터를 제거하기 위한 onDelete 함수와 새로운 할 일을 등록하기 위한 onAdd 함수를 추가했다.

```
const ToDoListContextProvider = ({ children }: Props) => {
  const [toDoList, setToDoList] = useState([
    ...
  ]);

  const onDelete = (todo: string) => {
    setToDoList(toDoList.filter((item) => item !== todo));
  };

  const onAdd = (toDo: string) => {
    setToDoList([...toDoList, toDo]);
  };

  return (
    ...
  );
};
```

마지막으로 createContext로 생성한 Context의 Provider를 사용하여 지금까지 생성한 할 일 목록 데이터(toDoList)와 onAdd, onDelete 함수를 설정했으며, Provider 하위에는 부모 컴포넌트로부터 전달받은 리액트 컴포넌트를 표시하도록 했다.

```
const ToDoListContextProvider = ({ children }: Props) => {
  ...
  return (
    <ToDoListContext.Provider
      value={{
        toDoList,
        onAdd,
        onDelete,
      }}>
      {children}
    </ToDoListContext.Provider>
```

```
  );
};
```

그리고 생성한 Context의 Provider와 Context를 외부에서도 사용이 가능하도록 export했다.

```
...
export { ToDoListContext, ToDoListContextProvider };
```

이제 공통 부모 컴포넌트에는 ToDoListContextProvider를 사용하여 데이터를 제공하고, 데이터를 사용하는 곳에서는 useContext 훅을 사용하여 생성한 ToDoListContext에서 필요한 내용을 가져와 사용할 예정이다.

2) ⟨App /⟩ 컴포넌트에 Provider 제공

Context를 사용하기 위해 데이터를 사용하는 컴포넌트의 공통 부모 컴포넌트에 Context의 Provider를 제공할 필요가 있다. 이번 예제에서는 이런 공통 부모 컴포넌트가 ⟨App /⟩ 컴포넌트이므로 ⟨App /⟩ 컴포넌트에 Provider를 제공해 보도록 하자.

Context의 데이터를 사용하기 위해 공통 부모 컴포넌트인 ⟨App /⟩ 컴포넌트에 Provider를 제공하려면, ./src/App.tsx 파일을 열고 다음과 같이 수정한다.

```
import { useState } from 'react';
import styled from '@emotion/styled';
import { DataView } from 'components/DataView';
import { InputContainer } from 'components/InputContainer';
import { ToDoListContextProvider } from 'contexts/ToDoList';

const Container = styled.div`
  height: 100vh;
  display: flex;
  flex-direction: column;
  align-items: center;
  justify-content: center;
  background-color: #eeeeee;
`;
```

```
function App() {
  const [toDoList, setToDoList] = useState([
    '리액트 공부하기',
    '운동하기',
    '책 읽기',
  ]);

  const onDelete = (todo: string) => {
    setToDoList(toDoList.filter((item) => item !== todo));
  };

  const onAdd = (toDo: string) => {
    setToDoList([...toDoList, toDo]);
  };

  return (
    <Container>
      <ToDoListContextProvider>
        <DataView />
        <InputContainer />
      </ToDoListContextProvider>
    </Container>
  );
}

export default App;
```

Context를 통해 할 일 목록 데이터를 관리하게 되므로 더 이상 State를 사용하여 데이터를 관리할 필요가 없다. 따라서 State를 사용하는 모든 코드를 제거했다.

```
import { useState } from 'react';
...
function App() {
  const [toDoList, setToDoList] = useState([
    '리액트 공부하기',
    '운동하기',
    '책 읽기',
  ]);
```

```
    const onDelete = (todo: string) => {
      setToDoList(toDoList.filter((item) => item !== todo));
    };

    const onAdd = (toDo: string) => {
      setToDoList([...toDoList, toDo]);
    };

    return (
      ...
    );
  }

export default App;
```

이후 우리가 만든 Context에서 Provider를 불러와 Provider를 〈App /〉 컴포넌트에 제공했다. 여기서 제공한다는 의미는 Provider 컴포넌트 하위에 〈App /〉 컴포넌트가 표시되도록 지정하는 것을 의미한다.

```
...
import { ToDoListContextProvider } from 'contexts/ToDoList';
...
function App() {
  return (
    <Container>
      <ToDoListContextProvider>
        <DataView />
        <InputContainer />
      </ToDoListContextProvider>
    </Container>
  );
}
```

더 이상 State로 데이터를 관리하지 않기 때문에 자식 컴포넌트에 전달해 줄 데이터가 없다. 따라서 지금과 같이 〈App /〉 컴포넌트를 수정하면, 에러가 발생할 것이다. 이 에러를 고치기 위해 자식 컴포넌트인 〈DataView /〉 컴포넌트와

〈InputContainer /〉 컴포넌트를 수정해 보자.

우선 〈DataView /〉 컴포넌트를 수정하기 위해 ./src/components/DataView/ index.tsx 파일을 열고 다음과 같이 수정한다.

```tsx
import styled from '@emotion/styled';
import { Title } from 'components/Title';
import { ToDoList } from 'components/ToDoList';

const Container = styled.div`
  display: flex;
  flex-direction: column;
  align-items: center;
  justify-content: center;
  background-color: #ffffff;
  padding: 32px;
  border-radius: 8px;
`;

interface Props {
  readonly toDoList: ReadonlyArray<string>;
  readonly onDelete?: (todo: string) => void;
}

export const DataView = ({ toDoList, onDelete }: Props) => {
  return (
    <Container>
      <Title label="할일목록" />
      <ToDoList />
    </Container>
  );
};
```

부모 컴포넌트로부터 더 이상 전달받을 데이터가 없다. 따라서 Props를 사용하는 모든 부분을 제거했다. 〈DataView /〉 컴포넌트가 더 이상 데이터를 가지고 있지 않기 때문에 자식 컴포넌트에도 전달할 데이터가 없는 것이다. 따라서 자식 컴포넌트인 〈ToDoList /〉 컴포넌트의 Props 부분도 모두 제거했다. 이렇게 수정하면 〈ToDoList /〉 컴포넌트의 필수 Props들을 전달하지 않고 있기 때문에 에러가 발생한다. 이 부분은 나중에 Consumer를 이용하여 데이터를 사용하는 부분에서 고치도록 하겠다.

다시 〈App /〉 컴포넌트의 자식 컴포넌트인 〈InputContainer /〉 컴포넌트를 수정하여 Props에 관한 에러를 고쳐보도록 하자. 〈InputContainer /〉 컴포넌트를 수정하여 에러를 고치기 위해 ./src/components/InputContainer/index.tsx 파일을 열고 다음과 같이 수정한다.

```tsx
import { useState } from 'react';
import { ToDoInput } from 'components/ToDoInput';
import { ShowInputButton } from 'components/ShowInputButton';

interface Props {
  readonly onAdd: (toDo: string) => void;
}

export const InputContainer = ({ onAdd }: Props) => {
  const [showToDoInput, setShowToDoInput] = useState(false);

  const onClose = (toDo: string) => {
    onAdd(toDo);
    setShowToDoInput(false);
  };

  return (
    <>
      {showToDoInput && <ToDoInput onClose={onClose} />}
      <ShowInputButton
        show={showToDoInput}
        onClick={() => setShowToDoInput(!showToDoInput)}
      />
    </>
  );
};
```

이전에 수정한 〈DataView /〉 컴포넌트와 동일하게 더 이상 부모 컴포넌트로부터 전달받을 데이터가 없으므로 Props와 관련된 모든 코드를 삭제했다. 그리고 onAddToDo 함수의 이름을 onClose로 변경하고 매개 변수를 전달받지 않도록 했다. 이전 함수는 할 일 데이터를 실제로 추가하는 역할을 했지만, 이제는 단순히 화면에 표시된 할 일 입력 화면을 닫는 역할만을 하므로 이에 맞게 변경한 것이다.

또한 〈ToDoInput /〉 컴포넌트에 전달하던 onAddToDo 함수도 onClose로 변경하고, 〈ToDoInput /〉 컴포넌트의 Props인 onAdd를 onClose로 변경했다. 이렇게 수정하고 저장하면, 〈ToDoInput /〉 컴포넌트의 Props를 변경하지 않았으므로 에러가 발생하는 것을 확인할 수 있다.

이 문제 역시 나중에 〈ToDoInput /〉 컴포넌트를 Context를 사용하도록 변경하면서 해결하도록 하겠다.

3) 〈ToDoList /〉 컴포넌트: Consumer를 사용하여 Context 데이터 사용하기

우리가 만든 Context의 데이터를 사용하기 위해서는 Context의 Consumer를 사용하여 데이터를 소비할 필요가 있다.

– Context의 Consumer: https://ko.reactjs.org/docs/context.html#contextconsumer

Context는 리액트의 클래스 컴포넌트가 주로 사용되던 버전(v16.3.0)에 배포됐다. 이때 Context의 Consumer를 사용하여 데이터를 사용하는 방법이 공유됐으므로 여전히 Context를 사용할 때에는 Consumer라는 용어를 사용한다. 하지만 현재 함수 컴포넌트가 주로 사용되는 리액트에서는 Consumer를 사용하지 않고 useContext 훅을 사용하여 데이터를 소비하게 된다.

리액트는 여전히 클래스 컴포넌트를 지원하고 있고, 클래스 컴포넌트에서는 Context의 Consumer를 사용해야 하므로 이 용어에 대해서도 알고 넘어가도록 하자.

〈ToDoList /〉 컴포넌트에서 useContext 훅을 사용하여 Context의 데이터를 사용하기 위해 ./src/components/ToDoList/index.tsx 파일을 열고 다음과 같이 수정한다.

```tsx
import { useContext } from 'react';
import styled from '@emotion/styled';
import { ToDoItem } from 'components/ToDoItem';
import { ToDoListContext } from 'contexts/ToDoList';
```

```
const Container = styled.div`
  display: flex;
  flex-direction: column;
`;

interface Props {
  readonly toDoList: ReadonlyArray<string>;
  readonly onDelete?: (todo: string) => void;
}

export const ToDoList = ({ toDoList, onDelete }: Props) => {
  const { toDoList, onDelete } = useContext(ToDoListContext);

  return (
    <Container>
      {toDoList.map((todo) => (
        <ToDoItem
          key={todo}
          label={todo}
          onDelete={() => {
            if (typeof onDelete === 'function') onDelete(todo);
          }}
        />
      ))}
    </Container>
  );
};
```

〈ToDoList /〉 컴포넌트는 더 이상 부모 컴포넌트로부터 데이터를 전달받지 않는다. 따라서 부모 컴포넌트로부터 데이터를 전달받기 위한 Props와 관련된 모든 코드를 제거했다. 그리고 부모 컴포넌트로부터 전달받던 데이터를 Context에서 가져오기 위해 리액트가 제공하는 useContext 훅을 가져왔다.

```
import { useContext } from 'react';
```

할 일 목록 데이터는 우리가 만든 ToDoListContext에 저장되어 있다. 따라서 해당 Context를 역시 가져올 필요가 있다.

```
import { useContext } from 'react';
...
import { ToDoListContext } from 'contexts/ToDoList';
```

가져온 useContext 훅과 ToDoListContext는 다음과 같이 useContext 함수의 매개 변수로, 우리가 만든 Context를 전달하여 사용한다.

```
import { useContext } from 'react';
...
import { ToDoListContext } from 'contexts/ToDoList';
...
export const ToDoList = () => {
  const { toDoList, onDelete } = useContext(ToDoListContext);
  ...
};
```

useContext 함수 호출의 결과물로는 우리가 만든 Context의 값과 함수들을 사용할 수 있다.

./src/contexts/ToDoListContext/index.tsx 파일을 열어보면, 우리는 다음과 같이 Context를 정의한 것을 확인할 수 있다. 따라서 우리는 toDoList값이나 onAdd, onDelete 함수를 사용할 수 있다.

```
...
interface Context {
  readonly toDoList: string[];
  readonly onAdd: (toDo: string) => void;
  readonly onDelete: (toDo: string) => void;
}

const ToDoListContext = createContext<Context>({
  toDoList: [],
  /* eslint-disable @typescript-eslint/no-empty-function */
  onAdd: (): void => {},
  onDelete: (): void => {},
  /* eslint-enable @typescript-eslint/no-empty-function */
});
...
```

〈ToDoList /〉 컴포넌트에서는 할 일 목록 데이터를 사용하여 할 일 목록을 표시하고, 표시된 할 일을 삭제할 필요가 있기 때문에 다음과 같이 toDoList값과 onDelete 함수를 할당했다.

```
const { toDoList, onDelete } = useContext(ToDoListContext);
```

이처럼 Context를 사용하기 위해서는 리액트에서 제공하는 useContext 혹과 createContext로 만든 Context를 사용하여 필요한 내용을 가져와 사용해야 한다.

4) 〈ToDoInput /〉 컴포넌트: Consumer를 사용하여 Context 데이터 사용하기

마지막으로 〈ToDoInput /〉 컴포넌트에서 부모 컴포넌트로부터 전달받은 데이터를 사용하는 것이 아니라 Context를 사용하여 할 일 목록 데이터를 추가하도록 변경해 보도록 하자.

./src/components/ToDoInput/index.tsx 파일을 열고 다음과 같이 수정하여 〈ToDoInput /〉 컴포넌트가 Context를 사용하도록 변경해 보자.

```
import { useState, useContext } from 'react';
import styled from '@emotion/styled';
import { TextInput } from 'components/TextInput';
import { Button } from 'components/Button';
import { Title } from 'components/Title';
import { ToDoListContext } from 'contexts/ToDoList';

const Container = styled.div`
  position: absolute;
  top: 0;
  left: 0;
  bottom: 0;
  right: 0;
  display: flex;
  align-items: center;
  justify-content: center;
`;

const Background = styled.div`
```

```
  position: absolute;
  top: 0;
  left: 0;
  bottom: 0;
  right: 0;
  background-color: rgb(0 0 0 / 75%);
`;

const Contents = styled.div`
  display: flex;
  align-items: center;
  justify-content: center;
  flex-direction: column;
  background-color: #ffffff;
  padding: 32px;
  border-radius: 8px;
  z-index: 1;
`;

const InputContainer = styled.div`
  display: flex;
  align-items: center;
  justify-content: center;
`;

interface Props {
  readonly onClose: () => void;
}

export const ToDoInput = ({ onClose }: Props) => {
  const { onAdd } = useContext(ToDoListContext);
  const [toDo, setToDo] = useState('');

  const onAddTodo = () => {
    if (toDo === '') return;

    onAdd(toDo);
    setToDo('');
    onClose();
  };
```

```
  return (
    <Container>
      <Background />
      <Contents>
        <Title label="할일추가" />
        <InputContainer>
          <TextInput value={toDo} onChange={setToDo} />
          <Button label="추가" color="#304FFE" onClick={onAddTodo} />
        </InputContainer>
      </Contents>
    </Container>
  );
};
```

우선 Context의 데이터를 사용하기 위해 리액트가 제공하는 useContext를 추가했으며, useContext를 통해 사용할 Context인 ToDoListContext를 불러오도록 수정했다.

```
import { useState, useContext } from 'react';
...
import { ToDoListContext } from 'contexts/ToDoList';
...
```

또한 더 이상 부모 컴포넌트로부터 전달받은 함수를 통해 할 일 데이터를 추가하지 않으며, 단순히 할 일 추가 화면을 닫는 역할을 하는 함수를 전달받으므로 다음과 같이 Props를 수정했다.

```
interface Props {
  readonly onClose: ( ) => void;
}

export const ToDoInput = ({ onClose }: Props) => {
  ...
  const onAddTodo = ( ) => {
    if (toDo === '') return;

    onAdd(toDo);
```

```
    setToDo('');
    onClose();
  };
  return (
    ...
  );
};
```

이렇게 전달받은 onClose 함수는 할 일 데이터를 할 일 목록 데이터에 추가한 후 화면을 닫도록 수정했다.

마지막으로 useContext를 사용하여 우리가 만든 ToDoListContext에서 onAdd 함수를 가져와 사용하도록 수정했다.

```
...
export const ToDoInput = ({ onClose }: Props) => {
  const { onAdd } = useContext(ToDoListContext);
  const [toDo, setToDo] = useState('');
  ...
  return (
    ...
  );
};
```

이렇게 모든 내용을 수정하고 저장하면, 더 이상 에러가 발생하지 않는 것을 확인할 수 있다. 또한 브라우저를 확인해 보면, 할 일 목록 앱이 잘 표시되고 있으며, 할 일 데이터를 추가하거나 표시된 할 일 목록에서 특정 할 일을 제거하는 기능이 잘 동작하는 것을 확인할 수 있다.

이것으로 State와 Props로 개발한 할 일 목록 앱을 Context를 사용하도록 리팩토링해 보았다. Context로 개발한 할 일 목록 앱에는 불필요한 Props 전달 과정이 없고, 데이터가 필요한 곳에서 직접 사용하므로 State와 Props를 사용하여 개발한 할 일 목록 앱보다 코드가 깔끔하며, 좀 더 직관적으로 코드를 이해할 수 있음을 알 수 있다.

이처럼 Context는 앱 전체의 여러 부분에서 사용되는 데이터를 한곳에서 쉽게 관리할 수 있게 해주며, 불필요한 Props 전달 과정을 없애주고 데이터 사용이 필요한 컴포넌트에서 직접 데이터를 사용할 수 있도록 해줌으로써 직관적으로 코드를 이해할 수 있게 해준다.

6.5 요약

6장에서는 리액트가 제공하는 Context API를 사용하여 전역 데이터를 다루기 위한 Context의 사용 방법에 대해 알아보았다. 우리는 이제 부모 컴포넌트로부터 데이터를 전달받기 위한 Props, 한 컴포넌트 안에서 동적인 데이터를 다루기 위한 State 그리고 리액트 앱 전체에서 전역 데이터를 다루는 Context API를 다룰 수 있게 됐다. 즉, 리액트에서 데이터를 다루는 모든 방법에 대해 알게 됐다.

리액트에서 Context API를 제공하기 시작한 버전(v16.3.0) 전에는 전역 상태를 관리하는 방법을 제공하지 않았다. 단지, Flux라는 개념을 통해 전역 상태, 컴포넌트의 상태를 관리하는 방법론만 제시했다. 따라서 Context API가 나오기 전에 리액트에서는 전역 상태를 관리하기 위해 Redux, Mobx와 같이 Flux 개념을 구현한 외부 라이브러리를 사용해야 했다. 하지만 Context API가 나온 후에도 많은 프로젝트가 이미 Redux, Mobx와 같은 상태 관리 라이브러리를 사용하고 있고, 현재도 많은 개발자들이 이런 라이브러리들을 사용하는 것을 선호하고 있다. 그러므로 Context API 사용 방법을 이해했다면, 시간 내어 Redux나 Mobx를 공부하길 추천한다.

– Redux: https://redux.js.org/

– Mobx: https://mobx.js.org/

최근에 페이스북에서는 리액트의 전역 데이터를 관리하기 위한 리코일Recoil이라는 라이브러리를 릴리스했다. Redux나 Mobx는 리액트 이외의 프로젝트에서도 사용 가능한 구조를 가지고 있기 때문에 조금 복잡하지만, 리코일은 리액트 전용으로 개발됐기 때문에 리액트 친화적이고 사용하기 간편하다. 그러므로 리액트 프로젝트만을 고려한다면, 리코일도 Redux와 Mobx의 대체재로 고려해 보는 것도 좋다.

– 리코일: https://recoiljs.org/

react-router

리액트도 웹에서 동작하는 웹 애플리케이션이다. 따라서 사용자는 URL에 따른 페이지 전환 등을 기대하게 될 것이다. 하지만 지금까지의 예제들은 페이지 이동을 사용하지 않았다. 그 이유는 리액트가 페이지 이동에 관한 기능을 제공하고 있지 않기 때문이다.

리액트는 웹 애플리케이션에서 UI를 만들기 위한 자바스크립트 라이브러리이다. 따라서 리액트는 페이지 이동과 같이 UI와 관계없는 기능은 지원하고 있지 않다.

그러므로 리액트를 사용하는 웹 애플리케이션은 react-router라는 외부 라이브러리를 사용하여 페이지 이동을 구현해야 한다.

7장에서는 6장에서 만든 할 일 목록 앱에 react-router를 적용하여 페이지 이동을 구현해 볼 예정이다.

7.1 react-router

우리가 사용하는 보통의 웹 서비스는 URL을 기준으로 페이지를 표시한다. 사용자가 웹 브라우저에서 URL을 통해 웹 서버에 웹 페이지를 요청하면, 웹 서버는 사용자가 요청한 URL을 보고 해당하는 페이지를 응답하게 된다. 이렇게 웹 서버로부터 응답받은 페이지가 사용자의 웹 브라우저에 표시되는 것이다. 대부분의 사용자들은 웹 서비스라면, 이와 같이 동작하는 것을 당연하게 생각하고 있다.

싱글 페이지 애플리케이션은 앞에서 설명한 웹 서비스와 달리, 웹 서버는 사용자가 요청한 모든 URL에 하나의 페이지(싱글 페이지)만을 응답하게 되며, 응답받은 하나의 페이지가 브라우저에 표시되게 된다. 이렇게 싱글 페이지 애플리케이션은 화면에 표시된 하나의 페이지에서 URL을 확인하고 특정 기능 또는 특정 페이지(컴포넌트)를 표시하여 URL에 따른 페이지 변화를 나타내는 것이 일반적 흐름이다.

싱글 페이지 애플리케이션 프레임워크인 앵귤러는 URL을 판단하여 특정 페이지를 보여주는 기능을 기본적으로 제공하고 있다. 하지만 싱글 페이지 애플리케이션의 UI 라이브러리인 리액트는 URL을 판단하여 특정 페이지를 보여주는 기능을 제공하지 않는다.

그러므로 리액트에서 사용자가 요청한 URL을 이용하여 특정 컴포넌트를 표시하도록 하기 위해서는 react-router라는 외부 라이브러리를 사용해야 한다.

– react-router: https://reactrouter.com/

react-router를 사용하면, 리액트에서도 URL에 해당하는 특정 페이지를 표시하게 하거나 사용자가 URL을 통해 특정 페이지로 이동하는 기능을 할 수 있다.

이제 6장에서 만든 할 일 목록 앱에 react-router를 적용해 보면서 react-router의 사용 방법에 대해 알아보자.

7.2 프로젝트 준비

react-router를 사용하는 할 일 목록 앱을 제작하기 위해 다음 명령어를 실행하여 새로운 리액트 프로젝트를 생성한다.

```
npx create-react-app react-router-todo --template=typescript
```

프로젝트 생성이 완료되면, 컴포넌트를 절대 경로로 추가할 수 있도록 하기 위해 타입스크립트 설정 파일인 tsconfig.json을 열고 다음과 같이 baseUrl 옵션을 추가한다.

```
{
  "compilerOptions": {
    ...
    "jsx": "react-jsx",
    "baseUrl": "src"
  },
```

```
    ...
}
```

우리는 리액트 프로젝트에서 스타일링하기 위해 CSS-in-JS 라이브러리인 Emotion
을 사용하고, Prettier와 ESLint를 사용하여 소스 코드 포맷 및 잠재적인 오류를 찾도
록 할 예정이다. 따라서 다음 명령어를 실행하여 Emotion과 Prettier, ESLint를 설치
한다.

```
npm install --save @emotion/react @emotion/styled
npm install --save-dev prettier eslint
```

설치가 완료됐다면, Prettier를 설정하기 위해 .prettierrc.js 파일을 생성하고 다음과
같이 수정한다.

```
module.exports = {
  singleQuote: true,
  trailingComma: 'all',
  printWidth: 100,
};
```

이제 ESLint를 설정하기 위해 다음 명령어를 실행한다.

```
npx eslint --init
```

명령어가 실행되면, ESLint를 설정하기 위한 질문들이 나온다. 다음과 같은 질문에 y
를 눌러 ESLint를 설정하도록 한다.

```
Ok to proceed? y
```

다음과 같은 질문에 To check syntax and find problems를 선택한다.

```
? How would you like to use ESLint? ...
  To check syntax only
> To check syntax and find problems
  To check syntax, find problems, and enforce code style
```

다음과 같은 질문에 JavaScript modules (import/export)를 선택한다.

```
? What type of modules does your project use? ...
> JavaScript modules (import/export)
  CommonJS (require/exports)
  None of these
```

다음과 같은 질문에 React를 선택한다.

```
? Which framework does your project use? ...
> React
  Vue.js
  None of these
```

다음과 같은 질문에 Yes를 선택한다.

```
? Does your project use TypeScript? › No / Yes
```

다음과 같은 질문에 Browser를 선택한다.

```
? Where does your code run? ...  (Press <space> to select, <a> to toggle
all, <i> to invert selection)
  Browser
  Node
```

다음과 같은 질문에 JavaScript를 선택한다.

```
? What format do you want your config file to be in? ...
> JavaScript
  YAML
  JSON
```

다음과 같은 질문에 Yes를 선택한다.

```
eslint-plugin-react@latest @typescript-eslint/eslint-plugin@latest @
typescript-eslint/parser@latest
? Would you like to install them now with npm? › No / Yes
```

마지막으로 ESLint가 리액트 버전을 인식할 수 있도록 하고, 불필요한 import문을 제거하기 위해 .eslintrc.js 파일을 다음과 같이 수정한다.

```js
module.exports = {
  settings: {
    react: {
      version: 'detect',
    },
  },
  env: {
    ...
  },
  ...
  rules: {
    'react/react-in-jsx-scope': 'off',
  },
}
```

그런 다음 ./src/App.tsx 파일을 열고 다음과 같이 불필요한 import문을 제거한다.

```
import React from 'react';
```

이렇게 Prettier와 ESLint를 설치하고 설정했다면, package.json 파일을 열고 다음과 같이 수정하여 Prettier와 ESLint를 실행하는 명령어를 추가한다.

```json
{
  ...
  "scripts": {
    ...
    "eject": "react-scripts eject",
    "format": "prettier --check ./src",
    "format:fix": "prettier --write ./src",
    "lint": "eslint ./src",
    "lint:fix": "eslint --fix ./src"
  },
  ...
}
```

이제 명령 프롬프트를 열고 다음 명령어를 실행하여 Prettier와 ESLint의 룰에 맞게 파일들을 수정한다.

```
npm run format:fix
npm run lint:fix
```

명령어 실행을 완료했다면, 다음 명령어를 실행하여 Prettier와 ESLint의 룰을 잘 지키고 있는지 확인한다.

```
npm run format
npm run lint
```

이것으로 카운터 프로젝트를 위한 새 리액트 프로젝트의 모든 준비가 끝났다. 이제 다음 명령어를 실행하여 리액트 프로젝트가 잘 실행되는지 확인한다.

```
npm start
```

명령어가 문제 없이 실행됐다면, 웹 브라우저에 localhost:3000으로 페이지가 자동으로 열리면서 [그림 7-1]과 같은 화면을 확인할 수 있다.

[그림 7-1] 리액트 프로젝트

마지막으로 6장에서 만든 코드를 재활용하기 위해 todo/src 폴더를 react-router-todo/src 폴더에 복사한다. 그리고 브라우저를 확인해 보면, [그림 7-2]와 같이 6장에서 만든 할 일 목록 앱이 표시되는 것을 확인할 수 있다.

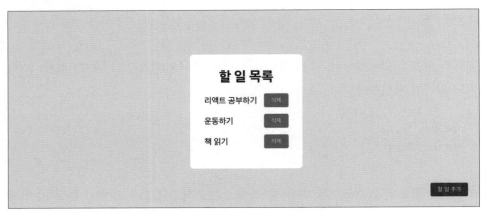

[그림 7-2] 할 일 목록 앱

7.3 개발

6장에서 만든 할 일 목록 앱에서 react-router를 사용하여 페이지 이동 기능을 추가하기 위해 할 일 목록 앱을 할 일 목록 페이지, 등록 페이지로 나눠 볼 예정이다. 이렇게 두 기능을 별도의 페이지로 개발해 보면서 react-router에 대한 사용 방법에 대해 알아보도록 하자.

1) react-router

우선 현재 프로젝트에 react-router를 사용하려면, react-router를 설치해야 한다. 다음 명령어를 실행하여 react-router를 설치하도록 한다.

```
npm install react-router-dom@6 --save
```

react-router 설치가 완료되면, react-router를 사용하기 위해 ./src/index.tsx 파일을 열고 다음과 같이 수정한다.

```
import React from 'react';

import ReactDOM from 'react-dom/client';
import { BrowserRouter } from 'react-router-dom';
...
const root = ReactDOM.createRoot(document.getElementById('root') as
HTMLElement);
root.render(
  <React.StrictMode>
    <BrowserRouter>
      <App />
    </BrowserRouter>
  </React.StrictMode>,
);
...
```

react-router를 사용하기 위해서는 react-router가 제공하는 BrowserRouter를 추가하여 사용할 필요가 있다.

```
import { BrowserRouter } from 'react-router-dom';
```

이렇게 가져온 〈BrowserRouter /〉 컴포넌트를 최상위 컴포넌트에 적용했다. 앞으로 사용하게 될 react-router 기능들은 이 〈BrowserRouter /〉 컴포넌트 안에서만 동작하므로 〈BrowserRouter /〉 컴포넌트는 react-router 기능을 사용하는 모든 컴포넌트의 공통 부모 컴포넌트에 적용해야 한다. 이번 예제에서는 〈App /〉 컴포넌트에서 react-router 기능을 사용할 예정이므로 〈App /〉 컴포넌트의 상위에 〈BrowserRouter /〉 컴포넌트를 적용했다.

〈BrowserRouter /〉 컴포넌트가 최상위 공통 부모 컴포넌트로 사용되지 않는 부분에서 react-router 기능을 사용하면, 에러가 발생하므로 주의하도록 하자. 대부분의 프로젝트에서는 페이지 기능이 모든 화면에 영향을 미치므로 index 컴포넌트에서 〈BrowserRouter /〉 컴포넌트를 사용하게 될 것이다.

이렇게 react-router의 〈BrowserRouter /〉 컴포넌트를 설정했다면, react-router를 사용하여 URL에 해당하는 페이지를 정의하기 위해 ./src/App.tsx 파일을 열고 다음과 같이 수정한다.

```jsx
import styled from '@emotion/styled';
import { Routes, Route } from 'react-router-dom';
...
const Container = styled.div`
  ...
`;


const NotFound = styled.div`
  text-align: center;
`;


function App() {
  return (
    <Container>
      <ToDoListContextProvider>
        <Routes>
          <Route
            path="/"
            element={
              <>
                <DataView />
                <InputContainer />
              </>
            }
          />
          <Route
            path="*"
            element={
              <NotFound>
                404
                <br />
                NOT FOUND
              </NotFound>
            }
          />
        </Routes>
      </ToDoListContextProvider>
    </Container>
  );
}
```

```
export default App;
```

URL에 따라 화면이 변경되는 부분은 react-router의 〈Routes /〉 컴포넌트 안에 정의해야 한다. 특정 URL에 해당하는 컴포넌트를 표시하기 위해서는 다음과 같이 react-router의 〈Route /〉 컴포넌트를 〈Routes /〉 컴포넌트 안에서 사용해야 한다.

```
<Routes>
  <Route path="특정 URL" element={URL에 해당하는 컴포넌트} />
</Routes>
```

이번 수정에서는 간단하게 현재 보여지고 있는 페이지를 모두 루트 URL("/")에 표시되도록 했으며, 지정하지 않은 모든 페이지("*")에는 "404 NOT FOUND" 문자열을 표시하도록 했다.

이렇게 수정하고 저장한 후 브라우저를 확인해 보면, 여전히 할 일 목록 앱이 잘 표시되는 것을 알 수 있다. 하지만 6장과 다르게 http://localhost:3000/test와 같이 URL을 변경하면, [그림 7-3]과 같이 NOT FOUND 페이지가 열리는 것을 확인할 수 있다.

[그림 7-3] 404 NOT FOUND 페이지

참고로 6장의 할 일 목록 앱에서 URL을 변경하면, URL과 상관없이 할 일 목록이 표시되는 것을 확인할 수 있다.

이것으로 react-router를 설치하고, react-router를 사용하여 간단하게 페이지를 구현해 보았다. 이제 할 일 목록 앱을 리팩토링하여 할 일 목록 페이지와 할 일 추가 페이지로 나눠 보도록 하자.

2) ⟨DataView /⟩ 페이지 컴포넌트

할 일 목록을 표시하는 ⟨DataView /⟩ 컴포넌트를 리팩토링해 보자. 우선 ./src/App. tsx 파일을 열고 다음과 같이 수정한다.

```
...
function App() {
  return (
    <Container>
      <ToDoListContextProvider>
        <Routes>
          <Route path="/" element={<DataView />} />
          <Route
            path="*"
            element={
              <NotFound>
                404
                <br />
                NOT FOUND
              </NotFound>
            }
          />
        </Routes>
      </ToDoListContextProvider>
    </Container>
  );
}
```

이렇게 App.tsx 파일을 수정하고 저장한 후 브라우저를 확인해 보면, [그림 7-4]와 같이 오른쪽 하단에서 할 일 추가 화면을 표시하기 위해 존재하던 ⟨ShowInput Button /⟩ 컴포넌트가 더 이상 표시되지 않는 것을 확인할 수 있다.

[그림 7-4]   ⟨DataView /⟩ 페이지 컴포넌트

우리는 각각의 페이지에 〈ShowInputButton /〉 컴포넌트를 구현하여 페이지 전환을 위한 버튼으로 사용할 예정이다.

그러면 이제 〈DataView /〉 컴포넌트를 수정해 보자. 우선 〈DataView /〉 컴포넌트는 페이지를 담당하는 컴포넌트이므로 일반 컴포넌트들과 구별하기 위해 pages라는 폴더를 만들고 해당 폴더에 ./components/DataView 폴더를 이동시키도록 한다. 그리고 이동된 ./pages/DataView/index.tsx 파일을 열고 다음과 같이 수정하여 〈ShowInputButton /〉 컴포넌트가 화면에 표시되도록 한다.

```
...
import { ShowInputButton } from 'components/ShowInputButton';
import { useNavigate } from 'react-router-dom';
...
export const DataView = () => {
  const navigate = useNavigate();

  return (
    <Container>
      <Title label="할일목록" />
      <ToDoList />
      <ShowInputButton show={false} onClick={() => navigate('/add')}
/>
    </Container>
  );
};
```

〈ShowInputButton /〉 컴포넌트를 화면에 표시하기 위해 import했으며, 이렇게 추가한 컴포넌트를 화면에 표시하도록 배치했다.

react-router에서 링크가 아닌 자바스크립트로 페이지 전환을 하기 위해서는 react-router-dom이 제공하는 useNavigate 혹을 사용해야 한다. 이를 위해 useNavigate를 불러왔으며, useNavigate 혹을 실행하여 navigate 함수를 할당받았다.

```
import { useNavigate } from 'react-router-dom';
...
export const DataView = () => {
  const navigate = useNavigate();
```

```
  return (
    <Container>
      ...
      <ShowInputButton show={false} onClick={() => navigate('/add')}
/>
    </Container>
  );
};
```

할당받은 navigate 함수를 〈ShowInputButton /〉 컴포넌트의 onClick 이벤트와 연결하여 〈ShowInputButton /〉 컴포넌트를 클릭하면, 할 일 추가 페이지(/add)로 이동하도록 했다.

이렇게 ./pages/DataView/index.tsx 파일을 수정하고 저장하면, 에러가 발생하는 것을 확인할 수 있다. 이는 우리가 〈DataView /〉 컴포넌트를 components 폴더에서 pages 폴더로 이동시켰기 때문이다. 이 문제를 해결하기 위해서는 App.tsx 파일을 열고 다음과 같이 수정한다.

```
...
import { DataView } from 'components/DataView';
import { DataView } from 'pages/DataView';
...
```

기존의 components 폴더에서 불러오던 〈DataView /〉 컴포넌트를 pages 폴더에서 불러오도록 수정했다. 이렇게 App.tsx 파일을 수정하고 저장하면, 앞에서 발생하던 에러가 사라지고 [그림 7-5]와 같이 오른쪽 하단에 할 일 추가 버튼이 잘 표시되는 것을 확인할 수 있다.

[그림 7-5] 〈DataView /〉 페이지 컴포넌트

하지만 해당 버튼을 클릭하면, 이전에 할 일 추가 화면에 표시되던 것과는 다르게 [그림 7-6]과 같이 404 페이지가 표시되는 것을 확인할 수 있다.

```
404
NOT FOUND
```

[그림 7-6] 404 페이지

이전에는 할 일 추가 화면을 컴포넌트로 동일한 페이지에 표시했지만, 현재는 〈DataView /〉 컴포넌트를 리팩토링하여 할 일 추가 페이지(/add)로 이동하도록 만들었으며 아직 할 일 추가 페이지가 존재하지 않기 때문에 404 페이지가 표시됐다. 이제 할 일 추가 페이지를 추가하여 이 문제를 해결해 보도록 하자.

3) 〈ToDoInput /〉 페이지 컴포넌트

할 일 데이터를 추가하기 위해 우리는 〈ToDoInput /〉 컴포넌트를 만들었다. 이제 이 컴포넌트를 활용하여 할 일 추가 페이지를 구현해 보려고 한다.

할 일 추가 페이지 URL(/add)에 〈ToDoInput /〉 컴포넌트를 표시하기 위해 ./src/App.tsx 파일을 열고 다음과 같이 수정한다.

```
...
function App() {
  return (
    <Container>
      <ToDoListContextProvider>
        <Routes>
          <Route path="/" element={<DataView />} />
          <Route path="/add" element={<ToDoInput />} />
          ...
        </Routes>
      </ToDoListContextProvider>
    </Container>
  );
}
```

```
...
```

우리가 만든 〈ToDoInput /〉 컴포넌트를 할 일 추가 페이지 URL(/add)에 연결했다. 이렇게 App.tsx 파일을 수정하고 저장하면, 에러가 발생하는 것을 확인할 수 있다. 이는 우리가 만든 〈ToDoInput /〉 컴포넌트는 부모 컴포넌트로부터 Props를 전달받도록 구현되어 있기 때문이다. 이 문제를 해결하기 위해 ./src/components/ToDoInput/index.tsx 파일을 열고 다음과 같이 수정한다.

```
...
interface Props {
  readonly onClose: () => void;
}

export const ToDoInput = ({ onClose }: Props) => {
  ...
  const onAddTodo = () => {
    if (toDo === '') return;

    onAdd(toDo);
    setToDo('');
    onClose();
  };

  return (
    ...
  );
};
```

〈ToDoInput /〉 컴포넌트는 더 이상 부모 컴포넌트로부터 Props로 데이터를 전달받지 않으므로 관련 Props와 관련된 코드들을 삭제했다. 이렇게 〈ToDoInput /〉 컴포넌트를 수정하면, 이전에 발생하던 에러가 사라지는 것을 확인할 수 있다. 또한 화면 오른쪽 하단에 표시된 할 일 추가 버튼을 클릭하면, 이전과는 다르게 [그림 7-7]과 같이 404 페이지가 아니라 〈ToDoInput /〉 컴포넌트가 표시되는 것을 확인할 수 있다.

[그림 7-7] <ToDoInput /> 페이지 컴포넌트

수정한 〈ToDoInput /〉 컴포넌트는 페이지로 활용되므로 다른 컴포넌트들과 구별하기 위해 ./components/ToDoInput 폴더를 ./pages 폴더로 이동시킨다.

이렇게 이동시키고 나면, 〈ToDoInput /〉 컴포넌트를 찾을 수 없다는 에러가 표시되는 것을 확인할 수 있다. 이 문제를 해결하기 위해 ./src/App.tsx 파일을 열고 다음과 같이 수정한다.

```
...
import { ToDoInput } from 'components/ToDoInput';
import { ToDoInput } from 'pages/ToDoInput';
...
```

이전에 components 폴더로부터 불러오던 〈ToDoInput /〉 컴포넌트를 pages 폴더로부터 불러오도록 수정했다. 이렇게 App.tsx 파일을 수정하고 저장하면, 이전과 같이 〈ToDoInput /〉 컴포넌트가 잘 표시되는 것을 확인할 수 있다.

〈ToDoInput /〉 페이지 컴포넌트를 보면, 할 일 목록 위에 표시하기 위해 다이얼로그 형태의 디자인을 띠고 있으며, 오른쪽 하단에 닫기 버튼이 없어 할 일 목록 페이지로 이동할 수 없는 것을 확인할 수 있다. 또한 할 일 데이터를 입력하고 추가 버튼을 클릭해도 여전히 할 일 추가 페이지가 표시되고 있는 것을 확인할 수 있다.

이와 같은 문제를 해결하기 위해 〈ToDoInput /〉 컴포넌트를 리팩토링해 보자. 〈ToDoInput /〉 컴포넌트를 리팩토링하기 위해 ./src/pages/ToDoInput/index.tsx 파일을 열고 다음과 같이 수정한다.

```
...
import { useNavigate } from 'react-router-dom';
import { ShowInputButton } from 'components/ShowInputButton';
```

```
const Container = styled.div`
  position: absolute;
  top: 0;
  left: 0;
  bottom: 0;
  right: 0;
  display: flex;
  align-items: center;
  justify-content: center;
`;

const Background = styled.div`
  position: absolute;
  top: 0;
  left: 0;
  bottom: 0;
  right: 0;
  background-color: rgb(0 0 0 / 75%);
`;
...
export const ToDoInput = () => {
  const navigate = useNavigate();
  ...
  const onAddTodo = () => {
    if (toDo === '') return;

    onAdd(toDo);
    setToDo('');
    navigate('/');
  };

  return (
    <Container>
      <Background />
      <Contents>
        ...
      </Contents>
      <ShowInputButton show={true} onClick={() => navigate('/')} />
    </Container>
  );
```

```
  };
```

자바스크립트를 사용하여 할 일 추가 페이지에서 할 일 목록 페이지로 이동하기 위해 react-router-dom에서 useNavigate를 가져왔다. 또한 닫기 버튼을 표시하기 위해 〈ShowInputButton /〉 컴포넌트도 가져오도록 했다.

```
...
import { useNavigate } from 'react-router-dom';
import { ShowInputButton } from 'components/ShowInputButton';
...
```

〈ToDoInput /〉 컴포넌트는 더 이상 다이얼로그 형식이 아니라 페이지 형식으로 표시된다. 따라서 다이얼로그 형식을 위해 추가한 어두운 배경색을 제거했다.

```
...
const Background = styled.div`
  position: absolute;
  top: 0;
  left: 0;
  bottom: 0;
  right: 0;
  background-color: rgb(0 0 0 / 75%);
`;
...
export const ToDoInput = () => {
  ...
  return (
    <Container>
      <Background />
      <Contents>
        ...
      </Contents>
    </Container>
  );
};
```

그런 다음 react-router-dom에서 가져온 useNavigate 훅을 활용하여 하나의 할

일이 추가될 때와 닫기 버튼인 〈ShowInputButton /〉 컴포넌트를 클릭했을 때에 할
일 목록 페이지로 이동하도록 수정했다.

```
...
export const ToDoInput = () => {
  const navigate = useNavigate();
  ...
  const onAddTodo = () => {
    ...
    navigate('/');
  };

  return (
    <Container>
      ...
      <ShowInputButton show={true} onClick={() => navigate('/')} />
    </Container>
  );
};
```

이렇게 〈ToDoInput /〉 컴포넌트를 수정하고 저장하면, [그림 7-8]과 같이 페이지
형식으로 표시되는 〈ToDoInput /〉 컴포넌트를 확인할 수 있으며, 오른쪽 하단에 닫
기 버튼이 잘 표시되는 것을 확인할 수 있다.

[그림 7-8] <ToDoInput /> 페이지 컴포넌트

또한 이렇게 표시된 〈ToDoInput /〉 페이지 컴포넌트에서 할 일 데이터를 입력한 후
추가 버튼을 클릭하거나 오른쪽 하단의 닫기 버튼을 클릭하면, 할 일 목록 페이지로
잘 이동하는 것을 확인할 수 있다. 이를 통해 우리는 하나의 페이지였던 할 일 목록
앱을 할 일 목록 페이지와 할 일 추가 페이지로 잘 분리한 것을 알 수 있다.

4) 〈Header /〉 컴포넌트 추가

지금까지 6장에서 만든 할 일 목록 앱을 react-router를 사용하여 페이지별로 동작하도록 변경해 보았다. react-router는 이 밖에도 다양한 기능을 제공하고 있다. 이번에는 〈Header /〉 컴포넌트를 추가하여 react-router를 활용하는 방법에 대해 알아보려고 한다.

일반적인 웹 사이트에서는 페이지와 상관없이 항상 표시되는 Header나 Footer, 메뉴 등을 가지고 있다. react-router 또한 페이지와 상관없이 항상 표시되는 컴포넌트들을 위한 방법을 가지고 있다. 여기서는 〈Header /〉 컴포넌트를 생성해 봄으로써 페이지와 상관없이 항상 표시되는 컴포넌트를 추가해 볼 예정이다.

지금까지 만든 페이지에서 페이지 이동을 할 때에, useNavigate 훅을 사용하여 자바스크립트에서 클릭 이벤트가 발생했을 때에 페이지를 이동하는 방법에 대해 알아보았다. 이번에 만들 〈Header /〉 컴포넌트에서는 react-router가 제공하는 〈Link /〉 컴포넌트를 활용하여 페이지를 이동하는 방법에 대해 알아볼 예정이다.

이제 페이지와 상관없이 항상 표시되며, 〈Link /〉 컴포넌트를 활용하여 페이지를 이동하는 방법에 대해 알아보기 위해 ./src/App.tsx 파일을 열고 다음과 같이 수정한다.

```
...
import { Routes, Route, Link } from 'react-router-dom';
...
const Header = styled.div`
  position: absolute;
  top: 0;
  left: 0;
  right: 0;
  text-align: center;
  background-color: #304ffe;
  padding: 8px 0;
  margin: 0;
`;

const StyledLink = styled(Link)`
  color: #ffffff;
  font-size: 20px;
  text-decoration: none;
```

```
  `;
  ...
  function App( ) {
    return (
      <Container>
        <ToDoListContextProvider>
          <Header>
            <StyledLink to="/">할 일 목록 앱</StyledLink>
          </Header>
          <Routes>
            ...
          </Routes>
        </ToDoListContextProvider>
      </Container>
    );
  }

  export default App;
```

〈Link /〉 컴포넌트를 활용하여 페이지를 이동시키기 위해 react-router-dom에서 〈Link /〉 컴포넌트를 불러왔다.

```
import { Routes, Route, Link } from 'react-router-dom';
```

그런 다음 Emotion을 활용하여 페이지와 상관없이 항상 표시되는 컴포넌트인 〈Header /〉 컴포넌트를 디자인했다.

```
const Header = styled.div`
  position: absolute;
  top: 0;
  left: 0;
  right: 0;
  text-align: center;
  background-color: #304ffe;
  padding: 8px 0;
  margin: 0;
`;
```

react-router-dom에서 불러온 ⟨Link /⟩ 컴포넌트도 디자인을 하기 위해 Emotion 을 활용하여 다음과 같이 디자인했다.

```
const StyledLink = styled(Link)`
  color: #ffffff;
  font-size: 20px;
  text-decoration: none;
`;
```

기본적인 HTML 태그가 아닌 기존의 생성된 컴포넌트를 디자인하기 위해서는 styled 함수를 사용하며, 이 함수의 파라미터로 디자인을 하고자 하는 컴포넌트를 전 달하여 사용한다. 이렇게 디자인한 컴포넌트를 화면에 표시하도록 배치했다.

```
function App() {
  return (
    <Container>
      <ToDoListContextProvider>
        <Header>
          <StyledLink to="/">할 일 목록 앱</StyledLink>
        </Header>
        <Routes>
          ...
        </Routes>
      </ToDoListContextProvider>
    </Container>
  );
}
```

URL에 따라 표시되는 페이지 컴포넌트들은 ⟨Routes /⟩ 컴포넌트 하위에 ⟨Route /⟩ 컴포넌트를 사용하여 표시했다. 하지만 페이지와 상관없이 항상 표시되는 컴포넌트 를 배치하기 위해서는 ⟨Routes /⟩ 컴포넌트 외부에 표시하고자 하는 컴포넌트를 배 치할 필요가 있다.

react-router가 제공하는 ⟨Link /⟩ 컴포넌트를 활용하여 페이지를 이동시키기 위해 서는 ⟨Link /⟩ 컴포넌트의 Props인 to에 클릭했을 때에 이동할 페이지의 링크를 추 가해야 한다.

```
<Link to="원하는 URL">링크하고자 하는 컴포넌트 또는 문자열</StyledLink>
```

이렇게 App.tsx 파일을 수정하고 저장한 후 브라우저를 확인해 보며, [그림 7-9]와 같이 화면 상단에 우리가 만든 〈Header /〉 컴포넌트가 잘 표시되는 것을 확인할 수 있다.

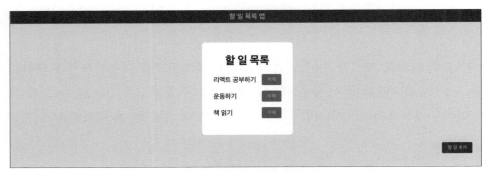

[그림 7-9] 할 일 목록 페이지에서 <Header /> 컴포넌트

또한 오른쪽 하단의 할 일 추가 버튼을 클릭하여 할 일 추가 페이지로 이동해도 [그림 7-10]과 같이 여전히 〈Header /〉 컴포넌트가 잘 표시되고 있는 것을 확인할 수 있다.

[그림 7-10] 할 일 추가 페이지에서 <Header /> 컴포넌트

마지막으로 상단에 표시된 할 일 목록 앱이라는 문자열을 클릭하면, 할 일 목록 페이지로 이동하는 것을 확인할 수 있다. react-router를 사용하여 링크를 만들 때에는 이와 같이 〈a /〉 태그가 아닌 〈Link /〉 컴포넌트를 사용해야 한다.

이제 만든 〈Header /〉 컴포넌트를 별도의 파일로 분리해 보도록 하자. 별도의 파일로 〈Header /〉 컴포넌트를 분리하기 위해 ./src/components/Header/index.tsx
파일을 생성하고 다음과 같이 수정한다.

```tsx
import styled from '@emotion/styled';
import { Link } from 'react-router-dom';

const Container = styled.div`
  position: absolute;
  top: 0;
  left: 0;
  right: 0;
  text-align: center;
  background-color: #304ffe;
  padding: 8px 0;
  margin: 0;
`;

const StyledLink = styled(Link)`
  color: #ffffff;
  font-size: 20px;
  text-decoration: none;
`;

export const Header = () => {
  return (
    <Container>
      <StyledLink to="/">할일 목록 앱</StyledLink>
    </Container>
  );
};
```

App.tsx 파일에서 만든 컴포넌트들을 복사, 붙여넣기 하고 이름의 중복을 피하기 위
해 Emotion으로 만든 〈Header /〉 컴포넌트를 〈Container /〉 컴포넌트로 이름을 변경
했다. 이외의 모든 내용은 앞에서 설명했으므로 자세한 설명은 생략하도록 하겠다.

이제 별도의 파일로 만든 〈Header /〉 컴포넌트를 사용하기 위해 App.tsx 파일을 열
고 다음과 같이 수정한다.

```
...
import { Routes, Route, Link } from 'react-router-dom';
import { Header } from 'components/Header';
...
const Header = styled.div`
  position: absolute;
  top: 0;
  left: 0;
  right: 0;
  text-align: center;
  background-color: #304ffe;
  padding: 8px 0;
  margin: 0;
`;

const StyledLink = styled(Link)`
  color: #ffffff;
  font-size: 20px;
  text-decoration: none;
`;
...
function App() {
  return (
    <Container>
      <ToDoListContextProvider>
        <Header />
        <Routes>
          ...
        </Routes>
      </ToDoListContextProvider>
    </Container>
  );
}

export default App;
```

〈App /〉 컴포넌트에서는 더 이상 〈Link /〉 컴포넌트를 사용할 필요가 없기 때문에 react-router-dom에서 가져온 〈Link /〉 컴포넌트를 제거했다. 또한 Emotion으로 만든 컴포넌트들도 모두 제거했다. 그리고 별도의 파일로 분리한 〈Header /〉 컴포넌트를 불러와 화면에 표시될 수 있도록 배치했다.

이렇게 App.tsx 파일을 수정하고 저장한 후 브라우저를 확인해 보면, 여전히 화면 상단에 〈Header /〉 컴포넌트가 잘 표시되는 것을 확인할 수 있다. 이로써 우리가 별도의 파일로 분리한 〈Header /〉 컴포넌트가 잘 동작하는 것을 알 수 있다.

7.4 요약

7장에서는 6장에서 만든 할 일 목록 앱에 react-router라는 라이브러리를 추가하여 웹 서비스가 기본적으로 가지고 있는 페이지 전환 기능을 구현해 보았다.

react-router는 리액트의 생태계에서 오랜 세월 페이지 전환 기능 라이브러리로 사랑받아 왔다. 따라서 리액트를 사용하여 웹 애플리케이션을 개발한다면, 페이지 전환 기능에 react-router는 훌륭한 선택지가 될 것이다.

지금까지 리액트를 활용하여 웹 애플리케이션을 개발하는 방법과 페이지 전환을 통해 URL에 따른 페이지 전환 방법에 대해 알아보았다.

8장에서는 Fetch API를 사용하여 서버와 데이터를 주고받는 방법에 대해 알아볼 예정이다.

Fetch API

지금까지는 리액트를 사용하여 사용자의 화면에 표시되는 UI를 개발하는 방법에 대해 알아보았다. 8장에서는 Fetch API를 사용하여 서버에 있는 데이터를 불러오거나 서버에 데이터를 전송하는 방법에 대해 알아보려고 한다.

8.1 Fetch API

자바스크립트에서는 사용자의 동작 또는 페이지를 표시한 후 서버에 데이터를 요청하거나 데이터를 저장하는 데 Ajax^{Asynchronous JavaScript And XML}를 사용하게 된다. 이전에는 XMLHttpRequest를 사용하여 서버에 있는 데이터를 저장하거나 불러왔지만, 최근에는 Fetch API를 사용하여 서버에 있는 데이터를 가져오거나 저장한다.

– Fetch API: https://developer.mozilla.org/ko/docs/Web/API/Fetch_API/Using_Fetch

이 책에서는 서버에 대한 내용을 다루지 않기 때문에 JSONPlaceholder라는 서비스를 이용하여 가상의 블로그 글 목록을 가져오고, 새로운 블로그 글을 저장하는 방법에 대해 알아볼 예정이다.

– JSONPlaceholder: https://jsonplaceholder.typicode.com/

JSONPlaceholder는 무료로 사용할 수 있다. 하지만 테스트용으로 제공되는 데이터이므로 실제로 새로운 데이터를 저장하거나 불러올 수 없으며, 제공하는 데이터만 불러올 수 있다. 또한 새로운 데이터를 저장하는 URL은 존재하지만, 실제로 데이터가 저장되지는 않는다.

8.2 프로젝트 준비

Fetch API를 사용하는 블로그 목록을 가져오고 저장하는 앱을 제작하기 위해 다음 명령어를 실행하여 새로운 리액트 프로젝트를 생성한다.

```
npx create-react-app blog --template=typescript
```

프로젝트 생성이 완료되면, 컴포넌트를 절대 경로로 추가할 수 있도록 하기 위해 타입스크립트 설정 파일인 tsconfig.json을 열고 다음과 같이 baseUrl 옵션을 추가한다.

```
{
  "compilerOptions": {
    ...
    "jsx": "react-jsx",
    "baseUrl": "src"
  },
  ...
}
```

우리는 리액트 프로젝트에서 스타일링하기 위해 CSS-in-JS 라이브러리인 Emotion을 사용하고, Prettier와 ESLint를 사용하여 소스 코드 포맷 및 잠재적인 오류를 찾도록 할 예정이다. 따라서 다음 명령어를 실행하여 Emotion과 Prettier, ESLint를 설치한다.

```
npm install --save @emotion/react @emotion/styled
npm install --save-dev prettier eslint
```

설치가 완료됐다면, Prettier를 설정하기 위해 .prettierrc.js 파일을 생성하고 다음과 같이 수정한다.

```
module.exports = {
  singleQuote: true,
  trailingComma: 'all',
  printWidth: 100,
};
```

이제 ESLint를 설정하기 위해 다음 명령어를 실행한다.

```
npx eslint --init
```

명령어가 실행되면, ESLint를 설정하기 위한 질문들이 나온다. 다음과 같은 질문에 y 를 눌러 ESLint를 설정하도록 한다.

```
Ok to proceed? y
```

다음과 같은 질문에 To check syntax and find problems를 선택한다.

```
? How would you like to use ESLint? ...
  To check syntax only
> To check syntax and find problems
  To check syntax, find problems, and enforce code style
```

다음과 같은 질문에 JavaScript modules (import/export)를 선택한다.

```
? What type of modules does your project use? ...
> JavaScript modules (import/export)
  CommonJS (require/exports)
  None of these
```

다음과 같은 질문에 React를 선택한다.

```
? Which framework does your project use? ...
> React
  Vue.js
  None of these
```

다음과 같은 질문에 Yes를 선택한다.

```
? Does your project use TypeScript? > No / Yes
```

다음과 같은 질문에 Browser를 선택한다.

```
? Where does your code run? ...  (Press <space> to select, <a> to toggle
```

```
all, <i> to invert selection)
✓ Browser
✓ Node
```

다음과 같은 질문에 JavaScript를 선택한다.

```
? What format do you want your config file to be in? ...
> JavaScript
  YAML
  JSON
```

다음과 같은 질문에 Yes를 선택한다.

```
eslint-plugin-react@latest @typescript-eslint/eslint-plugin@latest @
typescript-eslint/parser@latest
? Would you like to install them now with npm? › No / Yes
```

마지막으로 ESLint가 리액트 버전을 인식할 수 있도록 하고, 불필요한 import문을
제거하기 위해 .eslintrc.js 파일을 다음과 같이 수정한다.

```
module.exports = {
  settings: {
    react: {
      version: 'detect',
    },
  },
  env: {
    ...
  },
  ...
  rules: {
    'react/react-in-jsx-scope': 'off',
  },
}
```

그런 다음 ./src/App.tsx 파일을 열고 다음과 같이 불필요한 import문을 제거한다.

```
import React from 'react';
```

이렇게 Prettier와 ESLint를 설치하고 설정했다면, package.json 파일을 열고 다음과 같이 수정하여 Prettier와 ESLint를 실행하는 명령어를 추가한다.

```
...
"scripts": {
  ...
  "eject": "react-scripts eject",
  "format": "prettier --check ./src",
  "format:fix": "prettier --write ./src",
  "lint": "eslint ./src",
  "lint:fix": "eslint --fix ./src"
},
...
```

이제 명령 프롬프트를 열고 다음 명령어를 실행하여 Prettier와 ESLint의 룰에 맞게 파일들을 수정한다.

```
npm run format:fix
npm run lint:fix
```

명령어 실행을 완료했다면, 다음 명령어를 실행하여 Prettier와 ESLint의 룰을 잘 지키고 있는지 확인한다.

```
npm run format
npm run lint
```

이것으로 카운터 프로젝트를 위한 새 리액트 프로젝트의 모든 준비가 끝났다. 이제 다음 명령어를 실행하여 리액트 프로젝트가 잘 실행되는지 확인한다.

```
npm start
```

명령어가 문제 없이 실행됐다면, 웹 브라우저에 localhost:3000으로 페이지가 자동으로 열리면서 [그림 8-1]과 같은 화면을 확인할 수 있다.

[그림 8-1] 리액트 프로젝트

8.3 개발

8장에서는 [그림 8-2]와 같이 블로그 글 목록을 표시하고 오른쪽 하단에 새로운 블로그 글을 작성하기 위한 "등록" 버튼을 표시하는 블로그 앱을 개발할 예정이다.

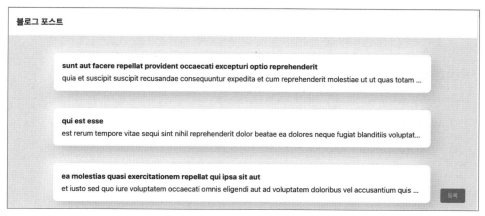

[그림 8-2] 블로그 앱

오른쪽 하단에 표시된 "등록" 버튼을 클릭하면 [그림 8-3]과 같이 블로그 글을 등록하는 대화 상자가 표시되고, 사용자가 데이터를 입력한 후 "등록하기" 버튼을 클릭하면 서버에 해당 데이터를 저장하는 기능이 구현될 것이다.

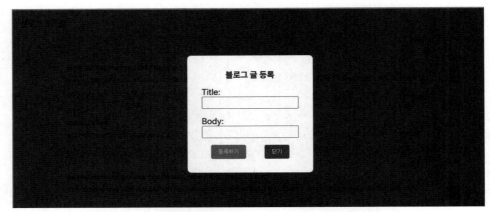

[그림 8-3] 블로그 글 등록

이와 같이 사용자가 볼 수 있는 화면을 만들기 전에 JSONPlaceholder가 어떤 데이터를 제공하고 있는지 확인할 필요가 있다. 제공하는 데이터를 확인하기 위해 다음 링크를 통해 JSONPlaceholder 사이트에 접속한다.

– JSONPlaceholder: https://jsonplaceholder.typicode.com/

사이트에 접속한 후 조금 스크롤하여 하단으로 이동하면, [그림 8-4]와 같이 JSONPlaceholder가 제공하는 Routes 섹션을 확인할 수 있다.

[그림 8-4] JSONPlaceholder의 Routes

이번 예제에서는 JSONPlaceholder가 제공하는 Routes 중 블로그 글 목록을 제공하는 API인 GET /posts와 새로운 블로그를 추가하는 API인 POST /posts를 사용할 예정이다.

우선 블로그 글 목록을 가져올 수 있는 API인 GET /posts를 클릭해 보자. GET /posts API를 클릭하면, 다음 링크가 브라우저에서 열리는 것을 확인할 수 있다.

– GET /posts: https://jsonplaceholder.typicode.com/posts

그리고 다음과 같이 블로그 글 목록을 JSON 형태로 제공하는 것을 확인할 수 있다.

```json
[
  {
    "userId": 1,
    "id": 1,
    "title": "sunt aut facere repellat provident occaecati excepturi optio reprehenderit",
    "body": "quia et suscipit\nsuscipit recusandae consequuntur expedita et cum\nreprehenderit molestiae ut ut quas totam\nnostrum rerum est autem sunt rem eveniet architecto"
  },
  {
    "userId": 1,
    "id": 2,
    "title": "qui est esse",
    "body": "est rerum tempore vitae\nsequi sint nihil reprehenderit dolor beatae ea dolores neque\nfugiat blanditiis voluptate porro vel nihil molestiae ut reiciendis\nqui aperiam non debitis possimus qui neque nisi nulla"
  },
  ...
]
```

이번 예제에서는 JSONPlaceholder에서 제공하는 GET /posts API를 사용하여 블로그 글의 제목(title)과 본문(body)의 일부분을 리스트 형식으로 표시하도록 할 예정이다.

이제 JSONPlaceholder가 제공하는 데이터의 형태를 알았으므로 블로그 글 목록을 표시하는 화면을 작성해 보도록 하자.

1) 〈Header /〉 컴포넌트

우선 블로그 글 목록 페이지 상단에 표시되는 〈Header /〉 컴포넌트를 만들어 보자.

페이지 상단에 표시되는 〈Header /〉 컴포넌트를 만들기 위해 ./src/App.tsx 파일을 열고 다음과 같이 수정한다.

```tsx
import styled from '@emotion/styled';

const Container = styled.div`
  height: 100vh;
  display: flex;
  flex-direction: column;
  align-items: center;
  background-color: #eeeeee;
  overflow: scroll;
`;

const Header = styled.div`
  background-color: #ffffff;
  padding: 20px;
  width: calc(100% - 40px);
  margin-bottom: 20px;
`;

const Title = styled.div`
  font-size: 1.2rem;
  font-weight: bold;
`;

function App() {
  return (
    <Container>
      <Header>
        <Title>블로그 포스트</Title>
      </Header>
    </Container>
  );
}

export default App;
```

지금까지는 컴포넌트를 만드는 방법과 동일하므로 자세한 설명은 생략하도록 하겠

다. 이렇게 App.tsx 파일을 수정하고 저장하면, [그림 8-5]와 같이 페이지 상단에
〈Header /〉 컴포넌트가 표시되는 것을 확인할 수 있다.

[그림 8-5]   <Header /> 컴포넌트

이제 만든 〈Header /〉 컴포넌트를 별도의 파일로 분리해 보자. 별도의 파일로
〈Header /〉 컴포넌트를 분리하기 위해 ./src/components/Header/index.tsx 파일
을 생성하고 다음과 같이 수정한다.

```
import styled from '@emotion/styled';

const Container = styled.div`
  background-color: #ffffff;
  padding: 20px;
  width: calc(100% - 40px);
  margin-bottom: 20px;
`;

const Title = styled.div`
  font-size: 1.2rem;
  font-weight: bold;
`;

export const Header = () => {
  return (
    <Container>
      <Title>블로그 포스트</Title>
    </Container>
  );
};
```

역시 지금까지 만들어 온 예제에서 별도의 파일로 컴포넌트를 분리하는 방법과 동일하므로 자세한 설명은 생략하도록 하겠다. 별도의 파일로 만든 〈Header /〉 컴포넌트를 사용하기 위해 ./src/App.tsx 파일을 열고 다음과 같이 수정한다.

```
import styled from '@emotion/styled';
import { Header } from 'components/Header';

const Container = styled.div`
  height: 100vh;
  display: flex;
  flex-direction: column;
  align-items: center;
  background-color: #eeeeee;
  overflow: scroll;
`;

const Header = styled.div`
  background-color: #ffffff;
  padding: 20px;
  width: calc(100% - 40px);
  margin-bottom: 20px;
`;

const Title = styled.div`
  font-size: 1.2rem;
  font-weight: bold;
`;

function App() {
  return (
    <Container>
      <Header />
    </Container>
  );
}

export default App;
```

기존의 Emotion으로 만든 컴포넌트를 모두 제거하고 별도의 파일로 만든 〈Header

/> 컴포넌트를 사용하도록 수정했다. 이렇게 App.tsx 파일을 수정하고 저장한 후 브라우저를 확인해 보면, 여전히 〈Header /〉 컴포넌트가 잘 표시되는 것을 확인할 수 있다. 이로써 우리가 별도의 파일로 만든 〈Header /〉 컴포넌트가 잘 동작하는 것을 알 수 있다.

2) 〈BlogPost /〉 컴포넌트

앞에서 JSONPlaceholder가 제공하는 블로그 글 목록 API는 여러 블로그 글을 리스트 형식으로 제공한다는 것을 확인했다. 따라서 하나의 블로그 글 컴포넌트를 만든 후 반복문을 사용하면, 블로그 글 목록 화면을 구성할 수 있을 것이다.

이제 하나의 블로그 글을 화면에 표시하는 〈BlogPost /〉 컴포넌트를 만들기 위해 ./src/App.tsx 파일을 열고 다음과 같이 수정한다.

```
import styled from '@emotion/styled';
import { Header } from 'components/Header';

const Container = styled.div`
  height: 100vh;
  display: flex;
  flex-direction: column;
  align-items: center;
  background-color: #eeeeee;
  overflow: scroll;
`;

const BlogPost = styled.div`
  background-color: #ffffff;
  padding: 20px;
  margin: 20px;
  border-radius: 10px;
  box-shadow: 10px 10px 30px #d9d9d9, -10px -10px 30px #ffffff;
  max-width: 800px;
`;

const Title = styled.div`
  font-weight: bold;
```

```
   margin-bottom: 10px;
`;

const Body = styled.div`
  white-space: nowrap;
  text-overflow: ellipsis;
  overflow: hidden;
`;

function App( ) {
  return (
    <Container>
      <Header />
      <BlogPost>
        <Title>sunt aut facere repellat provident occaecati excepturi
optio reprehenderit</Title>
        <Body>
          quia et suscipit\nsuscipit recusandae consequuntur expedita
et cum\nreprehenderit
          molestiae ut ut quas totam\nnostrum rerum est autem sunt rem
eveniet architecto
        </Body>
      </BlogPost>
    </Container>
  );
}

export default App;
```

이번 예제는 Emotion을 사용하여 컴포넌트를 만든 예제이므로 자세한 설명은 생략하도록 하겠다. 제목과 본문에 표시되는 문자열은 JSONPlaceholder가 제공하는 API의 내용을 복사, 붙여넣기 했다.

이렇게 App.tsx 파일을 수정하고 저장한 후 브라우저를 확인해 보면, [그림 8-6]과 같이 〈BlogPost /〉 컴포넌트가 잘 표시되는 것을 확인할 수 있다.

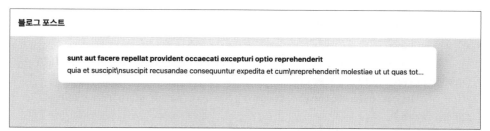

[그림 8-6] <BlogPost /> 컴포넌트

제작한 〈BlogPost /〉 컴포넌트를 별도의 파일로 분리해 보자. 별도의 파일로 〈BlogPost /〉 컴포넌트를 분리하기 위해 ./src/components/BlogPost/index.tsx 파일을 생성하고 다음과 같이 수정한다.

```tsx
import styled from '@emotion/styled';

const Container = styled.div`
  background-color: #ffffff;
  padding: 20px;
  margin: 20px;
  border-radius: 10px;
  box-shadow: 10px 10px 30px #d9d9d9, -10px -10px 30px #ffffff;
  max-width: 800px;
`;

const Title = styled.div`
  font-weight: bold;
  margin-bottom: 10px;
`;

const Body = styled.div`
  white-space: nowrap;
  text-overflow: ellipsis;
  overflow: hidden;
`;

export const BlogPost = () => {
  return (
    <Container>
      <Title>sunt aut facere repellat provident occaecati excepturi
```

```
optio reprehenderit</Title>
      <Body>
        quia et suscipit\nsuscipit recusandae consequuntur expedita et
cum\nreprehenderit molestiae
        ut ut quas totam\nnostrum rerum est autem sunt rem eveniet
architecto
      </Body>
    </Container>
  );
};
```

기존의 Emotion으로 만든 컴포넌트를 별도의 파일로 분리하는 내용이므로 자세한
설명은 생략하도록 하겠다. 이제 별도의 파일로 분리한 〈BlogPost /〉 컴포넌트를 사
용하기 위해 ./src/App.tsx 파일을 열고 다음과 같이 수정한다.

```
import styled from '@emotion/styled';
import { Header } from 'components/Header';
import { BlogPost } from 'components/BlogPost';

const Container = styled.div`
  height: 100vh;
  display: flex;
  flex-direction: column;
  align-items: center;
  background-color: #eeeeee;
  overflow: scroll;
`;

function App() {
  return (
    <Container>
      <Header />
      <BlogPost />
    </Container>
  );
}

export default App;
```

기존의 Emotion으로 만든 컴포넌트를 모두 제거하고 별도의 파일로 만든 컴포넌트를 사용하는 예제이므로 자세한 설명은 생략하도록 하겠다.

이제 별도의 파일로 만든 〈BlogPost /〉 컴포넌트에 Props를 추가하여 부모 컴포넌트로부터 전달받을 데이터를 표시하도록 변경해 보자. 부모 컴포넌트로부터 Props를 통해 데이터를 전달받도록 하기 위해 ./src/components/BlogPost/index.tsx 파일을 열고 다음과 같이 수정한다.

```
...
interface Props {
  readonly title: string;
  readonly body: string;
}

export const BlogPost = ({ title, body }: Props) => {
  return (
    <Container>
      <Title>{title}</Title>
      <Body>{body}</Body>
    </Container>
  );
};
```

Props를 통해 부모 컴포넌트로부터 제목과 본문을 전달받아 표시하도록 수정했다. 실제로 〈BlogPost /〉 컴포넌트를 사용하는 곳에서 제목과 본문을 설정하도록 변경해 보자. 〈BlogPost /〉 컴포넌트에 제목과 본문을 설정하기 위해 ./src/App.tsx 파일을 열고 다음과 같이 수정한다.

```
...
function App() {
  return (
    <Container>
      <Header />
      <BlogPost
        title="sunt aut facere repellat provident occaecati excepturi
optio reprehenderit"
        body="quia et suscipit\nsuscipit recusandae consequuntur
```

```
expedita et cum\nreprehenderit molestiae ut ut quas totam\nnostrum
rerum est autem sunt rem eveniet architecto"
      />
    </Container>
  );
}
...
```

⟨BlogPost /⟩ 컴포넌트를 사용하는 ⟨App /⟩ 컴포넌트에서 제목과 본문 Props에 데이터를 전달하여 화면에 표시하도록 했다. 이렇게 App.tsx 파일을 수정하고 저장한 후 브라우저를 확인해 보면, 여전히 ⟨BlogPost /⟩ 컴포넌트가 잘 표시되는 것을 확인할 수 있다.

3) 블로그 글 목록 State

현재는 하나의 블로그 글 데이터를 ⟨BlogPost /⟩ 컴포넌트를 이용하여 화면에 표시하고 있다. 이제 블로그 글 목록 State 데이터를 만들어 여러 개의 블로그 글을 ⟨BlogPost /⟩ 컴포넌트를 사용하여 화면에 표시해 보도록 하자.

블로그 글 목록 State를 만들기 위해 ./src/App.tsx 파일을 열고 다음과 같이 수정한다.

```
import { useState } from 'react';
...
interface Post {
  readonly id: number;
  readonly userId: number;
  readonly title: string;
  readonly body: string;
}

function App() {
  const [posts, setPosts] = useState<ReadonlyArray<Post>>([]);

  return (
    <Container>
      <Header />
      {posts.map((post) => (
        <BlogPost key={post.id} title={post.title} body={post.body} />
```

```
        ))}
      </Container>
    );
  }


export default App;
```

함수 컴포넌트에서 State를 사용하기 위해 useState를 react로부터 불러와 추가했다.

```
import { useState } from 'react';
```

이렇게 불러온 useState를 사용하여 블로그 글 목록을 저장할 State 변수를 생성했다. 이 변수는 초깃값으로 빈 리스트를 가지도록 설정했다.

```
function App() {
  const [posts, setPosts] = useState([]);
  ...
}
```

타입스크립트는 초깃값으로 타입을 자동으로 추론한다. 따라서 대부분의 변수에 타입을 지정하지 않아도 타입스크립트가 자동으로 타입을 추론하기 때문에 문제 없이 사용할 수 있다. 하지만 이와 같이 빈 리스트를 사용하게 되면, 타입스크립트는 해당 리스트에 어떤 변수가 추가될지 알 수 없기 때문에 추후 해당 리스트를 갱신할 때에 에러가 발생할 수 있다.

이와 같이 빈 리스트를 초깃값으로 사용할 때에는 타입스크립트에게 명확히 타입을 알려줄 필요가 있다. 타입스크립트에는 제네릭 기능을 제공하여 파라미터의 타입을 명확하게 지정할 수 있다. 이 제네릭을 사용하여 State 변수의 타입을 명확하게 지정하기 위해 우선 다음과 같이 Post라는 인터페이스를 정의했다.

```
interface Post {
  readonly id: number;
  readonly userId: number;
  readonly title: string;
  readonly body: string;
```

```
}
```

이 Post 인터페이스의 내용은 JSONPlaceholder가 제공하는 API의 내용을 참고하여 작성했다. 작성한 인터페이스를 다음과 같이 useState 함수를 사용할 때에 타입스크립트의 제네릭 기능을 사용하여 타입을 명확히 지정해 주었다.

```
interface Post {
  readonly id: number;
  readonly userId: number;
  readonly title: string;
  readonly body: string;
}

function App() {
  const [posts, setPosts] = useState<ReadonlyArray<Post>>([]);
  ...
}
```

이렇게 타입을 명확히 지정해 주면, setPosts를 사용하여 변수를 할당할 때에 해당 타입이 아닌 경우 에러가 발생하게 되어 매우 유용하게 사용할 수 있다.

마지막으로 이 State 변수를 사용하여 블로그 글 목록 데이터를 화면에 표시되도록 하기 위해 다음과 같이 〈BlogPost /〉 컴포넌트를 사용했다.

```
function App() {
  const [posts, setPosts] = useState<ReadonlyArray<Post>>([]);

  return (
    <Container>
      <Header />
      {posts.map((post) => (
        <BlogPost key={post.id} title={post.title} body={post.body} />
      ))}
    </Container>
  );
}
```

여기서 주의해야 할 점은 map을 사용하여 동일한 컴포넌트를 반복적으로 표시하므로 〈BlogPost /〉 컴포넌트에 key값을 설정해 주어야 한다는 것이다.

이와 같이 블로그 글 목록 데이터를 State 변수로 관리하기 위해 App.tsx 파일을 수정하고 저장한 후 브라우저를 확인해 보면, [그림 8-7]과 같이 블로그 글이 하나도 표시되지 않는 빈 화면을 확인할 수 있다.

블로그 포스트

[그림 8-7] 〈BlogPost /〉 컴포넌트

우리는 아직 블로그 글 목록 State에 그 어떤 데이터도 추가하지 않았다. 따라서 빈 화면이 표시되는 것은 당연한 결과이다. 그러면 이제 블로그 글 목록 State에 값을 추가하여 화면에 블로그 글 목록을 표시해 보도록 하자.

우선 아래 링크를 통해 JSONPlaceholder가 제공하는 블로그 글 목록을 다운로드 하도록 한다.

– GET /posts: https://jsonplaceholder.typicode.com/posts

JSONPlaceholder가 제공하는 블로그 글 목록을 다운로드했다면, 해당 파일에 ./ src/mock 폴더를 생성하고 posts.json이라는 이름으로 해당 파일을 복사하도록 한다. 파일을 복사했다면, /src/App.tsx 파일을 열고 다음과 같이 수정한다.

```
import { useState, useEffect } from 'react';
...
import mockPosts from 'mock/posts.json';
...
function App() {
  const [posts, setPosts] = useState<ReadonlyArray<Post>>([]);

  useEffect(() => {
    setTimeout(() => {
      setPosts(mockPosts);
    }, 1000);
```

```
  }, []);

  return (
    ...
  );
}


export default App;
```

이번 예제에서는 useEffect라는 훅을 사용했다. useEffect 훅은 리액트의 함수 컴포넌트에서 클래스 컴포넌트의 라이프사이클 함수와 비슷한 역할을 한다. useEffect 훅에 대한 내용은 뒤에서 좀 더 자세히 다루도록 하겠다.

```
...
  useEffect(() => {
    setTimeout(() => {
      setPosts(mockPosts);
    }, 1000);
  }, []);
...
```

여기서는 useEffect 훅을 사용하여 componentDidMount 라이프사이클 함수와 같은 역할을 하도록 작성했으며, 실제로 Fetch API를 통해 데이터를 가져오는 것과 비슷한 효과를 주기 위해 컴포넌트가 화면에 표시된 후 1초를 기다린 후에 다운로드한 posts 데이터를 setPosts 함수를 사용하여 State에 저장하도록 했다.

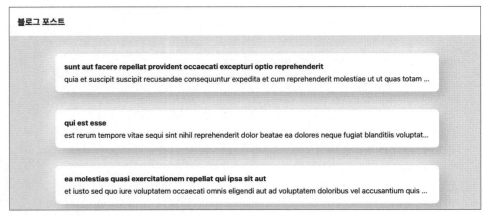

[그림 8-8] posts 데이터 표시

이렇게 App.tsx 파일을 수정하고 저장한 후 브라우저를 확인해 보면, [그림 8-8]과 같이 블로그 글 목록이 표시되는 것을 확인할 수 있다. 또한 브라우저에서 새로고침을 누르면, 빈 화면이 표시된 다음 1초 후에 화면에 블로그 글 목록이 표시되는 것을 확인할 수 있다.

4) useEffect 훅

이번 예제에서는 useEffect 훅을 사용했다. 앞에서도 설명했지만, useEffect 훅은 리액트의 함수 컴포넌트에서 클래스 컴포넌트의 라이프사이클 함수와 비슷한 역할을 한다. useEffect 훅은 다음과 같은 형태로 사용이 가능하다.

```
useEffect(() => {
  ...
}, []);
```

useEffect 훅의 첫 번째 매개 변수에는 콜백 함수를 설정할 수 있으며, 이 콜백 함수는 useEffect 훅의 역할을 정의한다. useEffect 훅의 두 번째 매개 변수에는 배열을 전달하는데, 이번 예제에서는 빈 배열을 전달했다. 이렇게 두 번째 매개 변수에 빈 배열을 전달하게 되면, useEffect 훅은 클래스 컴포넌트의 componentDidMount 라이프사이클 함수와 같은 역할을 수행한다. 즉, 컴포넌트가 처음 화면에 표시된 후 useEffect 훅이 한 번만 호출되게 된다.

useEffect 훅의 두 번째 매개 변수인 배열을 다음과 같이 생략하는 경우 useEffect 훅은 componentDidMount 라이프사이클 함수와 componentDidUpdate 라이프사이클 함수의 역할을 동시에 수행한다.

```
useEffect(() => {
  ...
});
```

즉, 컴포넌트가 처음 화면에 표시된 후에도 한 번 실행되며, Props나 State의 변경에 의해 컴포넌트가 리렌더링되면 useEffect 훅이 다시 실행되게 된다.

useEffect 훅의 역할을 정의하는 첫 번째 매개 변수인 콜백 함수는 다음과 같이 함수를 반환할 수 있다. useEffect 훅의 콜백 함수가 반환하는 함수는 componentWillUnmount 라이프사이클 함수와 같은 역할을 한다. 즉, 컴포넌트가 화면에서 사라진 후 이 함수가 호출되며, componentWillUnmount 라이프사이클 함수와 마찬가지로 라이브러리와의 연동을 해제하거나 타이머를 해제하는 데 사용된다.

```
useEffect(() => {
  ...
  Return () => {
    ...
  };
})
```

이와 같이 useEffect 훅은 함수 컴포넌트에서 클래스 컴포넌트의 라이프사이클 함수와 비슷한 역할도 하지만, useEffect 훅만의 고유한 기능도 제공한다.

useEffect 훅의 두 번째 매개 변수로는 배열을 전달할 수 있다. 두 번째 매개 변수 배열에 다음과 같이 특정 변수를 설정하여 전달하면, 모든 Props와 State에 변경에 호출되는 componentDidUpdate 라이프사이클 함수와 달리, 전달된 변수가 변경될 때에만 이 함수가 호출되도록 설정할 수 있다.

```
useEffect(() => {
  ...
}, [posts])
```

즉, 두 번째 매개 변수로 posts 변수를 전달하는 useEffect 훅은 컴포넌트가 화면에 표시된 후 한 번 호출되며, posts 변수의 값에 변경 사항이 발생하면 이 변경 사항을 감지하고 useEffect 훅의 콜백 함수를 실행하게 된다.

```
useEffect(() => {
  ...
}, [])
useEffect(() => {
  ...
}, [posts])
```

또한 useEffect 혹은 클래스 컴포넌트의 라이프사이클 함수와 다르게 한 컴포넌트 안에서 여러 번 정의하여 사용할 수 있다. 따라서 componentDidMount 라이프사이클의 역할을 하는 useEffect 혹과 특정 변수의 값이 변경될 때에 실행되는 로직을 위한 useEffect 혹을 함께 사용할 수 있다.

5) Fetch API로 데이터 가져오기

현재 블로그 글 목록의 데이터는 JSONPlaceholder에서 다운로드한 JSON 파일을 표시하고 있다. 이제 Fetch API를 사용하여 실제로 JSONPlaceholder의 API를 호출하도록 변경해 보자. Fetch API를 사용하여 JSONPlaceholder의 API를 호출하기 위해 ./src/App.tsx 파일을 열고 다음과 같이 수정한다.

```
...
import mockPosts from 'mock/posts.json';
...
function App() {
  const [posts, setPosts] = useState<ReadonlyArray<Post>>([]);

  useEffect(() => {
    setTimeout(() => {
      setPosts(mockPosts);
    }, 1000);
    fetch('https://jsonplaceholder.typicode.com/posts')
      .then((response) => response.json())
      .then((json) => setPosts(json))
      .catch((error) => {
        console.error(error);
      });
  }, []);

  return (...);
}
```

기존의 JSONPlaceholder에서 다운로드한 JSON 파일과 관련된 내용을 모두 제거하고 Fetch API를 사용하여 데이터를 가져오도록 변경했다.

Fetch API는 다음과 같이 사용하여 서버에 요청을 보내고 데이터를 받아올 수 있다.

```
fetch(URL, 옵션)
  .then((response) => response.json()) // 서버로부터 전달 받은 데이터를
JSON으로 파싱
  .then((json) => setPosts(json)) // JSON으로 파싱한 데이터를 전달받아 State에 저장
  .catch((error) => {
    // 에러 처리
  });
```

서버에 요청을 보내기 위한 URL을 설정한 후 필요한 경우 옵션을 설정할 수 있으며, 설정 가능한 옵션은 다음과 같다.

```
fetch(URL, {
  method: 'POST', // 사용할 메소드를 선택 ('GET', 'POST', 'PUT', 'DELETE'
  )
  headers: { 'content-Type': 'application/json' }, // 요청의 headers에
전달할 값
  body: JSON.springfy(data), // 요청의 body에 전달할 값
  mode : 'cors', // cors, no-cors, same-origin 등과 같은 값을 설정
  credentials : 'include', // 자격 증명을 위한 옵션 설정 (include,
same-origin, omit)
  cache : 'no-cache', // 캐시 사용 여부 (no-cache, reload, force-cache,
only-if-cached)
})
```

JSONPlaceholder가 제공하는 블로그 글 목록 API는 특별한 옵션 설정 없이 접근할 수 있으므로 아무런 옵션을 지정하지 않았다.

Fetch API를 사용하는 도중 에러가 발생하면, catch 부분이 실행된다. 이 catch 부분은 에러가 발생하지 않으면 실행되지 않으므로 이 부분에 정상적으로 동작했을 때의 비즈니스 로직을 작성하지 않도록 주의해야 한다.

```
fetch(URL, 옵션)
  ...
  .catch((error) => {
    // 에러 처리
  });
```

이렇게 Fetch API를 사용하도록 App.tsx 파일을 수정하고 저장한 후 브라우저를 확인해 보면, [그림 8-9]와 같이 데이터가 잘 표시되는 것을 확인할 수 있다.

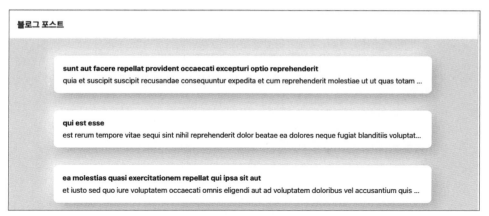

[그림 8-9] posts 데이터 표시

6) 〈Button /〉 컴포넌트

이번 예제에서 사용할 〈Button /〉 컴포넌트는 새로 만드는 것이 아니라 7장에서 사용한 컴포넌트를 재사용할 예정이다. 7장의 ./src/components/Button 폴더를 복사하여 8장의 ./src/components 폴더에 붙여 넣는다.

〈Button /〉 컴포넌트를 복사, 붙여넣기 했다면 ./src/App.tsx 파일을 열고 다음과 같이 수정하여 블로그 글 등록 버튼을 화면에 표시한다.

```
...
import { Button } from 'components/Button';

const Container = styled.div`
  ...
`;

const ButtonContainer = styled.div`
  position: absolute;
  right: 40px;
  bottom: 40px;
`;
...
```

```
function App() {
  ...
  return (
    <Container>
      <Header />
      {posts.map((post) => (
        <BlogPost key={post.id} title={post.title} body={post.body} />
      ))}
      <ButtonContainer>
        <Button label="등록" />
      </ButtonContainer>
    </Container>
  );
}

export default App;
```

Emotion을 사용하여 〈Button /〉 컴포넌트가 오른쪽 하단에 표시되도록 하기 위한 디자인을 추가했다. 그리고 7장에서 복사, 붙여넣기 한 〈Button /〉 컴포넌트를 불러와 "등록"이라는 문자열을 표시하는 버튼을 추가했다.

이렇게 App.tsx 파일을 수정하고 저장한 후 브라우저를 확인해 보면, [그림 8-10]과 같이 오른쪽 하단에 "등록"이라는 문자열을 가지는 〈Button /〉 컴포넌트가 잘 표시되는 것을 확인할 수 있다.

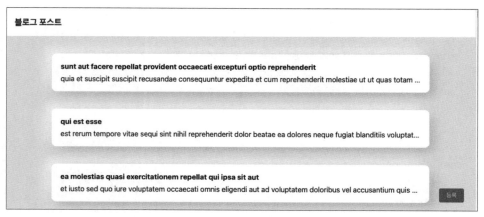

[그림 8-10] 블로그 글 등록 버튼

앞으로 이 버튼을 클릭하면, 화면에 블로그 글을 등록할 수 있는 폼Form이 표시되도

270

록 할 예정이다.

7) ⟨Form /⟩ 컴포넌트

이제 블로그 글을 등록할 수 있는 ⟨Form /⟩ 컴포넌트를 만들어 보자. ⟨Form /⟩ 컴
포넌트를 만들기 위해 ./src/App.tsx 파일을 열고 다음과 같이 수정한다.

```
...
const ButtonContainer = styled.div`
  ...
`;

const Form = styled.div`
  position: absolute;
  top: 0;
  left: 0;
  bottom: 0;
  right: 0;
  display: flex;
  align-items: center;
  justify-content: center;
`;

const Background = styled.div`
  position: absolute;
  top: 0;
  left: 0;
  bottom: 0;
  right: 0;
  background-color: rgb(0 0 0 / 75%);
`;

const Contents = styled.div`
  display: flex;
  align-items: center;
  justify-content: center;
  flex-direction: column;
  background-color: #ffffff;
  padding: 32px;
```

```
    border-radius: 8px;
    z-index: 1;
`;

const Title = styled.div`
  font-size: 1.2rem;
  font-weight: bold;
  margin-bottom: 16px;
`;

const InputGroup = styled.div`
  margin-bottom: 16px;
`;

const Label = styled.div`
  font-size: 1.2rem;
`;

const Input = styled.input`
  font-size: 1.2rem;
`;

const Actions = styled.div`
  width: 100%;
  display: flex;
  flex-direction: row;
  justify-content: space-around;
`;
...
function App() {
  ...
  return (
    <Container>
      <Header />
      ...
      <ButtonContainer>
        <Button label="등록" />
      </ButtonContainer>
      <Form>
        <Background />
        <Contents>
```

```
            <Title>블로그 글 등록</Title>
            <InputGroup>
              <Label>Title: </Label>
              <Input />
            </InputGroup>
            <InputGroup>
              <Label>Body: </Label>
              <Input />
            </InputGroup>
            <Actions>
              <Button label="등록하기" />
              <Button label="닫기" color="#304FFE" />
            </Actions>
          </Contents>
        </Form>
      </Container>
  );
}

export default App;
```

Emotion을 사용하여 컴포넌트를 디자인했고, 디자인된 컴포넌트를 화면에 표시하는 수정이므로 자세한 설명은 생략하도록 하겠다.

이렇게 App.tsx 파일을 수정하고 저장한 후 브라우저를 확인해 보면, [그림 8-11]과 같이 블로그 글을 등록할 수 있는 〈Form /〉 컴포넌트가 화면에 잘 표시되는 것을 확인할 수 있다.

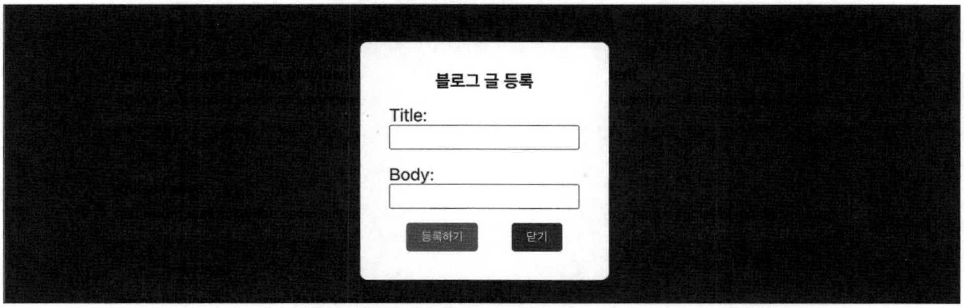

[그림 8-11] 블로그 글 등록 <Form /> 컴포넌트

이제 만든 〈Form /〉 컴포넌트를 별도의 파일로 분리해 보자. 〈Form /〉 컴포넌트를 별도의 파일로 분리하기 위해 ./src/components/Form/index.tsx 파일을 생성하고 다음과 같이 수정한다.

```tsx
import styled from '@emotion/styled';
import { Button } from 'components/Button';

const Container = styled.div`
  position: absolute;
  top: 0;
  left: 0;
  bottom: 0;
  right: 0;
  display: flex;
  align-items: center;
  justify-content: center;
`;

const Background = styled.div`
  position: absolute;
  top: 0;
  left: 0;
  bottom: 0;
  right: 0;
  background-color: rgb(0 0 0 / 75%);
`;

const Contents = styled.div`
  display: flex;
  align-items: center;
  justify-content: center;
  flex-direction: column;
  background-color: #ffffff;
  padding: 32px;
  border-radius: 8px;
  z-index: 1;
`;

const Title = styled.div`
  font-size: 1.2rem;
```

```
    font-weight: bold;
    margin-bottom: 16px;
`;

const InputGroup = styled.div`
    margin-bottom: 16px;
`;

const Label = styled.div`
    font-size: 1.2rem;
`;

const Input = styled.input`
    font-size: 1.2rem;
`;

const Actions = styled.div`
    width: 100%;
    display: flex;
    flex-direction: row;
    justify-content: space-around;
`;

export const Form = () => {
    return (
        <Container>
            <Background />
            <Contents>
                <Title>블로그 글 등록</Title>
                <InputGroup>
                    <Label>Title: </Label>
                    <Input />
                </InputGroup>
                <InputGroup>
                    <Label>Body: </Label>
                    <Input />
                </InputGroup>
                <Actions>
                    <Button label="등록하기" />
                    <Button label="닫기" color="#304FFE" />
                </Actions>
```

```
      </Contents>
    </Container>
  );
};
```

App.tsx 파일에서 Emotion으로 만든 〈Form /〉 컴포넌트를 복사, 붙여넣기 했으며, 이름의 중복을 피하기 위해 Emotion으로 만든 〈Form /〉 컴포넌트를 〈Container /〉로 컴포넌트 명을 변경했다. 이제 별도의 파일로 만든 〈Form /〉 컴포넌트를 사용하기 위해 ./src/App.tsx 파일을 열고 다음과 같이 수정한다.

```
...
import { Form } from 'components/Form';
...
function App() {
  ...
  return (
    <Container>
      ...
      <ButtonContainer>
        <Button label="등록" />
      </ButtonContainer>
      <Form />
    </Container>
  );
}

export default App;
```

Emotion으로 만든 〈Form /〉 컴포넌트를 모두 제거하고 별도의 파일로 만든 〈Form /〉 컴포넌트를 불러와 화면에 표시하도록 수정했다. 이렇게 별도의 파일로 분리한 〈Form /〉 컴포넌트를 사용하도록 App.tsx 파일을 수정하고 저장한 후 브라우저를 확인해 보면, 여전히 〈Form /〉 컴포넌트가 잘 표시되고 있는 것을 확인할 수 있다. 이로써 우리가 별도의 파일로 분리한 〈Form /〉 컴포넌트가 잘 동작하는 것을 알 수 있다.

마지막으로 〈Form /〉 컴포넌트는 다이얼로그 형태로 화면에 표시하고 닫을 예정이므로 표시된 〈Form /〉 컴포넌트를 닫기 위해 부모 컴포넌트로부터 데이터를 전달받도록 수정해 보자.

부모 컴포넌트로부터 Props를 전달받아 〈Form /〉 컴포넌트를 닫는 기능을 구현하기 위해 ./src/components/Form/index.tsx 파일을 열고 다음과 같이 수정한다.

```
...
interface Props {
  readonly onClose?: () => void;
}

export const Form = ({ onClose }: Props) => {
  return (
    <Container>
      <Background />
      <Contents>
        ...
        <Actions>
          <Button label="등록하기" onClick={onClose} />
          <Button label="닫기" color="#304FFE" onClick={onClose} />
        </Actions>
      </Contents>
    </Container>
  );
};
```

타입스크립트의 인터페이스를 사용하여 Props를 정의하고 이 Props를 사용하여 부모 컴포넌트로부터 onClose라는 함수를 전달받도록 했다. 이렇게 전달받은 onClose 함수를 일단 "등록하기" 버튼과 "닫기" 버튼의 클릭 이벤트와 연결했다.

8) 〈Form /〉 표시 State

이제 새로운 State 변수를 생성하여 〈Form /〉 컴포넌트가 표시되거나 닫힐 수 있도록 변경해 보자. 새로운 State 변수를 추가하기 위해 ./src/App.tsx 파일을 열고 다음과 같이 수정한다.

```
...
function App() {
```

```
  const [posts, setPosts] = useState<ReadonlyArray<Post>>([]);
  const [showForm, setShowForm] = useState(false);
  ...
  return (
    <Container>
      <Header />
      ...
      <ButtonContainer>
        <Button label="등록" onClick={() => setShowForm(true)} />
      </ButtonContainer>
      {showForm && <Form onClose={() => setShowForm(false)} />}
    </Container>
  );
}

export default App;
```

⟨Form /⟩ 컴포넌트를 표시하고 닫기 위해 showForm이라는 State 변수를 생성했다. 그리고 이 State 변수를 변경하기 위한 setShowForm 함수를 등록 버튼과 ⟨Form /⟩ 컴포넌트의 onClose 이벤트와 연결했다.

이렇게 State 변수를 통해 ⟨Form /⟩ 컴포넌트의 표시 여부를 변경 가능하게 App.tsx 파일을 수정하고 저장한 후 브라우저를 확인해 보면, [그림 8-12]와 같이 ⟨Form /⟩ 컴포넌트가 표시되지 않고 블로그 글 목록이 화면에 표시되는 것을 확인할 수 있다.

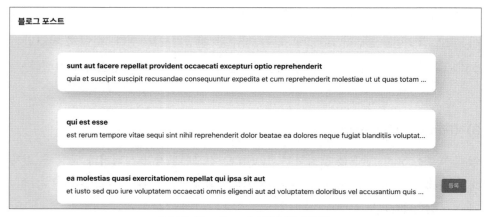

[그림 8-12] <Form /> 컴포넌트 표시 전

이제 오른쪽 하단의 "등록" 버튼을 클릭해 보자. 오른쪽 하단의 "등록" 버튼을 클릭하면, [그림 8-13]과 같이 〈Form /〉 컴포넌트가 잘 표시되는 것을 확인할 수 있다.

[그림 8-13]   〈Form /〉 컴포넌트 표시 후

이렇게 〈Form /〉 컴포넌트가 잘 표시됐다면, "등록하기" 버튼 또는 "닫기" 버튼을 클릭해 보자. "등록하기" 또는 "닫기" 버튼을 클릭하면, [그림 8-12]와 같이 〈Form /〉 컴포넌트가 화면에서 잘 제거되는 것을 확인할 수 있다.

이것으로 블로그에 새 글을 등록하기 위한 〈Form /〉 컴포넌트의 UI가 준비됐다. 이제 Fetch API를 사용하여 새로운 블로그 글을 등록하는 방법에 대해 알아보자.

9) 블로그 글 State 데이터

사용자가 〈Form /〉 컴포넌트를 이용하여 블로그 글을 작성하면, 해당 데이터를 서버에 전송하기 위해 자바스크립트에서 해당 데이터를 저장하고 관리해야 한다. 이 데이터를 State 변수를 사용하여 관리하도록 〈Form /〉 컴포넌트를 수정해 보자.

블로그 글을 State로 관리하기 위해 ./src/components/Form/index.tsx 파일을 열고 다음과 같이 수정한다.

```
import { useState } from 'react';
...
export const Form = ({ onClose }: Props) => {
  const [title, setTitle] = useState('');
  const [body, setBody] = useState('');

  return (
```

```
    <Container>
      <Background />
      <Contents>
        <Title>블로그 글 등록</Title>
        <InputGroup>
          <Label>Title: </Label>
          <Input value={title} onChange={(e) => setTitle(e.target.
value)} />
        </InputGroup>
        <InputGroup>
          <Label>Body: </Label>
          <Input value={body} onChange={(e) => setBody(e.target.value)}
/>
        </InputGroup>
        <Actions>
          <Button label="등록하기" onClick={onClose} />
          <Button label="닫기" color="#304FFE" onClick={onClose} />
        </Actions>
      </Contents>
    </Container>
  );
};
```

〈Form /〉 컴포넌트에서 State를 사용하기 위해 react로부터 useState를 불러왔으며, 이렇게 불러온 useState를 사용하여 title과 body라는 State 변수를 생성했다. 이렇게 생성한 State 변수인 title과 body를 각각의 input의 value로 설정했으며, useState로 생성한 set 함수들을 input의 onChange 이벤트에 연결했다.

State 변수를 사용하도록 〈Form /〉 컴포넌트를 수정하고 저장한 후 브라우저에서 "등록" 버튼을 클릭하면, 여전히 〈Form /〉 컴포넌트가 잘 표시되는 것을 확인할 수 있다. 또한 〈Form /〉 컴포넌트의 Title과 Body에 데이터를 입력해 보면, 입력한 데이터가 잘 표시되는 것을 확인할 수 있다.

이제 이렇게 State에 저장한 데이터를 JSONPlaceholder의 API를 사용하여 서버에 저장해 보도록 하자.

10) Fetch API로 블로그 글 등록하기

useState를 사용하여 사용자가 입력한 데이터를 State에 저장하도록 했다. 이제 저장한 데이터를 Fetch API를 사용하여 서버에 저장하는 방법에 대해 알아보자.

Fetch API를 사용하여 블로그 글을 등록하기 위해 ./src/components/Form/index.tsx 파일을 열고 다음과 같이 수정한다.

```
...
export const Form = ({ onClose }: Props) => {
  const [title, setTitle] = useState('');
  const [body, setBody] = useState('');

  const registerPost = () => {
    if (title === '' || body === '') return;

    fetch('https://jsonplaceholder.typicode.com/posts', {
      method: 'POST',
      body: JSON.stringify({
        userId: 1,
        title,
        body,
      }),
      headers: {
        'Content-type': 'application/json; charset=UTF-8',
      },
    })
      .then((response) => response.json())
      .then((json) => {
        console.log(json);
        if (typeof onClose === 'function') onClose();
      })
      .catch((error) => {
        console.error(error);
      });
  };

  return (
    <Container>
      <Background />
```

```
    <Contents>
      ...
      <Actions>
        <Button label="등록하기" onClick={registerPost} />
        <Button label="닫기" color="#304FFE" onClick={onClose} />
      </Actions>
    </Contents>
  </Container>
  );
};
```

Fetch API를 사용하여 데이터를 전송하기 위해 registerPost라는 함수를 만들었다. 이 함수는 우선 State의 변수인 title과 body가 빈 문자열인지 확인하고 빈 문자열인 경우 아무 동작도 하지 않도록 했다.

State의 변수인 title과 body에 데이터가 있는 경우 JSONPlaceholder가 제공하는 API를 사용하여 데이터를 전송하도록 했다. 이전에 JSONPlaceholder가 제공하는 블로그 글 목록을 가져올 때와 달리, Fetch API에 여러 가지 옵션을 설정했다.

API를 사용하여 데이터를 저장할 때에는 GET 메소드가 아닌 POST 메소드를 사용한다. 따라서 method 옵션에 POST를 설정했다. 또한 저장하고자 하는 데이터는 body 옵션에 JSON.stringify를 사용하여 자바스크립트 오브젝트를 문자열로 변경하여 설정했다.

마지막으로 전송하고자 하는 데이터의 형식을 서버에 알려주기 위해 headers 옵션의 Content-type을 사용하여 전송하는 데이터가 JSON 형식임을 설정했다.

Fetch API를 통해 데이터를 서버에 전송한 후 서버로부터 응답이 있는 경우 then 구문을 사용하여 서버의 응답을 처리할 수 있다. JSONPlaceholder는 저장된 데이터에 새로운 아이디를 부여하고 저장된 블로그 글 데이터에 응답함으로써 데이터가 잘 저장됐는지를 알려준다. 따라서 새로운 블로그 글이 잘 저장됐는지 확인하기 위해 console.log를 사용하여 전달받은 데이터를 표시하도록 했으며, 문제 없이 블로그 글이 등록됐다면 〈Form /〉 컴포넌트를 닫도록 했다.

만약 에러가 발생하여 블로그 글이 등록되지 않았다면, catch 구문이 실행되며 console.error를 통해 에러의 내용을 출력하도록 설정했다.

```
const registerPost = () => {
  if (title === '' || body === '') return;

  fetch('https://jsonplaceholder.typicode.com/posts', {
    method: 'POST',
    body: JSON.stringify({
      userId: 1,
      title,
      body,
    }),
    headers: {
      'Content-type': 'application/json; charset=UTF-8',
    },
  })
    .then((response) => response.json())
    .then((json) => {
      console.log(json);
      if (typeof onClose === 'function') onClose();
    })
    .catch((error) => {
      console.error(error);
    });
};
```

이렇게 만든 registerPost 함수를 "등록하기" 버튼의 onClick 이벤트와 연결하여 사용자가 "등록하기" 버튼을 클릭했을 때에 registerPost 함수가 실행되도록 설정했다.

이와 같이 Fetch API를 사용하여 사용자가 입력한 데이터를 서버에 등록하도록 〈Form /〉 컴포넌트를 수정하고 저장한 후 브라우저에서 "등록" 버튼을 클릭하여 〈Form /〉 컴포넌트를 연다. 그런 다음 [그림 8-14]와 같이 Title과 Body에 데이터를 입력해 본다.

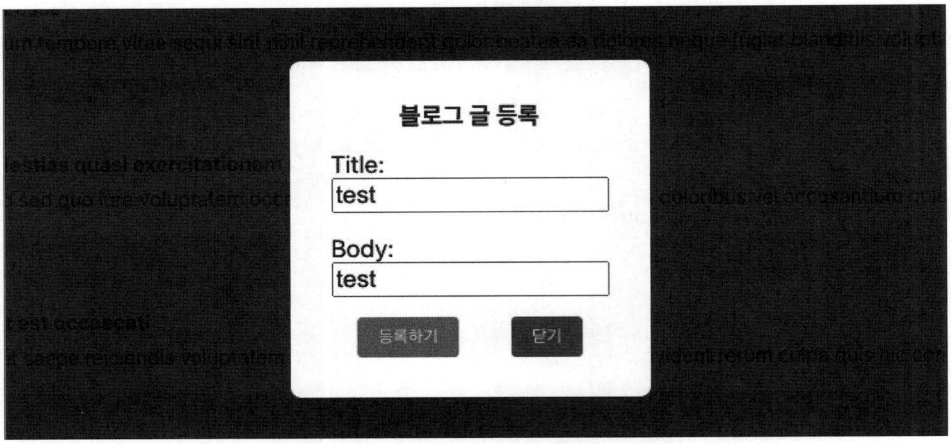

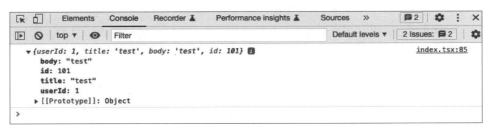

블로그 글 등록
Title:
test
Body:
test
등록하기
닫기

[그림 8-14] <Form /> 컴포넌트에 데이터 입력

데이터를 입력했다면, 브라우저의 개발자 도구를 열고 "등록하기" 버튼을 클릭해 본다. 특별히 문제가 없다면, 〈Form /〉 컴포넌트가 화면에서 사라지는 것을 확인할 수 있으며 개발자 도구에는 [그림 8-15]와 같이 서버가 응답한 내용이 잘 표시되는 것을 확인할 수 있다.

Elements
Console
Recorder
Performance insights
Sources
top
Filter
Default levels
2 Issues: 2
{userId: 1, title: 'test', body: 'test', id: 101}
index.tsx:85
body: "test"
id: 101
title: "test"
userId: 1
[[Prototype]]: Object

[그림 8-15] 서버가 응답한 데이터

JSONPlaceholder는 실제 서버가 아닌 테스트용 서버이므로 우리가 등록한 데이터는 실제로 등록되지 않는다. 따라서 이와 같은 방식으로 데이터가 잘 등록됐는지 확인할 수밖에 없다. 이것으로 Fetch API의 POST 메소드를 사용하여 사용자가 작성한 블로그 글을 서버에 저장하는 방법에 대해 알아보았다.

8.4 요약

8장에서는 Fetch API를 사용하여 리액트^{프론트엔드}가 서버^{백엔드}와 통신하는 방법에 대해 알아보았다. Fetch API의 메소드 옵션을 사용하면, 다양한 방식으로 서버와 정보를 주고받을 수 있다. 보통은 서버가 RESTful^{Representational State Transfer} API를 준비하고 Fetch API의 메소드 옵션을 사용하여 이 API를 사용하는 방식이다.

이 책은 리액트의 사용 방법에 관한 책이므로 RESTful API에 대한 자세한 설명은 생략하도록 하겠다. 하지만 프론트엔드를 개발하고자 한다면, 반드시 알아야 하는 필수 개념이므로 시간을 내어 공부하길 권장한다. 실무에서는 Fetch API 대신 Axios를 사용하는 곳이 많다. Axios는 Fetch API보다 좀 더 사용하기 쉽게 만들어진 라이브러리이다.

- Axios: https://axios-http.com/kr/

그러므로 시간이 있다면, 8장에서 만든 블로그 글 앱을 Axios를 사용하여 변경해 보는 연습을 해보는 것도 좋을 것 같다. 마지막으로 이 책에서는 서버를 다루지 않기 때문에 JSONPlaceholder라는 서비스를 이용하여 데이터를 주고받는 방법에 대해 알아보았다. 이 서비스는 실제로 데이터를 저장하거나 업데이트를 할 수 없으므로 간단한 공부를 위해서는 사용하기 좋지만, 실제로 데이터를 추가하거나 삭제할 수 없는 단점이 있다. 실제로 데이터를 저장하거나 삭제할 수 있는 앱을 만들어 보고 싶다면, MSW^{Mock Service Worker} 또는 Json-server와 같은 라이브러리를 설치하여 사용해 보길 권장한다.

- MSW: https://mswjs.io/

- Json-server: https://github.com/typicode/json-server

컴포넌트 주도 개발

지금까지는 리액트로 개발을 하기 위한 기초 지식과 이를 바탕으로 다양한 예제를 만들어 보았다. 9장에서는 리액트를 사용한 컴포넌트 주도 개발(CDD, Component Driven Development) 방법에 대해 알아볼 예정이다.

1장에서 리액트의 특징 중 하나가 컴포넌트 기반이라고 소개하고 지금까지 여러 예제들을 통해 다양한 컴포넌트를 만들어 보면서 리액트가 컴포넌트 기반으로 개발을 하고, 이렇게 개발된 컴포넌트를 조합하여 앱을 만드는 방식에 대해 알아보았다.

9장에서는 리액트의 이런 특징(컴포넌트 기반)을 활용하는 컴포넌트 주도 개발에 대해 알아보려고 한다.

9.1 컴포넌트 주도 개발

컴포넌트 주도 개발은 2017년, 소프트웨어 엔지니어인 톰 콜먼[Tom Coleman]이 컴포넌트 아키텍처 및 UI 개발 프로세스의 변화를 설명하기 위해 처음 소개했다.

– 컴포넌트 주도 개발: https://www.chromatic.com/blog/component-driven-development/

컴포넌트 주도 개발이란 사용자 인터페이스[UI]를 컴포넌트라는 작은 모듈 단위로 나눠 개발한 후 이를 조립하는 방식으로 UI를 구현하는 방법론을 말한다. 즉, 컴포넌트라는 기본 단위의 개발을 시작으로 사용자에게 보여지는 최종적인 화면을 점진적으로 결합해 가는 방식으로 개발하는 방법론을 의미한다.

최근 컴포넌트 주도 개발 방법론이 화두가 되고 있는 것은 싱글 페이지 애플리케이션의 등장으로 프론트엔드에서 많은 기능들을 구현하게 됐고, 사용자 인터페이스가

그 어느 때보다 복잡해졌기 때문이다. 프론트엔드의 규모가 커짐에 따라 프로젝트는 관리하기 어려워지고 개발에도 많은 시간이 걸리기 시작했다. 이에 큰 규모의 프론트엔드 프로젝트를 모듈식으로 세분화하여 작고 견고하며 유연한 컴포넌트를 구성함으로써 이런 문제점들을 해결하고자 하는 움직임이 나타났다.

컴포넌트 주도 개발은 복잡한 화면을 작고 견고한 컴포넌트로 분리하고, 이런 컴포넌트들을 재사용함으로써 개발 속도를 향상시키며 큰 프론트엔드 프로젝트에서도 쉽고 빠르게 개발할 수 있도록 도와준다. 특히 리액트는 기본적인 구성을 컴포넌트로 하고 있기 때문에 컴포넌트 주도 개발을 하는 데 매우 적합하다.

9장에서는 컴포넌트 주도 개발 방법론을 어떻게 리액트에서 사용하는지, 컴포넌트 주도 개발을 하면 어떤 점이 좋은지에 대해 알아보도록 한다.

9.2   아토믹 디자인

컴포넌트 주도 개발에서 가장 중요한 부분은 전체 페이지를 어떻게 컴포넌트로 나눌 것인지, 나눈 컴포넌트를 어떻게 관리할 것인지이다. 이와 관련된 많은 의견이 있지만, 가장 유명한 것은 아토믹 디자인Atomic Design이다.

– 아토믹 디자인: https://bradfrost.com/blog/post/atomic-web-design/

아토믹 디자인은 2013년, 디자인 시스템 컨설턴트인 브래드 프로스트Brad Frost에 의해 처음 제안됐다. 브래드 프로스트는 화학적 관점에서 영감을 얻어 아토믹 디자인이라는 디자인 시스템을 고안해냈다. 아토믹 디자인은 디자인 시스템을 원자Atom, 분자Molecule, 유기체Organism, 템플릿Template 그리고 페이지Page의 5가지 레벨로 나눠 구축하는 것을 제안하고 있다.

원자Atom는 더 이상 분해할 수 없는 가장 기본 단위가 되는 컴포넌트이다. 예를 들어 Label, Input, Button과 같이 모든 컴포넌트들의 기초가 되며, 더 이상 작게 분해될 수 없는 컴포넌트들을 의미한다. 또한 HTML 태그, 글꼴, 애니메이션, 컬러 팔레트 또는 레이아웃과 같은 추상적인 요소도 포함될 수 있다.

분자Molecule는 한 개 이상의 원자가 특정 목적을 위해 결합한 컴포넌트로, 하나의 단위로 함께 동작하는 컴포넌트들의 그룹이라고 할 수 있다. 예를 들어 우리가 폼^{Form} 입력에 자주 사용하는 Label과 Input 그리고 입력창 하단에 표시하는 에러 메시지 등을 하나의 컴포넌트로 묶어서 제공할 수 있는데, 이와 같은 컴포넌트를 분자로 분리할 수 있다.

유기체^{Organism}는 분자보다 좀 더 복잡하고 특정 컨텍스트를 가지고 특정 영역에서만 사용되는 컴포넌트를 의미한다. 원자와 분자는 사용자에게 크게 의미가 있는 인터페이스라고 볼 수는 없지만, 유기체는 사용자에게 의미 있는 정보를 전달하거나 인터랙션을 할 수 있는 UI를 제공하는 특징을 가지고 있다. 그러므로 원자나 분자와는 다르게 재사용성이 크게 줄어드는 특징이 있다. 예를 들어 Header, Footer, 사이드 메뉴는 유기체로써 컴포넌트로 볼 수 있다.

템플릿^{Template}은 레이아웃^{Layout}과 같은 개념으로 볼 수 있다. 원자, 분자 그리고 유기체를 사용하여 실제 컴포넌트를 화면에 배치하고 페이지의 구조를 잡는 데 사용된다. 이는 실제 콘텐츠를 표시하기 전에 UI 요소, 레이아웃, 기능들이 어떻게 배치되고 사용되는지 정하는 와이어 프레임^{Wire Frame} 또는 페이지의 스켈레톤^{Skeleton}으로 볼 수 있다.

페이지^{Page}는 템플릿에 실제 콘텐츠를 표시하여 사용자가 볼 수 있는 최종 화면을 의미하며, 템플릿의 구체화된 인스턴스로 볼 수 있다. API 호출을 통해 실제 콘텐츠를 화면에 표시하고 사용자와의 인터랙션을 처리해야 하므로 사이드 이펙트가 발생할 수밖에 없는 컴포넌트이다. 일반적으로 하나의 URL에 하나의 페이지만 존재한다.

아토믹 디자인은 개발자를 위한 개념이 아닌 디자인 시스템을 위한 개념이다. 따라서 개발에는 조금 부적합할 수 있지만, 아토믹 디자인을 사용하면 컴포넌트들을 좀 더 쉽게 나누고 관리할 수 있다.

9.3 스토리북

스토리북^{Storybook}은 컴포넌트 주도 개발을 도와주는 툴로 유명하다. 스토리북을 사용하면, 비즈니스 로직과 컨텍스트^{Context}로부터 분리된 UI 컴포넌트를 만들 수 있으며 디자인 시스템을 구축할 수 있다.

– 스토리북: https://storybook.js.org/

스토리북은 작고 고립된 컴포넌트를 빠르고 쉽게 만들 수 있게 하며 하나의 컴포넌트에 집중하여 개발할 수 있게 해준다. 또한 컴포넌트 개발을 위해 수많은 개발 환경을 실행시킬 필요 없이 스토리북만을 실행하여 개발할 수 있다. 스토리북은 리액트뿐만 아니라 리액트 네이티브React Native, 뷰Vue, 앵귤러Angular, 스벨트Svelte 그리고 엠버Ember를 지원하고 있다.

이 책에서는 스토리북을 사용하여 컴포넌트 주도 개발을 공부할 예정이다. 그러면 컴포넌트 개발을 위해 리액트에 스토리북을 설치하고 사용하는 방법에 대해 알아보자.

9.4 프로젝트 준비

할 일 목록 앱을 제작하기 위해 다음 명령어를 실행하여 새로운 리액트 프로젝트를 생성한다.

```
npx create-react-app storybook --template=typescript
```

프로젝트 생성이 완료되면, 컴포넌트를 절대 경로로 추가할 수 있도록 하기 위해 타입스크립트 설정 파일인 tsconfig.json을 열고 다음과 같이 baseUrl 옵션을 추가한다.

```
{
  "compilerOptions": {
    ...
    "jsx": "react-jsx",
    "baseUrl": "src"
  },
  ...
}
```

우리는 리액트 프로젝트에서 스타일링하기 위해 CSS-in-JS 라이브러리인 Emotion을 사용하고, Prettier와 ESLint를 사용하여 소스 코드 포맷 및 잠재적인 오류를 찾도록 할 예정이다. 따라서 다음 명령어를 실행하여 Emotion과 Prettier, ESLint를 설치한다.

```
# cd storybook
npm install --save @emotion/react @emotion/styled
npm install --save-dev prettier eslint
```

설치가 완료됐다면, Prettier를 설정하기 위해 .prettierrc.js 파일을 생성하고 다음과 같이 수정한다.

```
module.exports = {
  singleQuote: true,
  trailingComma: 'all',
  printWidth: 100,
};
```

이제 ESLint를 설정하기 위해 다음 명령어를 실행한다.

```
npx eslint --init
```

명령어가 실행되면, ESLint를 설정하기 위한 질문들이 나온다. 다음과 같은 질문에 y를 눌러 ESLint를 설정하도록 한다.

```
Ok to proceed? y
```

다음과 같은 질문에 To check syntax and find problems를 선택한다.

```
? How would you like to use ESLint? ...
  To check syntax only
> To check syntax and find problems
  To check syntax, find problems, and enforce code style
```

다음과 같은 질문에 JavaScript modules (import/export)를 선택한다.

```
? What type of modules does your project use? ...
> JavaScript modules (import/export)
```

```
CommonJS (require/exports)
None of these
```

다음과 같은 질문에 React를 선택한다.

```
? Which framework does your project use? ...
> React
  Vue.js
  None of these
```

다음과 같은 질문에 Yes를 선택한다.

```
? Does your project use TypeScript? > No / Yes
```

다음과 같은 질문에 Browser를 선택한다.

```
? Where does your code run? ...  (Press <space> to select, <a> to toggle
all, <i> to invert selection)
  Browser
  Node
```

다음과 같은 질문에 JavaScript를 선택한다.

```
? What format do you want your config file to be in? ...
> JavaScript
  YAML
  JSON
```

다음과 같은 질문에 Yes를 선택한다.

```
eslint-plugin-react@latest @typescript-eslint/eslint-plugin@latest @
typescript-eslint/parser@latest
? Would you like to install them now with npm? > No / Yes
```

마지막으로 ESLint가 리액트 버전을 인식할 수 있도록 하고, 불필요한 import문을
제거하기 위해 .eslintrc.js 파일을 다음과 같이 수정한다.

```
module.exports = {
  settings: {
    react: {
      version: 'detect',
    },
  },
  env: {
    ...
  },
  ...
  rules: {
    'react/react-in-jsx-scope': 'off',
  },
}
```

그런 다음 ./src/App.tsx 파일을 열고 다음과 같이 불필요한 import문을 제거한다.

```
import React from 'react';
```

이렇게 Prettier와 ESLint를 설치하고 설정했다면, package.json 파일을 열고 다음과 같이 수정하여 Prettier와 ESLint를 실행하는 명령어를 추가한다.

```
{
  ...
  "scripts": {
    ...
    "eject": "react-scripts eject",
    "format": "prettier --check ./src",
    "format:fix": "prettier --write ./src",
    "lint": "eslint ./src",
    "lint:fix": "eslint --fix ./src"
  },
  ...
}
```

이제 명령 프롬프트를 열고 다음 명령어를 실행하여 Prettier와 ESLint의 룰에 맞게 파일들을 수정한다.

```
npm run format:fix
npm run lint:fix
```

명령어 실행을 완료했다면, 다음 명령어를 실행하여 Prettier와 ESLint의 룰을 잘 지키고 있는지 확인한다.

```
npm run format
npm run lint
```

이것으로 카운터 프로젝트를 위한 새 리액트 프로젝트의 모든 준비가 끝났다. 이제 다음 명령어를 실행하여 리액트 프로젝트가 잘 실행되는지 확인한다.

```
npm start
```

명령어가 문제 없이 실행됐다면, 웹 브라우저에 localhost:3000으로 페이지가 자동으로 열리면서 [그림 9-1]과 같은 화면을 확인할 수 있다.

[그림 9-1] 리액트 프로젝트

이것으로 스토리북을 적용할 프로젝트 준비가 끝났다. 이제 스토리북을 설치하고 사용하는 방법에 대해 알아보도록 하자.

9.5 스토리북 설치

create-react-app으로 생성한 리액트 프로젝트에 스토리북을 설치해 보도록 하자. 다음 명령어를 사용하여 스토리북을 설치한다.

```
npm install --save-dev sb
```

이제 설치한 스토리북을 설정하는 방법에 대해 알아보도록 하자.

9.6 스토리북 설정

앞에서 설치한 스토리북을 사용하여 스토리북을 설정해 보자. 다음 명령어를 실행하여 스토리북을 설정한다.

```
npx sb init --builder webpack5
```

스토리북은 기본적으로 웹팩Webpack 버전 4를 사용하지만, builder 옵션을 사용하면 성능이 더 좋은 웹팩5를 사용할 수 있다. 명령어를 실행하면, 자동으로 스토리북이 설정되고 다음과 같은 질문이 표시되는 것을 확인할 수 있다.

```
? Do you want to run the 'eslintPlugin' fix on your project? › (y/N)
```

ESLint를 사용하여 코드를 검사하는지 여부를 물어본다. 우리는 기본적으로 ESLint를 사용하고 있으므로 y를 눌러 진행한다.

```
? Do you want to run the 'npm7' migration on your project? › (y/N)
```

스토리북이 아직 npm8을 지원하지 않으므로 이와 같은 질문이 표시된다. y를 눌러 진행하도록 하자.

이렇게 모든 과정을 진행하면, 다음과 같이 스토리북이 정상적으로 설치된 것을 확인할 수 있다.

```
To run your Storybook, type:
```

```
npm run storybook

For more information visit: https://storybook.js.org
```

9.7   스토리북 확인

앞에서와 같이 스토리북을 설치하고 설정하면, 많은 것들이 자동으로 설치되고 설정된다. 하나씩 자세히 살펴보면서 어떤 점들이 이전과 달라졌는지 확인해 보자.

1) .storybook 폴더

스토리북이 잘 설정됐다면, 프로젝트 루트 폴더에 .storybook이 생성된 것을 확인할수 있다. 해당 폴더를 열어보면, main.js 파일과 preview.js 파일이 생성되어 있는 것을 확인할 수 있다.

.storybook/main.js 파일은 스토리북의 메인 설정 파일이다. 스토리북은 컴포넌트를 표시하기 위해 자체 개발 서버를 사용하는데, 이 해당 서버에 관한 설정 파일이다. 다음은 main.js 파일의 내용이다.

```
module.exports = {
  "stories": [
    "../src/**/*.stories.mdx",
    "../src/**/*.stories.@(js|jsx|ts|tsx)"
  ],
  "addons": [
    "@storybook/addon-links",
    "@storybook/addon-essentials",
    "@storybook/addon-interactions",
    "@storybook/preset-create-react-app"
  ],
  "framework": "@storybook/react",
  "core": {
    "builder": "@storybook/builder-webpack5"
```

```
    }
  }
```

스토리북은 보통 파일 명에 .stories.라는 키워드를 추가하여 화면에 표시될 코드를 작성하는데, "stories" 옵션을 통해 이를 변경할 수 있다.

스토리북은 기본적인 기능 이외에 사용자가 특정 기능을 추가할 수 있도록 "addon" 기능을 제공하고 있다. 다른 사용자들이 미리 개발한 "addon"을 옵션을 통해 추가하면, 많은 기능들을 확장하여 사용할 수 있다.

앞에서 스토리북은 리액트 이외에 프론트엔드 프레임워크도 지원한다고 설명했다. "framework" 옵션을 통해 어떤 프레임워크를 지원할지 정할 수 있다.

우리는 앞에서 웹팩5를 사용하도록 스토리북을 설정했다. 따라서 "core"의 "builder" 옵션에 웹팩5가 설정된 것을 확인할 수 있다.

이처럼 .storybook/main.js는 스토리북을 실행하는 데 필요한 필수 설정들이 포함되어 있다. 따라서 이 파일을 수정하는 경우 스토리북을 재실행해야 한다.

.storybook/preview.js 파일은 컴포넌트를 어떻게 표시할지를 관리하는 설정 파일이다. 이곳에서는 스토리북에서 사용하는 전역 매개 변수, 전역 코드 그리고 데코레이터를 관리할 수 있다. 다음은 preview.js 파일의 내용이다.

```
export const parameters = {
  actions: { argTypesRegex: "^on[A-Z].*" },
  controls: {
    matchers: {
      color: /(background|color)$/i,
      date: /Date$/,
    },
  },
}
```

데코레이터는 하나의 컴포넌트가 화면에 표시될 때에 추가적으로 화면에 표시될 기능들을 제공하는 역할을 한다. 예를 들어 데코레이터를 사용하면, 모든 컴포넌트들을 화면 가운데에 표시되도록 할 수 있다.

스토리북에서는 사용자가 버튼을 클릭하는 것과 같이 어떤 특정 동작을 할 수 있는데, 이런 동작을 취했을 때에 로그에 해당 동작을 표시하기 위한 옵션이다.

스토리북은 컴포넌트의 특정 Props를 변경할 수 있는 기능을 제공하는데, "controls"의 "matchers" 옵션을 설정하여 특정 Props에 추가적인 기능을 표시할 수 있다. 예를 들어 "background" 또는 "color"라는 Props가 있으면 색상 선택기 Color Picker를 표시하고, "date"가 포함되어 있으면 달력을 표시하여 날짜를 변경할 수 있는 기능을 제공한다.

만약 스토리북의 특정 설정을 변경해야 한다면, .storybook 폴더 안의 내용을 수정해야 한다는 것을 기억해 두자.

2) .eslintrc.js 파일

스토리북을 설정할 때에 우리는 ESLint를 사용하고 있으므로 다음 질문에 y를 눌러 진행했다.

```
? Do you want to run the 'eslintPlugin' fix on your project? › (y/N)
```

그러므로 .eslintrc.js 파일에 다음과 같이 스토리북에서 사용하는 플러그인이 새롭게 추가된 것을 확인할 수 있다.

```
module.exports = {
  ...
  extends: [
    ...
    'plugin:storybook/recommended',
  ],
  ...
};
```


3) .npmrc 파일

앞에서 우리가 스토리북을 설치하고 설정할 때에 다음과 같은 질문에 y를 눌러 진행했다.

```
? Do you want to run the 'npm7' migration on your project? › (y/N)
```

스토리북은 legacy-peer-deps를 사용하지 않으면 여러 문제들이 발생한다.

– GitHub issue: https://github.com/storybookjs/storybook/issues/14119

이런 문제들을 해결하기 위해 스토리북은 .npmrc 파일에 legacy-peer-deps를 설정하여 관리하고 있다.

4) package.json 파일

스토리북을 설정하면, 다음과 같이 package.json 파일의 "scripts"와 "eslintConfig" 그리고 "devDependencies"가 자동으로 수정된 것을 확인할 수 있다.

```
{
  ...
  "scripts": {
    ...
    "storybook": "start-storybook -p 6006 -s public",
    "build-storybook": "build-storybook -s public"
  },
  "eslintConfig": {
    ...
    "overrides": [
      {
        "files": [
          "**/*.stories.*"
        ],
        "rules": {
          "import/no-anonymous-default-export": "off"
        }
      }
    ]
  },
  ...
  "devDependencies": {
    "@storybook/addon-actions": "^6.5.10",
    "@storybook/addon-essentials": "^6.5.10",
    "@storybook/addon-interactions": "^6.5.10",
```

```
    "@storybook/addon-links": "^6.5.10",
    "@storybook/builder-webpack5": "^6.5.10",
    "@storybook/manager-webpack5": "^6.5.10",
    "@storybook/node-logger": "^6.5.10",
    "@storybook/preset-create-react-app": "^4.1.2",
    "@storybook/react": "^6.5.10",
    "@storybook/testing-library": "^0.0.13",
    ...
    "babel-plugin-named-exports-order": "^0.0.2",
    ...
    "eslint-plugin-storybook": "^0.6.4",
    ...
    "prop-types": "^15.8.1",
    "sb": "^6.5.10",
    "webpack": "^5.74.0"
  }
}
```

package.json 파일의 "scripts"에 추가된 명령어에는 개발을 위해 스토리북의 개발 서버를 실행하는 "storybook" 명령어와 개발이 완료된 스토리북을 정적 파일로 만들어 디자인 시스템으로 활용할 수 있는 "build-storybook" 명령어가 추가된 것을 확인할 수 있다.

```
{
  ...
  "scripts": {
    ...
    "storybook": "start-storybook -p 6006 -s public",
    "build-storybook": "build-storybook -s public"
  },
  ...
}
```

앞에서 스토리북을 설정할 때에 ESLint를 사용하고 있으므로 다음 질문에 y를 눌러 진행했다.

```
? Do you want to run the 'eslintPlugin' fix on your project? › (y/N)
```

이로 인해 package.json 파일에서 관리하는 ESLint 설정에 "overrides" 항목이 추가된 것을 확인할 수 있다.

```json
{
  ...
  "eslintConfig": {
    ...
    "overrides": [
      {
        "files": [
          "**/*.stories.*"
        ],
        "rules": {
          "import/no-anonymous-default-export": "off"
        }
      }
    ]
  },
  ...
}
```

마지막으로 스토리북을 실행하기 위해 필요한 여러 라이브러리들이 설치되어 "devDependencies"에 추가된 것을 확인할 수 있다.

```json
{
  ...
  "devDependencies": {
    "@storybook/addon-actions": "^6.5.10",
    "@storybook/addon-essentials": "^6.5.10",
    "@storybook/addon-interactions": "^6.5.10",
    "@storybook/addon-links": "^6.5.10",
    "@storybook/builder-webpack5": "^6.5.10",
    "@storybook/manager-webpack5": "^6.5.10",
    "@storybook/node-logger": "^6.5.10",
    "@storybook/preset-create-react-app": "^4.1.2",
    "@storybook/react": "^6.5.10",
    "@storybook/testing-library": "^0.0.13",
    ...
    "babel-plugin-named-exports-order": "^0.0.2",
```

```
    ...
    "eslint-plugin-storybook": "^0.6.4",
    ...
    "prop-types": "^15.8.1",
    "sb": "^6.5.10",
    "webpack": "^5.74.0"
  }
}
```

설치된 내용은 스토리북을 실행하기 위한 필수 라이브러리들이므로 여기서는 설명을 생략하고 진행하도록 하겠다.

5) ./src/stories 폴더

스토리북을 설정하면, ./src/stories 폴더에 스토리북이 제공하는 샘플 코드가 자동으로 생성된다.

Button.tsx, Header.tsx, Page.tsx 파일들과 같이 tsx 확장자로 끝나는 파일들은 보통의 리액트 컴포넌트이다. button.css, header.css, page.css 파일은 각각의 컴포넌트에서 사용되는 스타일 파일들이며 assets 폴더에는 컴포넌트에서 사용하는 이미지 파일(svg)들이 들어 있다.

스토리북은 이런 리액트 컴포넌트들을 Buttons.stories.tsx, Header.stories.tsx, Page.stories.tsx 파일들을 통해 스토리북 화면에 표시되도록 한다. 이런 각각의 스토리북용 파일을 스토리북에서는 스토리^{Story}라고 부른다.

앞으로 우리는 컴포넌트를 만들 때에 해당 컴포넌트의 스토리를 작성하고 스토리북을 사용하여 컴포넌트 주도 개발을 하는 방법에 대해 알아볼 예정이다. 9장에서는 〈Button /〉 컴포넌트와 〈Button /〉 컴포넌트의 스토리를 통해 스토리북을 어떻게 작성하고 활용하는지 자세히 살펴보도록 하자.

6) ./src/stories/Button.tsx 파일

이제 스토리북의 샘플 코드인 〈Button /〉 컴포넌트를 살펴보자. 샘플 코드인 〈Button /〉 컴포넌트를 확인하기 위해 ./src/stories/Button.tsx 파일을 열면, 다음과 같은 코드를 확인할 수 있다. 여기서는 〈Button /〉 컴포넌트의 기능보다는 〈Button /〉 컴포넌트의 스토리를 작성하는 방법에 대해 살펴보기 위해 불필요한 주석을 제거하고, 설명에 필요한 부분만 가져왔다.

```
import React from 'react';
import './button.css';

interface ButtonProps {
  primary?: boolean;
  backgroundColor?: string;
  size?: 'small' | 'medium' | 'large';
  label: string;
  onClick?: () => void;
}

export const Button = ({ ... }: ButtonProps) => {
  ...
  return ( ... );
};
```

우리가 지금까지 작성해 오던 함수 컴퍼넌트와 동일한 구조를 가지고 있다. 이 컴포넌트는 CSS-in-JS를 사용하고 있지 않기 때문에 〈Button /〉 컴포넌트에 필요한 스타일을 button.css 파일에 작성하여 불러온 것을 확인할 수 있다.

그리고 타입스크립트의 인터페이스를 사용하여 〈Button /〉 컴포넌트에 필요한 Props를 정의했고, 이후 해당 Props를 사용하여 리액트의 함수 컴포넌트를 작성한 단순한 컴포넌트이다.

우리는 〈Button /〉 컴포넌트를 화면에 표시하기 위해서는 Props를 사용하여 컴포넌트가 화면에 표시되는 데 필요한 데이터를 부모 컴포넌트로부터 전달받아야 한다는 것을 알고 있다. 그러면 스토리북의 스토리에서 어떻게 이 Props를 설정하여 화면에 표시하는지 알아보도록 하자.

7) ./src/stories/Button.stories.tsx 파일

〈Button /〉 컴포넌트를 스토리북을 사용하여 화면에 표시하기 위해서는 〈Button /〉

컴포넌트에 해당하는 스토리를 작성해야 한다. 스토리북으로 자동 생성된 샘플 코드에서 ./src/stories/Button.stories.tsx 파일이 이에 해당된다. ⟨Button /⟩ 컴포넌트의 스토리를 확인하기 위해 ./src/stories/Button.stories.tsx 파일을 열면, 다음과 같은 내용을 확인할 수 있다.

```tsx
import React from 'react';
import { ComponentStory, ComponentMeta } from '@storybook/react';

import { Button } from './Button';

export default {
  title: 'Example/Button',
  component: Button,
  argTypes: {
    backgroundColor: { control: 'color' },
  },
} as ComponentMeta<typeof Button>;

const Template: ComponentStory<typeof Button> = (args) => <Button {...args} />;

export const Primary = Template.bind({});
Primary.args = {
  primary: true,
  label: 'Button',
};

export const Secondary = Template.bind({});
Secondary.args = {
  label: 'Button',
};

export const Large = Template.bind({});
Large.args = {
  size: 'large',
  label: 'Button',
};

export const Small = Template.bind({});
```

```
Small.args = {
  size: 'small',
  label: 'Button',
};
```

⟨Button /⟩ 컴포넌트의 스토리를 작성하기 위해서는 스토리북이 제공하는 ComponentStory와 ComponentMeta를 가져와 사용해야 한다.

```
...
import { ComponentStory, ComponentMeta } from '@storybook/react';
...
```

이 스토리북 파일은 ⟨Button /⟩ 컴포넌트의 스토리를 작성한 파일이므로 ⟨Button /⟩ 컴포넌트를 불러와 사용할 필요가 있다.

```
...
import { Button } from './Button';
...
```

스토리북의 스토리를 작성할 때에는 "export default"와 "export"를 사용하여 스토리를 작성하게 된다. 여기서 "export default"는 스토리북에서 사용될 이름[title]이나 해당 컴포넌트의 Props 등을 조작하기 위한 정보를 ComponentMeta를 사용하여 제공하게 된다.

```
...
export default {
  title: 'Example/Button',
  component: Button,
  argTypes: {
    backgroundColor: { control: 'color' },
  },
} as ComponentMeta<typeof Button>;
...
```

예를 들어 "argTypes"의 "backgroundColor"의 "control"에 "color"가 설정된 것을 알 수 있다. 이는 ⟨Button /⟩ 컴포넌트의 "backgroundColor"라는 Props를 스토

리북에서 변경할 때에 색상 선택기가 표시되도록 하기 위함이다.

우리는 앞에서 .storybook/preview.js 파일에서 다음과 같이 색상 선택기가 표시되도록 설정했다.

```
export const parameters = {
  ...
  controls: {
    matchers: {
      color: /(background|color)$/i,
      ...
    },
  },
};
```

따라서 "argTypes"를 제거해도 색상 선택기가 표시될 것이다. 샘플 코드에서는 preview.js 파일이 아닌 "argTypes"에서 이런 동작을 구현할 수 있음을 보여주기 위해 이런 코드를 제공하고 있다.

이렇게 〈Button /〉 컴포넌트의 Props를 조절하거나 스토리북에 표시될 이름 등을 설정했다면, 본격적으로 〈Button /〉 컴포넌트를 화면에 표시하기 위한 준비를 할 필요가 있다.

```
...
const Template: ComponentStory<typeof Button> = (args) => <Button
{...args} />;
...
```

〈Button /〉 컴포넌트를 화면에 표시하기 위해 "ComponentStory"를 사용하여 Template이라는 변수에 간단한 함수 컴포넌트를 할당했다. Template이라는 컴포넌트와 〈Button /〉 컴포넌트의 Props를 활용하여 다양한 컴포넌트 예제를 만들 수 있다.

〈Template /〉 컴포넌트도 하나의 리액트 컴포넌트이므로 useState, useEffect와 같은 훅을 사용할 수도 있고, 〈Button /〉 컴포넌트를 다른 컴포넌트로 감싸서 제공할 수도 있다.

이렇게 만든 〈Template /〉 컴포넌트에 다음과 같이 Props의 기본값을 다양하게 설정하여 여러 예제들을 스토리북에 제공할 수 있다.

```
...
export const Primary = Template.bind({});
Primary.args = {
  primary: true,
  label: 'Button',
};

export const Secondary = Template.bind({});
Secondary.args = {
  label: 'Button',
};

export const Large = Template.bind({});
Large.args = {
  size: 'large',
  label: 'Button',
};

export const Small = Template.bind({});
Small.args = {
  size: 'small',
  label: 'Button',
};
...
```

하나의 예제를 자세히 살펴보면서 스토리북의 사용 방법을 이해해 보자. Primary라는 예제만을 살펴보면, 다음과 같은 형태를 띠고 있다.

```
export const Primary = Template.bind({});
Primary.args = {
  primary: true,
  label: 'Button',
};
```

우선 "Template.bind"를 사용하여 새로운 객체를 생성하고 "Primary" 변수에 할당했고, 이를 "export"를 사용하여 외부에 노출시켰다. 여기서 사용한 변수명은 스토리북에서 표시되는 이름이므로 다른 개발자들이 쉽게 이해할 수 있는 이름을 캐멀 케이스^{Camel Case} 형태로 작성해야 한다. 캐멀 케이스로 작성된 변수명에서 대문자는 띄어쓰기가 추가되어 표시된다.

이렇게 생성한 "Primary" 변수에 〈Button /〉 컴포넌트의 필수 Props인 "label"과 이 예제에 해당하는 〈Button /〉 컴포넌트를 만들기 위해 "primary"라는 Props에 "true"를 설정한 것을 알 수 있다.

스토리북의 스토리를 작성할 때에는 이와 같이 "Template"을 만들고 "bind"를 통해 새로운 객체를 생성한 후 해당 컴포넌트의 필수 Props와 기본적인 Props들을 설정하여 작성할 수 있다.

8) ./src/stories/Introduction.stories.mdx 파일

Introduction.stories.mdx는 스토리북의 샘플 코드의 기본 페이지이다. 여기서 mdx라는 파일 확장자를 확인할 수 있다. mdx는 Markdown JSX의 약어로, 마크다운에서 JSX를 사용하여 스토리북의 스토리를 문서화할 수 있게 해주는 특별한 파일 확장자이다.

– MDX Format: https://storybook.js.org/docs/react/api/mdx

해당 파일 내용을 확인하기 위해 ./src/stories/Introduction.stories.mdx 파일을 열면, 다음과 같은 내용을 확인할 수 있다.

```
import { Meta } from '@storybook/addon-docs';
import Code from './assets/code-brackets.svg';
import Colors from './assets/colors.svg';
import Comments from './assets/comments.svg';
import Direction from './assets/direction.svg';
import Flow from './assets/flow.svg';
import Plugin from './assets/plugin.svg';
import Repo from './assets/repo.svg';
import StackAlt from './assets/stackalt.svg';

<Meta title="Example/Introduction" />
```

```
<style>
  ...
</style>

# Welcome to Storybook

Storybook helps you build UI components in isolation from your app's
business logic, data, and context.
That makes it easy to develop hard-to-reach states. Save these UI
states as **stories** to revisit during development, testing, or QA.

Browse example stories now by navigating to them in the sidebar.
View their code in the `stories` directory to learn how they work.
We recommend building UIs with a [**component-driven**](https://
componentdriven.org) process starting with atomic components and
ending with pages.

<div className="subheading">Configure</div>

<div className="link-list">
  ...
</div>
```

파일의 내용을 확인해 보면, 마크다운 문법을 사용하면서 JSX 코드를 사용하는 것을 확인할 수 있다. 스토리북에서는 이와 같이 마크다운과 JSX 코드를 활용하여 컴포넌트에 대한 문서를 작성할 수 있도록 도와준다.

이것으로 스토리북이 자동으로 생성한 내용들을 간략하게 확인해 보았다. 이렇게 작성한 내용이 어떻게 화면에 표시되는지 확인하지 못했으므로 잘 이해가 가지 않는 부분이 많을 것이다. 이제 실제로 스토리북을 실행하여 작성한 스토리가 어떻게 화면에 표시되는지 확인해 보도록 하자.

9.8 스토리북 실행

이제 스토리북을 실행하기 위해 다음 명령어를 실행해 보자.

```
npm run storybook
```

명령어를 실행하면, 스토리북이 스토리 파일들을 빌드하고 개발 서버를 준비하여 해당 파일을 확인할 수 있도록 준비하는 것을 확인할 수 있다. 이런 모든 준비가 끝나면, 다음과 같은 화면을 확인할 수 있다.

```
info => Loading presets
No issues found.
99% done plugins webpack-hot-middlewarewebpack built preview
ee6928c593791c54ac82 in 479ms
No issues found.
```

특별히 문제가 없다면, 브라우저를 열고 http://localhost:6006/을 입력하여 해당 URL로 이동한다. [그림 9-2]와 같이 스토리북이 잘 실행되는 것을 확인할 수 있다.

[그림 9-2] 스토리북

현재 보고 있는 화면은 ./src/stories/Introduction.stories.mdx 파일의 내용이다. 이 파일을 다시 확인해 보면, 마크다운으로 설명 글을 작성하고, 다른 페이지의 링크 또는 마크다운으로 표현할 수 없는 부분은 HTML 태그를 사용하여 작성한 것을 알 수 있다.

이와 같이 MDX를 사용하면, 마크다운을 사용하여 문서를 작성하면서 필요한 부분에서 HTML 태그를 사용하거나 우리가 만든 컴포넌트를 표시할 수 있다.

1) 메뉴

왼쪽 메뉴에서 Button 메뉴를 선택해 보자. Button 메뉴를 클릭하면, [그림 9-3]과
같이 〈Button /〉 컴포넌트가 표시되는 것을 확인할 수 있다.

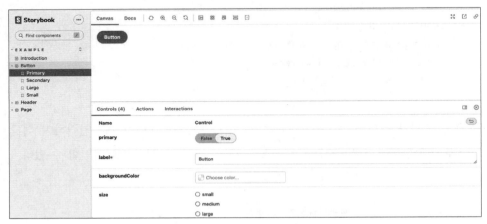

[그림 9-3]   〈Button /〉 컴포넌트

이 화면은 ./src/stories/Button.stories.tsx 파일의 내용이 표시된 것을 알 수 있다.
해당 파일을 열면, 다음과 같은 내용을 확인할 수 있다.

```
...
export default {
  title: 'Example/Button',
  component: Button,
  ...,
} as ComponentMeta<typeof Button>;


...
export const Primary = Template.bind({});
...
export const Secondary = Template.bind({});
...
export const Large = Template.bind({});
...
```

310

```
export const Small = Template.bind({});
....
```

해당 파일과 왼쪽 메뉴를 좀 더 자세히 살펴보도록 하자. 왼쪽 메뉴인 [그림 9-4]를 보면, EXAMPLE 하위에 Button 메뉴가 있고 Button 메뉴 하위에 Primary, Secondary, Large, Small이 표시되고 있는 것을 확인할 수 있다.

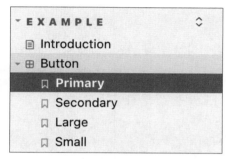

[그림 9-4] 메뉴

./src/stories/Button.stories.tsx 파일에서 export default의 title을 확인해 보면, Example/Button이라는 내용을 확인할 수 있다. 즉, 스토리 파일에서 export default로 내보내는 설정의 title이 왼쪽 메뉴의 그룹을 생성하는 것을 알 수 있다. 다시 말해, 스토리 파일의 title을 사용하여 스토리들을 그룹화하여 관리할 수 있다.

이후 export로 만든 여러 예들이 왼쪽 메뉴에 표시되는 것을 확인할 수 있다. export로 내보내는 변수명들이 그대로 표시되며, 변수명을 캐멀 케이스로 작성하면 첫 대문자 이외에 대문자에서는 띄어쓰기가 자동으로 추가되게 된다. 이를 통해 컴포넌트의 상세한 예들을 만들 수 있다.

2) 컨트롤 패널

스토리북의 하단에서는 [그림 9-5]와 같이 컴포넌트의 Props를 변경할 수 있는 컨트롤 패널을 확인할 수 있다.

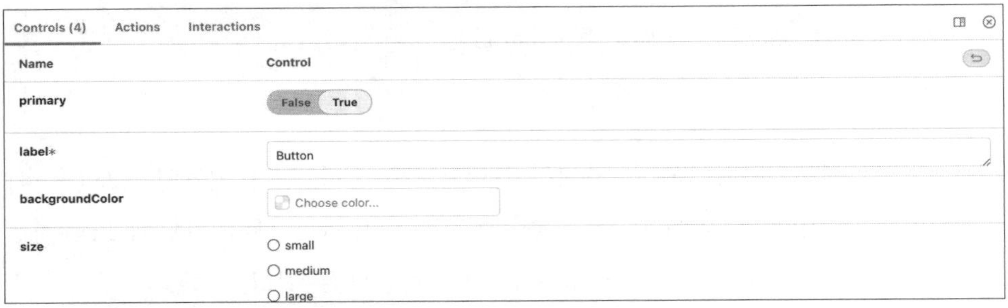

[그림 9-5] 스토리북의 컨트롤 패널

여기에 표시된 내용을 확인하기 위해 ./src/stories/Button.tsx 파일을 열어보면, 다음과 같이 〈Button /〉 컴포넌트의 Props를 확인할 수 있으며, 해당 내용이 스토리북의 컨트롤 패널에 표시되고 있는 것을 확인할 수 있다.

```
interface ButtonProps {
  primary?: boolean;
  backgroundColor?: string;
  size?: 'small' | 'medium' | 'large';
  label: string;
  onClick?: () => void;
}
```

스토리북에서는 이와 같이 컴포넌트를 화면에 표시하고, 표시된 컴포넌트의 Props를 변경하면서 Props에 따른 컴포넌트의 상태를 확인할 수 있다.

앞에서도 설명했지만, 스토리북에서는 Props의 값을 변경하기 위해 특정 컨트롤을 제공하고 있다. 〈Button /〉 컴포넌트에서는 [그림 9-6]과 같이 backgroundColor에 색상 선택기가 표시되고, 이를 통해 색상을 변경할 수 있는 것을 확인할 수 있다.

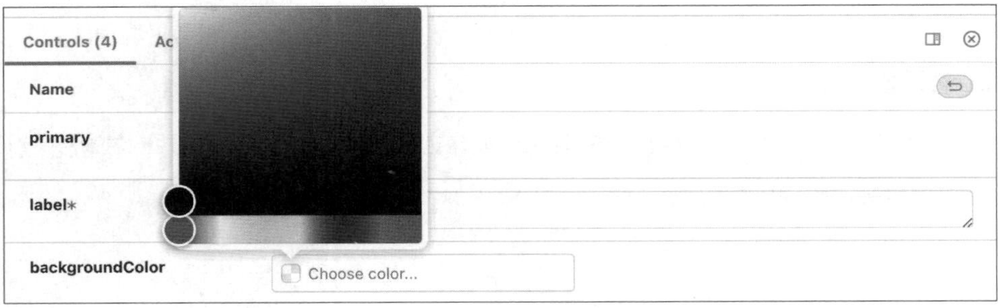

[그림 9-6] 색상 선택기

312

이는 .storybook/preview.js 파일에 color 컨트롤이 다음과 같이 설정됐기 때문이다.

```
export const parameters = {
  ...
  controls: {
    matchers: {
      color: /(background|color)$/i,
      ...
    },
  },
};
```

.storybook/preview.js 파일은 모든 스토리 파일에 공통으로 적용되는 설정으로써 컴포넌트에 background 또는 color라는 키워드가 포함된 Props가 있다면, 색상 선택기가 표시되도록 설정되어 있다.

여기서 해당 내용을 지우고 브라우저를 확인해 보면, 우리가 의도한 내용과는 다르게 여전히 색상 선택기가 표시되고 있는 것을 확인할 수 있다. 이는 〈Button /〉 컴포넌트의 스토리 파일인 ./src/stories/Button.stories.tsx 파일에 다음과 같이 설정되어있기 때문이다.

```
...
export default {
  ...
  argTypes: {
    backgroundColor: { control: 'color' },
  },
} as ComponentMeta<typeof Button>;
...
```

해당 파일의 export default 부분을 살펴보면, backgroundColor라는 Props에 색상 선택기가 표시되도록 설정되어 있는 것을 확인할 수 있다. 이 코드를 제거하면, [그림 9-7]과 같이 색상 선택기가 아닌 문자열을 입력할 수 있도록 변경되는 것을 확인할 수 있다.

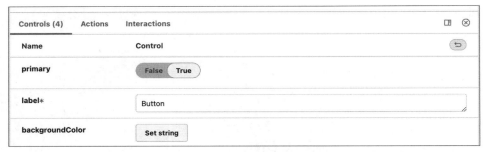

[그림 9-7] 문자열 입력

이와 같이 컴포넌트의 특정 Props에 특정한 컨트롤을 표시할 수 있는데, 이를 모든 컴포넌트에 적용하고 싶다면 preview.js 파일을, 해당 컴포넌트에만 적용하고 싶다면 해당 컴포넌트의 스토리 파일을 수정해야 한다는 것을 알 수 있다.

3) 액션 탭

스토리북에서는 컴포넌트의 Props의 값을 변경하여 컴포넌트의 상태 변화를 확인할 수도 있지만, onClick과 같은 이벤트가 발생했는지 여부도 확인할 수 있다.

〈Button /〉 컴포넌트에서 발생하는 onClick 이벤트를 확인하기 위해 하단의 컨트롤 패널에서 Actions 탭을 선택해 보자. Actions 탭을 선택하면, [그림 9-8]과 같은 화면을 확인할 수 있다.

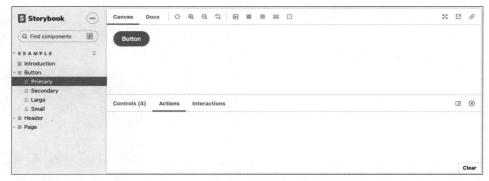

[그림 9-8] 컨트롤 패널의 액션 탭

[그림 9-8]과 같은 상태에서 화면에 표시된 버튼을 클릭해 보자. [그림 9-9]와 같이 〈Button /〉 컴포넌트의 onClick 이벤트 로그가 화면에 표시되는 것을 확인할 수 있다.

[그림 9-9] 이벤트 로그

이 이벤트 로그가 출력되는 이유는 .storybook/preview.js에서 다음과 같이 actions
가 설정됐기 때문이다.

```
export const parameters = {
  actions: { argTypesRegex: '^on[A-Z].*' },
  ...
};
```

만약 이 코드가 없다면, onClick 이벤트에 의한 로그가 액션 탭에 표시되지 않는다.
또한 "on"으로 시작되지 않는 이벤트 역시 로그에 표시되지 않으므로 만약 "on"으
로 시작하는 이벤트 이외에도 화면에 로그를 출력하고 싶다면 이 설정을 수정해야
한다.

이와 같이 스토리북에서는 컴포넌트의 Props의 변경뿐만 아니라 컴포넌트에서 발
생하는 이벤트도 확인할 수 있다.

4) 상단 메뉴 바 – 배경색

스토리북은 컴포넌트가 어떻게 화면에 표시되는지를 확인하기 위해 최적화된 툴이
다. 브라우저에 표시된 스토리북의 상단을 확인해 보며, [그림 9-10]과 같이 다양한
메뉴를 확인할 수 있다.

[그림 9-10] 상단 메뉴 바

이 메뉴들을 사용하면, 다양한 환경에서 컴포넌트를 확인할 수 있다. 예를 들어 스토리북은 기본적으로 [그림 9-11]과 같이 배경색을 변경하는 기능을 제공한다.

[그림 9-11] 배경색 변경 메뉴

배경색 변경 메뉴에서 "dark"를 선택하여 배경색을 변경해 보면, [그림 9-12]와 같이 변경된 배경색 위에 표시되는 컴포넌트를 확인할 수 있다.

[그림 9-12] 배경색 변경

스토리북에서 이 기능을 활용하면, 만들고자 하는 컴포넌트가 웹 사이트의 배경색 또는 다크 테마 등 특정 색상에서 어떻게 표시되는지를 확인할 수 있다.

스토리북의 배경색 변경 기능을 수정하기 위해서는 .storybook/preview.js 파일을 수정하여 모든 컴포넌트에 적용하거나 개별 컴포넌트의 스토리 파일에서 설정하여 컴포넌트별 배경색을 제공할 수 있다. 자세한 사항은 다음 링크의 공식 문서를 참고하길 바란다.

– Storybook backgrounds: https://storybook.js.org/docs/react/essentials/backgrounds

5) 상단 메뉴 바 – 화면 크기

스토리북의 상단 메뉴 바에서는 [그림 9-13]과 같이 화면 크기를 변경하는 기능을 확인할 수 있다.

[그림 9-13] 화면 크기 변경 메뉴

이 기능을 사용하면, 만들고 있는 컴포넌트가 사용자의 화면 크기에 따라 어떻게 표시되는지 확인할 수 있으며 반응형 웹 사이트를 제작할 때에 활용할 수 있다. 그러면 Small mobile 메뉴를 선택하여 버튼 컴포넌트가 작은 모바일 화면에서는 어떻게 표시되는지 확인해 보자. Small mobile 메뉴를 클릭하면, [그림 9-14]와 같이 컴포넌트가 표시되는 화면이 작아지고, 작아진 화면에서 컴포넌트가 어떻게 표시되는지 확인할 수 있다.

[그림 9-14] 화면 크기 변경

이 밖에도 전체 화면으로 만드는 기능이나 다른 사람에게 공유할 수 있는 기능 등 다양한 기능들을 제공하고 있으므로 상단 메뉴 바를 확인해 보길 바란다.

스토리북은 컴포넌트의 다양한 색상, 컴포넌트가 화면에서 어떻게 표시되는지, 컴포넌트가 가지고 있는 Props에 의해 컴포넌트가 어떻게 변경되는지 등을 알 수 있다. 이는 곧 개발자가 컴포넌트에 집중하여 개발할 수 있도록 도와주는 역할을 하게 된다.

9.9 요약

9장에서는 컴포넌트 주도 개발이 무엇인지 살펴보았다. 또한 컴포넌트 주도 개발을 위한 개발 툴인 스토리북과 컴포넌트를 어떻게 나누는지에 대한 방법론인 아토믹 디자인에 대해서도 살펴보았다.

리액트의 장점 중 하나는 컴포넌트 기반 개발에 있다. 리액트는 기본적으로 컴포넌트들을 만들고 이를 조합하면서 개발하는 방식을 사용하여 개발 효율성을 극대화하고 있다. 하지만 지금까지 제작한 리액트 프로젝트들은 기존의 화면, 즉 운영 중인 서비스 화면에 컴포넌트를 표시하고 제작하는 방식을 사용했다. 이는 의도치 않은 버그를 발생시킬 수 있으며, 상관없는 코드를 화면에 표시하고 제거하는 등과 같은 여러 문제점을 가지고 있다.

이제 우리는 스토리북을 통해 이와 같은 문제를 해결하고, 좀 더 컴포넌트에 집중할 수 있는 컴포넌트 주도 개발을 해볼 것이다.

10장부터는 아토믹 디자인과 스토리북을 사용하여 지금까지 만들어 본 프로젝트들을 컴포넌트 주도 개발로 제작해 봄으로써 기존의 개발과 컴포넌트 주도 개발의 차이를 살펴보고, 컴포넌트 주도 개발의 편리함과 장점들을 몸소 체험해 볼 예정이다.

컴포넌트 주도 개발 - 카운터 앱

10장에서는 컴포넌트 주도 개발에 익숙해지기 위해 4장에서 만든 카운터 앱을 컴포넌트 주도 개발과 아토믹 디자인을 활용하여 다시 개발해 볼 예정이다.

10.1 카운터 앱

보통 웹 프론트엔드를 개발하게 되면, 여러 단계를 거쳐 프로젝트의 사양을 결정한 후 디자이너가 프로젝트의 디자인을 하게 된다. 프론트엔드 개발자는 이런 디자인을 확인하고 디자인 내용과 프로젝트의 사양을 고려하여 웹 애플리케이션을 개발하게 된다.

10장에서는 4장에서 만든 카운터 앱을 컴포넌트 주도 개발과 아토믹 디자인을 통해 개발할 예정이다. 이 앱은 [그림 10-1]과 같은 디자인을 가지고 있다.

[그림 10-1] 카운터 앱

이 프로젝트의 사양으로는 버튼들 사이에 표시되는 숫자는 0을 기본값으로 가지며, "-" 버튼을 클릭하면 해당 숫자가 1씩 작아지고, "+" 버튼을 클릭하면 해당 숫자가 1씩 커지게 된다.

그러면 이 카운터 앱을 컴포넌트 주도 개발과 아토믹 디자인을 사용하여 개발해 보도록 하자. 우선 컴포넌트를 최대한 작게 나눠야 한다. 즉, 아토믹 디자인의 원자 단위로 컴포넌트를 나눠야 한다.

이제 카운터 앱을 아토믹 디자인의 원자로 나눠 보자. 카운터 앱을 아토믹 디자인의 원자로 나누면, [그림 10-2]와 같이 ⟨Title /⟩ 컴포넌트, ⟨Button /⟩ 컴포넌트 그리고 ⟨Count /⟩ 컴포넌트로 나눌 수 있다.

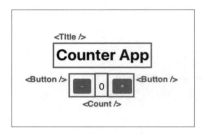

[그림 10-2] 카운터 앱의 원자 컴포넌트

이번 프로젝트는 단순하여 분자나 유기체 컴포넌트가 불필요하지만, 연습을 위해 [그림 10-3]과 같이 ⟨Counter /⟩라는 유기체 컴포넌트를 제작해 보도록 하자.

[그림 10-3] 카운터 앱의 유기체 컴포넌트

여기서 ⟨Counter /⟩ 컴포넌트를 분자 컴포넌트가 아닌 유기체 컴포넌트로 설정한 것은 ⟨Counter /⟩ 컴포넌트가 단순한 컴포넌트로써 동작하는 것이 아니라 사용자에게 카운트라는 정보를 전달하고, 사용자의 인터랙션에 의해 해당 내용이 변경되기 때문이다.

그런 다음 만든 원자 및 유기체 컴포넌트를 사용하여 템플릿 컴포넌트를 만들어야 한다. 이번 프로젝트인 카운터 앱을 템플릿 컴포넌트로 사용하여 구분하면, [그림

10-4]와 같이 〈CounterApp /〉 컴포넌트를 통해 제작할 수 있다.

[그림 10-4] 카운터 앱의 템플릿 컴포넌트

이번 프로젝트는 서버와의 연동이 없기 때문에 분자, 유기체 컴포넌트를 배치하는 것으로 모든 구성이 완료되지만, 보통의 프로젝트에서는 서버에서 전달받은 내용을 표시하기 전의 레이아웃 형태를 가지게 된다.

마지막으로 〈CounterApp /〉 컴포넌트를 사용하여 페이지를 구성해야 한다. 카운터 앱에서 페이지 컴포넌트는 [그림 10-5]와 같은 형태를 가지게 될 것이다.

[그림 10-5] 카운터 앱의 페이지 컴포넌트

이번 프로젝트는 단순하기 때문에 템플릿 컴포넌트가 곧 페이지 컴포넌트가 될 것으로 보인다. 또한 여러 페이지를 가지는 일반적인 애플리케이션이 아닌 하나의 페이지만을 가지는 단순한 애플리케이션이 될 것으로 예상된다.

이것으로 프로젝트의 사양을 파악하고, 아토믹 디자인을 통해 컴포넌트를 나누고 분리하는 작업을 해보았다. 이제 카운터 앱을 개발하기 위해 프로젝트를 준비해 보고, 컴포넌트 주도 개발을 사용하여 카운터 앱을 개발해 보도록 하자.

10.2 프로젝트 준비

컴포넌트 주도 개발을 사용하여 카운터 앱을 개발하기 위해 다음 명령어를 실행하여 새로운 리액트 프로젝트를 생성한다.

```
npx create-react-app cdd-counter --template=typescript
```

프로젝트 생성이 완료되면, 컴포넌트를 절대 경로로 추가할 수 있도록 하기 위해 타입스크립트 설정 파일인 tsconfig.json을 열고 다음과 같이 baseUrl 옵션을 추가한다.

```
"compilerOptions": {
  ...
  "jsx": "react-jsx",
  "baseUrl": "src"
},
...
```

우리는 리액트 프로젝트에서 스타일링하기 위해 CSS-in-JS 라이브러리인 Emotion을 사용하고, Prettier와 ESLint를 사용하여 소스 코드 포맷 및 잠재적인 오류를 찾도록 할 예정이다. 또한 스토리북을 사용하여 컴포넌트 주도 개발을 할 예정이다. 따라서 다음 명령어를 실행하여 Emotion과 Prettier, ESLint, 스토리북을 설치한다.

```
# cd cdd-counter
npm install --save @emotion/react @emotion/styled
npm install --save-dev prettier eslint sb
```

설치가 완료됐다면, Prettier를 설정하기 위해 .prettierrc.js 파일을 생성하고 다음과 같이 수정한다.

```
module.exports = {
  singleQuote: true,
  trailingComma: 'all',
  printWidth: 100,
};
```

이제 ESLint를 설정하기 위해 다음 명령어를 실행한다.

```
npx eslint --init
```

명령어가 실행되면, ESLint를 설정하기 위한 질문들이 나온다. 다음과 같은 질문에 y를 눌러 ESLint를 설정하도록 한다.

```
Ok to proceed? y
```

다음과 같은 질문에 To check syntax and find problems를 선택한다.

```
? How would you like to use ESLint? ...
  To check syntax only
> To check syntax and find problems
  To check syntax, find problems, and enforce code style
```

다음과 같은 질문에 JavaScript modules (import/export)를 선택한다.

```
? What type of modules does your project use? ...
> JavaScript modules (import/export)
  CommonJS (require/exports)
  None of these
```

다음과 같은 질문에 React를 선택한다.

```
? Which framework does your project use? ...
> React
  Vue.js
  None of these
```

다음과 같은 질문에 Yes를 선택한다.

```
? Does your project use TypeScript? > No / Yes
```

다음과 같은 질문에 Browser를 선택한다.

```
? Where does your code run? ...  (Press <space> to select, <a> to toggle
```

```
all,  <i> to invert selection)
  Browser
  Node
```

다음과 같은 질문에 JavaScript를 선택한다.

```
? What format do you want your config file to be in? ...
> JavaScript
  YAML
  JSON
```

다음과 같은 질문에 Yes를 선택한다.

```
eslint-plugin-react@latest @typescript-eslint/eslint-plugin@latest @
typescript-eslint/parser@latest
? Would you like to install them now with npm? > No / Yes
```

그런 다음 ESLint가 리액트 버전을 인식할 수 있도록 하고, 불필요한 import문을 제거하기 위해 .eslintrc.js 파일을 다음과 같이 수정한다.

```
module.exports = {
  settings: {
    react: {
      version: 'detect',
    },
  },
  env: {
    ...
  },
  ...
  rules: {
    'react/react-in-jsx-scope': 'off',
  },
}
```

수정한 후 ./src/App.tsx 파일을 열고 다음과 같이 불필요한 import문을 제거한다.

```
import React from 'react';
```

이와 같이 Prettier와 ESLint를 설치하고 설정했다면, package.json 파일을 열고 다음과 같이 수정하여 Prettier와 ESLint를 실행하는 명령어를 추가한다.

```
...
"scripts": {
  ...
  "eject": "react-scripts eject",
  "format": "prettier --check ./src",
  "format:fix": "prettier --write ./src",
  "lint": "eslint ./src",
  "lint:fix": "eslint --fix ./src"
},
...
```

이제 명령 프롬프트를 열고 다음 명령어를 실행하여 Prettier와 ESLint의 룰에 맞게 파일들을 수정한다.

```
npm run format:fix
npm run lint:fix
```

명령어 실행을 완료했다면, 다음 명령어를 실행하여 Prettier와 ESLint의 룰을 잘 지키고 있는지 확인한다.

```
npm run format
npm run lint
```

이것으로 기본적인 프로젝트 설정이 끝났다. 이제 다음 명령어를 실행하여 스토리북을 설정하도록 한다.

```
npx sb init --builder webpack5
```

이 명령어를 실행하면, 스토리북이 자동으로 필요한 파일을 생성하고 여러 설정들을 진행하게 된다. 이런 설정들이 모두 끝나면, 다음과 같은 질문을 확인할 수 있다.

```
? Do you want to run the 'eslintPlugin' migration on your project? › (y/N)
```

우리는 ESLint를 사용하여 프로젝트를 검사하고 있으므로 y를 눌러 진행하도록 한다. y를 눌러 진행하면 스토리북이 다시 여러 설정들을 진행하고, 진행이 완료되면 다음과 같은 질문을 확인할 수 있다.

```
? Do you want to run the 'npm7' migration on your project? › (y/N)
```

이 질문에서도 y를 눌러 npm 버전에 의한 문제가 발생하지 않도록 진행한다.

이것으로 카운터 프로젝트를 위한 새 리액트 프로젝트의 모든 준비가 끝났다. 이제 다음 명령어를 실행하여 리액트 프로젝트가 잘 실행되는지 확인한다.

```
npm start
```

명령어가 문제 없이 실행됐다면, 웹 브라우저에 localhost:3000으로 페이지가 자동으로 열리면서 [그림 10-6]과 같은 화면을 확인할 수 있다.

[그림 10-6] 리액트 프로젝트

이제 실행 중인 리액트 개발 서버를 종료하고 다음 명령어를 실행하여 스토리북 개발 서버를 실행한다.

```
npm run storybook
```

실행이 완료됐다면, 브라우저에서 http://localhost:6006/으로 이동해 보면 [그림 10-7]과 같은 스토리북의 화면을 확인할 수 있다.

[그림 10-7] 스토리북

우리는 앞으로 스토리북을 보면서 컴포넌트 주도 개발을 할 예정이다. 따라서 불필요한 예제 파일들인 ./src/stories 폴더를 삭제하도록 하자. 그런 다음 다시 브라우저에서 http://localhost:6006/으로 이동해 보면, [그림 10-8]과 같은 화면을 확인할 수 있다.

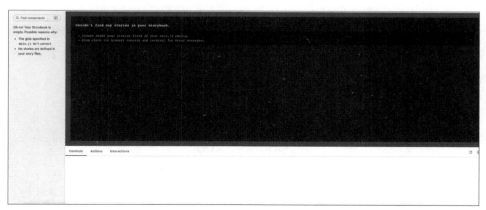

[그림 10-8] 스토리북 에러 화면

너무도 당연한 이야기이지만, 예제 파일들을 지우면서 현재 프로젝트에 더 이상 스토리북 파일이 존재하지 않게 되었다. 따라서 스토리북에 표시할 내용이 없어 이와 같은 에러가 발생했다.

이것으로 지금까지 배운 타입스크립트, Emotion 그리고 Prettier와 ESLint로 리액트 프로젝트를 생성하고 개발하는 환경을 만들어 보았다. 또한 컴포넌트 주도 개발을 위해 스토리북을 설치하고 설정했다. 이제 본격적으로 컴포넌트 주도 개발을 통해 카운터 앱을 개발해 보자.

10.3   개발

다시 우리가 개발할 카운터 앱을 살펴보자. 카운터 앱은 [그림 10-9]와 같은 디자인을 가질 것이다.

[그림 10-9]   카운터 앱

이 화면을 아토믹 디자인으로 미리 나눈 내용을 확인해 보면, [그림 10-10]과 같은 것을 알 수 있다. 우선 가장 기본이 되는 원자 컴포넌트를 스토리북을 통해 컴포넌트 주도 개발로 개발해 보자.

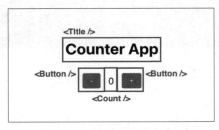

[그림 10-10]   카운터 앱의 원자 컴포넌트

1) 〈Title /〉 원자 컴포넌트

이제 컴포넌트 주도 개발을 통해 원자 컴포넌트 중 하나인 〈Title /〉 컴포넌트를 제작해 보도록 하겠다. 현재 스토리북이 실행 중이고, 브라우저에 http://localhost:6006/이 표시된 상태일 것이다.

⟨Title /⟩ 컴포넌트를 제작하기 위해 ./src/components/atoms/Title/index.tsx 파일을 생성하고 다음과 같이 수정한다.

```
export const Title = () => {
  return <div>Title</div>;
};
```

현재는 단순히 Title이라는 문자열을 화면에 출력하는 컴포넌트를 만들었다. 이제 이 컴포넌트를 스토리북을 사용하여 화면에 출력해 보도록 하자.

⟨Title /⟩ 컴포넌트의 스토리 파일을 만들기 위해 ./src/components/atoms/Title/index.stories.tsx 파일을 생성하고 다음과 같이 수정한다.

```
import { ComponentStory, ComponentMeta } from '@storybook/react';

import { Title } from '.';

export default {
  title: 'Atoms/Title',
  component: Title,
} as ComponentMeta<typeof Title>;

const Template: ComponentStory<typeof Title> = () => <Title />;

export const Default = Template.bind({});
```

⟨Title /⟩ 컴포넌트의 스토리 파일을 좀 더 자세히 살펴보도록 하자. ⟨Title /⟩ 컴포넌트의 스토리를 작성하기 위해서는 기본적으로 스토리북이 제공하는 ComponentStory와 ComponentMeta를 가져와 사용해야 한다.

```
import { ComponentStory, ComponentMeta } from '@storybook/react';
```

그리고 화면에 표시될 ⟨Title /⟩ 컴포넌트도 불러와야 한다. ⟨Title /⟩ 컴포넌트는 같은 폴더에 존재하고, index 파일은 생략이 가능하므로 다음과 같이 불러올 수 있다.

```
import { Title } from '.';
```

이제 기본적으로 스토리북에 〈Title /〉 컴포넌트의 스토리에 대한 기본 정보를 알려주어야 한다. 스토리의 기본 정보는 export default와 ComponentMeta를 통해 다음과 같이 작성할 수 있다.

```
export default {
  title: 'Atoms/Title',
  component: Title,
} as ComponentMeta<typeof Title>;
```

〈Title /〉 컴포넌트는 아토믹 디자인의 원자 컴포넌트이므로 ATOMS라는 메뉴 하위에 표시되도록 했다.

그런 다음 하나의 스토리 파일에서 여러 스토리들을 작성할 수 있도록 〈Title /〉 컴포넌트의 템플릿을 다음과 같이 선언한다.

```
const Template: ComponentStory<typeof Title> = () => <Title />;
```

현재는 컴포넌트의 Props가 없기 때문에 여러 스토리를 작성하지 않아도 되며, 〈Title /〉 컴포넌트를 표시하기 위해 설정할 데이터도 없다. 따라서 다음과 같이 단순한 스토리를 작성할 수 있다.

```
export const Default = Template.bind({});
```

이것으로 〈Title /〉 컴포넌트와 〈Title /〉 컴포넌트의 스토리를 작성했다. 이제 브라우저로 이동한 후 화면을 새로고침하면, [그림 10-11]과 같은 스토리북을 확인할 수 있다.

[그림 10-11] 〈Title /〉 원자 컴포넌트

왼쪽 메뉴를 살펴보면, ATOMS 메뉴 하위에서 Title 메뉴를 확인할 수 있으며, Title 메뉴 하위에서 Default라는 스토리를 확인할 수 있다. 그리고 화면에는 우리가 index.tsx 파일에 작성한 내용이 잘 출력되고 있는 것을 알 수 있다.

이제 우리는 해당 컴포넌트를 개발 중인 애플리케이션 위에 표시하여 작업하는 것이 아니라 스토리북을 통해 해당 컴포넌트만을 집중하여 개발할 수 있게 됐다.

디자인을 참고하여 〈Title /〉 컴포넌트를 개발해 보자. 〈Title /〉 컴포넌트를 수정하기 위해 ./src/components/atoms/Title/index.tsx 파일을 열고 다음과 같이 수정한다.

```
import styled from '@emotion/styled';

const Label = styled.h1`
  margin-bottom: 32px;
`;

export const Title = () => {
  return <Label>Title</Label>;
};
```

〈Title /〉 컴포넌트의 디자인을 위해 Emotion을 추가했다. 〈Title /〉 컴포넌트는 페이지에서 가장 중요한 제목을 나타내므로 〈h1 /〉 태그가 적당하다고 판단했으며, 〈Title /〉 컴포넌트보다 하단에 표시될 컴포넌트들과 거리를 두기 위해 margin-bottom을 추가했다. 마지막으로 생성한 〈Label /〉 컴포넌트를 사용하여 화면에 출력되도록 수정했다.

이제 수정한 파일을 저장하고 브라우저를 확인해 보면, [그림 10-12]와 같이 〈Title /〉 컴포넌트에 디자인이 적용된 것을 확인할 수 있다. 만약 [그림 10-12]와 같은 화면이 아니라 에러 화면이 표시된다면 새로고침을 해보도록 하자.

[그림 10-12] <Title /> 원자 컴포넌트

기본적으로 디자인을 전달받은 내용을 적용했으므로 이제는 화면에 표시되는 내용을 Props를 통해 부모 컴포넌트로부터 전달받도록 수정해 보자.

./src/components/atoms/Title/index.tsx 파일을 열고 다음과 같이 수정하여 부모 컴포넌트로부터 Props 데이터를 전달받도록 〈Title /〉 컴포넌트를 수정한다.

```
...
interface Props {
  readonly title: string;
}

export const Title = ({ title }: Props) => {
  return <Label>{title}</Label>;
};
```

타입스크립트의 인터페이스를 사용하여 Props를 정의했고, 정의한 인터페이스를 통해 부모 컴포넌트로부터 Props 데이터를 전달받도록 했다. 또한 부모 컴포넌트로부터 전달받은 Props 데이터를 화면에 표시하도록 했다.

이렇게 〈Title /〉 컴포넌트를 수정하고 저장한 후 브라우저를 확인해 보면, [그림 10-13]과 같이 아무 내용도 표시되지 않는 것을 확인할 수 있다.

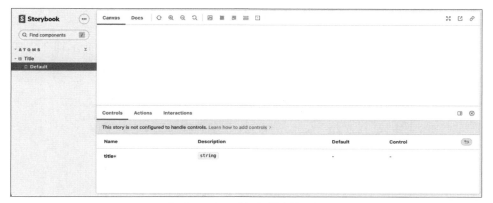

[그림 10-13] <Title /> 원자 컴포넌트

또한 하단의 Controls 탭을 확인해 보면, title이라는 필수 Props가 표시되고 있고 타입으로 string이 표시되고 있는 것을 확인할 수 있다.

이제 스토리 파일을 수정하여 화면에 우리가 원하는 문자열을 표시하도록 수정해 보자. <Title /> 컴포넌트의 스토리 파일을 수정하기 위해 ./src/components/atoms/Title/index.stories.tsx 파일을 열고 다음과 같이 수정한다.

```
...
const Template: ComponentStory<typeof Title> = (args) => <Title
\{...args} />;

export const Default = Template.bind({});
Default.args = {
  title: 'Counter App',
};
```

이전과는 다르게 Props를 통해 데이터를 전달해야 하므로 스토리의 템플릿에 args라는 매개 변수를 전달할 수 있도록 수정했으며, 전달받은 args를 <Title /> 컴포넌트에 그대로 전달하도록 수정했다.

그리고 <Title /> 컴포넌트의 스토리인 Default의 필수 Props인 title을 설정하기 위한 코드를 추가했다.

이렇게 스토리에서 <Title /> 컴포넌트의 Props를 사용할 수 있도록 수정했다면, 해당 파일을 저장한 후 브라우저를 확인해 보자.

브라우저를 확인해 보면, [그림 10-14]와 같이 우리가 스토리에 설정한 내용이 잘 표시되는 것을 확인할 수 있다.

[그림 10-14] <Title /> 원자 컴포넌트

또한 하단의 Controls 탭의 내용이 변경된 것을 확인할 수 있으며, 〈Title /〉 컴포넌트의 필수 Props인 title을 변경할 수 있는 것을 확인할 수 있다. 그러면 〈Title /〉 컴포넌트의 필수 Props인 title을 임의의 문자열로 변경해 보자. 이 책에서는 Title이라는 문자열로 수정해 보았다.

Controls 탭을 사용하여 Props 데이터를 변경해 보면, [그림 10-15]와 같이 우리가 변경한 데이터가 화면에 표시되는 것을 확인할 수 있다.

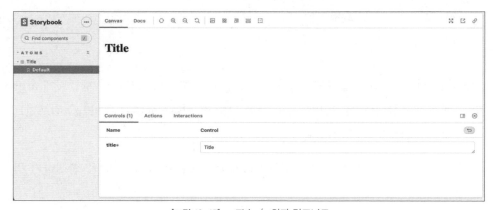

[그림 10-15] <Title /> 원자 컴포넌트

이를 통해 우리는 Props에 의한 〈Title /〉 컴포넌트의 변화를 코드의 수정으로 확인하는 것이 아니라 스토리북을 통해 바로바로 확인해 볼 수 있다.

이로써 스토리북으로 〈Title /〉 컴포넌트를 개발해 보았다. 〈Title /〉 컴포넌트가 간단한 컴포넌트여서 스토리북의 장점들을 많이 느끼지는 못했겠지만, 기본적인 사용 방법을 익히는 데 큰 도움이 됐을 것이다.

2) 〈Button /〉 원자 컴포넌트

다시 아토믹 디자인으로 나눈 [그림 10-16]을 확인해 보자. 앞에서 〈Title /〉 컴포넌트를 만들었으니 이제 〈Button /〉 컴포넌트를 집중해서 만들어 보자.

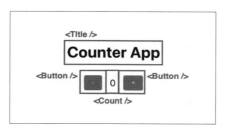

[그림 10-16] 카운터 앱의 원자 컴포넌트

〈Button /〉 컴포넌트를 만들기 위해 우선 ./src/components/atoms/Button/index.tsx 파일을 생성하고 다음과 같이 수정한다.

```
export const Button = () => {
  return <button>Button</button>;
};
```

HTML의 〈button /〉 태그를 사용하여 Button이라는 문자열로 된 버튼을 화면에 표시하는 단순한 컴포넌트이다. 이제 이 컴포넌트를 스토리북에 표시하기 위한 스토리를 제작해 보자.

〈Button /〉 컴포넌트의 스토리를 만들기 위해 ./src/components/atoms/Button/index.stories.tsx 파일을 생성하고 다음과 같이 수정한다.

```
import { ComponentStory, ComponentMeta } from '@storybook/react';
```

```
import { Button } from '.';

export default {
  title: 'Atoms/Button',
  component: Button,
} as ComponentMeta<typeof Button>;

const Template: ComponentStory<typeof Button> = () => <Button />;

export const Default = Template.bind({});
```

앞에서 만든 〈Title /〉 컴포넌트와 동일한 내용이므로 자세한 내용은 생략하도록 하겠다. 이렇게 스토리 파일을 수정하고 저장한 후 브라우저를 확인해 보면, [그림 10-17]과 같이 왼쪽 메뉴에 Button 메뉴가 생성된 것을 확인할 수 있다. 이를 클릭해 보면, 우리가 만든 〈Button /〉 컴포넌트가 잘 표시되는 것을 알 수 있다.

현재 〈Button /〉 컴포넌트는 아무런 디자인도, Props도 가지고 있지 않으며, 이벤트도 연결되어 있지 않다. 이제 〈Button /〉 컴포넌트를 디자인해 보고, 필요한 데이터를 받을 수 있도록 해보자.

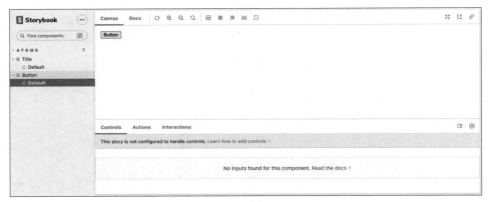

[그림 10-17] 〈Button /〉 원자 컴포넌트

〈Button /〉 컴포넌트의 디자인을 수정하기 위해 ./src/components/atoms/Button/index.tsx 파일을 열고 다음과 같이 수정한다.

```
import styled from '@emotion/styled';
```

```
const Container = styled.button`
  border: 0;
  color: #ffffff;
  background-color: #ff5722;
  cursor: pointer;
  padding: 8px 16px;
  border-radius: 4px;

  &:hover {
    background-color: #ff5722;
    opacity: 0.8;
  }

  &:active {
    box-shadow: inset 5px 5px 10px rgba(0, 0, 0, 0.2);
  }
`;

export const Button = () => {
  return <Container>Button</Container>;
};
```

Emotion을 사용하여 스타일을 추가한 컴포넌트를 만든 후 해당 컴포넌트를 사용하도록 수정했다. 지금까지 만들어 온 컴포넌트 방식이므로 자세한 설명은 생략하도록 하겠다.

이렇게 〈Button /〉 컴포넌트를 수정하고 저장한 후 브라우저를 확인해 보면, [그림 10-18]과 같이 우리가 디자인한 〈Button /〉 컴포넌트가 잘 표시되는 것을 확인할 수 있다.

마지막으로 〈Button /〉 컴포넌트에 Props를 추가해 보자. 〈Button /〉 컴포넌트는 부모 컴포넌트로부터 화면에 표시될 문자열을 전달받아야 하고, 사용자가 버튼을 클릭했을 때에 해당 이벤트를 부모 컴포넌트에서 사용할 수 있어야 한다.

[그림 10-18]   <Button /> 원자 컴포넌트

이런 기능을 가지는 〈Button /〉 컴포넌트를 만들기 위해 ./src/components/atoms/Button/index.tsx 파일을 열고 다음과 같이 수정한다.

```
...
interface Props {
  readonly label: string;
  readonly onClick?: () => void;
}

export const Button = ({ label, onClick }: Props) => {
  return <Container onClick={onClick}>{label}</Container>;
};
```

타입스크립트를 사용하여 Props를 정의했고, 부모 컴포넌트로부터 전달받은 Props를 사용하여 화면에 문자열을 표시하고 onClick 이벤트를 연결했다.

이렇게 〈Button /〉 컴포넌트를 수정하고 저장하면, 스토리북을 실행한 명령어 프롬프트에서는 에러가 발생하는 것을 확인할 수 있다. 브라우저를 확인해 보면, [그림 10-19]와 같은 화면을 확인할 수 있다.

이는 우리가 〈Button /〉 컴포넌트에 필수 Props들을 추가했지만, 스토리북을 통해 화면에 〈Button /〉 컴포넌트를 표시할 때에 그 어떤 Props도 전달하지 않고 있기 때문이다.

[그림 10-19]   <Button /> 원자 컴포넌트

그러면 이 문제를 해결하기 위해 〈Button /〉 컴포넌트의 스토리 파일을 수정해 보도록 하자. 〈Button /〉 컴포넌트의 스토리 파일인 ./src/components/atoms/Button/index.stories.tsx 파일을 열고 다음과 같이 수정한다.

```
const Template: ComponentStory<typeof Button> = (args) => <Button
{...args} />;
export const Default = Template.bind({});
Default.args = {
  label: 'Button',
};
```

이제 〈Button /〉 컴포넌트의 필수 Props를 전달하게 됐으므로 명령어 프롬프트에서는 에러가 사라진 것을 확인할 수 있으며, 브라우저에서는 [그림 10-20]과 같은 화면을 확인할 수 있다.

[그림 10-20]   <Button /> 원자 컴포넌트

화면을 살펴보면, 하단에 우리가 추가한 Props가 표시되고 있는 것을 확인할 수 있다. 여기서 필수 Props인 label을 변경하면, [그림 10-21]과 같이 우리가 만든 〈Button /〉 컴포넌트에 잘 반영되는 것을 확인할 수 있다.

[그림 10-21]   <Button /> 원자 컴포넌트

또한 하단의 Actions 탭을 선택한 후 화면에 표시된 〈Button /〉 컴포넌트를 클릭해보면, [그림 10-22]와 같이 클릭 이벤트가 잘 표시되는 것을 확인할 수 있다.

[그림 10-22]   <Button /> 원자 컴포넌트

우리는 〈Button /〉 컴포넌트의 스토리 파일에서 〈Button /〉 컴포넌트의 Props인 onClick에 그 어떤 값도 설정하지 않았다. 하지만 .storybook/preview.js 파일에 다음과 같은 설정이 있으므로 on으로 시작하는 onClick 이벤트가 화면에 표시되는 것을 알 수 있다.

```
export const parameters = {
```

```
  actions: { argTypesRegex: "^on[A-Z].*" },
  ...
}
```

이것으로 카운터 앱의 두 번째 원자 컴포넌트인 〈Button /〉 컴포넌트를 스토리북을 통해 만들어 보았다.

3) 〈Count /〉 원자 컴포넌트

이제 [그림 10-23]과 같이 카운터 앱의 마지막 원자 컴포넌트인 〈Count /〉 컴포넌트를 만들어 보자.

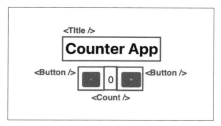

[그림 10-23] 카운터 앱의 원자 컴포넌트

〈Count /〉 컴포넌트를 만들기 위해 ./src/components/atoms/Count/index.tsx 파일을 생성하고 다음과 같이 수정한다.

```
export const Count = () => {
  return <span>Count</span>;
};
```

화면에 단순히 Count라는 문자열을 출력하는 간단한 컴포넌트이므로 자세한 설명은 생략하도록 하겠다. 이제 〈Count /〉 컴포넌트의 스토리 파일을 제작하여 스토리북에 표시되도록 만들어 보자.

〈Count /〉 컴포넌트의 스토리를 제작하기 위해 ./src/components/atoms/Count/index.stories.tsx 파일을 생성하고 다음과 같이 수정한다.

```
import { ComponentStory, ComponentMeta } from '@storybook/react';

import { Count } from '.';
```

```
export default {
  title: 'Atoms/Count',
  component: Count,
} as ComponentMeta<typeof Count>;

const Template: ComponentStory<typeof Count> = () => <Count />;

export const Default = Template.bind({});
```

⟨Count /⟩ 컴포넌트는 아직 Props가 없는 상태이므로 ⟨Count /⟩ 컴포넌트를 단순히 불러와 화면에 표시하는 스토리를 작성했다. 앞에서 이미 설명한 내용이므로 자세한 내용은 생략하도록 하겠다.

이렇게 스토리 파일을 수정하고 저장한 후 브라우저를 살펴보면, [그림 10-24]와 같이 새롭게 Count 메뉴가 추가된 것을 확인할 수 있다.

[그림 10-24] ⟨Count /⟩ 원자 컴포넌트

왼쪽에 표시된 Default를 클릭하면, 우리가 만든 ⟨Count /⟩ 컴포넌트가 잘 표시되는 것을 알 수 있다. 이제 스토리북을 확인해 가면서 ⟨Count /⟩ 컴포넌트를 디자인해 보자.

⟨Count /⟩ 컴포넌트를 디자인하기 위해 ./src/components/atoms/Count/index. tsx 파일을 열고 다음과 같이 수정한다.

```
import styled from '@emotion/styled';
```

```
const Container = styled.span`
  margin: 0 16px;
  font-size: 1.2rem;
`;

export const Count = () => {
  return <Container>Count</Container>;
};
```

이렇게 파일을 수정하고 저장한 후 브라우저를 확인해 보면, [그림 10-25]와 같이 우리가 적용한 디자인이 잘 반영된 것을 확인할 수 있다.

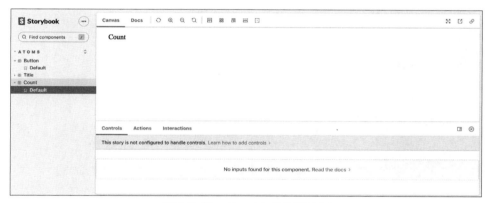

[그림 10-25] <Count /> 원자 컴포넌트

이제 〈Count /〉 컴포넌트에 표시되는 문자열을 부모 컴포넌트로부터 전달받을 수 있도록 Props를 추가해 보도록 하자.

〈Count /〉 컴포넌트에 Props를 추가하기 위해 ./src/components/atoms/Count/index.tsx 파일을 열고 다음과 같이 수정한다.

```
...
interface Props {
  readonly value: number;
}

export const Count = ({ value }: Props) => {
  return <Container>{value}</Container>;
```

```
};
```

부모 컴포넌트로부터 숫자 타입의 value라는 Props로 데이터를 전달받아 화면에 표시하도록 수정했다.

이렇게 〈Count /〉 컴포넌트를 수정하고 저장한 후 브라우저를 확인해 보면, [그림 10-26]과 같이 아무 내용도 표시되지 않는 것을 확인할 수 있으며, 하단의 Controls 탭에는 우리가 생성한 Props가 표시되고 있는 것을 확인할 수 있다.

또한 스토리북의 개발 서버가 실행 중인 명령어 프롬프트를 확인해 보면, 〈Count /〉 컴포넌트의 필수 Props를 설정하지 않아 에러가 발생하고 있는 것을 알 수 있다.

[그림 10-26]   〈Count /〉 원자 컴포넌트

이제 스토리 파일을 수정하여 에러를 고치고, 스토리북 화면에 우리가 설정한 Props 데이터를 표시하기 위해 ./src/components/atoms/Count/index.stories.tsx 파일을 열고 다음과 같이 수정한다.

```
...
const Template: ComponentStory<typeof Count> = (args) => <Count
{...args} />;

export const Default = Template.bind({});
Default.args = {
  value: 0,
};
```

〈Count /〉 컴포넌트의 필수 Props를 전달받기 위해 Template을 수정하고 Default

스토리에 해당 Props의 값을 설정했다.

이렇게 ⟨Count /⟩ 컴포넌트의 스토리 파일을 수정하고 저장한 후 브라우저를 확인해 보면, [그림 10-27]과 같이 우리가 설정한 Props 데이터가 화면에 표시되는 것을 확인할 수 있다.

[그림 10-27]   ⟨Count /⟩ 원자 컴포넌트

또한 하단의 Controls 탭의 ⟨Count /⟩ 컴포넌트의 필수 Props인 value를 숫자형 데이터로 설정할 수 있도록 변경된 것을 확인할 수 있다. 이 값을 임의의 값으로 변경해 보면, [그림 10-28]과 같이 수정한 데이터가 화면에 잘 표시되는 것을 확인할 수 있다.

[그림 10-28]   ⟨Count /⟩ 원자 컴포넌트

이것으로 카운터 앱의 원자 컴포넌트를 모두 제작해 보았다. 그러면 이제 원자 컴포넌트를 사용하여 유기체 컴포넌트를 제작해 보자.

4) 〈Counter /〉 유기체 컴포넌트

앞에서 우리는 카운터 앱을 원자 컴포넌트로 나누고, 이를 다시 [그림 10-29]와 같이 유기체 컴포넌트로 나눠 보았다.

[그림 10-29] 카운터 앱의 유기체 컴포넌트

우리는 이미 원자 컴포넌트를 모두 제작했으므로 이제 원자 컴포넌트를 조합하여 유기체 컴포넌트를 생성해 보도록 하자.

〈Counter /〉 유기체 컴포넌트를 만들기 위해 ./src/components/organisms/Counter/index.tsx 파일을 생성하고 다음과 같이 수정한다.

```
export const Counter = () => {
  return <div>Counter</div>;
};
```

그리고 만든 〈Counter /〉 컴포넌트를 스토리북에 표시하기 위한 스토리 파일을 만들어 보자. 스토리 파일을 만들기 위해 ./src/components/organisms/Counter/index.stories.tsx 파일을 생성하고 다음과 같이 수정한다.

```
import { ComponentStory, ComponentMeta } from '@storybook/react';

import { Counter } from '.';

export default {
  title: 'Organisms/Counter',
  component: Counter,
} as ComponentMeta<typeof Counter>;

const Template: ComponentStory<typeof Counter> = () => <Counter />;
```

```
export const Default = Template.bind({});
```

이전에 만든 원자 컴포넌트와 달리, ⟨Counter /⟩ 컴포넌트는 유기체 컴포넌트이므로 스토리 파일 설정의 "title"에 "Organisms/Counter"를 설정하여 원자 컴포넌트들과 구별되도록 새로운 그룹을 생성했다.

이렇게 ⟨Counter /⟩ 컴포넌트의 스토리 파일을 수정하고 저장한 후 브라우저를 확인해 보면, [그림 10-30]과 같은 화면을 확인할 수 있다.

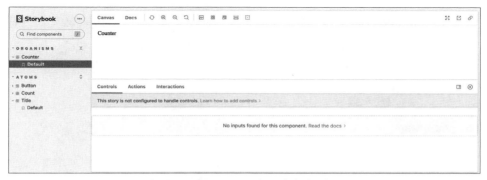

[그림 10-30] ⟨Counter /⟩ 유기체 컴포넌트

이전과는 다르게 왼쪽 메뉴에 ORGANISMS 메뉴가 생긴 것을 확인할 수 있으며, 해당 메뉴 하위에 Counter 메뉴와 Default라는 스토리가 추가된 것을 확인할 수 있다. Default를 클릭하면, 오른쪽 Canvas에 우리가 작성한 Counter라는 문자열이 잘 표시되는 것을 확인할 수 있다.

이제 ⟨Counter /⟩ 컴포넌트와 ⟨Counter /⟩ 컴포넌트의 스토리 파일을 준비했으므로 카운터 앱의 원자 컴포넌트를 조합하여 ⟨Counter /⟩ 컴포넌트를 만들어 보자.

./src/components/organisms/Counter/index.tsx 파일을 열고 다음과 같이 수정하고 카운터 앱의 원자 컴포넌트를 조합하여 ⟨Counter /⟩ 컴포넌트를 만들어 보자.

```
import { Button } from 'components/atoms/Button';
import { Count } from 'components/atoms/Count';

export const Counter = () => {
  return (
```

```
    <div>
      <Button label="-" />
      <Count value={0} />
      <Button label="+" />
    </div>
  );
};
```

원자 컴포넌트인 〈Button /〉 컴포넌트와 〈Count /〉 컴포넌트를 가져와 화면에 표시했으며, 화면에 표시할 때에 각각의 컴포넌트의 필수 Props를 설정했다.

이렇게 〈Counter /〉 컴포넌트를 수정하고 저장한 후 브라우저를 확인해 보면, [그림 10-31]과 같이 〈Counter /〉 컴포넌트가 잘 표시되는 것을 확인할 수 있다.

[그림 10-31]   <Counter /> 유기체 컴포넌트

그러면 좀 더 〈Counter /〉 컴포넌트에 디자인을 추가해 보도록 하자. 〈Counter /〉 컴포넌트에 디자인을 추가하기 위해 ./src/components/organisms/Counter/index.tsx 파일을 열고 다음과 같이 수정한다.

```
import styled from '@emotion/styled';

import { Button } from 'components/atoms/Button';
import { Count } from 'components/atoms/Count';

const Container = styled.div`
  display: flex;
  align-items: center;
  justify-content: center;
```

```
  `;

export const Counter = () => {
  return (
    <Container>
      <Button label="-" />
      <Count value={0} />
      <Button label="+" />
    </Container>
  );
};
```

Emotion을 사용하여 〈Container /〉 컴포넌트를 만들었고, 해당 컴포넌트를 적용하여 〈Counter /〉 컴포넌트의 디자인을 변경했다.

이렇게 〈Counter /〉 컴포넌트를 수정하고 저장한 후 브라우저를 확인해 보면, [그림 10-32]와 같이 〈Counter /〉 컴포넌트에 디자인이 잘 적용된 것을 확인할 수 있다.

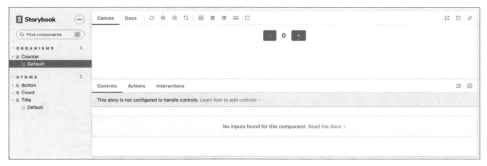

[그림 10-32] 〈Counter /〉 유기체 컴포넌트

현재 〈Counter /〉 컴포넌트는 버튼을 클릭해도 아무런 동작을 하지 않는다. 유기체 컴포넌트는 사용자에게 의미 있는 정보를 전달하거나 인터랙션을 할 수 있는 UI를 제공하는 특징을 가지고 있다. 따라서 〈Counter /〉 컴포넌트도 사용자와 인터랙션이 가능해야 하고, 다른 의미 있는 정보를 제공해야 한다. 이와 같은 사용자와의 인터랙션과 의미 있는 정보를 제공하기 위해 〈Counter /〉 컴포넌트에 State를 추가해 보도록 하자.

〈Counter /〉 컴포넌트에 State를 추가하기 위해 ./src/components/organisms/Counter/index.tsx 파일을 열고 다음과 같이 수정한다.

```
import { useState } from 'react';
import styled from '@emotion/styled';

import { Button } from 'components/atoms/Button';
import { Count } from 'components/atoms/Count';
...
export const Counter = () => {
  const [count, setCount] = useState(0);
  return (
    <Container>
      <Button label="-" onClick={() => setCount(count - 1)} />
      <Count value={count} />
      <Button label="+" onClick={() => setCount(count + 1)} />
    </Container>
  );
};
```

리액트가 제공하는 useState를 가져와 컴포넌트의 State를 생성했으며 〈Count /〉 컴포넌트에는 State 변수인 count를, 〈Button /〉 컴포넌트에는 State의 set 함수인 setCount를 사용하여 count 변수를 변경하도록 수정했다.

이렇게 〈Counter /〉 컴포넌트를 수정하고 저장한 후 브라우저를 확인해 보면, [그림 10-33]과 같은 화면을 확인할 수 있다.

[그림 10-33] <Counter /> 유기체 컴포넌트

그러면 "-" 버튼 또는 "+" 버튼을 클릭해 보자. 이전과는 다르게 [그림 10-34]와 같이 카운터 값이 변경되는 것을 확인할 수 있다.

[그림 10-34] <Counter /> 유기체 컴포넌트

이와 같이 유기체 컴포넌트인 〈Counter /〉 컴포넌트는 사용자와의 인터랙션을 처리하고 의미 있는 정보(카운터 값)를 표시하기 위해 State를 사용했다.

5) 〈CounterApp /〉 템플릿 컴포넌트

우리는 카운터 앱을 만들기 위한 컴포넌트들이 준비됐다. 이제 사용자가 보게 될 화면을 구성해 보자. 사용자가 보게 될 화면을 구성하기 위해 아토믹 디자인의 템플릿을 만들어 보자.

우리는 이미 앞에서 디자인을 보면서 템플릿 컴포넌트를 [그림 10-35]와 같이 만들어 두었다.

[그림 10-35] 카운터 앱의 템플릿 컴포넌트

이제 우리가 앞에서 만든 원자 컴포넌트와 유기체 컴포넌트를 활용하여 〈CounterApp /〉 템플릿 컴포넌트를 만들어 보자.

카운터 앱의 템플릿 컴포넌트를 만들기 위해 ./src/components/templates/CounterApp/index.tsx 파일을 생성하고 다음과 같이 수정한다.

```
export const CounterApp = () => {
  return <div>Counter App</div>
};
```

그런 다음 만든 ⟨CounterApp /⟩ 컴포넌트를 스토리북에 표시하기 위해 스토리 파일을 만들어 보자. ./src/components/templates/CounterApp/index.stories.tsx 파일을 생성하고 다음과 같이 수정하여 ⟨CounterApp /⟩ 컴포넌트의 스토리 파일을 만든다.

```
import { ComponentStory, ComponentMeta } from '@storybook/react';

import { CounterApp } from '.';

export default {
  title: 'Templates/CounterApp',
  component: CounterApp,
} as ComponentMeta<typeof CounterApp>;

const Template: ComponentStory<typeof CounterApp> = () => <CounterApp
/>;

export const Default = Template.bind({});
```

⟨CounterApp /⟩의 스토리 파일 설정에서 "title" 부분에 "Templates/CounterApp"을 설정하여 이 컴포넌트가 아토믹 디자인의 템플릿 컴포넌트임을 밝혔다. 다른 내용은 앞에서 만든 스토리 파일의 내용과 동일하므로 자세한 설명은 생략하도록 하겠다.

이렇게 ⟨CounterApp /⟩ 컴포넌트의 스토리 파일을 수정하고 저장한 후 브라우저를 확인해 보면, [그림 10-36]과 같이 스토리북의 왼쪽 메뉴에 TEMPLATE 메뉴가 추가된 것을 확인할 수 있다.

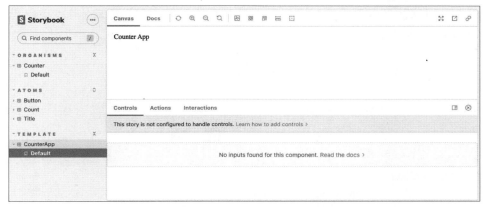

[그림 10-36] <CounterApp /> 템플릿 컴포넌트

또한 TEMPLATE 메뉴 하위에 CounterApp 메뉴와 Default라는 스토리가 추가된 것을 확인할 수 있다. Default를 클릭하면, [그림 10-36]과 같이 우리가 만든 〈CounterApp /〉 컴포넌트가 잘 표시되는 것을 확인할 수 있다.

이제 〈CounterApp /〉 템플릿 컴포넌트를 사용하여 사용자가 보게 될 화면을 구성해 보자. 사용자가 보게 될 화면을 구성하기 위해 ./src/components/templates/CounterApp/index.tsx 파일을 열고 다음과 같이 수정한다.

```tsx
import { Title } from 'components/atoms/Title';
import { Counter } from 'components/organisms/Counter';

export const CounterApp = () => {
  return (
    <div>
      <Title title="Counter App" />
      <Counter />
    </div>
  );
};
```

〈CounterApp /〉 컴포넌트의 화면을 구성하기 위해 필요한 원자 컴포넌트인 〈Title /〉 컴포넌트와 유기체 컴포넌트인 〈Counter /〉 컴포넌트를 불러와 화면을 구성하도록 했다. 이렇게 〈CounterApp /〉 컴포넌트를 수정하고 저장한 후 브라우저를 확인해 보면, [그림 10-37]과 같이 화면 구성에 필요한 컴포넌트가 잘 표시되는 것을 확인할 수 있다.

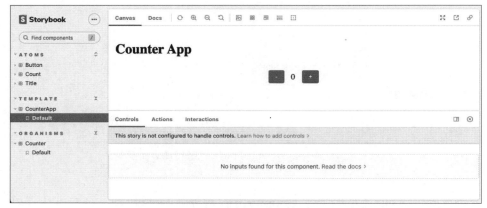

[그림 10-37] <CounterApp /> 템플릿 컴포넌트

하지만 우리가 원하는 디자인이 아니므로 다시 〈CounterApp /〉 컴포넌트를 수정하여 디자인을 적용해 보도록 하자.

./src/components/templates/CounterApp/index.tsx 파일을 열고 다음과 같이 수정하여 〈CounterApp /〉 컴포넌트에 디자인을 추가한다.

```tsx
import styled from '@emotion/styled';

import { Title } from 'components/atoms/Title';
import { Counter } from 'components/organisms/Counter';

const Container = styled.div`
  height: 100vh;
  display: flex;
  flex-direction: column;
  align-items: center;
  justify-content: center;
`;

export const CounterApp = () => {
  return (
    <Container>
      <Title title="Counter App" />
```

```
        <Counter />
    </Container>
  );
};
```

Emotion을 사용하여 〈CounterApp /〉 컴포넌트에 스타일을 적용했다. 이렇게 〈CounterApp /〉 컴포넌트를 수정하고 저장한 후 브라우저를 확인해 보면, [그림 10-38]과 같이 우리가 원하는 디자인이 잘 적용된 〈CounterApp /〉 컴포넌트를 확인할 수 있다.

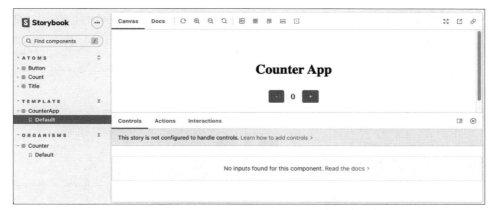

[그림 10-38] <CounterApp /> 템플릿 컴포넌트

또한 화면에 표시된 "-" 버튼 또는 "+" 버튼을 클릭하면, [그림 10-39]와 같이 화면에 표시된 카운터가 잘 변경되는 것도 확인할 수 있다.

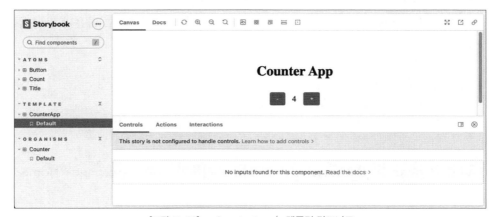

[그림 10-39] <CounterApp /> 템플릿 컴포넌트

이것으로 사용자가 보게 될 화면을 구성하는 〈CounterApp /〉 템플릿 컴포넌트를 만들어 보았다. 이제 템플릿 컴포넌트를 사용하여 페이지 컴포넌트를 제작해 보도록 하자.

6) 〈Home /〉 페이지 컴포넌트

〈CounterApp /〉 컴포넌트는 사용자가 보게 될 화면을 구성하는 템플릿 컴포넌트이다. 이제 해당 템플릿 컴포넌트를 사용하여 사용자가 실제로 보게 될 〈Home /〉 페이지 컴포넌트를 제작해 보자.

앞에서 우리는 카운터 앱의 페이지 컴포넌트를 [그림 10-40]과 같이 〈Home /〉 페이지 컴포넌트로 구분해 두었다.

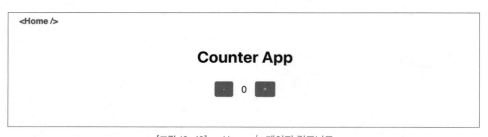

[그림 10-40] 〈Home /〉 페이지 컴포넌트

이번에 제작하는 카운터 앱은 단순한 앱이기 때문에 서버와의 통신이나 다른 사이드 이펙트가 발생하지 않을 것이다.

이제 〈Home /〉 페이지 컴포넌트를 개발해 보도록 하자. 〈Home /〉 페이지 컴포넌트를 개발하기 위해 ./src/pages/Home/index.tsx 파일을 생성하고 다음과 같이 수정한다.

```
export const Home = ( ) => {
  return <div>Home</div>;
};
```

그리고 〈Home /〉 컴포넌트를 스토리북에 표시하기 위해 ./src/pages/Home/index.stories.tsx 파일을 생성하고 다음과 같이 수정한다.

```
import { ComponentStory, ComponentMeta } from '@storybook/react';

import { Home } from '.';

export default {
  title: 'Pages/Home',
  component: Home,
} as ComponentMeta<typeof Home>;

const Template: ComponentStory<typeof Home> = () => <Home />;

export const Default = Template.bind({});
```

〈Home /〉 컴포넌트는 다른 컴포넌트들과 달리, 페이지 컴포넌트로 제작되고 있다.
따라서 〈Home /〉 컴포넌트의 스토리 파일 설정에서 "title" 항목에 "Pages/Home"
을 설정하여 다른 컴포넌트들과 다르게 〈Home /〉 컴포넌트가 페이지 컴포넌트임을
밝혔다. 다른 부분은 앞에서 만든 컴포넌트들의 스토리 파일과 동일하므로 자세한
설명은 생략하도록 하겠다.

이렇게 〈Home /〉 컴포넌트의 스토리 파일을 수정하고 저장한 후 브라우저를 확인
해 보면, [그림 10-41]과 같이 〈Home /〉 컴포넌트가 잘 표시되고 있는 것을 확인
할 수 있다.

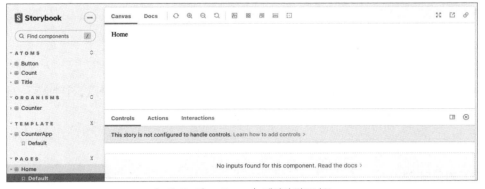

[그림 10-41] 〈Home /〉 페이지 컴포넌트

이제 〈Home /〉 페이지 컴포넌트에서 앞에서 만든 〈CounterApp /〉 템플릿 컴포넌
트를 사용하여 실제 사용자가 보게 될 화면을 만들어 보자.

⟨Home /⟩ 페이지 컴포넌트에서 ⟨CounterApp /⟩ 템플릿 컴포넌트를 사용하도록
수정하기 위해 ./src/pages/Home/index.tsx 파일을 열고 다음과 같이 수정한다.

```
import { CounterApp } from 'components/templates/CounterApp';

export const Home = ( ) => {
  return <CounterApp />;
};
```

서버와의 통신이나 특별히 다른 사이드 이펙트가 없으므로 ⟨Home /⟩ 페이지 컴포
넌트는 단순히 ⟨CounterApp /⟩ 템플릿 컴포넌트를 화면에 표시하도록 했다.

이렇게 ⟨Home /⟩ 컴포넌트를 수정하고 저장한 후 브라우저를 확인해 보면, [그림
10-42]와 같이 ⟨Home /⟩ 컴포넌트가 잘 표시되는 것을 확인할 수 있다.

[그림 10-42] <Home /> 페이지 컴포넌트

이것으로 카운터 앱 개발을 위한 모든 컴포넌트의 개발이 완료됐다. 마지막으로 개
발된 컴포넌트를 사용하여 카운터 앱을 완성해 보도록 하자.

7) 카운터 앱

스토리북을 사용하여 카운터 앱에 필요한 모든 컴포넌트의 개발이 끝났다. 이제 스
토리북이 아닌 실제 개발 서버를 실행하여 최종적으로 카운터 앱을 개발해 보도록
하자.

카운터 앱을 개발하기 위해 현재 실행 중인 스토리북 서버를 종료시킨 후 다음 명령

어를 실행하여 create-react-app의 개발 서버를 실행시킨다.

```
npm start
```

create-react-app의 개발 서버가 실행되면, 브라우저에 자동으로 http://localhost:3000/ 페이지가 열리고 [그림 10-43]과 같이 create-react-app의 기본 화면을 확인할 수 있다.

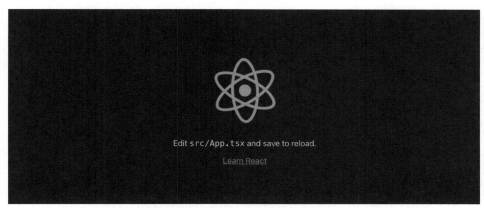

[그림 10-43] create-react-app의 기본 페이지

이제 우리가 만든 〈Home /〉 페이지 컴포넌트를 사용하여 카운터 앱을 개발해 보도록 하자. 카운터 앱을 개발하기 위해 ./src/App.tsx 파일을 열고 다음과 같이 수정한다.

```
import { Home } from 'pages/Home';

function App() {
  return <Home />;
}

export default App;
```

카운터 앱은 단순한 앱이기 때문에 하나의 페이지만 존재한다. 따라서 〈App /〉 컴포넌트도 단순히 〈Home /〉 페이지 컴포넌트를 화면에 출력하게 된다. 하지만 페이지가 많은 복잡한 앱이라면, App.tsx 파일에 다양한 페이지 컴포넌트들을 불러와 사용하게 될 것이다.

이와 관련해서는 11장에서 할 일 목록 앱을 개발해 보면서 어떻게 다양한 페이지 컴포넌트들을 사용하는지 알아볼 예정이다.

이렇게 ⟨App /⟩ 컴포넌트를 수정하고 저장한 후 브라우저를 확인해 보면, [그림 10-44]와 같이 ⟨Home /⟩ 페이지 컴포넌트가 잘 표시되는 것을 확인할 수 있다.

[그림 10-44] 카운터 앱

또한 "−" 버튼 또는 "+" 버튼을 클릭해 보면, 화면에 표시된 카운터가 [그림 10-45]와 같이 우리가 의도한 대로 잘 변경되는 것을 확인할 수 있다.

[그림 10-45] 카운터 앱

이것으로 스토리북과 아토믹 디자인을 사용하여 리액트로 애플리케이션을 개발하는 방법에 대해 알아보았다.

10.4 요약

10장에서는 스토리북과 아토믹 디자인을 사용하여 카운터 앱을 개발해 보았다. 이를 통해 리액트를 사용하여 웹 애플리케이션을 개발하는 큰 흐름을 확인할 수 있었다. 또한 10장에서 개발하는 방식이 스토리북과 아토믹 디자인을 활용한 컴포넌트 주도 개발이라는 것을 알 수 있었다.

컴포넌트 주도 개발을 하기 위해서는 우선 개발하고자 하는 웹 애플리케이션의 사양을 정의하고 디자인을 한 후 해당 디자인을 컴포넌트로 나누게 된다. 이때 우리는 아토믹 디자인을 사용하여 디자인을 원자, 분자, 유기체, 템플릿, 페이지로 나눴다.

그런 다음 스토리북을 사용하여 먼저 컴포넌트를 집중하여 개발했다. 컴포넌트를 개발할 때에는 앞에서 아토믹 디자인을 통해 나눈 컴포넌트별로 웹 애플리케이션을 적용하면서 개발하게 된다. 실무에서는 이런 컴포넌트들을 업무 분담하여 개발하게 될 것이다.

스토리북을 통해 웹 애플리케이션을 개발하기 위한 모든 컴포넌트가 준비됐다면, 이를 조합하여 웹 애플리케이션을 개발하면 컴포넌트 주도 개발을 통해 웹 애플리케이션의 개발이 완료된다.

앞에서 컴포넌트 주도 개발을 사용하지 않고 개발했던 방법을 떠올려 보면, 디자인을 보고 페이지를 생성한 후 해당 페이지에 컴포넌트를 직접 추가하여 개발한 다음 컴포넌트화가 필요하다고 판단되는 경우 해당 컴포넌트를 다른 파일로 분리하며 작업을 했다. 이렇게 컴포넌트 주도 개발을 사용하지 않고 개발하는 경우 어떤 부분을 컴포넌트로 나눠야 할지 정확히 인지할 수 없으며, 컴포넌트의 크기가 서로 다르기 때문에 코드를 이해하는 데 어려움이 발생할 수 있다.

또한 페이지에 컴포넌트를 추가하여 개발하고 별도의 파일로 분리하게 되므로 컴포넌트 코드와 컴포넌트에 필요한 비즈니스 로직이 불필요하게 페이지 컴포넌트에 추가되게 된다. 이로 인해 별도의 파일로 분리할 때에 해당 코드들을 분리하는 데 어려움을 느낄 수 있다. 이런 코드들이 제대로 분리되지 않는 경우 의도치 않은 버그와 중복 코드 생성 등의 문제가 발생할 수 있다.

반면 컴포넌트 주도 개발을 사용하면 하나의 컴포넌트의 역할만을 생각하며 개발할 수 있기 때문에 불필요한 코드의 추가, 의도치 않은 버그, 중복 코드 생성 등의 문제를 해결할 수 있다.

10장에서는 아토믹 디자인과 스토리북을 통해 컴포넌트 주도 개발을 해보면서 이런 장점들을 확인할 수 있었다.

11장에서는 여러 페이지를 가지는 할 일 목록 앱을 개발해 봄으로써 컴포넌트 주도 개발을 복습해 볼 예정이다.

CDD - 할 일 목록 앱

11장에서는 7장에서 만든 할 일 목록 앱을 컴포넌트 주도 개발과 아토믹 디자인을 활용하여 다시 개발해 봄으로써 컴포넌트 주도 개발을 연습할 예정이다.

11.1 할 일 목록 앱

11장에서는 7장에서 만든 할 일 목록 앱을 컴포넌트 주도 개발을 통해 개발할 것이다. 할 일 목록 앱은 [그림 11-1]과 같은 할 일 목록 페이지를 가지고 있다.

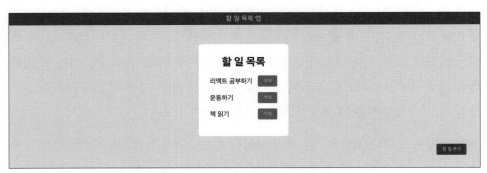

[그림 11-1] 할 일 목록 앱 – 할 일 목록 페이지

할 일 목록 페이지의 사양을 확인해 보면, 앱 상단에는 "할 일 목록 앱"이라는 문자열을 표시하는 헤더가 페이지와 상관없이 표시되며, "할 일 목록 앱"을 클릭하면 홈 화면("/")으로 이동할 예정이다. 할 일 목록 페이지에는 등록된 할 일 목록의 삭제 버튼이 함께 표시되며, 표시된 할 일 목록의 삭제 버튼을 클릭하면 해당 할 일이 삭제

되도록 할 예정이다.

할 일 목록 페이지의 오른쪽 하단에는 "할 일 추가" 버튼을 배치하여 해당 버튼을 클릭하면, [그림 11-2]와 같이 할 일 추가 페이지로 이동하도록 만들 것이다.

[그림 11-2] 할 일 목록 앱 – 할 일 추가 페이지

할 일 추가 페이지에도 역시 페이지와 상관없이 헤더가 표시되며, 사용자가 할 일을 입력할 수 있는 입력창과 해당 입력을 할 일 목록에 추가하는 "추가" 버튼을 표시할 예정이다. 또한 페이지 오른쪽 하단에 "닫기" 버튼을 추가하여 사용자가 새로운 할 일을 추가하지 않고, 다시 할 일 목록 페이지로 이동할 수 있도록 만들 것이다.

이제 할 일 목록 앱을 컴포넌트 주도 개발과 아토믹 디자인을 사용하여 개발해 보도록 하자. 우선 할 일 목록의 디자인을 보고 아토믹 디자인을 사용하여 원자 컴포넌트의 단위로 나눠야 한다.

할 일 목록 앱을 아토믹 디자인의 원자로 나눠 보자. 우선 할 일 목록 앱의 할 일 목록 페이지를 아토믹 디자인의 원자로 나누면, [그림 11-3]과 같이 나눌 수 있다.

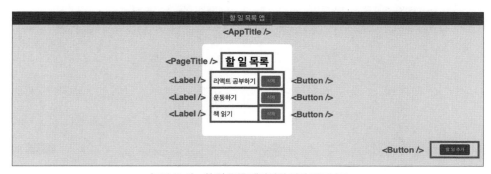

[그림 11-3] 할 일 목록 페이지의 원자 컴포넌트

할 일 목록 앱의 또 다른 페이지인 할 일 추가 페이지를 아토믹 디자인의 원자로 나누면, [그림 11-4]와 같이 나눌 수 있다.

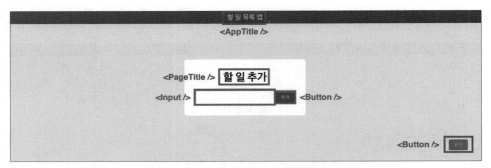

[그림 11-4] 할 일 추가 페이지의 원자 컴포넌트

할 일 목록 앱의 원자 컴포넌트로는 〈AppTitle /〉 컴포넌트, 〈PageTitle /〉 컴포넌트, 〈Label /〉 컴포넌트, 〈Button /〉 컴포넌트 그리고 〈Input /〉 컴포넌트가 필요할 것으로 보인다.

이번 할 일 목록 앱에서도 분자 컴포넌트는 불필요해 보인다. 사용자의 입력에 대한 에러 처리가 들어가 있다면 분자 컴포넌트를 만들 수 있겠지만, 이번 앱에서는 에러 처리를 하지 않고 있기 때문에 분자 컴포넌트는 불필요하다.

할 일 목록 앱에서는 분자 컴포넌트는 불필요해 보이지만, 유기체 컴포넌트는 필요해 보인다.

그러면 할 일 목록 앱의 할 일 목록 페이지를 아토믹 디자인의 유기체 컴포넌트로 나눠 보자. 할 일 목록 페이지를 유기체 컴포넌트로 나누면, [그림 11-5]와 같다.

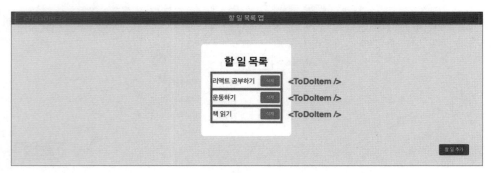

[그림 11-5] 할 일 목록 페이지의 유기체 컴포넌트

여기서 〈ToDoItem /〉 컴포넌트를 분자 컴포넌트가 아닌 유기체 컴포넌트로 설정한 것은 〈ToDoItem /〉 컴포넌트가 단순한 컴포넌트로써 동작을 하는 것이 아니라 사용자에게 할 일이라는 정보를 전달하고, 사용자의 인터랙션에 의해 해당 할 일이 삭제되기 때문이다.

〈Header /〉 컴포넌트는 아토믹 디자인의 유기체 정의에서 언급한 것과 마찬가지로 사용자에게 특정 정보를 전달하는 역할을 하므로 〈ToDoItem /〉 컴포넌트와 마찬가지로 유기체 컴포넌트로 설정했다.

그러면 할 일 목록 앱의 할 일 추가 페이지도 유기체 컴포넌트로 나눠 보자. 할 일 추가 페이지를 유기체 컴포넌트로 나누면, [그림 11-6]과 같이 나눌 수 있다.

[그림 11-6] 할 일 추가 페이지의 유기체 컴포넌트

〈InputToDo /〉 컴포넌트를 분자 컴포넌트가 아닌 유기체 컴포넌트로 설정한 것은 〈InputToDo /〉 컴포넌트가 단순한 컴포넌트로써 동작을 하는 것이 아니라 할 일이라는 데이터를 저장하는 기능을 가지고 있기 때문이다. 이와 같이 특정 컨텍스트를 가지는 컴포넌트는 분자 컴포넌트보다는 유기체 컴포넌트로 제작하는 것이 바람직하다.

또한 할 일 목록 페이지와 마찬가지로 헤더를 가지고 있으므로 할 일 목록 페이지와 동일한 〈Header /〉 컴포넌트를 활용하면 된다.

이제 만든 원자 및 유기체 컴포넌트를 사용하여 템플릿 컴포넌트를 만들어야 한다.

할 일 목록 페이지를 템플릿 컴포넌트를 사용하여 구분하면, [그림 11-7]과 같이 〈ToDoList /〉 컴포넌트를 통해 제작할 수 있다.

〈Header /〉 컴포넌트는 페이지와 상관없이 항상 표시될 컴포넌트이므로 템플릿 컴포넌트에 포함시키지 않았다. 또한 할 일 목록 데이터는 실제 개발에서는 서버에서 데이터를 가져오거나 localStorage와 같은 저장소에서 가져오게 되므로 데이터가 없는 상태를 템플릿 컴포넌트로 구성했다.

[그림 11-7] 할 일 목록 페이지의 템플릿 컴포넌트

이번 프로젝트에서는 실제로 할 일 목록 데이터를 서버에 저장하거나 localStorage에 저장하지 않지만, 템플릿 컴포넌트와 페이지 컴포넌트를 구분하는 방법에 대해 알아보기 위해 이와 같이 설정했다.

이제 할 일 추가 페이지를 템플릿 컴포넌트로 나눠 보자. 할 일 추가 페이지를 템플릿 컴포넌트로 나누면, [그림 11-8]과 같이 나눌 수 있다.

[그림 11-8] 할 일 추가 페이지의 템플릿 컴포넌트

할 일 추가 페이지는 서버 또는 저장소에서 데이터를 가져오는 동작이 없으므로 보여지는 화면 그대로 템플릿 컴포넌트를 제작하면 된다.

마지막으로 할 일 목록 앱을 페이지 컴포넌트로 나눠 보자.

할 일 목록 페이지를 페이지 컴포넌트로 나누면, [그림 11-9]와 같은 형태를 가지게 된다.

[그림 11-9] 할 일 목록 페이지의 페이지 컴포넌트

〈ToDoList /〉 템플릿 컴포넌트와 할 일 목록 데이터를 사용하여 할 일 목록 페이지의 페이지 컴포넌트를 구성해 보았다. 이 〈ToDoListPage /〉 컴포넌트에서는 할 일 목록 데이터를 불러와 〈ToDoList /〉 템플릿 컴포넌트에 전달하여 사용자에게 할 일 목록을 표시하도록 할 예정이다.

이제 할 일 추가 페이지 컴포넌트의 페이지 컴포넌트를 확인해 보자. 할 일 추가 페이지의 페이지 컴포넌트는 [그림 11-10]과 같다.

[그림 11-10] 할 일 추가 페이지의 페이지 컴포넌트

할 일 추가 페이지는 특별히 데이터를 불러와 화면에 표시하지 않으므로 〈ToDoInput /〉 템플릿 컴포넌트를 그대로 화면에 표시하는 역할을 한다.

이것으로 11장에서 개발할 할 일 목록 앱 프로젝트의 사양을 파악하고, 할 일 목록 앱의 디자인을 위해 아토믹 디자인을 통해 컴포넌트를 나누고 분리하는 작업을 해보았다. 이제 할 일 목록 앱을 개발하기 위해 프로젝트를 준비하고, 컴포넌트 주도 개발을 사용하여 할 일 목록 앱을 개발해 보도록 하자.

11.2 프로젝트 준비

할 일 목록 앱을 컴포넌트 주도 개발을 사용하여 개발하기 위해 다음 명령어를 실행하여 새로운 리액트 프로젝트를 생성한다.

```
npx create-react-app cdd-todo --template=typescript
```

프로젝트 생성이 완료되면, 컴포넌트를 절대 경로로 추가할 수 있도록 하기 위해 타입스크립트 설정 파일인 tsconfig.json을 열고 다음과 같이 baseUrl 옵션을 추가한다.

```
{
  "compilerOptions": {
    ...
    "jsx": "react-jsx",
    "baseUrl": "src"
  },
  ...
}
```

우리는 리액트 프로젝트에서 스타일링하기 위해 CSS-in-JS 라이브러리인 Emotion을 사용하고, Prettier와 ESLint를 사용하여 소스 코드 포맷 및 잠재적인 오류를 찾도록 할 예정이다. 또한 스토리북을 사용하여 컴포넌트 주도 개발을 하고, 이번 할 일 목록 앱은 페이지 이동 기능이 있으므로 react-router-dom을 설치하여 페이지 이동 기능도 구현할 예정이다. 따라서 다음 명령어를 실행하여 Emotion과 Prettier, ESLint, 스토리북, react-router-dom을 설치한다.

```
# cd cdd-todo
npm install --save @emotion/react @emotion/styled react-router-dom
npm install --save-dev prettier eslint sb
```

설치가 완료됐다면, Prettier를 설정하기 위해 .prettierrc.js 파일을 생성하고 다음과 같이 수정한다.

```
module.exports = {
```

```
    singleQuote: true,
    trailingComma: 'all',
    printWidth: 100,
};
```

이제 ESLint를 설정하기 위해 다음 명령어를 실행한다.

```
npx eslint --init
```

명령어가 실행되면, ESLint를 설정하기 위한 질문들이 나온다. 다음과 같은 질문에 y
를 눌러 ESLint를 설정하도록 한다.

```
Ok to proceed? y
```

다음과 같은 질문에 To check syntax and find problems를 선택한다.

```
? How would you like to use ESLint? ...
  To check syntax only
> To check syntax and find problems
  To check syntax, find problems, and enforce code style
```

다음과 같은 질문에 JavaScript modules (import/export)를 선택한다.

```
? What type of modules does your project use? ...
> JavaScript modules (import/export)
  CommonJS (require/exports)
  None of these
```

다음과 같은 질문에 React를 선택한다.

```
? Which framework does your project use? ...
> React
  Vue.js
  None of these
```

다음과 같은 질문에 Yes를 선택한다.

```
? Does your project use TypeScript? › No / Yes
```

다음과 같은 질문에 Browser를 선택한다.

```
? Where does your code run? ...  (Press <space> to select, <a> to toggle
all, <i> to invert selection)
  Browser
  Node
```

다음과 같은 질문에 JavaScript를 선택한다.

```
? What format do you want your config file to be in? ...
› JavaScript
  YAML
  JSON
```

다음과 같은 질문에 Yes를 선택한다.

```
eslint-plugin-react@latest @typescript-eslint/eslint-plugin@latest @t
ypescript-eslint/parser@latest
? Would you like to install them now with npm? › No / Yes
```

그런 다음 ESLint가 리액트 버전을 인식할 수 있도록 하고, 불필요한 import문을 제거하기 위해 .eslintrc.js 파일을 다음과 같이 수정한다.

```
module.exports = {
  settings: {
    react: {
      version: 'detect',
    },
  },
  env: {
    ...
  },
  ...
  rules: {
    'react/react-in-jsx-scope': 'off',
```

```
    },
  }
```

수정한 후 ./src/App.tsx 파일을 열고 다음과 같이 불필요한 import문을 제거한다.

```
import React from 'react';
```

이와 같이 Prettier와 ESLint를 설치하고 설정했다면, package.json 파일을 열고 다음과 같이 수정하여 Prettier와 ESLint를 실행하는 명령어를 추가한다.

```
{
  ...
  "scripts": {
    ...
    "eject": "react-scripts eject",
    "format": "prettier --check ./src",
    "format:fix": "prettier --write ./src",
    "lint": "eslint ./src",
    "lint:fix": "eslint --fix ./src"
  },
  ...
}
```

이제 명령 프롬프트를 열고 다음 명령어를 실행하여 Prettier와 ESLint의 룰에 맞게 파일들을 수정한다.

```
npm run format:fix
npm run lint:fix
```

명령어 실행을 완료했다면, 다음 명령어를 실행하여 Prettier와 ESLint의 룰을 잘 지키고 있는지 확인한다.

```
npm run format
npm run lint
```

이것으로 기본적인 프로젝트 설정이 끝났다. 이제 다음 명령어를 실행하여 스토리북을 설정하도록 한다.

```
npx sb init --builder webpack5
```

이 명령어를 실행하면, 스토리북이 자동으로 필요한 파일을 생성하고 여러 설정들을
진행하게 된다. 이런 설정들이 모두 끝나면, 다음과 같은 질문을 확인할 수 있다.

```
? Do you want to run the 'eslintPlugin' migration on your project? › (y/N)
```

우리는 ESLint를 사용하여 프로젝트를 검사하고 있으므로 y를 눌러 진행하도록 한
다. y를 눌러 진행하면 스토리북이 다시 여러 설정들을 진행하고, 진행이 완료되면
다음과 같은 질문을 확인할 수 있다.

```
? Do you want to run the 'npm7' migration on your project? › (y/N)
```

이 질문에서도 y를 눌러 npm 버전에 의한 문제가 발생하지 않도록 진행한다.

이것으로 카운터 프로젝트를 위한 새 리액트 프로젝트의 모든 준비가 끝났다. 이제
다음 명령어를 실행하여 리액트 프로젝트가 잘 실행되는지 확인한다.

```
npm start
```

명령어가 문제 없이 실행됐다면, 웹 브라우저에 localhost:3000으로 페이지가 자동
으로 열리면서 [그림 11-11]과 같은 화면을 확인할 수 있다.

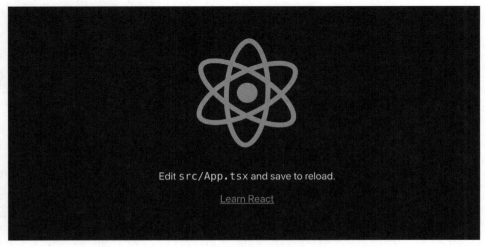

[그림 11-11] 리액트 프로젝트

이제 실행 중인 리액트 개발 서버를 종료하고 다음 명령어를 실행하여 스토리북 개발 서버를 실행한다.

```
npm run storybook
```

실행이 완료됐다면, 브라우저에서 http://localhost:6006/으로 이동해 보면 [그림 11-12]와 같이 스토리북의 화면을 확인할 수 있다.

[그림 11-12] 스토리북

우리는 앞으로 스토리북을 보면서 컴포넌트 주도 개발을 할 예정이다. 따라서 불필요한 예제 파일들인 ./src/stories 폴더를 삭제하도록 하자. 그리고 다시 브라우저에서 http://localhost:6006/으로 이동해 보면, [그림 11-13]과 같은 화면을 확인할 수 있다.

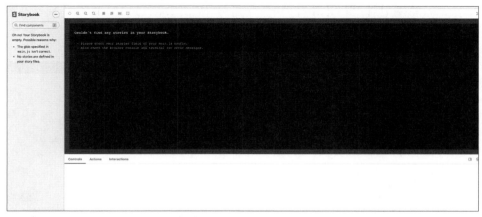

[그림 11-13] 스토리북 에러 화면

너무도 당연한 이야기이지만, 예제 파일들을 지우면서 현재 프로젝트에 더 이상 스토리북 파일이 존재하지 않게 되었다. 따라서 스토리북에 표시할 내용이 없어 이와 같은 에러가 발생했다.

이것으로 지금까지 배운 타입스크립트, Emotion 그리고 Prettier와 ESLint로 리액트 프로젝트를 생성하고 개발하는 환경을 만들어 보았다. 또한 컴포넌트 주도 개발을 위해 스토리북을 설치하고 설정했다. 이제 본격적으로 컴포넌트 주도 개발을 통해 할 일 목록 앱을 개발해 보자.

11.3 개발

다시 우리가 개발할 할 일 목록 앱을 살펴보자. 할 일 목록 앱은 [그림 11-14]와 같이 디자인된 할 일 목록 페이지를 가질 것이다.

[그림 11-14] 할 일 목록 앱의 할 일 목록 페이지 디자인

또한 오른쪽 하단의 "할 일 추가" 버튼을 클릭하면, [그림 11-15]와 같이 디자인된 할 일 추가 페이지도 가지게 될 것이다.

[그림 11-15] 할 일 목록 앱의 할 일 추가 페이지 디자인

그리고 이 두 화면을 아토믹 디자인으로 미리 나눈 내용을 확인해 보면, 할 일 목록 페이지는 [그림 11-16]과 같이 원자 컴포넌트가 구성된 것을 알 수 있다.

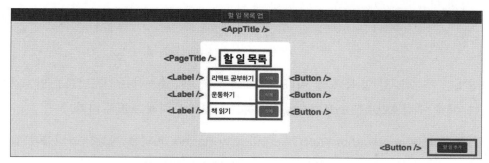

[그림 11-16] 할 일 목록 페이지의 원자 컴포넌트

할 일 추가 페이지를 아토믹 디자인의 원자 컴포넌트로 나눈 내용을 살펴보면, [그림 11-17]과 같이 구성되어 있는 것을 알 수 있다.

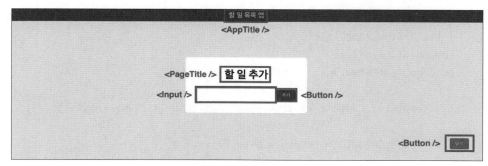

[그림 11-17] 할 일 추가 페이지의 원자 컴포넌트

그러면 이제 할 일 목록 앱의 가장 기본이 되는 원자 컴포넌트를 스토리북을 통해 컴포넌트 주도 개발로 개발해 보자.

1) 〈AppTitle /〉 원자 컴포넌트

이제 컴포넌트 주도 개발을 통해 원자 컴포넌트 중 하나인 〈AppTitle /〉 컴포넌트를 제작해 보도록 하겠다. 현재 스토리북이 실행 중이고, 브라우저에 http://localhost:6006/이 표시된 상태일 것이다.

〈AppTitle /〉 컴포넌트를 제작하기 위해 ./src/components/atoms/AppTitle/

index.tsx 파일을 생성하고 다음과 같이 수정한다.

```
export const AppTitle = () => {
  return <div>할일목록앱</div>;
};
```

현재는 단순히 "할 일 목록 앱"이라는 문자열을 화면에 출력하는 컴포넌트를 만들었다. 이제 이 컴포넌트를 스토리북을 사용하여 화면에 출력해 보도록 하자.

./src/components/atoms/AppTitle/index.stories.tsx 파일을 생성하고 다음과 같이 수정하여 〈AppTitle /〉 컴포넌트의 스토리 파일을 만든다.

```
import { ComponentStory, ComponentMeta } from '@storybook/react';

import { AppTitle } from '.';

export default {
  title: 'Atoms/AppTitle',
  component: AppTitle,
} as ComponentMeta<typeof AppTitle>;

const Template: ComponentStory<typeof AppTitle> = () => <AppTitle />;

export const Default = Template.bind({});
```

컴포넌트의 스토리 파일에 대해서는 10장에서 자세히 설명했으므로 11장에서는 생략하고 진행하도록 하겠다

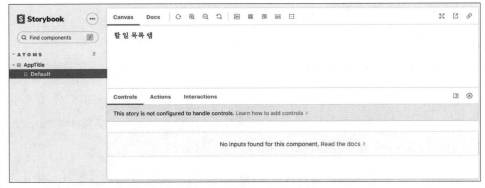

[그림 11-18] <AppTitle /> 원자 컴포넌트

이렇게 〈AppTitle /〉 컴포넌트의 스토리 파일을 수정하고 저장한 후 브라우저로 이동하여 새로고침을 해보면, [그림 11-18]과 같이 우리가 작성한 스토리가 잘 표시되는 것을 확인할 수 있다.

왼쪽 메뉴를 살펴보면, ATOMS 메뉴 하위에서 AppTitle 메뉴를 확인할 수 있으며, AppTitle 메뉴 하위에서 Default라는 스토리를 확인할 수 있다. 그리고 화면에는 우리가 index.tsx 파일에 작성한 내용이 잘 출력되고 있는 것을 알 수 있다.

이제 디자인을 참고하여 〈AppTitle /〉 컴포넌트를 개발해 보자. 〈AppTitle /〉 컴포넌트를 수정하기 위해 ./src/components/atoms/AppTitle/index.tsx 파일을 열고 다음과 같이 수정한다.

```
import styled from '@emotion/styled';
import { Link } from 'react-router-dom';

const Container = styled(Link)`
  color: #ffffff;
  font-size: 20px;
  text-decoration: none;
  cursor: pointer;
`;

export const AppTitle = () => {
  return <Container to="/">할일목록앱</Container>;
};
```

〈AppTitle /〉 컴포넌트의 디자인을 위해 Emotion을 추가했다. 〈AppTitle /〉 컴포넌트의 사양을 확인해 보면, 〈AppTitle /〉 컴포넌트를 클릭했을 때에 홈 화면("/")으로 이동하는 기능이 있다. 따라서 reac-router-dom의 〈Link /〉 컴포넌트를 사용하여 홈 화면으로 이동하는 기능을 구현했다.

이제 수정한 파일을 저장하고 브라우저를 확인해 보면, [그림 11-19]와 같이 에러가 발생하고 있는 것을 확인할 수 있다.

우리는 7장에서 react-router-dom으로 페이지 이동 기능을 구현할 때에 〈Browser Router /〉 컴포넌트 하위에서 사용하지 않으면 에러가 발생한다고 공부했다. 따라서 지금 발생하는 에러는 react-router-dom의 기능을 사용하지만, 해당 컴포넌트 상위 컴포넌트에 〈BrowserRouter /〉 컴포넌트를 제공하지 않았기 때문이다.

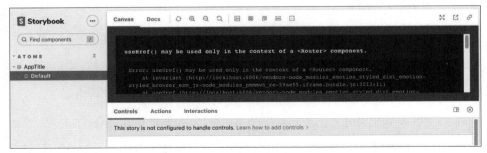

[그림 11-19] 　〈AppTitle /〉 원자 컴포넌트

이 문제를 해결하기 위해 ./src/components/atoms/AppTitle/index.stories.tsx 파일을 열고 다음과 같이 수정한다.

```
import { ComponentStory, ComponentMeta } from '@storybook/react';
import { BrowserRouter } from 'react-router-dom';
...
const Template: ComponentStory<typeof AppTitle> = () => (
  <BrowserRouter>
    <AppTitle />
  </BrowserRouter>
);
...
```

react-router-dom으로부터 〈BrowserRouter /〉 컴포넌트를 불러와 〈AppTitle /〉 컴포넌트의 스토리에서 사용하도록 수정했다.

이렇게 〈AppTitle /〉 컴포넌트의 스토리 파일을 수정하고 저장한 후 브라우저를 확인해 보면, [그림 11-20]과 같이 에러가 수정된 것을 확인할 수 있다.

하지만 "할 일 목록 앱"이라는 문자열이 표시되지 않는 것처럼 보인다. 그 이유는 우리가 컴포넌트의 디자인을 추가할 때에 "color"값에 흰색(#ffffff)을 추가했기 때문이다.

[그림 11-20] <AppTitle /> 원자 컴포넌트

따라서 스토리북 화면에서 마우스 드래그를 통해 영역을 지정하면, [그림 11-21]과 같이 우리가 기대하는 "할 일 목록 앱"이라는 문자열을 확인할 수 있다.

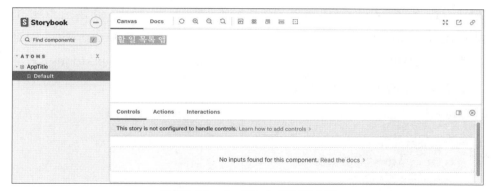

[그림 11-21] <AppTitle /> 원자 컴포넌트

하지만 컴포넌트의 내용을 확인하기 위해 매번 마우스 드래그를 사용해야 한다면, 컴포넌트를 개발할 때에 큰 어려움으로 다가올 것이다.

스토리북에서는 다양한 테마에서 컴포넌트를 확인할 수 있는 기능을 기본적으로 제공하고 있다. 따라서 스토리북 상단 메뉴에서 [그림 11-22]와 같이 배경색을 변경하는 메뉴를 사용할 수 있다.

하지만 이 기능도 컴포넌트를 확인하기 위해 매번 변경해 주어야 한다. 또한 〈AppTitle /〉 컴포넌트는 흰색이나 검은색 위에 표시되는 것이 아니라 헤더 위에 표시되는데, 이번 예제의 헤더는 헤더 고유의 색상을 가지고 있다.

따라서 스토리북이 제공하는 기본 기능만으로는 우리가 원하는 환경을 충분히 구성할 수 없다.

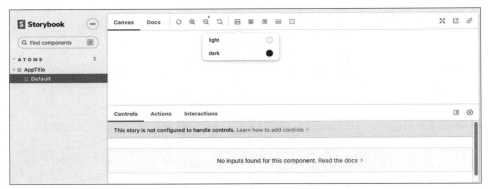

[그림 11-22] <AppTitle /> 원자 컴포넌트

이와 같은 경우 우리는 스토리북의 기능을 사용자화^{Customizing}하여 사용할 수 있다. 우리가 원하는 배경색 위에 <AppTitle /> 컴포넌트를 표시하기 위해 <AppTitle /> 컴포넌트의 스토리 파일인 ./src/components/atoms/AppTitle/index.stories.tsx 파일을 열고 다음과 같이 수정한다.

```
...
export default {
  title: 'Atoms/AppTitle',
  component: AppTitle,
  parameters: {
    backgrounds: {
      default: 'Header background color',
      values: [{ name: 'Header background color', value: '#304ffe' }],
    },
  },
} as ComponentMeta<typeof AppTitle>;
```

<AppTitle /> 컴포넌트 스토리의 기본 설정인 부분에 "parameters"를 추가하고 여기에 "background" 옵션을 통해 우리가 원하는 색상을 지정했다.

스토리북 설정 파일인 .storybook/preview.js 파일을 수정하여 동일한 기능을 구현할 수 있지만, preview.js 파일을 수정하는 경우 모든 컴포넌트에 적용되므로 이번 경우와 같이 특정 컴포넌트만을 위한 설정을 변경하는 경우 해당 컴포넌트의 스토리

옵션을 수정해야 한다.

이렇게 〈AppTitle /〉 컴포넌트의 스토리 파일을 수정하고 저장한 후 브라우저를 확인해 보면, [그림 11-23]과 같이 헤더의 배경색 위에 표시되는 〈AppTitle /〉 컴포넌트를 확인할 수 있다.

[그림 11-23]   〈AppTitle /〉 원자 컴포넌트

이것으로 〈AppTitle /〉 컴포넌트의 디자인과 사양을 모두 구현해 보았다. 계속해서 컴포넌트 주도 개발을 통해 원자 컴포넌트들을 구현해 보도록 하자.

2) 〈PageTitle /〉 원자 컴포넌트

다음으로 할 일 목록 앱의 원자 컴포넌트 중 하나인 〈PageTitle /〉 컴포넌트를 제작해 보도록 하자. 〈PageTitle /〉 컴포넌트를 제작하기 위해 ./src/components/atoms/PageTitle/index.tsx 파일을 생성하고 다음과 같이 수정한다.

```
export const PageTitle = () => {
  return <h1>할일목록</h1>;
};
```

현재는 단순히 "할 일 목록"이라는 문자열을 HTML의 〈h1 /〉 태그를 사용하여 화면에 출력하는 컴포넌트를 만들었다. 이제 이 컴포넌트를 스토리북을 사용하여 화면에 출력해 보도록 하자.

./src/components/atoms/PageTitle/index.stories.tsx 파일을 생성하고 다음과 같이 수정하여 〈PageTitle /〉 컴포넌트의 스토리 파일을 만든다.

```
import { ComponentStory, ComponentMeta } from '@storybook/react';

import { PageTitle } from '.';

export default {
  title: 'Atoms/PageTitle',
  component: PageTitle,
} as ComponentMeta<typeof PageTitle>;

const Template: ComponentStory<typeof PageTitle> = () => <PageTitle
/>;

export const Default = Template.bind({});
```

이전에 설명한 컴포넌트의 스토리 파일을 작성하는 내용과 동일하므로 자세한 설명
은 생략하고 진행하도록 하겠다.

이렇게 〈PageTitle /〉 컴포넌트의 스토리 파일을 수정하고 저장한 후 브라우저로 이
동하여 새로고침을 해보면, [그림 11-24]와 같이 우리가 만든 〈PageTitle /〉 컴포넌
트가 잘 표시되는 것을 확인할 수 있다.

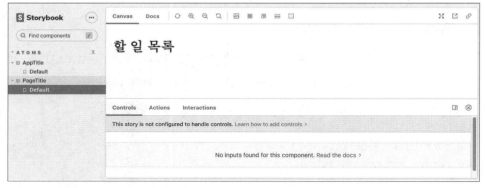

[그림 11-24] 〈PageTitle /〉 원자 컴포넌트

이제 디자인을 참고하여 〈PageTitle /〉 컴포넌트를 개발해 보자. 〈PageTitle /〉 컴포
넌트를 수정하기 위해 ./src/components/atoms/PageTitle/index.tsx 파일을 열고
다음과 같이 수정한다.

```
import styled from '@emotion/styled';
```

```
const Container = styled.h1`
  margin-top: 0;
`;

export const PageTitle = () => {
  return <Container>할 일 목록</Container>;
};
```

〈PageTitle /〉 컴포넌트의 디자인을 위해 Emotion을 추가했다. 디자인을 확인해 보면, 〈PageTitle /〉 컴포넌트는 하얀 상자 안에 표시되고, 해당 상자는 상하와 좌우에 균일한 padding값을 가지고 있다. 따라서 HTML의 〈h1 /〉 태그를 사용하여 기본적으로 가지고 있는 상단 margin을 제거하도록 했다.

이렇게 〈PageTitle /〉 컴포넌트를 수정하고 저장한 후 브라우저를 확인해 보면, [그림 11-25]와 같이 우리가 디자인한 〈PageTitle /〉 컴포넌트가 잘 표시되는 것을 확인할 수 있다.

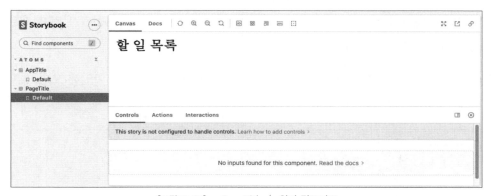

[그림 11-25] 〈PageTitle /〉 원자 컴포넌트

〈PageTitle /〉 컴포넌트는 할 일 목록 페이지에서도 사용되고, 할 일 추가 페이지에서도 사용될 예정이다. 또한 각각의 페이지에서 페이지에 맞는 문자열을 표시할 것이므로 〈PageTitle /〉 컴포넌트에서 표시하는 문자열을 부모 컴포넌트가 정하도록 수정하는 것이 좋다.

〈PageTitle /〉 컴포넌트가 부모 컴포넌트로부터 데이터를 전달받을 수 있도록 만들기 위해 ./src/components/atoms/PageTitle/index.tsx 파일을 열고 다음과 같이
수정한다.

```
import styled from '@emotion/styled';

const Container = styled.h1`
  margin-top: 0;
`;

interface Props {
  readonly title: string;
}

export const PageTitle = ({ title }: Props) => {
  return <Container>{title}</Container>;
};
```

타입스크립트의 인터페이스를 사용하여 Props를 정의하고, 정의한 인터페이스를 사
용하여 부모 컴포넌트로부터 데이터를 전달받도록 수정했다. 또한 전달받은 Props
데이터를 화면에 표시하도록 수정하여 부모 컴포넌트에서 〈PageTitle /〉 컴포넌트
에 표시할 내용을 결정할 수 있도록 했다.

이렇게 〈PageTitle /〉 컴포넌트를 수정하고 저장한 후 브라우저를 확인해 보면, [그
림 11-26]과 같은 화면을 확인할 수 있다.

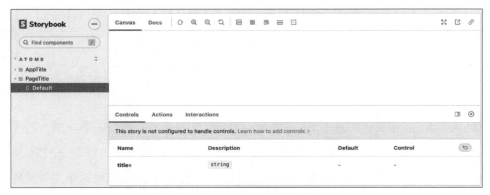

[그림 11-26] 〈PageTitle /〉 원자 컴포넌트

우리는 아직 〈PageTitle /〉 컴포넌트의 스토리 파일에서 〈PageTitle /〉 컴포넌트

의 필수 Props인 title을 설정하지 않았기 때문에 [그림 11-26]과 같이 스토리북 화면에는 그 어떤 문자열도 표시되지 않는 것을 확인할 수 있다. 또한 화면 하단의 Controls 탭에서는 우리가 설정한 title이 필수 Props로 표시되고 있는 것을 확인할 수 있다.

이제 〈PageTitle /〉 컴포넌트의 스토리 파일을 수정하여 〈PageTitle /〉 컴포넌트의 필수 Props인 title을 설정해 보도록 하자. 스토리 파일에서 〈PageTitle /〉 컴포넌트의 필수 Props인 title을 설정하기 위해 ./src/components/atoms/PageTitle/index.stories.tsx 파일을 열고 다음과 같이 수정한다.

```
const Template: ComponentStory<typeof PageTitle> = (args) =>
<PageTitle
{...args} />;

export const Default = Template.bind({});
Default.args = {
  title: '할일목록',
};
```

〈PageTitle /〉 컴포넌트가 Props 데이터를 전달받을 수 있도록 수정한 후 Default 스토리에서 필수 Props인 title을 설정했다.

이렇게 〈PageTitle /〉 컴포넌트의 스토리 파일을 수정하고 저장한 후 브라우저를 확인해 보면, [그림 11-27]과 같이 우리가 설정한 데이터가 잘 표시되고 있는 것을 확인할 수 있다.

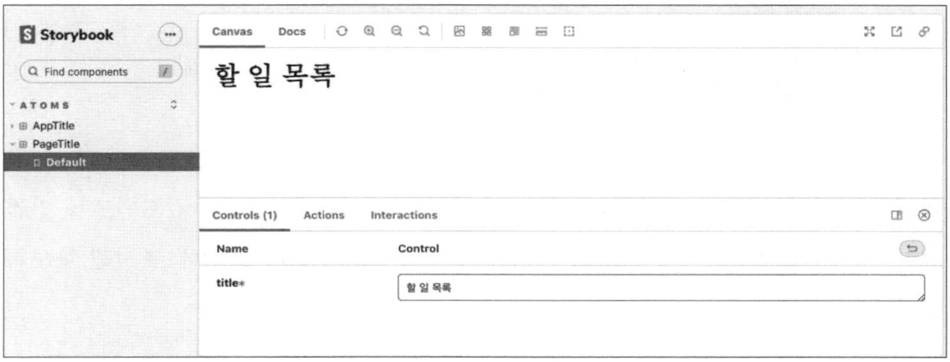

[그림 11-27] 〈PageTitle /〉 원자 컴포넌트

또한 화면 하단의 Controls 탭에 표시된 〈PageTitle /〉 컴포넌트의 필수 Props인 title값을 변경하면, [그림 11-28]과 같이 스토리북 화면에서도 잘 변경되는 것을 확인할 수 있다.

[그림 11-28] 〈PageTitle /〉 원자 컴포넌트

이것으로 할 일 목록 페이지와 할 일 추가 페이지에서 표시될 〈PageTitle /〉 컴포넌트를 컴포넌트 주도 개발을 통해 만들어 보았다. 계속해서 할 일 목록 앱의 원자 컴포넌트를 제작해 보도록 하자.

3) 〈Label /〉 원자 컴포넌트

할 일 목록 앱의 원자 컴포넌트 중 하나인 〈Label /〉 컴포넌트를 제작해 보도록 하자. 〈Label /〉 컴포넌트를 제작하기 위해 ./src/components/atoms/Label/index.tsx 파일을 생성하고 다음과 같이 수정한다.

```
export const Label = () => {
  return <div>리액트 공부하기</div>;
};
```

현재는 단순히 "리액트 공부하기"라는 문자열을 화면에 출력하는 컴포넌트를 만들었다. 이제 이 컴포넌트의 스토리 파일을 생성하여 스토리북 화면에 표시해 보도록 하자.

./src/components/atoms/Label/index.stories.tsx 파일을 생성하고 다음과 같이

수정하여 〈Label /〉 컴포넌트의 스토리 파일을 만든다.

```
import { ComponentStory, ComponentMeta } from '@storybook/react';

import { Label } from '.';

export default {
  title: 'Atoms/Label',
  component: Label,
} as ComponentMeta<typeof Label>;

const Template: ComponentStory<typeof Label> = () => <Label />;

export const Default = Template.bind({});
```

이전에 설명한 컴포넌트의 스토리 파일을 작성하는 내용과 동일하므로 자세한 설명
은 생략하고 진행하도록 하겠다.

이렇게 〈Label /〉 컴포넌트의 스토리 파일을 수정하고 저장한 후 브라우저로 이동하
여 새로고침을 해보면, [그림 11-29]와 같이 우리가 만든 〈Label /〉 컴포넌트가 잘
표시되는 것을 확인할 수 있다.

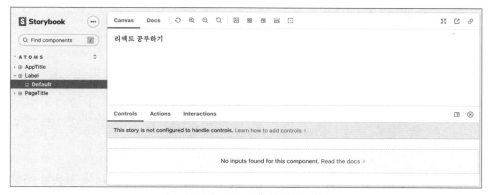

[그림 11-29] <Label /> 원자 컴포넌트

이제 앞에서 확인한 디자인을 참고하여 〈Label /〉 컴포넌트를 개발해 보자. 〈Label
/〉 컴포넌트를 수정하기 위해 ./src/components/atoms/Label/index.tsx 파일을
열고 다음과 같이 수정한다.

```
import styled from '@emotion/styled';
```

```
const Container = styled.div`
  flex: 1;
  font-size: 1.2rem;
  margin-right: 16px;
`;

export const Label = () => {
  return <Container>리액트 공부하기</Container>;
};
```

〈Label /〉 컴포넌트의 디자인을 위해 Emotion을 추가했으며 Emotion을 사용하여 디자인한 컴포넌트를 생성하고 해당 컴포넌트를 사용하도록 수정했다.

이렇게 Emotion을 사용하여 디자인한 컴포넌트를 사용하도록 〈Label /〉 컴포넌트를 수정하고 저장한 후 브라우저를 확인해 보면, [그림 11-30]과 같이 우리가 디자인한 〈Label /〉 컴포넌트가 잘 표시되는 것을 확인할 수 있다.

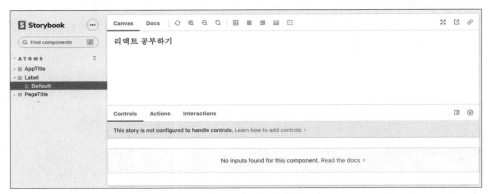

[그림 11-30] 〈Label /〉 원자 컴포넌트

〈Label /〉 컴포넌트는 할 일 목록 페이지에서 여러 할 일을 표시할 때에 사용할 예정이다. 따라서 〈Label /〉 컴포넌트에서 표시하는 문자열을 부모 컴포넌트가 정하도록 수정하는 것이 좋다.

〈Label /〉 컴포넌트가 부모 컴포넌트로부터 데이터를 전달받을 수 있도록 만들기 위해 ./src/components/atoms/Label/index.tsx 파일을 열고 다음과 같이 수정한다.

```
import styled from '@emotion/styled';

const Container = styled.div`
  flex: 1;
  font-size: 1.2rem;
  margin-right: 16px;
`;

interface Props {
  readonly label: string;
}

export const Label = ({ label }: Props) => {
  return <Container>{label}</Container>;
};
```

타입스크립트의 인터페이스를 사용하여 Props를 정의하고, 정의한 인터페이스를 사용하여 부모 컴포넌트로부터 데이터를 전달받도록 수정했다. 또한 부모 컴포넌트로부터 전달받은 Props 데이터를 화면에 표시하도록 수정하여 부모 컴포넌트에서 ⟨Label /⟩ 컴포넌트에 표시할 내용을 결정할 수 있도록 했다.

이렇게 ⟨Label /⟩ 컴포넌트를 수정하고 저장한 후 브라우저를 확인해 보면, [그림 11-31]과 같은 화면을 확인할 수 있다.

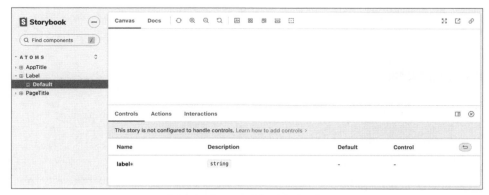

[그림 11-31] ⟨Label /⟩ 원자 컴포넌트

우리는 아직 ⟨Label /⟩ 컴포넌트의 스토리 파일에서 ⟨Label /⟩ 컴포넌트의 필수 Props인 label을 설정하지 않았기 때문에 [그림 11-31]과 같이 스토리북 화면에는 그 어떤 문자열도 표시되지 않는 것을 확인할 수 있다. 또한 화면 하단의 Controls 탭에서는 우리가 설정한 label이 필수 Props로 표시되고 있는 것을 확인할 수 있다.

이제 〈Label /〉 컴포넌트의 스토리 파일을 수정하여 〈Label /〉 컴포넌트의 필수 Props인 label을 설정해 보도록 하자. 스토리 파일에서 〈Label /〉 컴포넌트의 필수 Props인 label을 설정하기 위해 ./src/components/atoms/Label/index.stories.tsx 파일을 열고 다음과 같이 수정한다.

```
const Template: ComponentStory<typeof Label> = (args) => <Label
{...args} />;

export const Default = Template.bind({});
Default.args = {
  label: '리액트 공부하기',
};
```

〈Label /〉 컴포넌트가 Props 데이터를 전달받을 수 있도록 수정한 후 Default 스토리에서 필수 Props인 label을 설정했다.

이렇게 〈Label /〉 컴포넌트의 스토리 파일을 수정하고 저장한 후 브라우저를 확인해 보면, [그림 11-32]와 같이 우리가 설정한 데이터가 잘 표시되고 있는 것을 확인할 수 있다.

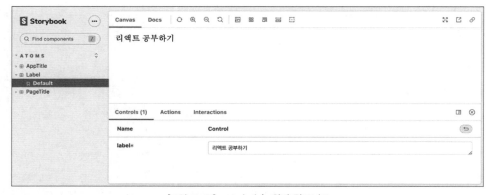

[그림 11-32] 〈Label /〉.원자 컴포넌트

또한 화면 하단의 Controls 탭에 표시된 〈Label /〉 컴포넌트의 필수 Props인 label 값을 변경하면, [그림 11-33]과 같이 스토리북 화면에서도 잘 변경되는 것을 확인할 수 있다.

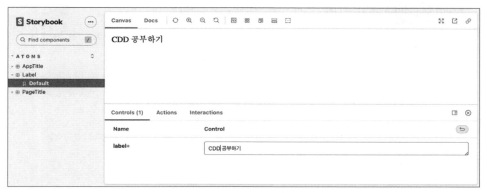

[그림 11-33] <Label /> 원자 컴포넌트

이것으로 할 일 목록 페이지에서 표시될 〈Label /〉 컴포넌트를 컴포넌트 주도 개발을 통해 만들어 보았다. 계속해서 할 일 목록 앱의 원자 컴포넌트를 제작해 보도록 하자.

4) 〈Button /〉 원자 컴포넌트

할 일 목록 앱의 원자 컴포넌트 중 하나인 〈Button /〉 컴포넌트를 제작해 보도록 하자. 〈Button /〉 컴포넌트를 제작하기 위해 ./src/components/atoms/Button/index.tsx 파일을 생성하고 다음과 같이 수정한다.

```
export const Button = () => {
  return <button>버튼</button>;
};
```

현재는 단순히 "버튼"이라는 문자열을 HTML의 〈button /〉 태그를 사용하여 화면에 출력하는 컴포넌트를 만들었다. 이제 이 컴포넌트의 스토리 파일을 생성하여 스토리북 화면에 표시해 보도록 하자.

./src/components/atoms/Button/index.stories.tsx 파일을 생성하고 다음과 같이 수정하여 〈Button /〉 컴포넌트의 스토리 파일을 만든다.

```
import { ComponentStory, ComponentMeta } from '@storybook/react';
```

```
import { Button } from '.';

export default {
  title: 'Atoms/Button',
  component: Button,
} as ComponentMeta<typeof Button>;

const Template: ComponentStory<typeof Button> = () => <Button />;

export const Default = Template.bind({});
```

이전에 설명한 컴포넌트의 스토리 파일을 작성하는 내용과 동일하므로 자세한 설명은 생략하고 진행하도록 하겠다.

이렇게 〈Button /〉 컴포넌트의 스토리 파일을 수정하고 저장한 후 브라우저로 이동하여 새로고침을 해보면, [그림 11-34]와 같이 우리가 만든 〈Button /〉 컴포넌트가 잘 표시되는 것을 확인할 수 있다.

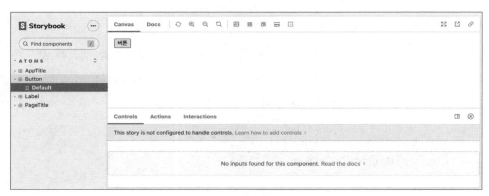

[그림 11-34] <Button /> 원자 컴포넌트

이제 디자인을 참고하여 〈Button /〉 컴포넌트를 개발해 보자. 〈Button /〉 컴포넌트를 수정하기 위해 ./src/components/atoms/Button/index.tsx 파일을 열고 다음과 같이 수정한다.

```
import styled from '@emotion/styled';

const Container = styled.button`
```

```
    border: 0;
    color: #ffffff;
    background-color: #ff5722;
    cursor: pointer;
    padding: 8px 16px;
    border-radius: 4px;

    &:hover {
      background-color: #ff5722;
      opacity: 0.8;
    }

    &:active {
      box-shadow: inset 5px 5px 10px rgba(0, 0, 0, 0.2);
    }
`;

export const Button = () => {
  return <Container>버튼</Container>;
};
```

〈Button /〉 컴포넌트의 디자인을 위해 Emotion을 추가했으며 Emotion을 사용하여 디자인한 컴포넌트를 생성하고 해당 컴포넌트를 사용하도록 수정했다.

이렇게 〈Button /〉 컴포넌트를 수정하고 저장한 후 브라우저를 확인해 보면, [그림 11-35]와 같이 우리가 디자인한 〈Button /〉 컴포넌트가 잘 표시되는 것을 확인할 수 있다.

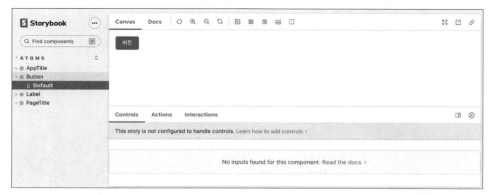

[그림 11-35] 〈Button /〉 원자 컴포넌트

〈Button /〉 컴포넌트는 할 일 목록 페이지와 할 일 추가 페이지에서 삭제 버튼이나 등록 버튼, 페이지를 이동하는 버튼 등 여러 부분에서 사용될 예정이다. 또한 각각의 역할에 따라 버튼의 배경색을 변경할 예정이므로 〈Button /〉 컴포넌트에 표시될 문자열과 배경색 그리고 클릭 이벤트를 부모 컴포넌트에서 사용할 수 있도록 수정하는 것이 좋다.

〈Button /〉 컴포넌트가 부모 컴포넌트로부터 데이터를 전달받을 수 있도록 만들기 위해 ./src/components/atoms/Button/index.tsx 파일을 열고 다음과 같이 수정한다.

```
import styled from '@emotion/styled';

interface ContainerProps {
  readonly color: string;
}

const Container = styled.button<ContainerProps>`
  border: 0;
  color: #ffffff;
  background-color: ${(props) => props.color};
  cursor: pointer;
  padding: 8px 16px;
  border-radius: 4px;

  &:hover {
    background-color: ${(props) => props.color};
    opacity: 0.8;
  }

  &:active {
    box-shadow: inset 5px 5px 10px rgba(0, 0, 0, 0.2);
  }
`;

interface Props {
  readonly label: string;
  readonly color?: string;
  readonly onClick?: () => void;
```

```
  }

  export const Button = ({ label, color = '#ff5722', onClick }: Props) => {
    return (
      <Container color={color} onClick={onClick}>
        {label}
      </Container>
    );
  };
```

타입스크립트의 인터페이스를 사용하여 Props를 정의하고, 정의한 인터페이스를 사용하여 부모 컴포넌트로부터 데이터를 전달받도록 수정했다. 또한 부모 컴포넌트로부터 전달받은 Props 데이터를 화면에 표시하고 클릭 이벤트에 연결하도록 수정하여 부모 컴포넌트에서 〈Button /〉 컴포넌트에 표시할 내용과 이벤트를 연결할 수 있도록 했다.

그리고 부모 컴포넌트로부터 전달받은 색상을 Emotion으로 만든 컴포넌트에 전달하기 위해 타입스크립트의 인터페이스를 사용하여 ContainerProps를 정의했으며 전달받은 데이터를 사용하도록 Emotion 컴포넌트를 수정했다.

이렇게 〈Button /〉 컴포넌트를 수정하고 저장한 후 브라우저를 확인해 보면, [그림 11-36]과 같은 화면을 확인할 수 있다.

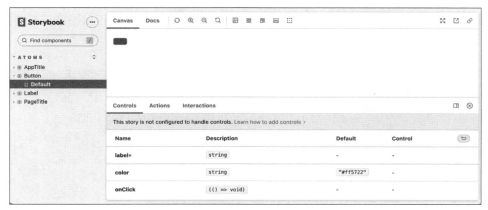

[그림 11-36] 〈Button /〉 원자 컴포넌트

우리는 아직 〈Button /〉 컴포넌트의 스토리 파일에서 〈Button /〉 컴포넌트의 필수

Props인 label을 설정하지 않았기 때문에 [그림 11-36]과 같이 스토리북 화면에는 그 어떤 문자열도 표시되지 않는 것을 확인할 수 있다. 또한 화면 하단의 Controls 탭에서는 우리가 설정한 ⟨Button /⟩ 컴포넌트의 Props들이 표시되고 있는 것을 확인할 수 있다.

이제 ⟨Button /⟩ 컴포넌트의 스토리 파일을 수정하여 ⟨Button /⟩ 컴포넌트의 필수 Props를 설정해 보도록 하자. 스토리 파일에서 ⟨Button /⟩ 컴포넌트의 필수 Props를 설정하기 위해 ./src/components/atoms/Button/index.stories.tsx 파일을 열고 다음과 같이 수정한다.

```
...
const Template: ComponentStory<typeof Button> = (args) => <Button
{...args} />;

export const Default = Template.bind({});
Default.args = {
  label: "추가",
};
```

⟨Button /⟩ 컴포넌트가 Props 데이터를 전달받을 수 있도록 수정한 후 Default 스토리에서 필수 Props인 label을 설정했다.

이렇게 ⟨Button /⟩ 컴포넌트의 스토리 파일을 수정하고 저장한 후 브라우저를 확인해 보면, [그림 11-37]과 같이 우리가 설정한 데이터가 잘 표시되고 있는 것을 확인할 수 있다.

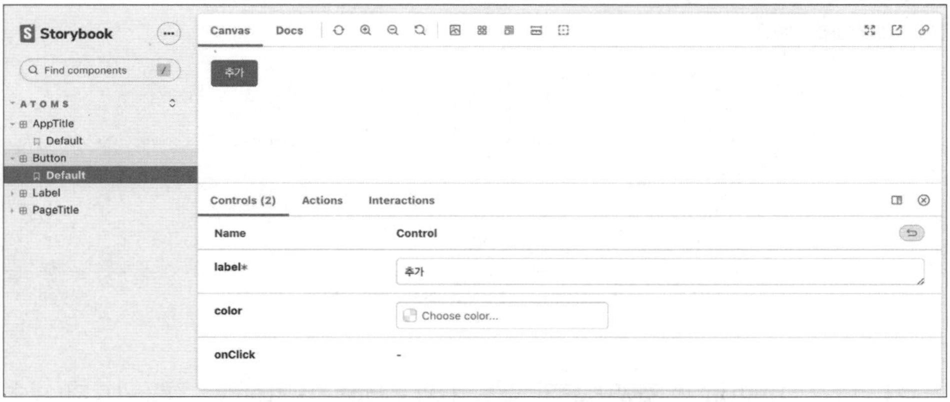

[그림 11-37] ⟨Button /⟩ 원자 컴포넌트

또한 화면 하단의 Controls 탭에 표시된 〈Button /〉 컴포넌트의 Props값을 변경하면, [그림 11-38]과 같이 스토리북 화면에서도 잘 변경되는 것을 확인할 수 있다.

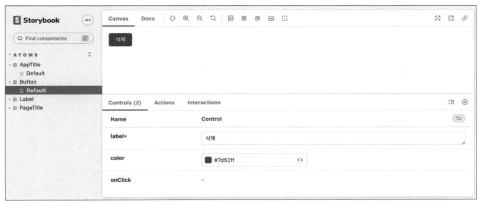

[그림 11-38] <Button /> 원자 컴포넌트

그리고 하단의 Actions 탭을 선택한 후 화면에 표시된 "추가" 버튼을 클릭해 보면, [그림 11-39]와 같이 onClick 이벤트가 잘 발생하는 것을 확인할 수 있다.

[그림 11-39] <Button /> 원자 컴포넌트

다시 〈Button /〉 컴포넌트의 디자인을 확인해 보면, 할 일 목록 앱에서는 버튼이 크게 빨간색과 파란색으로 구분되어 있는 것을 확인할 수 있다. 따라서 〈Button /〉 컴포넌트에 이 두 스토리를 작성해 두면, 추후 개발 시 좀 더 편하게 개발할 수 있다.

그러면 〈Button /〉 컴포넌트의 스토리를 수정하여 빨간색과 파란색으로 구분하는 스토리를 추가해 보자. ./src/components/atoms/Button/index.stories.tsx 파일을
다음과 같이 수정하여 ⟨Button /⟩ 컴포넌트에 스토리를 추가한다.

```
...
const Template: ComponentStory<typeof Button> = (args) => <Button
{...args} />;
export const RedButton = Template.bind({});
RedButton.args = {
  label: '삭제',
};

export const BlueButton = Template.bind({});
BlueButton.args = {
  label: '추가',
  color: '#304FFE',
};
```

기존에 있던 "Default" 스토리를 제거하고 "RedButton" 스토리와 "BlueButton" 스토
리를 작성했다. 이렇게 ⟨Button /⟩ 컴포넌트의 스토리 파일을 수정하고 저장한 후 브
라우저를 확인해 보면, [그림 11-40]과 같이 왼쪽 메뉴에 "Default" 스토리가 사라지
고 "Red Button" 스토리와 "Blue Button" 스토리가 추가된 것을 확인할 수 있다.

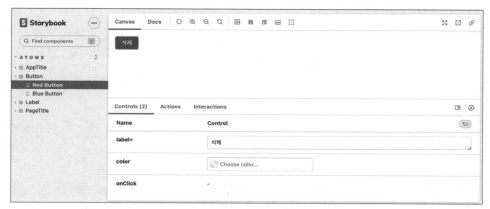

[그림 11-40]   ⟨Button /⟩ 원자 컴포넌트

이미 스토리 파일에서 스토리를 작성할 때에 캐멀 케이스로 변수명을 작성하면, 대
문자 앞에 띄어쓰기가 추가된다고 설명했다. 이번 예제에서 이와 같은 내용이 잘 동
작하는 것을 확인할 수 있다.

이제 "Blue Button"을 클릭해 보면, [그림 11-41]과 같이 우리가 지정한 파란색이 잘 적용된 〈Button /〉 컴포넌트를 확인할 수 있다.

[그림 11-41]   〈Button /〉 원자 컴포넌트

이와 같이 개발하고자 하는 프로젝트에서 자주 사용되는 컴포넌트 상태를 미리 만들어 놓으면, 다른 개발자들이 이를 참고하여 빠르게 개발할 수 있도록 도움을 줄 수 있다.

이것으로 할 일 목록 페이지에서 표시될 〈Button /〉 컴포넌트를 컴포넌트 주도 개발을 통해 만들어 보았다. 계속해서 할 일 목록 앱의 원자 컴포넌트를 제작해 보도록 하자.

5) 〈Input /〉 원자 컴포넌트

할 일 목록 앱의 마지막 원자 컴포넌트인 〈Input /〉 컴포넌트를 제작해 보도록 하자. 〈Input /〉 컴포넌트를 제작하기 위해 ./src/components/atoms/Input/index.tsx 파일을 생성하고 다음과 같이 수정한다.

```
export const Input = () => {
  return <input />;
};
```

현재는 단순히 HTML의 〈input /〉 태그를 화면에 출력하는 컴포넌트를 만들었다. 이제 이 컴포넌트의 스토리 파일을 생성하여 스토리북 화면에 표시해 보도록 하자.

./src/components/atoms/Input/index.stories.tsx 파일을 생성하고 다음과 같이 수정하여 ⟨Input /⟩ 컴포넌트의 스토리 파일을 만든다.

```tsx
import { ComponentStory, ComponentMeta } from '@storybook/react';

import { Input } from '.';

export default {
  title: 'Atoms/Input',
  component: Input,
} as ComponentMeta<typeof Input>;

const Template: ComponentStory<typeof Input> = () => <Input />;

export const Default = Template.bind({});
```

이전에 설명한 컴포넌트의 스토리 파일을 작성하는 내용과 동일하므로 자세한 설명은 생략하고 진행하도록 하겠다.

이렇게 ⟨Input /⟩ 컴포넌트의 스토리 파일을 수정하고 저장한 후 브라우저로 이동하여 새로고침을 해보면, [그림 11-42]와 같이 우리가 만든 ⟨Input /⟩ 컴포넌트가 잘 표시되는 것을 확인할 수 있다.

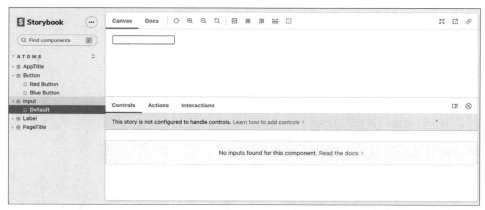

[그림 11-42] ⟨Input /⟩ 원자 컴포넌트

이제 디자인을 참고하여 ⟨Input /⟩ 컴포넌트를 개발해 보자. ⟨Input /⟩ 컴포넌트를 수정하기 위해 ./src/components/atoms/Input/index.tsx 파일을 열고 다음과 같이 수정한다.

```
import styled from '@emotion/styled';

const TextInput = styled.input`
  font-size: 1.2rem;
  padding: 8px;
`;

export const Input = () => {
  return <TextInput />;
};
```

⟨Input /⟩ 컴포넌트의 디자인을 위해 Emotion을 추가했으며 Emotion을 사용하여 디자인한 컴포넌트를 생성하고 해당 컴포넌트를 사용하도록 수정했다.

이렇게 ⟨Input /⟩ 컴포넌트를 수정하고 저장한 후 브라우저를 확인해 보면, [그림 11-43]과 같이 우리가 디자인한 ⟨Input /⟩ 컴포넌트가 잘 표시되는 것을 확인할 수 있다.

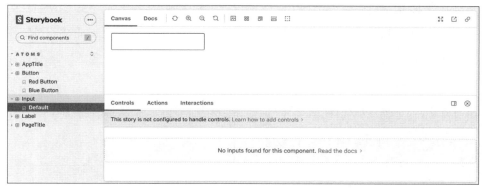

[그림 11-43] <Input /> 원자 컴포넌트

⟨Input /⟩ 컴포넌트는 부모 컴포넌트에서 사용자가 입력한 값을 사용할 수 있도록 onChange 이벤트를 연결해야 하고, 사용자가 입력한 값을 제거할 수 있어야 하므로 부모 컴포넌트에서 ⟨Input /⟩ 컴포넌트에 값을 지정할 수 있어야 한다.

이렇게 ⟨Input /⟩ 컴포넌트가 부모 컴포넌트로부터 데이터를 전달받을 수 있도록 만들기 위해 ./src/components/atoms/Input/index.tsx 파일을 열고 다음과 같이 수정한다.

```
import styled from '@emotion/styled';

const TextInput = styled.input`
  font-size: 1.2rem;
  padding: 8px;
`;

interface Props {
  readonly value: string;
  readonly onChange: (text: string) => void;
}

export const Input = ({ value, onChange }: Props) => {
  return <TextInput value={value} onChange={(event) => onChange(event.
target.value)} />;
};
```

타입스크립트의 인터페이스를 사용하여 Props를 정의하고, 정의한 인터페이스를 사용하여 부모 컴포넌트로부터 데이터를 전달받도록 수정했다. 또한 부모 컴포넌트로부터 전달받은 Props 데이터를 화면에 표시하고 onChange 이벤트에 연결하도록 수정하여 부모 컴포넌트에서 〈Input /〉 컴포넌트에 표시할 내용과 이벤트를 활용할 수 있도록 했다.

이렇게 〈Input /〉 컴포넌트를 수정하고 저장한 후 브라우저를 확인해 보면, [그림 11-44]와 같은 화면을 확인할 수 있다.

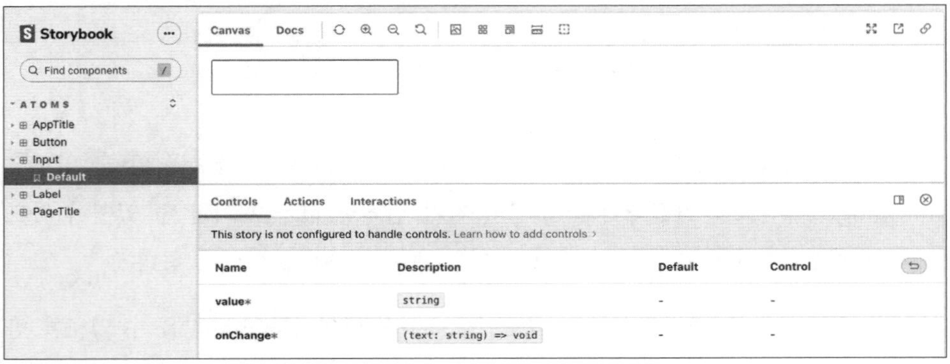

[그림 11-44] 〈Input /〉 원자 컴포넌트

우리는 아직 〈Input /〉 컴포넌트의 스토리 파일에서 〈Input /〉 컴포넌트의 필수 Props인 value와 onChange를 설정하지 않았다. 따라서 화면 하단의 Controls 탭에서는 value값을 변경할 수 없다.

이제 〈Input /〉 컴포넌트의 스토리 파일을 수정하여 〈Input /〉 컴포넌트의 필수 Props를 설정해 보도록 하자. 스토리 파일에서 〈Input /〉 컴포넌트의 필수 Props를 설정하기 위해 ./src/components/atoms/Input/index.stories.tsx 파일을 열고 다음과 같이 수정한다.

```
...
const Template: ComponentStory<typeof Input> = (args) => <Input
{...args} />;

export const Default = Template.bind({});
Default.args = {
  value: '리액트 공부하기',
};
```

〈Input /〉 컴포넌트가 Props 데이터를 전달받을 수 있도록 수정한 후 Default 스토리에서 필수 Props인 value값을 설정했다.

이렇게 〈Input /〉 컴포넌트의 스토리 파일을 수정하고 저장한 후 브라우저를 확인해 보면, [그림 11-45]와 같이 우리가 만든 데이터가 잘 표시되고 있는 것을 확인할 수 있다.

[그림 11-45] 〈Input /〉 원자 컴포넌트

또한 화면 하단의 Controls 탭에 표시된 〈Input /〉 컴포넌트의 Props값을 변경하면, [그림 11-46]과 같이 스토리북 화면에서도 잘 변경되는 것을 확인할 수 있다.

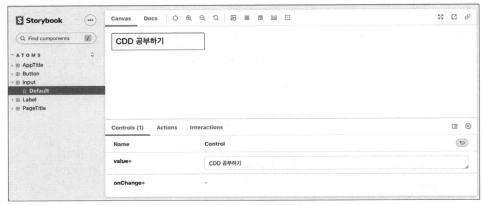

[그림 11-46]   〈Input /〉 원자 컴포넌트

그리고 하단의 Actions 탭을 선택한 후 화면에 표시된 〈Input /〉 컴포넌트의 내용을 변경해 보면, [그림 11-47]과 같이 onChange 이벤트가 잘 발생하는 것을 확인할 수 있다.

[그림 11-47]   〈Input /〉 원자 컴포넌트

부모 컴포넌트에서 onChange 이벤트를 사용하여 〈Input /〉 컴포넌트의 value값을 변경하는 처리가 들어가 있지 않기 때문에 스토리북 화면에 표시된 〈Input /〉 컴포넌트의 내용은 변경되지 않고, Actions 탭에 로그만 표시되는 것을 알 수 있다.

실제 프로젝트에서는 부모 컴포넌트에서 useState를 사용하여 값이 변경되도록 할 예정이지만, 스토리북에서는 이와 같은 처리를 추가하지 않을 것이다.

이것으로 할 일 목록 앱의 원자 컴포넌트들을 컴포넌트 주도 개발을 통해 모두 개발해 보았다. 이제 할 일 목록 앱의 유기체 컴포넌트를 제작해 보도록 하자.

6) 〈Header /〉 유기체 컴포넌트

앞에서 우리는 할 일 목록 앱을 원자 컴포넌트로 나누고, 이를 다시 [그림 11-48]과 같이 할 일 목록 페이지의 유기체 컴포넌트로 나눠 보았다.

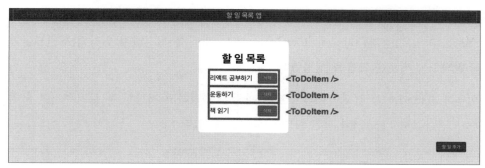

[그림 11-48] 할 일 목록 페이지의 유기체 컴포넌트

우리는 이미 원자 컴포넌트를 모두 제작했으므로 이제 원자 컴포넌트를 조합하여 유기체 컴포넌트를 생성해 보도록 하자.

〈Header /〉 유기체 컴포넌트를 만들기 위해 ./src/components/organisms/Header/index.tsx 파일을 생성하고 다음과 같이 수정한다.

```
export const Header = () => {
  return <div>Header</div>;
};
```

그리고 만든 〈Header /〉 컴포넌트를 스토리북에 표시하기 위한 스토리 파일을 만들어 보자. 스토리 파일을 만들기 위해 ./src/components/organisms/Header/index.stories.tsx 파일을 생성하고 다음과 같이 수정한다.

```
import { ComponentStory, ComponentMeta } from '@storybook/react';

import { Header } from '.';
```

```
export default {
  title: 'Organisms/Header',
  component: Header,
} as ComponentMeta<typeof Header>;

const Template: ComponentStory<typeof Header> = () => <Header />;

export const Default = Template.bind({});
```

이전에 만든 원자 컴포넌트와 달리, 〈Header /〉 컴포넌트는 유기체 컴포넌트이므로 스토리 파일 설정의 "title"에 "Organisms/Header"를 설정하여 원자 컴포넌트들과 구별되도록 새로운 그룹을 생성했다.

이렇게 〈Header /〉 컴포넌트의 스토리 파일을 수정하고 저장한 후 브라우저를 확인해 보면, [그림 11-49]와 같은 화면을 확인할 수 있다.

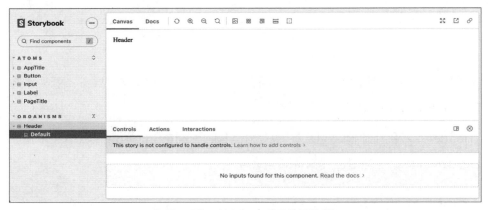

[그림 11-49] 〈Header /〉 유기체 컴포넌트

이전과는 다르게 왼쪽 메뉴에 ORGANISMS 메뉴가 생긴 것을 확인할 수 있으며, 해당 메뉴 하단에서 Header 메뉴와 Default 스토리를 확인할 수 있다. Default를 클릭하면, 오른쪽 Canvas에 우리가 작성한 Header라는 문자열이 잘 표시되는 것을 확인할 수 있다.

이제 〈Header /〉 컴포넌트와 〈Header /〉 컴포넌트의 스토리 파일을 준비했으므로 할 일 목록 앱의 원자 컴포넌트를 조합하여 〈Header /〉 컴포넌트를 만들어 보자.

./src/components/organisms/Header/index.tsx 파일을 열고 다음과 같이 수정하여

할 일 목록 앱의 원자 컴포넌트를 조합해 〈Header /〉 컴포넌트를 만들어 보자.

```
import { AppTitle } from 'components/atoms/AppTitle';

export const Header = () => {
  return (
    <div>
      <AppTitle />
    </div>
  );
};
```

원자 컴포넌트인 〈AppTitle /〉 컴포넌트를 가져와 화면에 표시하도록 구성하여 〈Header /〉 컴포넌트를 수정했다.

이렇게 〈Header /〉 컴포넌트를 수정하고 저장한 후 브라우저를 확인해 보면, [그림 11-50]과 같이 에러가 발생하는 것을 확인할 수 있다.

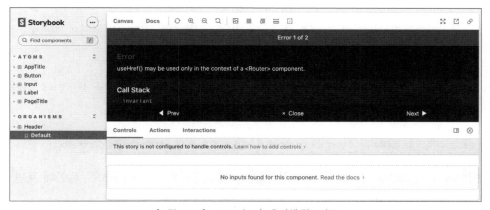

[그림 11-50] 〈Header /〉 유기체 컴포넌트

〈AppTitle /〉 컴포넌트는 react-router-dom의 〈Link /〉 컴포넌트를 사용하여 페이지 이동을 구현하고 있다. 따라서 이 컴포넌트를 화면에 표시하기 위해서는 react-router-dom의 〈BrowserRouter /〉 컴포넌트 하위에 표시해야 한다.

〈AppTitle /〉 컴포넌트를 만들 때에는 〈AppTitle /〉 컴포넌트의 스토리 파일에 〈BrowserRouter /〉 컴포넌트를 사용했지만, 매번 필요할 때마다 스토리 파일을 수정하는 것이 비효율적이므로 전역적으로 〈BrowserRouter /〉 컴포넌트를 사용하도록 수정해 보자.

그러면 〈BrowserRouter /〉 컴포넌트를 전역적으로 설정하기 위해 .storybook/preview.js 파일을 열고 다음과 같이 수정한다.

```
import { BrowserRouter } from 'react-router-dom';

export const parameters = {
  ...
};

export const decorators = [
  (Story) => (
    <BrowserRouter>
      <Story />
    </BrowserRouter>
  ),
];
```

react-router-dom이 제공하는 〈BrowserRouter /〉 컴포넌트를 불러와 데코레이터 옵션에서 이를 사용하여 각각의 스토리에 적용되도록 수정했다.

스토리북의 데코레이터는 각각의 스토리가 화면에 표시될 때에 해당 스토리에 추가적으로 컴포넌트를 제공할 때에 사용한다.

– 스토리북의 데코레이터: https://storybook.js.org/docs/react/writing–stories/decorators

이렇게 .storybook/preview.js 파일을 수정하고 저장한 후 브라우저를 확인해 보면, [그림 11-51]과 같이 〈Header /〉 컴포넌트가 잘 표시되는 것을 확인할 수 있다.

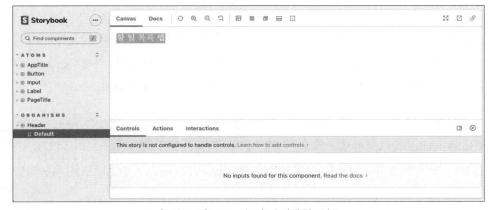

[그림 11-51]　〈Header /〉 유기체 컴포넌트

⟨AppTitle /⟩ 컴포넌트에 표시되는 문자열이 흰색이므로 마우스로 드래그하면, 해당 문자열을 확인할 수 있다.

우리는 전역 설정에 ⟨BrowserRouter /⟩ 컴포넌트를 설정했으므로 ⟨AppTitle /⟩ 컴포넌트도 잘 표시되는지 확인해 보도록 하자. 왼쪽 메뉴에서 ATOMS 메뉴의 하위에 있는 AppTitle 메뉴의 Default 스토리를 클릭해 보면, [그림 11-52]와 같이 에러가 발생하는 것을 확인할 수 있다.

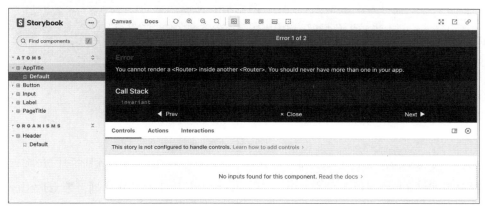

[그림 11-52] ⟨AppTitle /⟩ 원자 컴포넌트

이렇게 에러가 발생하는 이유는 ⟨AppTitle /⟩ 컴포넌트의 스토리 파일에서 ⟨BrowserRouter /⟩ 컴포넌트를 사용하고 있고, 전역 설정에서도 ⟨BrowserRouter /⟩ 컴포넌트를 사용하고 있어 ⟨Router /⟩ 컴포넌트가 중복으로 사용되고 있기 때문이다.

이 에러를 수정하기 위해 ./src/components/atoms/AppTitle/index.stories.tsx 파일을 열고 다음과 같이 수정한다.

```
import { ComponentStory, ComponentMeta } from '@storybook/react';
import { BrowserRouter } from 'react-router-dom';
...
const Template: ComponentStory<typeof AppTitle> = () => (
  <BrowserRouter>
    <AppTitle />
  </BrowserRouter>
);
export const Default = Template.bind({});
```

중복 문제를 일으키는 〈BrowserRouter /〉 컴포넌트를 〈AppTitle /〉 컴포넌트의 스
토리 파일에서 제거하는 작업을 수행했다. 이렇게 〈AppTitle /〉 컴포넌트의 스토리
파일을 수정하고 저장한 후 브라우저를 확인해 보면, [그림 11-53]과 같이 에러가
잘 수정된 것을 확인할 수 있다.

[그림 11-53] 〈AppTitle /〉 원자 컴포넌트

다시 〈Header /〉 컴포넌트를 제작해 보자. 스토리북 화면의 왼쪽 메뉴에서 Header
메뉴의 Default 스토리를 클릭하면, [그림 11-54]와 같이 지금까지 제작한 〈Header
/〉 컴포넌트를 확인할 수 있다.

[그림 11-54] 〈Header /〉 유기체 컴포넌트

이제 〈Header /〉 컴포넌트에 디자인을 추가해 보도록 하자. Emotion을 사용하여
〈Header /〉 컴포넌트에 디자인을 추가하기 위해 ./src/components/organisms/
Header/index.tsx 파일을 열고 다음과 같이 수정한다.

```
import styled from '@emotion/styled';
import { AppTitle } from 'components/atoms/AppTitle';
```

```
const Container = styled.div`
  position: absolute;
  top: 0;
  left: 0;
  right: 0;
  text-align: center;
  background-color: #304ffe;
  padding: 8px 0;
  margin: 0;
`;

export const Header = () => {
  return (
    <Container>
      <AppTitle />
    </Container>
  );
};
```

Emotion을 사용하여 〈Container /〉 컴포넌트를 만들었고, 해당 컴포넌트를 적용하여 〈Header /〉 컴포넌트의 디자인을 변경했다. 이렇게 〈Header /〉 컴포넌트의 디자인을 수정하고 저장한 브라우저를 확인해 보면, [그림 11-55]와 같이 우리가 디자인한 〈Header /〉 컴포넌트가 잘 표시되는 것을 확인할 수 있다.

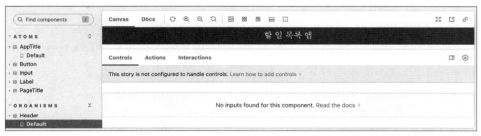

[그림 11-55] 〈Header /〉 유기체 컴포넌트

이것으로 할 일 목록 앱의 유기체 컴포넌트인 〈Header /〉 컴포넌트를 컴포넌트 주도 개발을 통해 개발해 보았다. 계속해서 할 일 목록 앱의 유기체 컴포넌트를 제작해 보도록 하자.

7) ⟨ToDoItem /⟩ 유기체 컴포넌트

할 일 목록 페이지의 유기체 컴포넌트인 ⟨ToDoItem /⟩ 컴포넌트를 제작해 보도록 하자. ⟨ToDoItem /⟩ 컴포넌트를 제작하기 위해 ./src/components/organisms/ ToDoItem/index.tsx 파일을 생성하고 다음과 같이 수정한다.

```
export const ToDoItem = () => {
  return <div>ToDoItem</div>;
};
```

현재는 단순히 HTML의 ⟨div /⟩ 태그를 사용하여 문자열을 화면에 출력하는 컴포넌트를 만들었다. 이제 이 컴포넌트의 스토리 파일을 생성하여 스토리북 화면에 표시해 보도록 하자.

./src/components/organisms/ToDoItem/index.stories.tsx 파일을 생성하고 다음과 같이 수정하여 ⟨ToDoItem /⟩ 컴포넌트의 스토리 파일을 만든다.

```
import { ComponentStory, ComponentMeta } from '@storybook/react';

import { ToDoItem } from '.';

export default {
  title: 'Organisms/ToDoItem',
  component: ToDoItem,
} as ComponentMeta<typeof ToDoItem>;

const Template: ComponentStory<typeof ToDoItem> = () => <ToDoItem />;

export const Default = Template.bind({});
```

이전에 설명한 컴포넌트의 스토리 파일을 작성하는 내용과 동일하므로 자세한 설명은 생략하고 진행하도록 하겠다.

이렇게 ⟨ToDoItem /⟩ 컴포넌트의 스토리 파일을 수정하고 저장한 후 브라우저로 이동해 보면, [그림 11-56]과 같이 우리가 만든 ⟨ToDoItem /⟩ 컴포넌트가 잘 표시되는 것을 확인할 수 있다.

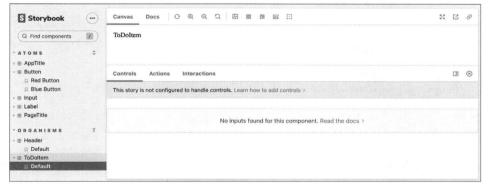

[그림 11-56] <ToDoItem /> 유기체 컴포넌트

이제 할 일 목록 앱의 원자 컴포넌트를 사용하여 〈ToDoItem /〉 컴포넌트를 구성해 보도록 하자. 원자 컴포넌트를 사용하여 〈ToDoItem /〉 컴포넌트를 구성하도록 수 정하기 위해 ./src/components/organisms/ToDoItem/index.tsx 파일을 열고 다 음과 같이 수정한다.

```tsx
import { Label } from 'components/atoms/Label';
import { Button } from 'components/atoms/Button';

export const ToDoItem = () => {
  return (
    <div>
      <Label label="리액트 공부하기" />
      <Button label="삭제" />
    </div>
  );
};
```

이와 같이 원자 컴포넌트를 사용하여 〈ToDoItem /〉 컴포넌트를 구성하도록 수정하 고 저장한 후 브라우저를 확인해 보면, [그림 11-57]과 같이 〈ToDoItem /〉 컴포넌 트가 잘 표시되는 것을 확인할 수 있다.

[그림 11-57] <ToDoItem /> 유기체 컴포넌트

그런 다음 디자인을 참고하여 〈ToDoItem /〉 컴포넌트를 수정해 보도록 하자. 〈ToDoItem /〉 컴포넌트에 디자인을 추가하기 위해 ./src/components/organisms/ToDoItem/index.tsx 파일을 열고 다음과 같이 수정한다.

```tsx
import styled from '@emotion/styled';

import { Label } from 'components/atoms/Label';
import { Button } from 'components/atoms/Button';

const Container = styled.div`
  display: flex;
  align-items: center;
  justify-content: center;
  margin-bottom: 16px;
`;

export const ToDoItem = () => {
  return (
    <Container>
      <Label label="리액트 공부하기" />
      <Button label="삭제" />
    </Container>
  );
};
```

Emotion을 사용하여 〈ToDoItem /〉 컴포넌트에 디자인을 추가하기 위해 〈Container

/〉 컴포넌트를 만들었으며 이렇게 만든 컴포넌트를 사용하도록 수정했다.

이렇게 〈ToDoItem /〉 컴포넌트를 수정하고 저장한 후 브라우저를 확인해 보면, [그림 11-58]과 같이 잘 디자인된 〈ToDoItem /〉 컴포넌트를 확인할 수 있다.

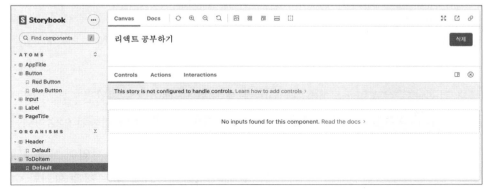

[그림 11-58] 〈ToDoItem /〉 유기체 컴포넌트

마지막으로 〈ToDoItem /〉 컴포넌트에 Props를 추가하여 부모 컴포넌트로부터 전달받은 데이터를 표시하고 삭제 버튼의 클릭 이벤트를 연동해 보자.

./src/components/organisms/ToDoItem/index.tsx 파일을 다음과 같이 수정하여 〈ToDoItem /〉 컴포넌트에 Props를 추가해 보자.

```
import styled from '@emotion/styled';

import { Label } from 'components/atoms/Label';
import { Button } from 'components/atoms/Button';

const Container = styled.div`
  display: flex;
  align-items: center;
  justify-content: center;
  margin-bottom: 16px;
`;

interface Props {
  readonly label: string;
  readonly onDelete?: () => void;
}
```

```
export const ToDoItem = ({ label, onDelete }: Props) => {
  return (
    <Container>
      <Label label={label} />
      <Button label="삭제" onClick={onDelete} />
    </Container>
  );
};
```

부모 컴포넌트로부터 label이라는 Props를 통해 할 일 데이터를 전달받도록 할 예정
이며, "삭제" 버튼을 클릭하면 호출될 onDelete 함수를 전달받아 연동할 예정이다.

이렇게 〈ToDoItem /〉 컴포넌트를 수정하고 저장한 후 브라우저를 확인해 보면, [그
림 11-59]와 같이 화면에는 그 어떤 할 일 데이터도 표시되지 않는 것을 확인할 수
있다. 또한 하단의 Controls 탭에는 우리가 지정한 Props가 잘 표시되는 것을 확인
할 수 있다.

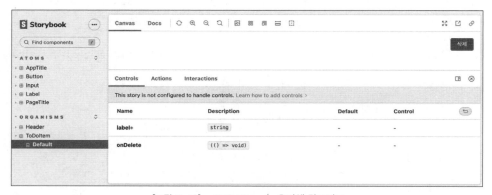

[그림 11-59] <ToDoItem /> 유기체 컴포넌트

그러면 이제 〈ToDoItem /〉 컴포넌트의 스토리 파일을 수정하여 우리가 추가한
〈ToDoItem /〉 컴포넌트의 필수 Props를 설정해 보도록 하자. 〈ToDoItem /〉 컴포
넌트의 스토리 파일을 수정하기 위해 ./src/components/organisms/ToDoItem/
index.stories.tsx 파일을 열고 다음과 같이 수정한다.

```
import { ComponentStory, ComponentMeta } from '@storybook/react';

import { ToDoItem } from '.';
```

```
export default {
  title: 'Organisms/ToDoItem',
  component: ToDoItem,
} as ComponentMeta<typeof ToDoItem>;

const Template: ComponentStory<typeof ToDoItem> = (args) => <ToDoItem
{...args} />;

export const Default = Template.bind({});
Default.args = {
  label: '리액트 공부하기',
};
```

〈ToDoItem /〉 컴포넌트에 Props를 설정할 수 있도록 수정한 후 Default 스토리에 〈ToDoItem /〉 컴포넌트의 필수 Props인 label을 설정했다.

이렇게 〈ToDoItem /〉 컴포넌트의 스토리 파일을 수정하고 저장한 후 브라우저를 확인해 보면, [그림 11-60]과 같이 우리가 설정한 Props가 잘 표시되는 것을 확인할 수 있다.

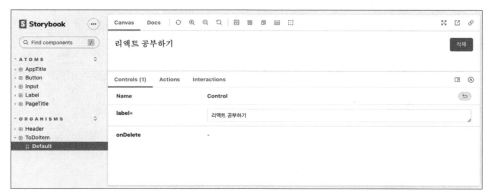

[그림 11-60] 〈ToDoItem /〉 유기체 컴포넌트

또한 하단의 Controls 탭에 표시된 label 데이터를 수정하면, [그림 11-61]과 같이 수정한 label 데이터가 화면에 잘 표시되는 것을 확인할 수 있다.

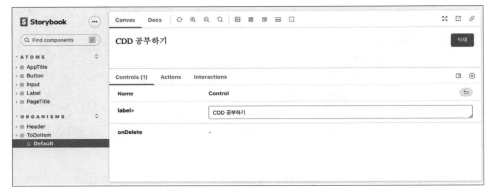

[그림 11-61] <ToDoItem /> 유기체 컴포넌트

마지막으로 스토리북 하단에 표시된 Actions 탭을 클릭하여 Actions 탭으로 이동한 후 상단의 Canvas에 표시된 〈ToDoItem /〉 컴포넌트의 "삭제" 버튼을 클릭해 보면, [그림 11-62]와 같이 클릭 이벤트 로그가 잘 표시되는 것을 확인할 수 있다.

추후 〈ToDoItem /〉 컴포넌트의 삭제 이벤트는 할 일 목록에서 하나의 할 일을 삭제하는 데 사용할 예정이다.

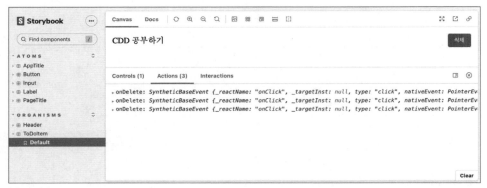

[그림 11-62] <ToDoItem /> 유기체 컴포넌트

이것으로 할 일 목록 앱의 유기체 컴포넌트인 〈ToDoItem /〉 컴포넌트를 컴포넌트 주도 개발을 통해 개발해 보았다. 계속해서 할 일 목록 앱의 유기체 컴포넌트를 제작해 보도록 하자.

8) ⟨InputToDo /⟩ 유기체 컴포넌트

지금까지는 할 일 목록 앱의 할 일 목록 페이지의 유기체 컴포넌트를 제작해 보았다. 이제 할 일 목록 앱의 할 일 추가 페이지에 필요한 유기체 컴포넌트를 제작해 보자. 우리는 이미 앞에서 [그림 11-63]과 같이 할 일 추가 페이지의 유기체 컴포넌트를 구분해 두었다.

[그림 11-63] ⟨InputToDo /⟩ 유기체 컴포넌트

⟨Header /⟩ 컴포넌트는 할 일 목록 페이지의 유기체 컴포넌트를 만드는 과정에서 이미 만들었으므로 ⟨InputToDo /⟩ 컴포넌트만 만들면 할 일 추가 페이지에서 필요한 모든 유기체 컴포넌트가 준비된다.

이제 할 일 목록 앱의 원자 컴포넌트를 조합하여 ⟨InputToDo /⟩ 유기체 컴포넌트를 만들어 보자.

./src/components/organisms/InputToDo/index.tsx 파일을 생성하고 다음과 같이 수정하여 ⟨InputToDo /⟩ 컴포넌트를 만든다.

```
export const ToDoItem = () => {
  return <div>ToDoItem</div>;
};
```

현재는 단순히 HTML의 ⟨div /⟩ 태그를 사용하여 문자열을 화면에 출력하는 컴포넌트를 만들었다. 이제 이 컴포넌트의 스토리 파일을 생성하여 스토리북 화면에 표시해 보도록 하자.

./src/components/organisms/InputToDo/index.stories.tsx 파일을 생성하고 다음과 같이 수정하여 ⟨InputToDo /⟩ 컴포넌트의 스토리 파일을 만든다.

```
import { ComponentStory, ComponentMeta } from '@storybook/react';

import { InputToDo } from '.';

export default {
  title: 'Organisms/InputToDo',
  component: InputToDo,
} as ComponentMeta<typeof InputToDo>;

const Template: ComponentStory<typeof InputToDo> = () => <InputToDo
/>;

export const Default = Template.bind({});
```

이전에 설명한 컴포넌트의 스토리 파일을 작성하는 내용과 동일하므로 자세한 설명
은 생략하고 진행하도록 하겠다.

이렇게 〈InputToDo /〉 컴포넌트의 스토리 파일을 수정하고 저장한 후 브라우저로
이동해 보면, [그림 11-64]와 같이 스토리북의 왼쪽 메뉴에 InputToDo 메뉴와 하
위에 Default 스토리가 추가된 것을 확인할 수 있다. 왼쪽 메뉴에서 InputToDo의
하위 메뉴인 Default를 클릭하면, 앞에서 우리가 만든 〈InputToDo /〉 컴포넌트가
잘 표시되는 것을 확인할 수 있다.

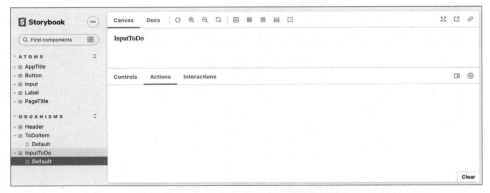

[그림 11-64] 〈InputToDo /〉 유기체 컴포넌트

그러면 이제 할 일 목록 앱의 원자 컴포넌트를 사용하여 〈InputToDo /〉 컴포넌트를
구성해 보도록 하자. 원자 컴포넌트를 사용하여 〈InputToDo /〉 컴포넌트를 구성하
도록 수정하기 위해 ./src/components/organisms/InputToDo/index.tsx 파일을

열고 다음과 같이 수정한다.

```
import { Input } from 'components/atoms/Input';
import { Button } from 'components/atoms/Button';

export const InputToDo = () => {
  return (
    <div>
      <Input value="" onChange={(text) => console.log(text)} />
      <Button label="추가" color="#304FFE" />
    </div>
  );
};
```

〈InputToDo /〉 컴포넌트에서 필요한 원자 컴포넌트인 〈Input /〉 컴포넌트와 〈Button /〉 컴포넌트를 불러와 각각의 컴포넌트에 필요한 필수 Props를 설정하여 화면에 표시했다.

이와 같이 원자 컴포넌트를 사용하여 〈InputToDo /〉 컴포넌트를 구성하도록 수정하고 저장한 후 브라우저를 확인해 보면, [그림 11-65]와 같이 〈InputToDo /〉 컴포넌트가 잘 표시되는 것을 확인할 수 있다.

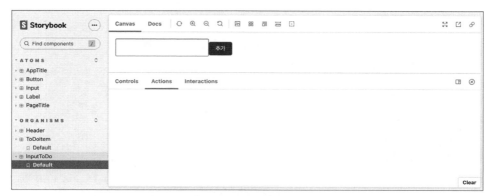

[그림 11-65] 〈InputToDo /〉 유기체 컴포넌트

그런 다음 디자인을 참고하여 〈InputToDo /〉 컴포넌트를 수정해 보도록 하자. 〈InputToDo /〉 컴포넌트에 디자인을 추가하기 위해 ./src/components/ organisms/InputToDo/index.tsx 파일을 열고 다음과 같이 수정한다.

```
import styled from '@emotion/styled';
...
const Container = styled.div`
  display: flex;
  align-items: center;
  justify-content: center;
`;
export const InputToDo = () => {
  return (
    <Container>
      <Input value="" onChange={(text) => console.log(text)} />
      <Button label="추가" color="#304FFE" />
    </Container>
  );
};
```

Emotion을 사용하여 〈InputToDo /〉 컴포넌트에 디자인을 추가하기 위해 〈Container /〉 컴포넌트를 만들었으며 만든 컴포넌트를 사용할 수 있도록 수정했다.

이렇게 〈InputToDo /〉 컴포넌트를 수정하고 저장한 후 브라우저를 확인해 보면, [그림 11-66]과 같이 잘 디자인된 〈InputToDo /〉 컴포넌트를 확인할 수 있다.

[그림 11-66] 〈InputToDo /〉 유기체 컴포넌트

다음으로 〈InputToDo /〉 컴포넌트에 State를 추가하여 사용자의 입력 데이터를 저장할 수 있도록 변경해 보도록 하자.

./src/components/organisms/InputToDo/index.tsx 파일을 다음과 같이 수정하여 〈InputToDo /〉 컴포넌트에 State를 추가한다.

```
import { useState } from 'react';
import styled from '@emotion/styled';

import { Input } from 'components/atoms/Input';
import { Button } from 'components/atoms/Button';

const Container = styled.div`
  display: flex;
  align-items: center;
  justify-content: center;
`;

export const InputToDo = () => {
  const [toDo, setToDo] = useState('');

  const onAdd = () => {
    setToDo('');
  };

  return (
    <Container>
      <Input value={toDo} onChange={setToDo} />
      <Button label="추가" color="#304FFE" onClick={onAdd} />
    </Container>
  );
};
```

사용자로부터 입력받은 할 일 데이터를 저장하기 위해 toDo라는 State를 생성했다. 생성한 〈InputToDo /〉 컴포넌트의 State인 toDo를 〈Input /〉 컴포넌트의 필수 Props인 value에 설정했다. 또한 State의 set 함수인 setToDo 함수를 〈Input /〉 컴포넌트의 onChange 이벤트와 연결함으로써 사용자의 데이터를 저장할 수 있도록 했다.

마지막으로 사용자가 "추가" 버튼을 클릭하면, 사용자로부터 입력받은 데이터를 서버 또는 localStorage와 같은 저장소에 저장하므로 〈Button /〉 컴포넌트에 onAdd라는 함수를 만들어 추가했다. 이번 예제에서는 서버나 localStorage가 아닌 컨텍스트에 저장할 예정이다.

이렇게 사용자가 "추가" 버튼을 클릭하여 입력한 내용을 저장했다면, 입력한 내용을 모두 지워줄 필요가 있어 보인다. 따라서 onAdd 함수에 사용자가 입력한 내용을 모두 제거하도록 setToDo 함수에 빈 문자열을 추가했다.

이와 같이 〈InputToDo /〉 컴포넌트를 수정하고 저장한 후 브라우저를 확인해 보면, [그림 11-67]과 같이 사용자가 입력하는 할 일 데이터가 화면에 잘 표시되는 것을 확인할 수 있다.

[그림 11-67]   〈InputToDo /〉 유기체 컴포넌트

또한 할 일 데이터를 입력한 후 "추가" 버튼을 클릭해 보면, [그림 11-68]과 같이 사용자가 입력한 할 일 데이터가 잘 사라지는 것을 확인할 수 있다.

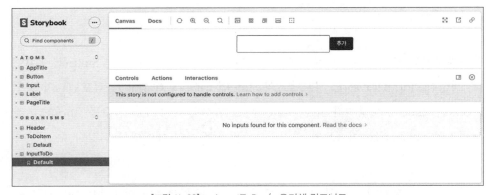

[그림 11-68]   〈InputToDo /〉 유기체 컴포넌트

이제 사용자가 할 일 데이터를 입력하고 "추가" 버튼을 통해 할 일 데이터를 잘 추가했다면, 할 일 추가 페이지에서 할 일 목록 페이지로 이동시켜야 한다.

〈InputToDo /〉 컴포넌트에서 "추가" 버튼을 클릭했을 때에 할 일 목록 페이지로 이동시키기 위해 ./src/components/organisms/InputToDo/index.tsx 파일을 열고 다음과 같이 수정한다.

```tsx
import { useState } from 'react';
import styled from '@emotion/styled';
import { useNavigate } from 'react-router-dom';
...
export const InputToDo = () => {
  const [toDo, setToDo] = useState('');
  const navigate = useNavigate();

  const onAdd = () => {
    setToDo('');
    navigate('/');
  };

  return (
    ...
  );
};
```

사용자가 "추가" 버튼을 클릭했을 때에 할 일 목록 페이지로 이동시키기 위해 react-router-dom이 제공하는 useNavigate 훅을 불러와 navigate 변수에 할당했으며, 할당한 navigate 함수를 사용하여 할 일 목록 페이지("/")로 이동하도록 onAdd 함수를 수정했다.

이렇게 〈InputToDo /〉 컴포넌트를 수정하고 저장한 후 브라우저를 확인해 보면, 이전과 동일하게 〈InputToDo /〉 컴포넌트가 잘 동작하는 것을 확인할 수 있다. 이를 통해 우리가 추가한 내용이 에러 없이 정상적으로 동작하는 것을 알 수 있다.

이것으로 할 일 목록 앱의 모든 유기체 컴포넌트를 컴포넌트 주도 개발을 통해 개발해 보았다. 계속해서 할 일 목록 앱의 템플릿 컴포넌트를 제작해 보도록 하자.

9) 〈ToDoList /〉 템플릿 컴포넌트

할 일 목록 앱을 만들기 위한 컴포넌트들이 준비됐으므로 이제 사용자가 보게 될 화면을 구성해 보자. 사용자가 보게 될 화면을 구성하기 위해 아토믹 디자인의 템플릿을 만들어 보자.

우리는 이미 앞에서 디자인을 보면서 할 일 목록 페이지의 템플릿 컴포넌트를 [그림 11-69]와 같이 만들어 두었다.

[그림 11-69] 할 일 목록 페이지의 템플릿 컴포넌트

이제 우리가 앞에서 만든 원자 컴포넌트와 유기체 컴포넌트를 활용하여 할 일 목록 페이지의 〈ToDoList /〉 템플릿 컴포넌트를 만들어 보자.

./src/components/templates/ToDoList/index.tsx 파일을 생성하고 다음과 같이 수정하여 〈ToDoList /〉 컴포넌트를 만든다.

```
export const ToDoList = () => {
  return <div>ToDo List</div>
};
```

그런 다음 〈ToDoList /〉 컴포넌트를 스토리북에 표시하기 위해 스토리 파일을 만들어 보자.

./src/components/templates/ToDoList/index.stories.tsx 파일을 생성하고 다음과 같이 수정하여 〈ToDoList /〉 컴포넌트의 스토리 파일을 만든다.

```
import { ComponentStory, ComponentMeta } from '@storybook/react';

import { ToDoList } from '.';
```

```
export default {
  title: 'Templates/ToDoList',
  component: ToDoList,
} as ComponentMeta<typeof ToDoList>;

const Template: ComponentStory<typeof ToDoList> = () => <ToDoList />;

export const Default = Template.bind({});
```

〈ToDoList /〉 컴포넌트의 스토리 파일 설정에서 "title" 부분에 "Templates/
ToDoList"를 설정하여 이 컴포넌트가 아토믹 디자인의 템플릿 컴포넌트임을 밝혔
다. 다른 내용은 앞에서 만든 스토리 파일의 내용과 동일하므로 자세한 설명은 생략
하도록 하겠다.

이렇게 〈ToDoList /〉 컴포넌트의 스토리 파일을 수정하고 저장한 후 브라우저를 확
인해 보면, [그림 11-70]과 같이 스토리북의 왼쪽 메뉴에 TEMPLATES 메뉴가 추가
된 것을 확인할 수 있다.

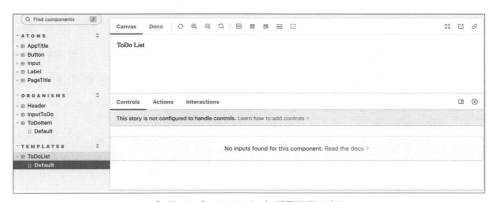

[그림 11-70] 〈ToDoList /〉 템플릿 컴포넌트

또한 TEMPLATES 메뉴 하위에 ToDoList 메뉴와 Default 스토리가 추가된 것을 확
인할 수 있다. Default를 클릭하면, [그림 11-70]과 같이 우리가 만든 〈ToDoList /〉
컴포넌트가 잘 표시되는 것을 확인할 수 있다.

이제 〈ToDoList /〉 템플릿 컴포넌트를 사용하여 사용자가 보게 될 화면을 구성
해 보자. 사용자가 보게 될 화면을 구성하기 위해 ./src/components/templates/
ToDoList/index.tsx 파일을 열고 다음과 같이 수정한다.

```jsx
import { PageTitle } from 'components/atoms/PageTitle';
import { ToDoItem } from 'components/organisms/ToDoItem';
import { Button } from 'components/atoms/Button';

export const ToDoList = () => {
  return (
    <div>
      <div>
        <PageTitle title="할일목록" />
        <div>
          <ToDoItem label="리액트 공부하기" />
          <ToDoItem label="CDD 공부하기" />
        </div>
      </div>
      <div>
        <Button label="할일 추가" color="#304FFE" />
      </div>
    </div>
  );
};
```

〈ToDoList /〉 컴포넌트의 화면을 구성하기 위해 필요한 원자 컴포넌트인 〈PageTitle /〉 컴포넌트와 〈Button /〉 컴포넌트 그리고 유기체 컴포넌트인 〈ToDoItem /〉 컴포넌트를 불러와 화면을 구성하도록 했다.

이렇게 〈ToDoList /〉 컴포넌트를 수정하고 저장한 후 브라우저를 확인해 보면, [그림 11-71]과 같이 화면 구성에 필요한 컴포넌트가 잘 표시되는 것을 확인할 수 있다.

[그림 11-71] <ToDoList /> 템플릿 컴포넌트

하지만 우리가 원하는 디자인이 아니므로 다시 〈ToDoList /〉 컴포넌트를 수정하여 디자인을 적용해 보도록 하자.

./src/components/templates/ToDoList/index.tsx 파일을 열고 다음과 같이 수정하여 〈ToDoList /〉 컴포넌트에 디자인을 추가한다.

```tsx
import styled from '@emotion/styled';

import { PageTitle } from 'components/atoms/PageTitle';
import { ToDoItem } from 'components/organisms/ToDoItem';
import { Button } from 'components/atoms/Button';

const Container = styled.div`
  height: 100vh;
  display: flex;
  flex-direction: column;
  align-items: center;
  justify-content: center;
  background-color: #eeeeee;
`;

const Contents = styled.div`
  display: flex;
  flex-direction: column;
  align-items: center;
  justify-content: center;
  background-color: #ffffff;
  padding: 32px;
  border-radius: 8px;
`;

const ToDoListContainer = styled.div`
  display: flex;
  flex-direction: column;
`;

const ButtonContainer = styled.div`
  position: absolute;
  right: 40px;
  bottom: 40px;
```

```
    z-index: 1;
  `;

export const ToDoList = () => {
  return (
    <Container>
      <Contents>
        <PageTitle title="할일목록" />
        <ToDoListContainer>
          <ToDoItem label="리액트 공부하기" />
          <ToDoItem label="CDD 공부하기" />
        </ToDoListContainer>
      </Contents>
      <ButtonContainer>
        <Button label="할일 추가" color="#304FFE" />
      </ButtonContainer>
    </Container>
  );
};
```

Emotion을 사용하여 〈ToDoList /〉 컴포넌트에 스타일을 적용했다.

이렇게 〈ToDoList /〉 컴포넌트를 수정하고 저장한 후 브라우저를 확인해 보면, [그림 11-72]와 같이 우리가 원하는 디자인이 잘 적용된 〈ToDoList /〉 컴포넌트를 확인할 수 있다.

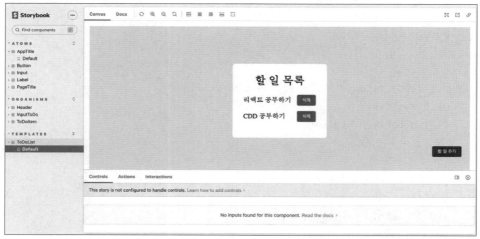

[그림 11-72] 〈ToDoList /〉 템플릿 컴포넌트

현재 〈ToDoList /〉 템플릿 컴포넌트에 표시된 할 일 목록 데이터는 하드 코딩되어 있으며, "할 일 추가" 버튼에는 할 일 추가 페이지로 이동하는 사양이 포함되어 있지 않다. 이제 할 일 목록 데이터를 부모 컴포넌트로부터 전달받도록 수정하고, "할 일 추가" 버튼을 클릭했을 때에 할 일 추가 페이지로 이동하도록 변경해 보자.

우선 할 일 목록 데이터를 부모 컴포넌트로부터 전달받을 수 있도록 Props를 설정해 보자. Props를 통해 부모 컴포넌트로부터 데이터를 전달받을 수 있도록 〈ToDoList /〉 컴포넌트를 수정하기 위해 ./src/components/templates/ToDoList/index.tsx 파일을 열고 다음과 같이 수정한다.

```
...
interface Props {
  readonly toDoList: ReadonlyArray<string>;
  readonly onDelete?: (toDo: string) => void;
}


export const ToDoList = ({ toDoList, onDelete }: Props) => {
  return (
    <Container>
      <Contents>
        <PageTitle title="할일목록" />
        <ToDoListContainer>
          {toDoList.map((toDo) => (
            <ToDoItem
              key={toDo}
              label={toDo}
              onDelete={() => {
                if (typeof onDelete === 'function') onDelete(toDo);
              }}
            />
          ))}
        </ToDoListContainer>
      </Contents>
      <ButtonContainer>
        <Button label="할일추가" color="#304FFE" />
      </ButtonContainer>
    </Container>
  );
};
```

타입스크립트의 인터페이스를 사용하여 Props를 정의하고, 정의한 Props를 사용하여 부모 컴포넌트로부터 전달받은 데이터를 사용하도록 〈ToDoList /〉 컴포넌트를 수정했다.

이렇게 〈ToDoList /〉 컴포넌트를 수정하고 저장한 후 브라우저를 확인해 보면, [그림 11-73]과 같이 에러가 발생하는 것을 확인할 수 있다.

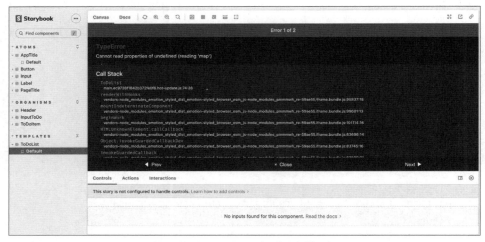

[그림 11-73] 〈ToDoList /〉 템플릿 컴포넌트

부모 컴포넌트로부터 데이터를 전달받도록 〈ToDoList /〉 컴포넌트에 Props를 추가하고 해당 Props에 필수 Props인 toDoList 데이터를 추가했지만, 스토리 파일에서 필수 Props를 설정하지 않아 에러가 발생하고 있는 것이다.

이제 〈ToDoList /〉 컴포넌트의 스토리 파일을 수정하여 〈ToDoList /〉 컴포넌트의 필수 Props인 toDoList를 전달하도록 변경해 보자. 〈ToDoList /〉 컴포넌트의 스토리 파일을 수정하기 위해 ./src/components/templates/ToDoList/index.stories.tsx 파일을 열고 다음과 같이 수정한다.

```
...
const Template: ComponentStory<typeof ToDoList> = (args) => <ToDoList
{...args} />;
export const Default = Template.bind({});
Default.args = {
  toDoList: [],
};
```

```
export const WithToDoList = Template.bind({});
WithToDoList.args = {
  toDoList: ['리액트 공부하기', 'CDD 공부하기', '할 일 목록 앱 개발하기'],
};
```

〈ToDoList /〉 컴포넌트에 Props 데이터를 설정할 수 있도록 수정한 후 Default 스토리에서 〈ToDoList /〉 컴포넌트의 필수 Props인 toDoList를 설정했다. 또한 toDoList에 데이터가 추가된 새로운 스토리도 추가해 보았다.

이렇게 〈ToDoList /〉 컴포넌트의 스토리 파일을 수정하고 저장한 후 브라우저를 확인해 보면, [그림 11-74]와 같이 〈ToDoList /〉 컴포넌트가 잘 표시되는 것을 확인할 수 있다.

[그림 11-74] 〈ToDoList /〉 템플릿 컴포넌트

또한 스토리북의 왼쪽 메뉴에서 새롭게 추가된 "With To Do List" 스토리를 클릭하면, [그림 11-75]와 같이 할 일 목록 데이터와 함께 표시되는 〈ToDoList /〉 컴포넌트를 확인할 수 있다.

[그림 11-75] 〈ToDoList /〉 템플릿 컴포넌트

마지막으로 스토리북 하단의 Actions 탭을 선택한 후 화면에 표시된 "삭제" 버튼을 클릭해 보면, [그림 11-76]과 같이 onDelete 이벤트가 잘 표시되는 것을 확인할 수 있다.

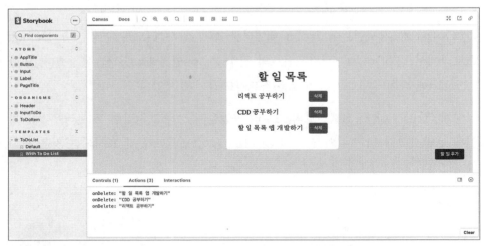

[그림 11-76] <ToDoList /> 템플릿 컴포넌트

이것으로 부모 컴포넌트로부터 Props를 통해 할 일 목록 데이터를 전달받도록 수정했다. 이제 "할 일 추가" 버튼을 클릭했을 때에 할 일 추가 페이지로 이동할 수 있도록 〈ToDoList /〉 컴포넌트를 수정해 보자.

"할 일 추가" 버튼을 클릭했을 때에 할 일 추가 페이지로 이동할 수 있도록 〈ToDoList /〉 컴포넌트를 수정하기 위해 ./src/components/templates/ToDoList/index.tsx 파일을 열고 다음과 같이 수정한다.

```
import styled from '@emotion/styled';
import { useNavigate } from 'react-router-dom';
...
export const ToDoList = ({ toDoList, onDelete }: Props) => {
  const navigate = useNavigate();

  return (
    <Container>
      ...
      <ButtonContainer>
        <Button label="할일추가" color="#304FFE" onClick={() =>
```

```
  navigate('/add')} />
      </ButtonContainer>
    </Container>
  );
};
```

"할 일 추가" 버튼을 클릭했을 때에 할 일 추가 페이지로 이동시키기 위해 react-router-dom이 제공하는 useNavigate 훅을 추가했고, useNavigate 훅으로부터 생성한 navigate 함수를 통해 "할 일 추가" 버튼을 클릭했을 때에 할 일 추가 페이지("/add")로 이동하도록 설정했다.

이것으로 할 일 목록 페이지의 템플릿 컴포넌트를 컴포넌트 주도 개발을 통해 개발해 보았다. 다음으로 할 일 추가 페이지의 템플릿 컴포넌트를 컴포넌트 주도 개발로 개발해 보자.

10) ⟨ToDoInput /⟩ 템플릿 컴포넌트

할 일 목록 앱의 할 일 추가 페이지의 템플릿 컴포넌트를 개발해 보자. 우리는 이미 앞에서 디자인을 보면서 할 일 추가 페이지의 템플릿 컴포넌트를 [그림 11-77]과 같이 만들어 두었다.

[그림 11-77] 할 일 추가 페이지의 템플릿 컴포넌트

그러면 이제 우리가 앞에서 만든 원자 컴포넌트와 유기체 컴포넌트를 활용하여 할 일 추가 페이지의 ⟨ToDoInput /⟩ 템플릿 컴포넌트를 만들어 보자.

./src/components/templates/ToDoInput/index.tsx 파일을 생성하고 다음과 같

이 수정하여 〈ToDoInput /〉 컴포넌트를 만든다.

```
export const ToDoInput = () => {
  return <div>ToDo Input</div>;
};
```

그런 다음 〈ToDoInput /〉 컴포넌트를 스토리북에 표시하기 위해 스토리 파일을 만들어 보자. ./src/components/templates/ToDoInput/index.stories.tsx 파일을 생성하고 다음과 같이 수정하여 〈ToDoInput /〉 컴포넌트의 스토리 파일을 만든다.

```
import { ComponentStory, ComponentMeta } from '@storybook/react';

import { ToDoInput } from '.';

export default {
  title: 'Templates/ToDoInput',
  component: ToDoInput,
} as ComponentMeta<typeof ToDoInput>;

const Template: ComponentStory<typeof ToDoInput> = () => <ToDoInput
/>;

export const Default = Template.bind({});
```

〈ToDoInput /〉 컴포넌트의 스토리 파일에 대한 내용은 앞에서 만든 스토리 파일의 내용과 동일하므로 자세한 설명은 생략하도록 하겠다. 이렇게 〈ToDoInput /〉 컴포넌트의 스토리 파일을 수정하고 저장한 후 브라우저를 확인해 보면, [그림 11-78]과 같이 스토리북의 왼쪽 메뉴에 ToDoInput 메뉴가 추가된 것을 확인할 수 있다.

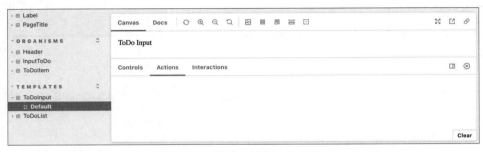

[그림 11-78] 〈ToDoInput /〉 템플릿 컴포넌트

436

이제 〈ToDoInput /〉 템플릿 컴포넌트를 사용하여 사용자가 보게 될 화면을 구성해 보자. 사용자가 보게 될 화면을 구성하기 위해 ./src/components/templates/ToDoInput/index.tsx 파일을 열고 다음과 같이 수정한다.

```tsx
import { PageTitle } from 'components/atoms/PageTitle';
import { Button } from 'components/atoms/Button';
import { InputToDo } from 'components/organisms/InputToDo';

export const ToDoInput = () => {
  return (
    <div>
      <div>
        <PageTitle title="할일추가" />
        <InputToDo />
      </div>
      <div>
        <Button label="닫기" />
      </div>
    </div>
  );
};
```

〈ToDoInput /〉 컴포넌트의 화면을 구성하기 위해 필요한 원자 컴포넌트인 〈PageTitle /〉 컴포넌트와 〈Button /〉 컴포넌트 그리고 유기체 컴포넌트인 〈InputToDo /〉 컴포넌트를 불러와 화면을 구성하도록 했다.

이렇게 〈ToDoInput /〉 컴포넌트를 수정하고 저장한 후 브라우저를 확인해 보면, [그림 11-79]와 같이 화면 구성에 필요한 컴포넌트가 잘 표시되는 것을 확인할 수 있다.

하지만 우리가 원하는 디자인이 아니므로 다시 〈ToDoInput /〉 컴포넌트를 수정하여 디자인을 적용해 보도록 하자.

[그림 11-79] <ToDoInput /> 템플릿 컴포넌트

./src/components/templates/ToDoInput/index.tsx 파일을 열고 다음과 같이 수정하여 〈ToDoInput /〉 컴포넌트에 디자인을 추가한다.

```
import styled from '@emotion/styled';

import { PageTitle } from 'components/atoms/PageTitle';
import { Button } from 'components/atoms/Button';
import { InputToDo } from 'components/organisms/InputToDo';

const Container = styled.div`
  height: 100vh;
  display: flex;
  flex-direction: column;
  align-items: center;
  justify-content: center;
  background-color: #eeeeee;
`;

const Contents = styled.div`
  display: flex;
  flex-direction: column;
  align-items: center;
  justify-content: center;
  background-color: #ffffff;
  padding: 32px;
  border-radius: 8px;
```

438

```
  `;

const ButtonContainer = styled.div`
  position: absolute;
  right: 40px;
  bottom: 40px;
  z-index: 1;
`;

export const ToDoInput = () => {
  return (
    <Container>
      <Contents>
        <PageTitle title="할일추가" />
        <InputToDo />
      </Contents>
      <ButtonContainer>
        <Button label="닫기" />
      </ButtonContainer>
    </Container>
  );
};
```

Emotion을 사용하여 〈ToDoInput /〉 컴포넌트에 스타일을 적용했다. 이렇게 〈ToDoInput /〉 컴포넌트를 수정하고 저장한 후 브라우저를 확인해 보면, [그림 11-80]과 같이 우리가 원하는 디자인이 잘 적용된 〈ToDoInput /〉 컴포넌트를 확인할 수 있다.

[그림 11-80] 〈ToDoInput /〉 템플릿 컴포넌트

〈ToDoInput /〉 컴포넌트는 〈ToDoList /〉 템플릿 컴포넌트와 달리, 부모 컴포넌트로부터 데이터를 전달받지 않는다. 따라서 Props를 추가했고, 부모 컴포넌트로부터 데이터를 전달받도록 구성하지 않아도 된다.

마지막으로 할 일 추가 페이지 오른쪽 하단에 표시된 "닫기" 버튼을 클릭했을 때에 할 일 목록 페이지로 이동하는 코드를 수정해 보자. "닫기" 버튼을 클릭했을 때에 할 일 목록 페이지로 이동할 수 있도록 〈ToDoInput /〉 컴포넌트를 수정하기 위해 ./src/components/templates/ToDoInput/index.tsx 파일을 열고 다음과 같이 수정한다.

```tsx
import styled from '@emotion/styled';
import { useNavigate } from 'react-router-dom';
...
export const ToDoInput = () => {
  const navigate = useNavigate();

  return (
    <Container>
      <Contents>
        <PageTitle title="할일추가" />
        <InputToDo />
      </Contents>
      <ButtonContainer>
        <Button label="닫기" onClick={() => navigate('/')} />
      </ButtonContainer>
    </Container>
  );
};
```

"닫기" 버튼을 클릭했을 때에 할 일 목록 페이지로 이동시키기 위해 react-router-dom이 제공하는 useNavigate 훅을 추가했고, useNavigate 훅으로부터 생성한 navigate 함수를 통해 "닫기" 버튼을 클릭했을 때에 할 일 추가 페이지("/")로 이동하도록 설정했다.

이것으로 할 일 목록 앱의 모든 템플릿 컴포넌트를 컴포넌트 주도 개발을 통해 개발해 보았다. 다음으로 할 일 목록 앱의 페이지 컴포넌트를 컴포넌트 주도 개발로 개발해 보자.

11) 〈ToDoListPage /〉 페이지 컴포넌트

이제 할 일 목록 앱을 개발하기 위한 모든 컴포넌트가 준비됐다. 할 일 목록 앱의 각 페이지에 해당하는 페이지 컴포넌트를 템플릿 컴포넌트를 활용하여 만들어 보자.

우선 할 일 목록 앱의 할 일 목록 페이지를 살펴보자. 우리는 앞에서 할 일 목록 페이지의 페이지 컴포넌트를 [그림 11-81]과 같이 구분해 두었다.

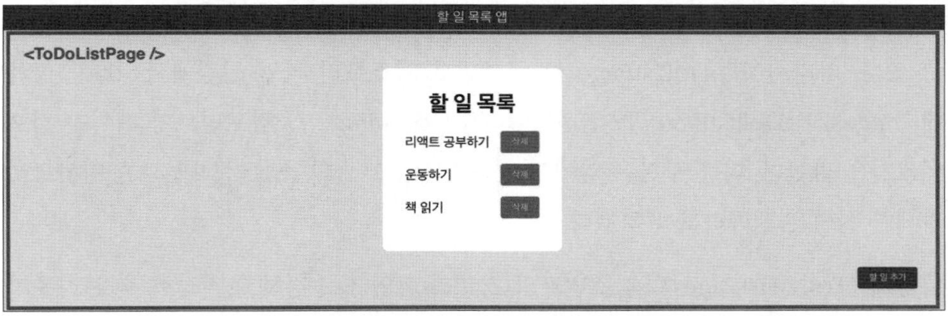

[그림 11-81]   〈ToDoListPage /〉 페이지 컴포넌트

그러면 이제 〈ToDoListPage /〉 컴포넌트를 개발해 보도록 하자. 〈ToDoListPage /〉 컴포넌트를 개발하기 위해 ./src/pages/ToDoListPage/index.tsx 파일을 생성하고 다음과 같이 수정한다.

```
export const ToDoListPage = () => {
  return <div>ToDoListPage</div>;
};
```

그런 다음 ./src/pages/ToDoListPage/index.stories.tsx 파일을 생성하고 다음과 같이 수정하여 〈ToDoListPage /〉 컴포넌트를 스토리북에 표시하도록 한다.

```
import { ComponentStory, ComponentMeta } from '@storybook/react';

import { ToDoListPage } from '.';

export default {
  title: 'Pages/ToDoListPage',
  component: ToDoListPage,
```

```
} as ComponentMeta<typeof ToDoListPage>;

const Template: ComponentStory<typeof ToDoListPage> = () =>
<ToDoListPage />;

export const Default = Template.bind({});
```

〈ToDoListPage /〉 컴포넌트는 다른 컴포넌트들과 달리, 페이지 컴포넌트로 제작되고 있다. 따라서 〈ToDoListPage /〉 컴포넌트의 스토리 파일 설정에서 "title" 항목에 "Pages/ToDoListPage"를 설정하여 〈ToDoListPage /〉 컴포넌트가 페이지 컴포넌트임을 밝혔다. 다른 부분은 앞에서 만든 컴포넌트들의 스토리 파일과 동일하므로 자세한 설명은 생략하도록 하겠다.

이렇게 〈ToDoListPage /〉 컴포넌트의 스토리 파일을 수정하고 저장한 후 브라우저를 확인해 보면, [그림 11-82]와 같이 〈ToDoListPage /〉 컴포넌트가 잘 표시되고 있는 것을 확인할 수 있다.

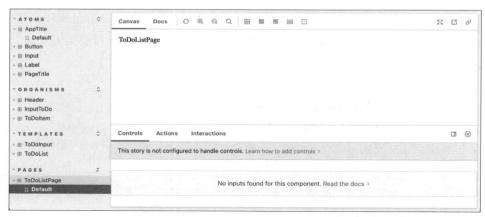

[그림 11-82] 〈ToDoListPage /〉 페이지 컴포넌트

이제 〈ToDoListPage /〉 페이지 컴포넌트에서 앞에서 만든 〈ToDoList /〉 템플릿 컴포넌트를 사용하여 실제 사용자가 보게 될 화면을 만들어 보자.

〈ToDoListPage /〉 페이지 컴포넌트에서 〈ToDoList /〉 템플릿 컴포넌트를 사용하도록 수정하기 위해 ./src/pages/ToDoListPage/index.tsx 파일을 열고 다음과 같이 수정한다.

```
import { ToDoList } from 'components/templates/ToDoList';

export const ToDoListPage = () => {
  const toDoList = ['리액트 공부하기', 'CDD 공부하기', '할 일 목록 앱 개발하기'];

  return <ToDoList toDoList={toDoList} />;
};
```

⟨ToDoList /⟩ 템플릿 컴포넌트를 불러와 사용하도록 수정했다. 이때 ⟨ToDoList /⟩ 템플릿 컴포넌트의 필수 Props인 toDoList에 필요한 데이터를 하드 코딩을 통해 생성했다. 추후 이 부분은 컨텍스트를 사용하도록 수정할 예정이다.

이렇게 ⟨ToDoListPage /⟩ 컴포넌트를 수정하고 저장한 후 브라우저를 확인해 보면, [그림 11-83]과 같이 ⟨ToDoListPage /⟩ 컴포넌트가 잘 표시되는 것을 확인할 수 있다.

[그림 11-83] ⟨ToDoListPage /⟩ 페이지 컴포넌트

이것으로 화면에 표시될 ⟨ToDoListPage /⟩ 컴포넌트를 개발해 보았다. 화면에 표시되는 디자인은 우리가 의도한 대로 표시되고 있어 만족스러운데, 화면에 표시되고 있는 데이터는 하드 코딩을 사용하고 있다. 이제 이 부분을 컨텍스트를 사용하여 할 일 목록 앱 전체에서 사용할 수 있는 데이터 구조로 변경해 보도록 하자.

12) ToDoList 컨텍스트

〈ToDoListPage /〉 컴포넌트를 제작해 보니 할 일 목록 앱 전체에서 사용할 수 있는 할 일 목록 데이터가 필요해 보인다. 앞에서 〈InputToDo /〉 유기체 컴포넌트를 제작했을 때에도 이와 같은 필요성이 보였다. 따라서 할 일 목록 앱 전체에서 사용할 수 있는 ToDoList 컨텍스트를 제작하여 〈ToDoListPage /〉 컴포넌트와 〈InputToDo /〉 컴포넌트에서 사용할 수 있도록 수정해 보도록 하자.

ToDoList 컨텍스트를 만들기 위해 ./src/contexts/ToDoList/index.tsx 파일을 생성하고 다음과 같이 수정한다.

```tsx
import { createContext, useState } from 'react';

interface Context {
  readonly toDoList: string[];
  readonly onAdd: (toDo: string) => void;
  readonly onDelete: (toDo: string) => void;
}

const ToDoListContext = createContext<Context>({
  toDoList: [],
  /* eslint-disable @typescript-eslint/no-empty-function */
  onAdd: (): void => {},
  onDelete: (): void => {},
  /* eslint-enable @typescript-eslint/no-empty-function */
});

interface Props {
  children: JSX.Element | JSX.Element[];
}

const ToDoListContextProvider = ({ children }: Props) => {
  const [toDoList, setToDoList] = useState([
    '리액트 공부하기',
    '운동하기',
    '책 읽기',
  ]);

  const onDelete = (todo: string) => {
    setToDoList(toDoList.filter((item) => item !== todo));
```

```
  };

  const onAdd = (toDo: string) => {
    setToDoList([...toDoList, toDo]);
  };

  return (
    <ToDoListContext.Provider
      value={{
        toDoList,
        onAdd,
        onDelete,
      }}>
      {children}
    </ToDoListContext.Provider>
  );
};

export { ToDoListContext, ToDoListContextProvider };
```

작성한 코드는 7장에서 만든 코드를 그대로 이용했다. 컨텍스트에 대한 자세한 설명
은 7장에서 했으므로 11장에서는 생략하고 진행하도록 하겠다.

이렇게 ToDoList 컨텍스트를 생성했다면, 컨텍스트를 사용하고자 하는 컴포넌트들
의 공통 부모 컴포넌트에 Provider를 제공할 필요가 있다. 스토리북에서는 공통 부
모 컴포넌트가 없으므로 컨텍스트를 사용하는 각각의 컴포넌트의 스토리 파일에서
각각의 컴포넌트를 Provider를 감싸는 방식으로 제공할 수 있다.

이를 확인하기 위해 ./src/pages/ToDoListPage/index.stories.tsx 파일을 열고 다
음과 같이 수정한다.

```
import { ComponentStory, ComponentMeta } from '@storybook/react';
import { ToDoListContextProvider } from 'contexts/ToDoList';
...
const Template: ComponentStory<typeof ToDoListPage> = () => (
  <ToDoListContextProvider>
    <ToDoListPage />
  </ToDoListContextProvider>
);
```

. . .

그런 다음 ./src/pages/ToDoListPage/index.tsx 파일을 열고 다음과 같이 수정하여 할 일 목록 앱의 전역 데이터인 ToDoList 컨텍스트를 〈ToDoListPage /〉 컴포넌트에서 사용하도록 한다.

```
import { useContext } from 'react';
import { ToDoListContext } from 'contexts/ToDoList';

import { ToDoList } from 'components/templates/ToDoList';

export const ToDoListPage = () => {
  const { toDoList, onDelete } = useContext(ToDoListContext);

  return <ToDoList toDoList={toDoList} onDelete={onDelete} />;
};
```

이렇게 〈ToDoListPage /〉 컴포넌트와 스토리 파일을 수정하고 저장한 후 브라우저를 확인해 보면, [그림 11-84]와 같이 ToDoList 컨텍스트에 설정한 기본 할 일 목록 데이터가 잘 표시되는 것을 확인할 수 있다.

[그림 11-84] 〈ToDoListPage /〉 페이지 컴포넌트

하지만 우리는 ToDoList 컨텍스트를 〈InputToDo /〉 컴포넌트에서 사용할 예정이고, 추후 다른 컴포넌트에서도 직접 사용할 가능성이 있다. 따라서 각각의 컴포넌트의 스토리 파일에 ToDoList의 Provider를 설정하는 것이 아니라 모든 컴포넌트에 공통으로 적용될 수 있도록 설정하는 것이 좋다.

이처럼 ToDoList 컨텍스트의 Provider를 모든 스토리에 적용하기 위해서는 .storybook/preview.js 파일을 수정할 필요가 있다. .storybook/preview.js 파일을 열고 다음과 같이 수정하여 모든 컴포넌트의 스토리 파일에서 ToDoList 컨텍스트를 사용할 수 있도록 한다.

```
import { BrowserRouter } from 'react-router-dom';
import { ToDoListContextProvider } from 'contexts/ToDoList';

...

export const decorators = [
  (Story) => (
    <ToDoListContextProvider>
      <BrowserRouter>
        <Story />
      </BrowserRouter>
    </ToDoListContextProvider>
  ),
];
```

그리고 다시 ./src/pages/ToDoListPage/index.stories.tsx 파일을 열고 다음과 같이 수정하여 기존에 설정한 Provider를 제거하도록 한다.

```
import { ComponentStory, ComponentMeta } from '@storybook/react';
import { ToDoListContextProvider } from 'contexts/ToDoList';

...

const Template: ComponentStory<typeof ToDoListPage> = () => (
  <ToDoListContextProvider>
    <ToDoListPage />
  </ToDoListContextProvider>
```

```
  );
  ...
```

이렇게 〈ToDoListPage /〉 컴포넌트의 스토리 파일에서 ToDoList 컨텍스트의 Provider를 제거해도 preview.js에서 모든 컴포넌트의 스토리에 ToDoList 컨텍스트의 Provider가 적용되도록 수정했기 때문에 [그림 11-85]와 같이 여전히 ToDoList 컨텍스트에 설정한 기본 할 일 목록 데이터가 잘 표시되는 것을 확인할 수 있다.

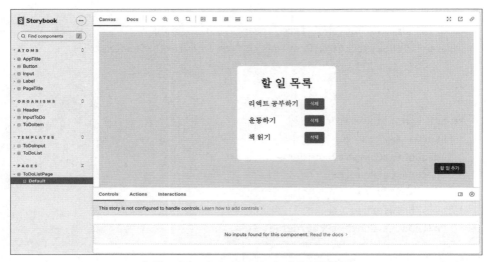

[그림 11-85] 〈ToDoListPage /〉 페이지 컴포넌트

또한 〈ToDoListPage /〉 컴포넌트에서 자식 컴포넌트인 〈ToDoList /〉 유기체 컴포넌트에 ToDoList 컨텍스트의 onDelete 함수를 추가했기 때문에 이전과는 다르게 "삭제" 버튼을 클릭하면, [그림 11-86]과 같이 할 일 데이터가 잘 삭제되는 것을 확인할 수 있다.

448

[그림 11-86] <ToDoListPage /> 페이지 컴포넌트

이것으로 할 일 목록 앱 전체에서 사용할 ToDoList 컨텍스트를 만들고, ⟨ToDoList Page /⟩ 페이지 컴포넌트에서 이를 사용하도록 변경해 보았다. 이와 같이 페이지 컴포넌트는 템플릿 컴포넌트와 달리, 사용자가 실제로 사용 또는 보게 될 데이터를 불러와 템플릿 컴포넌트에 설정하게 된다.

이제 ToDoList 컨텍스트에 데이터를 추가하는 ⟨InputToDo /⟩ 유기체 컴포넌트를 수정해 보도록 하자. ToDoList 컨텍스트에 데이터를 추가하는 ⟨InputToDo /⟩ 유기체 컴포넌트를 수정하기 위해 ./src/components/organisms/InputToDo/index. tsx 파일을 열고 다음과 같이 수정한다.

```tsx
import { useState, useContext } from 'react';
...
import { ToDoListContext } from 'contexts/ToDoList';
...
export const InputToDo = () => {
  const [toDo, setToDo] = useState('');
  const { onAdd } = useContext(ToDoListContext);
  const navigate = useNavigate();

  const onAddTodo = () => {
    if (toDo === '') return;

    onAdd(toDo);
    setToDo('');
```

```
    navigate('/');
  };

  return (
    <Container>
      <Input value={toDo} onChange={setToDo} />
      <Button label="추가" color="#304FFE" onClick={onAddTodo} />
    </Container>
  );
};
```

ToDoList 컨텍스트의 onAdd 함수를 사용하여 할 일 목록 데이터에 데이터를 추가하도록 변경했다. 기존에 〈InputToDo /〉 컴포넌트에 존재하던 onAdd 함수는 이름이 중복되는 문제가 있어서 onAddTodo 함수로 이름을 변경했으며, 빈 할 일 데이터가 추가되지 않도록 하기 위한 코드를 추가했다.

이렇게 〈InputToDo /〉 컴포넌트를 수정하고 저장한 후 브라우저에서 "ORGANISMS/InputToDo" 메뉴로 이동한 다음 데이터를 추가해 보아도 그 어떤 변화도 일어나지 않는 것을 확인할 수 있다. 따라서 우리가 추가한 데이터가 잘 추가되고 있는지 알 수 없다.

우리가 〈InputToDo /〉 컴포넌트를 통해 데이터를 추가했을 때에 ToDoList 컨텍스트에 데이터가 제대로 추가됐는지 확인하기 위해 ./src/context/ToDoList/index.tsx 파일을 열고 다음과 같이 수정한다.

```
...
const ToDoListContextProvider = ({ children }: Props) => {
  ...
  console.log(toDoList);
  return (
    ...
  );
};

export { ToDoListContext, ToDoListContextProvider };
```

〈InputToDo /〉 컴포넌트에서 데이터를 추가했을 때에 ToDoList 컨텍스트의 데이터가 잘 추가됐는지 확인하기 위해 ToDoListContextProvider에서 return을 통해 컴포넌트를 반환하는 코드 바로 위에 console.log를 통해 할 일 목록 데이터를 표시하도록 수정했다.

이렇게 ToDoList 컨텍스트를 수정하고 저장한 후 브라우저를 열고 앞에서와 동일하게 할 일 데이터를 추가해 보면, [그림 11-87]과 같이 브라우저의 개발자 도구에 우리가 입력한 할 일 데이터가 ToDoList 컨텍스트에 잘 추가된 것을 확인할 수 있다.

[그림 11-87] <InputToDo /> 유기체 컴포넌트

이로써 우리가 〈InputToDo /〉 컴포넌트에 추가한 ToDoList 컨텍스트가 정상적으로 동작하는 것을 확인할 수 있다.

〈InputToDo /〉 컴포넌트에서 데이터를 추가할 때에 ToDoList 컨텍스트에 데이터가 잘 추가되는지를 확인하기 위해 ./src/context/ToDoList/index.tsx 파일에 추가한 console.log는 다음과 같이 삭제해 두도록 하자.

```
...
const ToDoListContextProvider = ({ children }: Props) => {
  ...
  console.log(toDoList);
  return (
    ...
  );
};
```

```
export { ToDoListContext, ToDoListContextProvider };
```

이것으로 할 일 목록 앱에서 사용할 전역 데이터인 ToDoList 컨텍스트를 만들어 보고, 스토리북에서 ToDoList 컨텍스트를 사용하기 위한 설정과 ToDoList 컨텍스트를 사용하는 컴포넌트인 〈ToDoListPage /〉 컴포넌트와 〈InputToDo /〉 컴포넌트를 수정해 보았다. 계속해서 할 일 목록 앱의 할 일 추가 페이지를 위한 페이지 컴포넌트를 컴포넌트 주도 개발을 통해 개발해 보자.

13) 〈ToDoInputPage /〉 페이지 컴포넌트

이제 할 일 목록 앱의 마지막 컴포넌트인 〈ToDoInputPage /〉 페이지 컴포넌트를 컴포넌트 주도 개발로 개발해 보자. 앞에서 우리는 이미 디자인을 보고 〈ToDoInputPage /〉 컴포넌트를 [그림 11-88]과 같이 구분해 두었다.

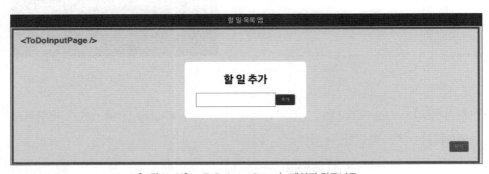

[그림 11-88] 〈ToDoInputPage /〉 페이지 컴포넌트

./src/pages/ToDoInputPage/index.tsx 파일을 생성하고 다음과 같이 수정하여 〈ToDoInputPage /〉 페이지 컴포넌트를 만든다.

```
export const ToDoInputPage = () => {
  return <div>ToDoInputPage</div>;
};
```

그리고 ./src/pages/ToDoInputPage/index.stories.tsx 파일을 생성하고 다음과 같이 수정하여 〈ToDoInputPage /〉 컴포넌트를 스토리북에 표시하도록 한다.

```
import { ComponentStory, ComponentMeta } from '@storybook/react';

import { ToDoInputPage } from '.';

export default {
  title: 'Pages/ToDoInputPage',
  component: ToDoInputPage,
} as ComponentMeta<typeof ToDoInputPage>;

const Template: ComponentStory<typeof ToDoInputPage> = () =>
<ToDoInputPage />;

export const Default = Template.bind({});
```

이렇게 〈ToDoInputPage /〉 컴포넌트의 스토리 파일을 수정하고 저장한 후 브라우저를 확인해 보면, [그림 11-89]와 같이 〈ToDoInputPage /〉 컴포넌트가 잘 표시되고 있는 것을 확인할 수 있다.

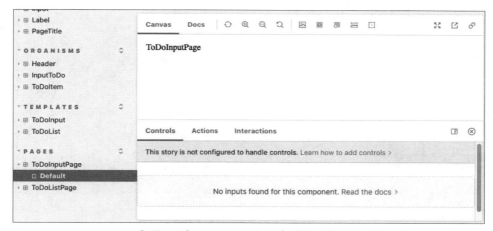

[그림 11-89] <ToDoInputPage /> 페이지 컴포넌트

이제 〈ToDoInputPage /〉 페이지 컴포넌트에서 앞에서 만든 〈ToDoInput /〉 템플릿 컴포넌트를 사용하여 실제 사용자가 보게 될 화면을 만들어 보자.

〈ToDoInputPage /〉 페이지 컴포넌트에서 〈ToDoInput /〉 템플릿 컴포넌트를 사용하도록 수정하기 위해 ./src/pages/ToDoInputPage/index.tsx 파일을 열고 다음과 같이 수정한다.

```
import { ToDoInput } from 'components/templates/ToDoInput';

export const ToDoInputPage = () => {
  return <ToDoInput />;
};
```

〈ToDoInputPage /〉 페이지 컴포넌트에서 〈ToDoInput /〉 템플릿 컴포넌트를 불러와 사용하도록 수정했다. 〈ToDoInput /〉 컴포넌트는 단순한 컴포넌트여서 Props를 통해 데이터를 전달할 필요가 없다.

이렇게 〈ToDoInputPage /〉 컴포넌트를 수정하고 저장한 후 브라우저를 확인해 보면, [그림 11-90]과 같이 〈ToDoInputPage /〉 컴포넌트가 잘 표시되는 것을 확인할 수 있다.

[그림 11-90] 〈ToDoInputPage /〉 페이지 컴포넌트

이것으로 화면에 표시될 〈ToDoInputPage /〉 컴포넌트를 개발해 보았다. 다음으로 지정하지 않은 URL로 이동한 경우 표시할 404 페이지를 제작해 보도록 하자.

14) 〈NotFound /〉 페이지 컴포넌트

앞선 디자인에는 없었지만, 할 일 목록 페이지와 할 일 추가 페이지 이외에 URL로 이동한 경우 페이지가 존재하지 않음을 알려주기 위한 404 페이지가 필요하다.

404 페이지는 [그림 11-91]과 같이 단순히 문자열을 출력하는 페이지이므로 원자 컴포넌트를 만들 필요 없이 바로 페이지 컴포넌트를 작성하면 된다.

[그림 11-91] <NotFound /> 페이지 컴포넌트

이제 ./src/pages/NotFound/index.tsx 파일을 생성하고 다음과 같이 수정하여 〈NotFound /〉 페이지 컴포넌트를 만든다.

```
export const NotFound = () => {
  return (
    <div>
      404
      <br />
      NOT FOUND
    </div>
  );
};
```

그리고 ./src/pages/NotFound/index.stories.tsx 파일을 생성하고 다음과 같이 수정하여 〈NotFound /〉 컴포넌트를 스토리북에 표시하도록 한다.

```
import { ComponentStory, ComponentMeta } from '@storybook/react';

import { NotFound } from '.';

export default {
  title: 'Pages/NotFound',
  component: NotFound,
} as ComponentMeta<typeof NotFound>;
```

```
const Template: ComponentStory<typeof NotFound> = () => <NotFound />;

export const Default = Template.bind({});
```

이렇게 〈NotFound /〉 컴포넌트의 스토리 파일을 수정하고 저장한 후 브라우저를 확인해 보면, [그림 11-92]와 같이 〈NotFound /〉 컴포넌트가 잘 표시되고 있는 것을 확인할 수 있다.

[그림 11-92] <NotFound /> 페이지 컴포넌트

이제 〈NotFound /〉 컴포넌트에서 문자열을 화면 가운데에 표시하기 위해 디자인을 적용해 보도록 하자. 〈NotFound /〉 컴포넌트에 디자인을 적용하기 위해 ./src/pages/NotFound/index.tsx 파일을 열고 다음과 같이 수정한다.

```
import styled from '@emotion/styled';

const Container = styled.div`
  height: 100vh;
  display: flex;
  flex-direction: column;
  align-items: center;
  justify-content: center;
  text-align: center;
  background-color: #eeeeee;
```

```
  `;

export const NotFound = () => {
  return (
    <Container>
      404
      <br />
      NOT FOUND
    </Container>
  );
};
```

〈NotFound /〉 컴포넌트에 디자인을 적용하기 위해 Emotion을 사용하여 디자인이 적용된 〈Container /〉 컴포넌트를 제작했고, 제작한 컴포넌트를 사용하여 〈NotFound /〉 컴포넌트에 디자인을 적용했다.

이렇게 〈NotFound /〉 컴포넌트를 수정하고 저장한 후 브라우저를 확인해 보면, [그림 11-93]과 같이 〈NotFound /〉 컴포넌트가 잘 표시되는 것을 확인할 수 있다.

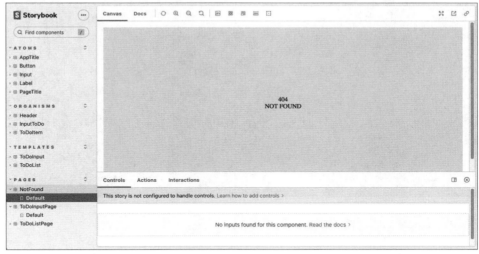

[그림 11-93] <NotFound /> 페이지 컴포넌트

이것으로 할 일 목록 앱에 필요한 모든 컴포넌트들을 컴포넌트 주도 개발을 통해 개발해 보았다. 이제 이 컴포넌트들을 조합하여 할 일 목록 앱을 완성해 보도록 하자.

15) 할 일 목록 앱

스토리북을 사용하여 할 일 목록 앱에 필요한 모든 컴포넌트의 개발이 끝났다. 이제 스토리북이 아닌 실제 개발 서버를 실행하여 최종적으로 할 일 목록 앱을 개발해 보도록 하자.

할 일 목록 앱을 개발하기 위해 현재 실행 중인 스토리북 서버를 종료시킨 후 다음 명령어를 실행하여 create-react-app의 개발 서버를 실행시킨다.

```
npm start
```

create-react-app의 개발 서버가 실행되면, 웹 브라우저에 http://localhost:3000/으로 페이지가 자동으로 열리면서 [그림 11-94]와 같이 create-react-app의 기본 화면을 확인할 수 있다.

[그림 11-94]   create-react-app의 기본 페이지

이제 우리가 만든 페이지 컴포넌트들과 react-router-dom을 사용하여 할 일 목록 앱을 개발해 보도록 하자. 할 일 목록 앱을 개발하기 위해 ./src/App.tsx 파일을 열고 다음과 같이 수정한다.

```
import { BrowserRouter, Routes, Route } from 'react-router-dom';
```

458

```
import { ToDoListContextProvider } from 'contexts/ToDoList';

import { Header } from 'components/organisms/Header';
import { ToDoListPage } from 'pages/ToDoListPage';
import { ToDoInputPage } from 'pages/ToDoInputPage';
import { NotFound } from 'pages/NotFound';

function App() {
  return (
    <ToDoListContextProvider>
      <BrowserRouter>
        <Header />
        <Routes>
          <Route path="/" element={<ToDoListPage />} />
          <Route path="/add" element={<ToDoInputPage />} />
          <Route path="*" element={<NotFound />} />
        </Routes>
      </BrowserRouter>
    </ToDoListContextProvider>
  );
}

export default App;
```

할 일 목록 앱에 페이지 기능을 구현하기 위해 react-router-dom에서 Browser
Router, Routes, Route를 불러왔다.

```
import { BrowserRouter, Routes, Route } from 'react-router-dom';
...
```

할 일 목록 앱에서는 컨텍스트를 사용하여 전역적으로 데이터를 관리할 예정이다.
따라서 우리가 만든 ToDoListContextProvider를 사용하여 앱 전체에서 컨텍스트
를 사용할 수 있도록 컨텍스트의 Provider를 제공할 것이다.

```
...
import { ToDoListContextProvider } from 'contexts/ToDoList';
...
```

할 일 목록 앱은 모든 페이지에 공통으로 표시되는 헤더를 가지고 있다. 이를 위해 우리가 구현한 〈Header /〉 컴포넌트를 추가했다.

```
...
import { Header } from 'components/organisms/Header';
...
```

마지막으로 할 일 목록 앱을 구성하는 페이지 컴포넌트들을 모두 불러오도록 추가했다. 가져온 페이지 컴포넌트와 react-router-dom을 사용하여 할 일 목록 앱을 구성할 예정이다.

```
...
import { ToDoListPage } from 'pages/ToDoListPage';
import { ToDoInputPage } from 'pages/ToDoInputPage';
import { NotFound } from 'pages/NotFound';
...
```

할 일 목록 앱을 만들기 위해 우선 컨텍스트 데이터를 사용할 수 있도록 Provider를 다음과 같이 설정했다.

```
...
function App() {
  return (
    <ToDoListContextProvider>
      ...
    </ToDoListContextProvider>
  );
}
...
```

이후 react-router-dom의 페이지 기능을 사용하기 위해 react-router-dom으로부터 불러온 〈BrowserRouter /〉 컴포넌트를 다음과 같이 사용했다.

```
...
function App() {
  return (
```

```
    <ToDoListContextProvider>
      <BrowserRouter>
        ...
      </BrowserRouter>
    </ToDoListContextProvider>
  );
}
...
```

그리고 페이지 전환과 관계없이 항상 표시되는 〈Header /〉 컴포넌트와 각각의 페이지 컴포넌트를 표시하기 위한 〈Routes /〉 컴포넌트를 다음과 같이 작성했다.

```
...
function App() {
  return (
    <ToDoListContextProvider>
      <BrowserRouter>
        <Header />
        <Routes>
          ...
        </Routes>
      </BrowserRouter>
    </ToDoListContextProvider>
  );
}
...
```

페이지와 상관없이 항상 표시되는 컴포넌트는 〈Routes /〉 컴포넌트 밖에 작성을 해야 한다. 하지만 〈Header /〉 컴포넌트 안에는 react-router-dom의 기능을 사용하여 할 일 목록 페이지의 URL("/")로 이동하는 기능이 있으므로 〈BrowserRouter /〉 컴포넌트 안에서 사용돼야 한다.

이제 각각의 URL에 맞게 페이지 컴포넌트들을 react-router-dom의 〈Route /〉 컴포넌트를 사용하여 정의해 주었다.

```
...
function App() {
```

```
  return (
    <ToDoListContextProvider>
      <BrowserRouter>
        <Header />
        <Routes>
          <Route path="/" element={<ToDoListPage />} />
          <Route path="/add" element={<ToDoInputPage />} />
          <Route path="*" element={<NotFound />} />
        </Routes>
      </BrowserRouter>
    </ToDoListContextProvider>
  );
}
...
```

이렇게 react-router-dom의 〈Route /〉 컴포넌트를 사용하여 URL과 그에 따른 페이지 컴포넌트를 연결하고 해당 URL로 접속하면, 해당 URL에 따른 페이지 컴포넌트가 표시될 것이다.

이와 같이 할 일 목록 앱을 개발하기 위해 ./src/App.tsx 파일을 수정하고 저장한 후 브라우저를 확인해 보면, [그림 11-95]와 같이 할 일 목록 앱의 할 일 목록 페이지가 잘 표시되는 것을 확인할 수 있다.

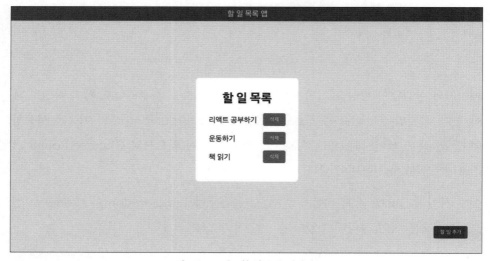

[그림 11-95] 할 일 목록 페이지

이렇게 할 일 목록 앱의 할 일 목록 페이지가 잘 표시됐다면, 할 일 목록에서 "삭제" 버튼을 클릭하여 하나의 할 일 데이터를 제거해 본다.

문제 없이 잘 개발됐다면, [그림 11-96]과 같이 "삭제" 버튼을 클릭하면 하나의 할 일 데이터가 할 일 목록에서 잘 삭제되는 것을 확인할 수 있다.

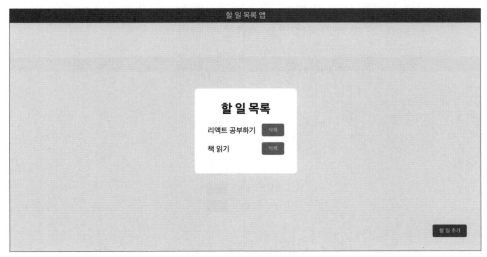

[그림 11-96] 할 일 목록 페이지

다음으로 오른쪽 하단에 표시된 "할 일 추가" 버튼을 클릭하면, [그림 11-97]과 같이 할 일 목록 앱의 할 일 추가 페이지로 잘 이동하는 것을 확인할 수 있다.

[그림 11-97] 할 일 추가 페이지

할 일 목록 앱의 할 일 추가 페이지에서 오른쪽 하단에 표시된 "닫기" 버튼 또는 상단에 표시된 헤더의 "할 일 목록 앱"을 클릭하면, 할 일 목록 앱의 할 일 목록 페이지로 잘 이동되는 것을 확인할 수 있다.

또한 화면에 표시된 할 일 추가 입력창에 할 일 데이터를 입력하고 "추가" 버튼을 클릭하면, [그림 11-98]과 같이 할 일 목록 페이지로 이동함과 동시에 우리가 입력한 할 일 입력 데이터가 잘 추가되는 것을 확인할 수 있다.

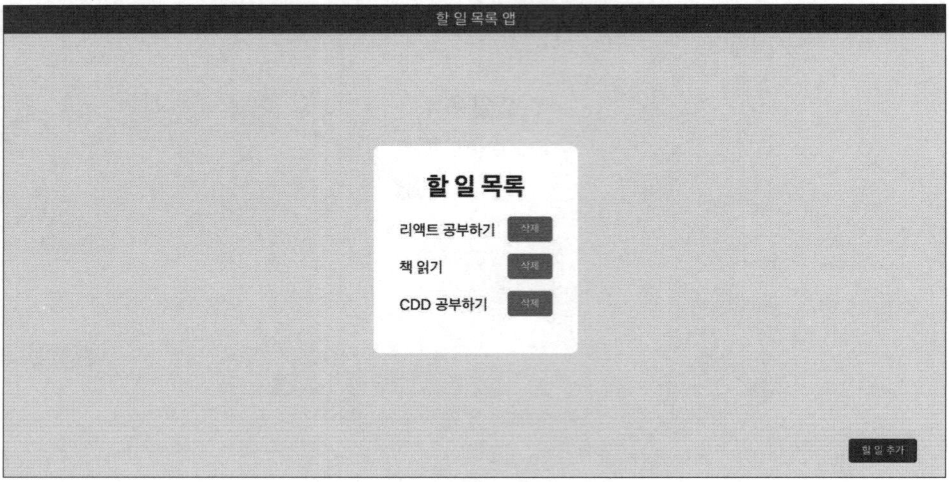

[그림 11-98] 할 일 목록 페이지

마지막으로 브라우저에 http://localhost:3000/test와 같이 우리가 지정하지 않은 URL을 입력하면, [그림 11-99]와 같이 404 페이지가 잘 표시되는 것을 확인할 수 있다.

[그림 11-99] 할 일 목록 앱

표시된 404 페이지의 상단에 표시된 헤더의 "할 일 목록 앱"을 클릭하면, 여전히 할 일 목록 페이지로 잘 이동되는 것을 확인할 수 있다.

이것으로 스토리북과 아토믹 디자인을 사용하여 할 일 목록 앱을 컴포넌트 주도 개발을 사용하여 개발하는 방법에 대해 알아보았다.

11.4 요약

11장에서는 스토리북과 아토믹 디자인을 사용하여 할 일 목록 앱을 개발해 보았다. 이를 통해 스토리북의 사용 방법과 아토믹 디자인에 대한 복습을 했고, 리액트에서 컴포넌트 주도 개발로 개발하는 방법에 대해 확인할 수 있었다. 다시 한 번 리액트에서 스토리북과 아토믹 디자인을 사용하여 컴포넌트 주도 개발로 개발하는 방법에 대해 살펴보면 다음과 같다.

컴포넌트 주도 개발을 하기 위해서는 우선 개발하고자 하는 웹 애플리케이션의 사양을 정의하고 디자인을 한 후 해당 디자인을 컴포넌트로 나누게 된다. 이때 우리는 아토믹 디자인을 사용하여 디자인을 원자, 분자, 유기체, 템플릿, 페이지로 나눴다.

그런 다음 스토리북을 사용하여 먼저 컴포넌트를 집중하여 개발했다. 컴포넌트를 개발할 때에는 앞에서 아토믹 디자인을 통해 나눈 컴포넌트별로 개발하고, 하위 컴포넌트들을 조합하여 상위 컴포넌트들을 개발했다.

스토리북을 통해 웹 애플리케이션을 개발하기 위한 모든 컴포넌트가 준비됐다면, 이를 조합하여 웹 애플리케이션을 개발하면 컴포넌트 주도 개발을 통해 웹 애플리케이션의 개발이 완료된다.

이와 같이 컴포넌트 주도 개발을 하게 되면, 컴포넌트별 개발이 가능하고 그에 따라 분업을 하기 쉬워지며 컴포넌트만을 집중하여 개발할 수 있는 장점을 가지게 된다.

11장에서는 아토믹 디자인과 스토리북을 통해 컴포넌트 주도 개발을 해보면서 이런 장점들을 확인할 수 있었다.

12장에서는 서버와 데이터를 주고받는 블로그 앱을 개발해 봄으로써 컴포넌트 주도 개발을 다시 한 번 복습해 볼 예정이다.

CDD - 블로그 앱

12장에서는 8장에서 만든 블로그 앱을 컴포넌트 주도 개발과 아토믹 디자인을 활용하여 다시 개발해 봄으로써 컴포넌트 주도 개발을 연습할 예정이다.

12.1 블로그 앱

12장에서는 8장에서 만든 블로그 앱을 컴포넌트 주도 개발을 통해 개발할 것이다. 블로그 앱은 [그림 12-1]과 같은 블로그 글 목록 페이지를 가지고 있다.

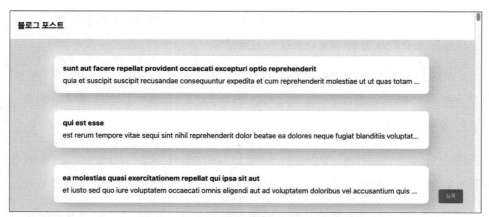

[그림 12-1] 블로그 앱 – 블로그 글 목록 페이지

블로그 글 목록 페이지의 사양을 확인해 보면, 앱 상단에는 "블로그 포스트"라는 문자열을 표시하는 헤더가 표시되고 헤더 하단에는 블로그 글 목록들이 표시될 예정이다.

블로그 글 목록은 Fetch API를 사용하여 JSONPlaceholder가 제공하는 데이터를 가져와 표시할 예정이다.

블로그 글 목록 페이지의 오른쪽 하단에는 새로운 블로그 글을 등록하기 위한 "등록" 버튼이 고정되어 표시되며, "등록" 버튼을 클릭하면 [그림 12-2]와 같이 블로그 글을 등록하는 대화 상자가 표시되도록 할 예정이다.

표시된 블로그 글 등록 대화 상자에서 제목과 글을 입력하고 "등록하기" 버튼을 클릭하면, JSONPlaceholder가 제공하는 블로그 글 등록 API를 통해 데이터가 저장될 예정이다. JSONPlaceholder가 제공하는 API는 실제로 글을 등록해 주지는 않으므로 블로그 글 목록에는 우리가 등록한 데이터는 표시되지 않을 것이다.

블로그 글 등록 대화 상자에서 오른쪽 하단에 표시된 "닫기" 버튼을 클릭하면, 대화 상자를 닫고 블로그 글 목록 리스트 화면으로 되돌아 가도록 만들 예정이다.

[그림 12-2] 블로그 앱 – 블로그 글 등록

블로그 앱에서는 Fetch API를 사용하는 프로젝트에서 컴포넌트 주도 개발을 하는 방법을 알아보기 위해 블로그 글 등록을 별도의 페이지로 만들지 않았다. 그러므로 7장의 할 일 목록 앱과는 다르게 하나의 페이지에서 모든 동작을 수행하도록 개발할 것이다.

이제 블로그 앱을 컴포넌트 주도 개발과 아토믹 디자인을 사용하여 개발해 보도록 하자. 우선 블로그 글 목록 페이지의 디자인을 보고 아토믹 디자인을 사용하여 원자 컴포넌트 단위로 나눠야 한다.

블로그 앱의 블로그 글 목록 페이지를 아토믹 디자인의 원자로 나누면, [그림 12-3]
과 같이 나눌 수 있다.

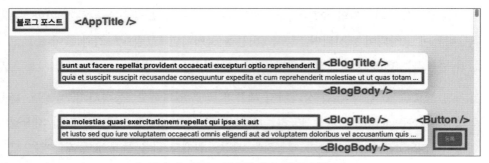

[그림 12-3] 블로그 글 목록 페이지의 원자 컴포넌트

블로그 글 목록 페이지에서 오른쪽 하단의 "등록" 버튼을 클릭했을 때에 표시되는
블로그 글 등록 대화 상자를 아토믹 디자인의 원자로 나누면, [그림 12-4]와 같이
나눌 수 있다.

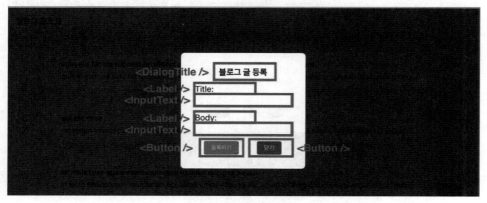

[그림 12-4] 블로그 글 등록 대화 상자의 원자 컴포넌트

블로그 앱의 원자 컴포넌트로는 〈AppTitle /〉 컴포넌트, 〈BlogTitle /〉 컴포넌트,
〈BlogBody /〉 컴포넌트, 〈Button /〉 컴포넌트, 〈DialogTitle /〉 컴포넌트, 〈Label /〉
컴포넌트 그리고 〈InputText /〉 컴포넌트가 필요할 것으로 보인다.

이제 블로그 앱을 분자 컴포넌트로 나눠 보자.

블로그 앱의 블로그 글 등록 대화 상자에서 분자 컴포넌트를 나누면, [그림 12-5]와
같이 나눌 수 있다.

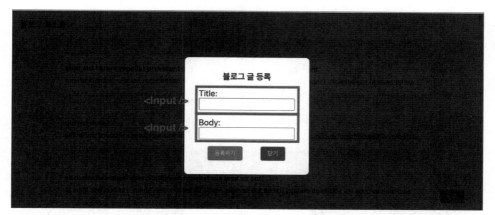

[그림 12-5] 블로그 글 등록 대화 상자의 분자 컴포넌트

블로그 글을 등록하기 위한 사용자 입력창은 항상 〈Label /〉 컴포넌트와 〈InputText /〉 컴포넌트가 함께하므로 이를 단순히 하나의 〈Input /〉 컴포넌트로 묶음으로써 분자 컴포넌트를 구성할 수 있다.

다음으로 블로그 앱에서 유기체 컴포넌트를 나눠 보자.

아토믹 디자인의 유기체 컴포넌트의 정의에 맞게 블로그 글 목록 페이지를 유기체 컴포넌트로 나눈다면, [그림 12-6]과 같이 나눌 수 있다.

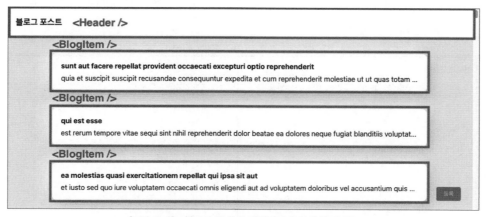

[그림 12-6] 블로그 글 목록 페이지의 유기체 컴포넌트

〈BlogItem /〉 컴포넌트는 단순히 컴포넌트들의 조합이 아닌 블로그 글이라는 콘텐츠를 제공하므로 분자 컴포넌트가 아닌 유기체 컴포넌트로 설정했다.

〈Header /〉 컴포넌트는 아토믹 디자인의 유기체 정의에서 언급한 것과 마찬가지로 사용자에게 특정 정보를 전달하는 역할을 하므로 〈BlogItem /〉 컴포넌트와 마찬가지로 유기체 컴포넌트로 설정했다.

또한 "등록" 버튼을 클릭했을 때에 표시되는 블로그 글 등록 대화 상자는 [그림 12-7]과 같이 하나의 유기체 컴포넌트로 만들 수 있다.

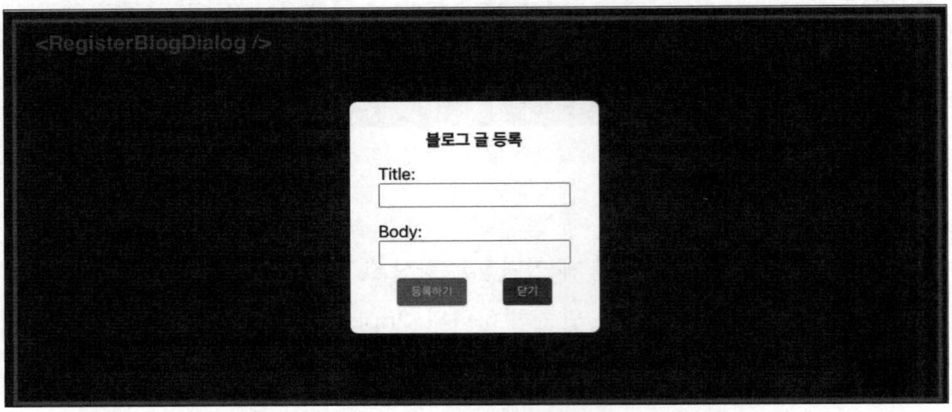

[그림 12-7] 블로그 글 등록 대화 상자의 유기체 컴포넌트

이제 만든 원자, 분자, 유기체 컴포넌트를 사용하여 템플릿 컴포넌트를 만들어야 한다.

블로그 앱의 블로그 글 목록 페이지는 [그림 12-8]과 같이 〈BlogList /〉 템플릿 컴포넌트를 통해 제작할 수 있다.

[그림 12-8] 블로그 글 목록 페이지의 템플릿 컴포넌트

이번 프로젝트에서는 Fetch API를 사용하여 블로그 글 목록 데이터를 가져와 표시할 예정이다. 따라서 템플릿 컴포넌트는 실제로 블로그 글 목록 데이터가 없는 상태의 레이아웃을 설정했다.

템플릿 컴포넌트를 사용하여 실제 페이지 컴포넌트를 제작할 때에는 Fetch API를 통해 가져온 데이터를 전달함으로써 사용자에게 블로그 글 목록을 표시할 예정이다.

그러면 이제 블로그 앱의 페이지 컴포넌트에 대해 알아보자.

블로그 앱에서 페이지 컴포넌트의 구성을 알아보면, [그림 12-9]와 같이 나눌 수 있다.

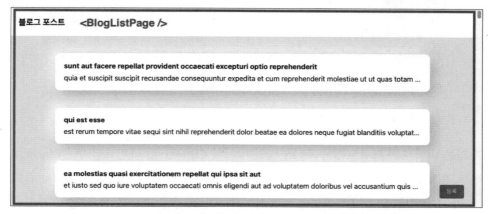

[그림 12-9] 블로그 앱의 페이지 컴포넌트

앞에서 만든 〈BlogList /〉 템플릿 컴포넌트에 Fetch API를 통해 가져온 데이터를 전달함으로써 실제 사용자가 보게 될 화면을 구성할 예정이다.

이것으로 12장에서 개발할 블로그 앱 프로젝트의 사양을 파악하고, 할 일 목록 앱의 디자인을 아토믹 디자인을 통해 컴포넌트로 나누고 분리하는 작업을 해보았다. 이제 블로그 앱을 개발하기 위해 프로젝트를 준비하고, 컴포넌트 주도 개발을 사용하여 블로그 앱을 개발해 보도록 하자.

12.2 프로젝트 준비

블로그 앱을 컴포넌트 주도 개발을 사용하여 개발하기 위해 다음 명령어를 실행하여 새로운 리액트 프로젝트를 생성한다.

```
npx create-react-app cdd-blog --template=typescript
```

프로젝트 생성이 완료되면, 컴포넌트를 절대 경로로 추가할 수 있도록 하기 위해 타입스크립트 설정 파일인 tsconfig.json을 열고 다음과 같이 baseUrl 옵션을 추가한다.

```
{
  "compilerOptions": {
    ...
    "jsx": "react-jsx",
    "baseUrl": "src"
  },
  ...
}
```

우리는 리액트 프로젝트에서 스타일링하기 위해 CSS-in-JS 라이브러리인 Emotion을 사용하고, Prettier와 ESLint를 사용하여 소스 코드 포맷 및 잠재적인 오류를 찾도록 할 예정이다. 또한 스토리북을 사용하여 컴포넌트 주도 개발을 할 예정이다. 따라서 다음 명령어를 실행하여 Emotion과 Prettier, ESLint, 스토리북을 설치한다.

```
# cd cdd-blog
npm install --save @emotion/react @emotion/styled
npm install --save-dev prettier eslint sb
```

설치가 완료됐다면, Prettier를 설정하기 위해 .prettierrc.js 파일을 생성하고 다음과 같이 수정한다.

```
module.exports = {
  singleQuote: true,
  trailingComma: 'all',
  printWidth: 100,
};
```

이제 ESLint를 설정하기 위해 다음 명령어를 실행한다.

```
npx eslint --init
```

명령어가 실행되면, ESLint를 설정하기 위한 질문들이 나온다. 다음과 같은 질문에 y
를 눌러 ESLint를 설정하도록 한다.

```
Ok to proceed? y
```

다음과 같은 질문에 To check syntax and find problems를 선택한다.

```
? How would you like to use ESLint? ...
  To check syntax only
> To check syntax and find problems
  To check syntax, find problems, and enforce code style
```

다음과 같은 질문에 JavaScript modules (import/export)를 선택한다.

```
? What type of modules does your project use? ...
> JavaScript modules (import/export)
  CommonJS (require/exports)
  None of these
```

다음과 같은 질문에 React를 선택한다.

```
? Which framework does your project use? ...
> React
  Vue.js
  None of these
```

다음과 같은 질문에 Yes를 선택한다.

```
? Does your project use TypeScript? › No / Yes
```

다음과 같은 질문에 Browser를 선택한다.

```
? Where does your code run? ...  (Press <space> to select, <a> to toggle
```

```
all, <i> to invert selection)
  Browser
  Node
```

다음과 같은 질문에 JavaScript를 선택한다.

```
? What format do you want your config file to be in? ...
> JavaScript
  YAML
  JSON
```

다음과 같은 질문에 Yes를 선택한다.

```
eslint-plugin-react@latest @typescript-eslint/eslint-plugin@latest @
typescript-eslint/parser@latest
? Would you like to install them now with npm? > No / Yes
```

그런 다음 ESLint가 리액트 버전을 인식할 수 있도록 하고, 불필요한 import문을 제거하기 위해 .eslintrc.js 파일을 다음과 같이 수정한다.

```
module.exports = {
  settings: {
    react: {
      version: 'detect',
    },
  },
  env: {
    ...
  },
  ...
  rules: {
    'react/react-in-jsx-scope': 'off',
  },
}
```

수정한 후 ./src/App.tsx 파일을 열고 다음과 같이 불필요한 import문을 제거한다.

```
import React from 'react';
```

이와 같이 Prettier와 ESLint를 설치하고 설정했다면, package.json 파일을 열고 다음과 같이 수정하여 Prettier와 ESLint를 실행하는 명령어를 추가한다.

```
{
  ...
  "scripts": {
    ...
    "eject": "react-scripts eject",
    "format": "prettier --check ./src",
    "format:fix": "prettier --write ./src",
    "lint": "eslint ./src",
    "lint:fix": "eslint --fix ./src"
  },
  ...
}
```

이제 명령 프롬프트를 열고 다음 명령어를 실행하여 Prettier와 ESLint의 룰에 맞게 파일들을 수정한다.

```
npm run format:fix
npm run lint:fix
```

명령어 실행을 완료했다면, 다음 명령어를 실행하여 Prettier와 ESLint의 룰을 잘 지키고 있는지 확인한다.

```
npm run format
npm run lint
```

이것으로 기본적인 프로젝트 설정이 끝났다. 이제 다음 명령어를 실행하여 스토리북을 설정하도록 한다.

```
npx sb init --builder webpack5
```

이 명령어를 실행하면, 스토리북이 자동으로 필요한 파일을 생성하고 여러 설정들을 진행하게 된다. 이런 설정들이 모두 끝나면, 다음과 같은 질문을 확인할 수 있다.

```
? Do you want to run the 'eslintPlugin' migration on your project? › (y/N)
```

우리는 ESLint를 사용하여 프로젝트를 검사하고 있으므로 y를 눌러 진행하도록 한다. y를 눌러 진행하면 스토리북이 다시 여러 설정들을 진행하고, 진행이 완료되면 다음과 같은 질문을 확인할 수 있다.

```
? Do you want to run the 'npm7' migration on your project? › (y/N)
```

이 질문에서도 y를 눌러 npm 버전에 의한 문제가 발생하지 않도록 진행한다.

이것으로 카운터 프로젝트를 위한 새 리액트 프로젝트의 모든 준비가 끝났다. 이제 다음 명령어를 실행하여 리액트 프로젝트가 잘 실행되는지 확인한다.

```
npm start
```

명령어가 문제 없이 실행됐다면, 웹 브라우저에 localhost:3000으로 페이지가 자동으로 열리면서 [그림 12-10]과 같은 화면을 확인할 수 있다.

[그림 12-10] 리액트 프로젝트

이제 실행 중인 리액트 개발 서버를 종료하고 다음 명령어를 실행하여 스토리북 개발 서버를 실행한다.

```
npm run storybook
```

실행이 완료됐다면, 브라우저에서 http://localhost:6006/으로 이동해 보면 [그림 12-11]과 같이 스토리북의 화면을 확인할 수 있다.

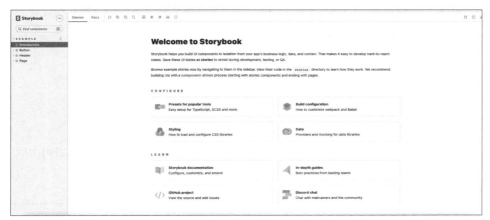

[그림 12-11]　스토리북

우리는 앞으로 스토리북을 보면서 컴포넌트 주도 개발을 할 예정이다. 따라서 불필요한 예제 파일들인 ./src/stories 폴더를 삭제하도록 하자. 그런 다음 다시 브라우저에서 http://localhost:6006으로 이동해 보면, [그림 12-12]와 같은 화면을 확인할 수 있다.

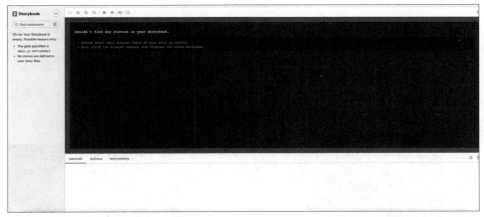

[그림 12-12]　스토리북 에러 화면

너무도 당연한 이야기이지만, 예제 파일들을 지우면서 현재 프로젝트에 더 이상 스토리북 파일이 존재하지 않게 됐다. 따라서 스토리북에 표시할 내용이 없어 이와 같은 에러가 발생했다.

이것으로 지금까지 배운 타입스크립트, Emotion 그리고 Prettier와 ESLint로 리액트 프로젝트를 생성하고 개발하는 환경을 만들어 보았다. 또한 컴포넌트 주도 개발을 위해 스토리북을 설치하고 설정했다. 이제 본격적으로 컴포넌트 주도 개발을 통해 블로그 앱을 개발해 보자.

12.3 개발

다시 우리가 개발할 블로그 앱을 살펴보자. 블로그 앱은 [그림 12-13]과 같이 디자인된 블로그 글 목록 페이지를 가질 것이다.

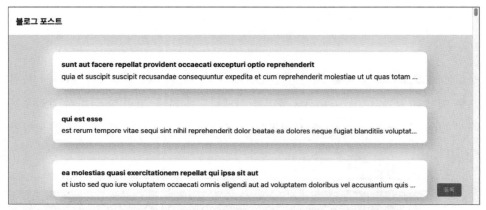

[그림 12-13] 블로그 앱의 블로그 글 목록 페이지 디자인

또한 오른쪽 하단의 "등록" 버튼을 클릭하면, [그림 12-14]와 같이 디자인된 블로그 글 등록 대화 상자가 표시될 것이다.

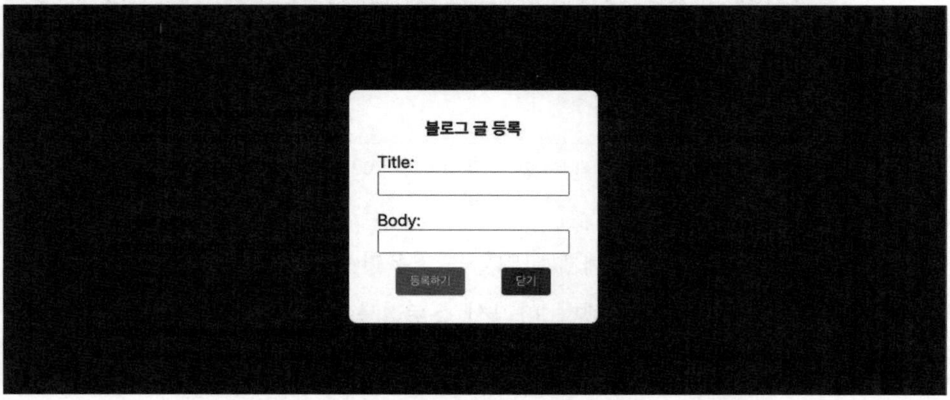

[그림 12-14] 블로그 앱의 블로그 글 등록 대화 상자 디자인

그리고 이 두 화면을 컴포넌트 주도 개발로 개발하기 위해 아토믹 디자인으로 미리 나눈 내용을 확인해 보면, 블로그 글 목록 페이지는 [그림 12-15]와 같이 원자 컴포넌트로 구성되는 것을 알 수 있다.

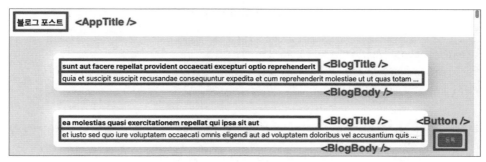

[그림 12-15] 블로그 글 목록 페이지의 원자 컴포넌트

블로그 글 목록 페이지의 오른쪽 하단의 "등록" 버튼을 클릭했을 때에 표시되는 블로그 글 등록 대화 상자를 아토믹 디자인의 원자 컴포넌트로 나눈 내용을 살펴보면, [그림 12-16]과 같이 구성되어 있는 것을 알 수 있다.

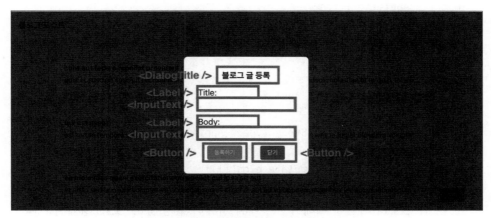

[그림 12-16] 블로그 글 등록 대화 상자의 원자 컴포넌트

이제 블로그 앱의 가장 기본이 되는 원자 컴포넌트를 스토리북을 통해 컴포넌트 주도 개발로 개발해 보자.

1) 〈AppTitle /〉 원자 컴포넌트

컴포넌트 주도 개발을 통해 원자 컴포넌트 중 하나인 〈AppTitle /〉 컴포넌트를 제작해 보도록 하겠다. 현재 스토리북이 실행 중이고, 브라우저에 http://localhost:6006/ 이 표시된 상태일 것이다.

⟨AppTitle /⟩ 컴포넌트를 제작하기 위해 ./src/components/atoms/AppTitle/index.tsx 파일을 생성하고 다음과 같이 수정한다.

```
export const AppTitle = () => {
  return <div>블로그 포스트</div>;
};
```

현재는 단순히 "블로그 포스트"라는 문자열을 화면에 출력하는 컴포넌트를 만들었다. 이제 이 컴포넌트를 스토리북을 사용하여 화면에 출력해 보도록 하자.

./src/components/atoms/AppTitle/index.stories.tsx 파일을 생성하고 다음과 같이 수정하여 ⟨AppTitle /⟩ 컴포넌트의 스토리 파일을 만든다.

```
import { ComponentStory, ComponentMeta } from '@storybook/react';

import { AppTitle } from '.';

export default {
  title: 'Atoms/AppTitle',
  component: AppTitle,
} as ComponentMeta<typeof AppTitle>;

const Template: ComponentStory<typeof AppTitle> = () => <AppTitle />;

export const Default = Template.bind({});
```

컴포넌트의 스토리 파일에 대해서는 앞에서 자세히 설명했으므로 12장에서는 자세한 설명은 생략하고 진행하도록 하겠다.

이렇게 ⟨AppTitle /⟩ 컴포넌트의 스토리 파일을 수정하고 저장한 후 브라우저로 이동하여 새로고침을 해보면, [그림 12-17]과 같이 우리가 작성한 스토리가 잘 표시되는 것을 확인할 수 있다.

왼쪽 메뉴를 살펴보면, ATOMS 메뉴 하위에서 AppTitle 메뉴를 확인할 수 있으며, AppTitle 메뉴 하위에서 Default라는 스토리를 확인할 수 있다. 그리고 화면에는 우리가 index.tsx 파일에 작성한 내용이 잘 출력되고 있는 것을 알 수 있다.

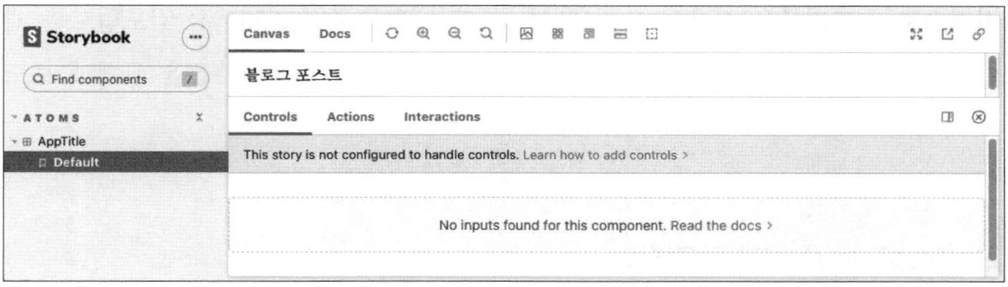

[그림 12-17] <AppTitle /> 원자 컴포넌트

이제 디자인을 참고하여 〈AppTitle /〉 컴포넌트를 개발해 보자. 〈AppTitle /〉 컴포넌트를 수정하기 위해 ./src/components/atoms/AppTitle/index.tsx 파일을 열고 다음과 같이 수정한다.

```
import styled from '@emotion/styled';

const Title = styled.div`
  font-size: 1.2rem;
  font-weight: bold;
`;

export const AppTitle = () => {
  return <Title>블로그 포스트</Title>;
};
```

〈AppTitle /〉 컴포넌트의 디자인을 위해 Emotion을 추가했으며 추가한 Emotion을 활용하여 컴포넌트에 디자인을 추가했다. 이제 수정한 파일을 저장하고 브라우저를 확인해 보면, [그림 12-18]과 같이 우리가 추가한 디자인이 잘 표시되는 것을 확인할 수 있다.

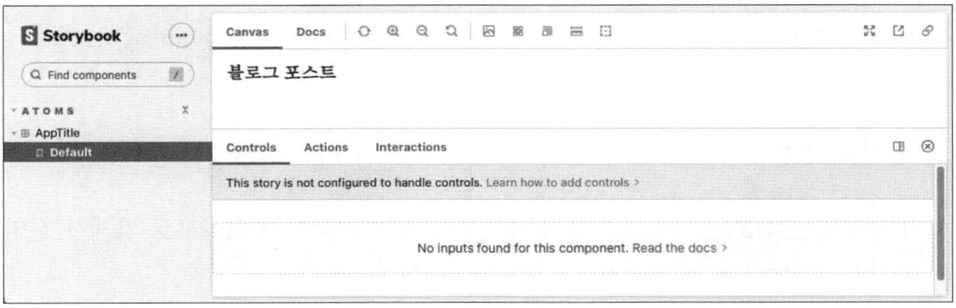

[그림 12-18] <AppTitle /> 원자 컴포넌트

이것으로 스토리북을 사용하여 컴포넌트 주도 개발로 〈AppTitle /〉 컴포넌트를 개발해 보았다. 계속해서 컴포넌트 주도 개발을 통해 원자 컴포넌트들을 구현해 보도록 하자.

2) 〈BlogTitle /〉 원자 컴포넌트

블로그 글 목록 페이지의 원자 컴포넌트 중 하나인 〈BlogTitle /〉 컴포넌트를 제작해 보도록 하자. 〈BlogTitle /〉 컴포넌트를 제작하기 위해 ./src/components/atoms/BlogTitle/index.tsx 파일을 생성하고 다음과 같이 수정한다.

```
export const BlogTitle = () => {
  return <div>블로그 제목</div>;
};
```

현재는 단순히 "블로그 제목"이라는 문자열을 화면에 출력하는 컴포넌트를 만들었다. 이제 이 컴포넌트를 스토리북을 사용하여 화면에 출력해 보도록 하자.

./src/components/atoms/BlogTitle/index.stories.tsx 파일을 생성하고 다음과 같이 수정하여 〈BlogTitle /〉 컴포넌트의 스토리 파일을 만든다.

```
import { ComponentStory, ComponentMeta } from '@storybook/react';

import { BlogTitle } from '.';

export default {
  title: 'Atoms/BlogTitle',
  component: BlogTitle,
} as ComponentMeta<typeof BlogTitle>;

const Template: ComponentStory<typeof BlogTitle> = () => <BlogTitle />;

export const Default = Template.bind({});
```

이전에 설명한 컴포넌트의 스토리 파일을 작성하는 내용과 동일하므로 자세한 설명은 생략하고 진행하도록 하겠다.

이렇게 〈BlogTitle /〉 컴포넌트의 스토리 파일을 수정하고 저장한 후 브라우저로 이동하여 새로고침을 해보면, [그림 12-19]와 같이 우리가 만든 〈BlogTitle /〉 컴포넌트가 잘 표시되는 것을 확인할 수 있다.

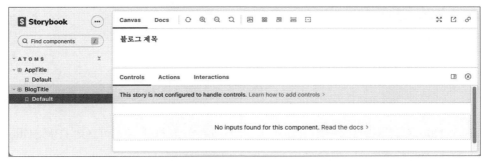

[그림 12-19] 〈BlogTitle /〉 원자 컴포넌트

이제 디자인을 참고하여 〈BlogTitle /〉 컴포넌트를 개발해 보자. 〈BlogTitle /〉 컴포넌트에 디자인을 추가하기 위해 ./src/components/atoms/BlogTitle/index.tsx 파일을 열고 다음과 같이 수정한다.

```
import styled from '@emotion/styled';

const Title = styled.div`
  font-weight: bold;
  margin-bottom: 10px;
`;

export const BlogTitle = () => {
  return <Title>블로그 제목</Title>;
};
```

〈BlogTitle /〉 컴포넌트의 디자인을 위해 Emotion을 추가했으며 추가한 Emotion을 사용하여 〈BlogTitle /〉 컴포넌트에 디자인을 추가했다.

이렇게 〈BlogTitle /〉 컴포넌트를 수정하고 저장한 후 브라우저를 확인해 보면, [그림 12-20]과 같이 우리가 디자인한 〈BlogTitle /〉 컴포넌트가 잘 표시되는 것을 확인할 수 있다.

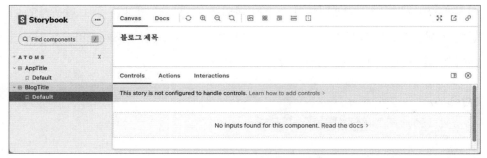

[그림 12-20] <BlogTitle /> 원자 컴포넌트

⟨BlogTitle /⟩ 컴포넌트는 여러 블로그 글의 제목을 표시할 예정이므로 ⟨BlogTitle
/⟩ 컴포넌트에 표시하는 문자열을 부모 컴포넌트로부터 전달받도록 Props를 추가하
는 것이 좋다.

⟨BlogTitle /⟩ 컴포넌트가 부모 컴포넌트로부터 데이터를 전달받을 수 있도록 만들
기 위해 ./src/components/atoms/BlogTitle/index.tsx 파일을 열고 다음과 같이
수정한다.

```tsx
import styled from '@emotion/styled';

const Title = styled.div`
  font-weight: bold;
  margin-bottom: 10px;
`;

interface Props {
  readonly title: string;
}

export const BlogTitle = ({ title }: Props) => {
  return <Title>{title}</Title>;
};
```

타입스크립트의 인터페이스를 사용하여 Props를 정의하고, 정의한 인터페이스를
사용하여 부모 컴포넌트로부터 데이터를 전달받도록 수정했다. 또한 부모 컴포넌트
로부터 전달받은 Props 데이터를 화면에 표시하도록 수정하여 부모 컴포넌트에서
⟨BlogTitle /⟩ 컴포넌트에 표시할 내용을 결정할 수 있도록 했다.

이렇게 〈BlogTitle /〉 컴포넌트를 수정하고 저장한 후 브라우저를 확인해 보면, [그림 12-21]과 같은 화면을 확인할 수 있다.

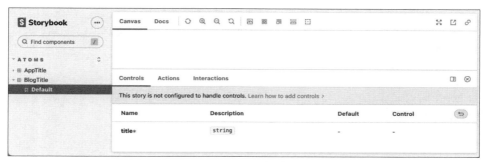

[그림 12-21] 〈BlogTitle /〉 원자 컴포넌트

우리는 아직 〈BlogTitle /〉 컴포넌트의 스토리 파일에서 〈BlogTitle /〉 컴포넌트의 필수 Props인 title을 설정하지 않았기 때문에 [그림 12-21]과 같이 스토리북 화면에는 그 어떤 문자열도 표시되지 않는 것을 확인할 수 있다. 또한 화면 하단의 Controls 탭에서는 우리가 설정한 title이 필수 Props로 표시되고 있는 것을 확인할 수 있다.

이제 〈BlogTitle /〉 컴포넌트의 스토리 파일을 수정하여 〈BlogTitle /〉 컴포넌트의 필수 Props인 title을 설정해 보도록 하자. 스토리 파일에서 〈BlogTitle /〉 컴포넌트의 필수 Props인 title을 설정하기 위해 ./src/components/atoms/BlogTitle/index.stories.tsx 파일을 열고 다음과 같이 수정한다.

```
...
const Template: ComponentStory<typeof BlogTitle> = (args) => <BlogTitle
{...args} />;

export const Default = Template.bind({});
Default.args = {
  title: '블로그제목',
};
```

〈BlogTitle /〉 컴포넌트가 Props 데이터를 전달받을 수 있도록 수정한 후 Default 스토리에서 필수 Props인 title을 설정했다.

이렇게 〈BlogTitle /〉 컴포넌트의 스토리 파일을 수정하고 저장한 후 브라우저를 확인해 보면, [그림 12-22]와 같이 우리가 설정한 데이터가 잘 표시되고 있는 것을 확인할 수 있다.

[그림 12-22]   〈BlogTitle /〉 원자 컴포넌트

또한 화면 하단의 Controls 탭에 표시된 〈BlogTitle /〉 컴포넌트의 필수 Props인 title값을 변경하면, [그림 12-23]과 같이 스토리북 화면에서도 잘 변경되는 것을 확인할 수 있다.

[그림 12-23]   〈BlogTitle /〉 원자 컴포넌트

이것으로 블로그 글 목록 페이지에서 하나의 블로그 글 제목을 표시할 〈BlogTitle /〉 컴포넌트를 컴포넌트 주도 개발을 통해 만들어 보았다. 계속해서 블로그 앱의 원자 컴포넌트를 제작해 보도록 하자.

3) 〈BlogBody /〉 원자 컴포넌트

블로그 글 목록 페이지의 원자 컴포넌트 중 하나인 〈BlogBody /〉 컴포넌트를 제작해 보도록 하자. ./src/components/atoms/BlogBody/index.tsx 파일을 생성하고 다음과 같이 수정하여 〈BlogBody /〉 컴포넌트를 만든다.

```
export const BlogBody = () => {
  return <div>블로그 글</div>;
};
```

현재는 단순히 "블로그 글"이라는 문자열을 화면에 출력하는 컴포넌트를 만들었다. 이제 이 컴포넌트의 스토리 파일을 생성하여 스토리북 화면에 표시해 보도록 하자.

./src/components/atoms/BlogBody/index.stories.tsx 파일을 생성하고 다음과 같이 수정하여 〈BlogBody /〉 컴포넌트의 스토리 파일을 만든다.

```
import { ComponentStory, ComponentMeta } from '@storybook/react';

import { BlogBody } from '.';

export default {
  title: 'Atoms/BlogBody',
  component: BlogBody,
} as ComponentMeta<typeof BlogBody>;

const Template: ComponentStory<typeof BlogBody> = () => <BlogBody />;

export const Default = Template.bind({});
```

이전에 설명한 컴포넌트의 스토리 파일을 작성하는 내용과 동일하므로 자세한 설명은 생략하고 진행하도록 하겠다. 이렇게 〈BlogBody /〉 컴포넌트의 스토리 파일을 수정하고 저장한 후 브라우저로 이동하여 새로고침을 해보면, [그림 12-24]와 같이 우리가 만든 〈BlogBody /〉 컴포넌트가 잘 표시되는 것을 확인할 수 있다.

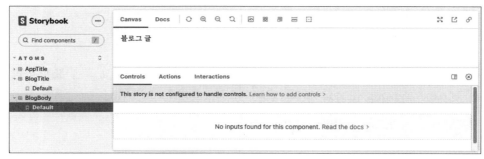

[그림 12-24] 〈BlogBody /〉 원자 컴포넌트

이제 디자인을 참고하여 〈BlogBody /〉 컴포넌트를 개발해 보자. 〈BlogBody /〉 컴
포넌트를 수정하기 위해 ./src/components/atoms/BlogBody/index.tsx 파일을
열고 다음과 같이 수정한다.

```
import styled from '@emotion/styled';

const Body = styled.div`
  white-space: nowrap;
  text-overflow: ellipsis;
  overflow: hidden;
`;

export const BlogBody = () => {
  return <Body>블로그 글</Body>;
};
```

〈BlogBody /〉 컴포넌트의 디자인을 위해 Emotion을 추가했으며 추가한 Emotion
을 사용하여 디자인한 컴포넌트를 생성하고 해당 컴포넌트를 사용하도록 수정했다.

이렇게 〈BlogBody /〉 컴포넌트를 수정하고 저장한 후 브라우저를 확인해 보면, [그
림 12-25]와 같이 우리가 디자인한 〈BlogBody /〉 컴포넌트가 잘 표시되는 것을 확
인할 수 있다.

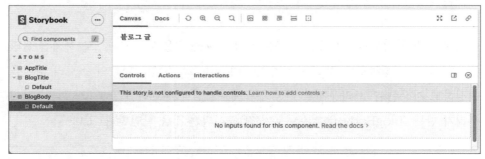

[그림 12-25] <BlogBody /> 원자 컴포넌트

〈BlogBody /〉 컴포넌트는 블로그 글 목록 페이지에서 여러 블로그 글을 표시할 때
에 사용할 예정이다. 따라서 〈BlogBody /〉 컴포넌트에서 표시하는 문자열을 부모
컴포넌트가 정하도록 수정하는 것이 좋다.

〈BlogBody /〉 컴포넌트가 부모 컴포넌트로부터 데이터를 전달받을 수 있도록 만들기 위해 ./src/components/atoms/BlogBody/index.tsx 파일을 열고 다음과 같이 수정한다.

```tsx
import styled from '@emotion/styled';

const Body = styled.div`
  white-space: nowrap;
  text-overflow: ellipsis;
  overflow: hidden;
`;

interface Props {
  readonly body: string;
}

export const BlogBody = ({ body }: Props) => {
  return <Body>{body}</Body>;
};
```

타입스크립트의 인터페이스를 사용하여 Props를 정의하고, 정의한 인터페이스를 사용하여 부모 컴포넌트로부터 데이터를 전달받도록 수정했다. 또한 부모 컴포넌트로부터 전달받은 Props 데이터를 화면에 표시하도록 수정했다.

이렇게 〈BlogBody /〉 컴포넌트를 수정하고 저장한 후 브라우저를 확인해 보면, [그림 12-26]과 같은 화면을 확인할 수 있다.

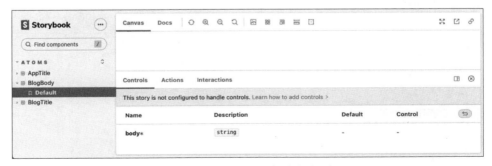

[그림 12-26] 〈BlogBody /〉 원자 컴포넌트

우리는 아직 〈BlogBody /〉 컴포넌트의 스토리 파일에서 〈BlogBody /〉 컴포넌트의 필수 Props인 body를 설정하지 않았기 때문에 [그림 12-26]과 같이 스토리북 화면에는 그 어떤 문자열도 표시되지 않는 것을 확인할 수 있다. 또한 화면 하단의 Controls 탭에서는 우리가 설정한 body가 필수 Props로 표시되고 있는 것을 확인할 수 있다.

이제 〈BlogBody /〉 컴포넌트의 스토리 파일을 수정하여 〈BlogBody /〉 컴포넌트의 필수 Props인 body를 설정해 보도록 하자. 스토리 파일에서 〈BlogBody /〉 컴포넌트의 필수 Props인 body를 설정하기 위해 ./src/components/atoms/BlogBody/index.stories.tsx 파일을 열고 다음과 같이 수정한다.

```
...
const Template: ComponentStory<typeof BlogBody> = (args) => <BlogBody
{...args} />;

export const Default = Template.bind({});
Default.args = {
  body: '블로그 글',
};
```

〈BlogBody /〉 컴포넌트가 Props 데이터를 전달받을 수 있도록 수정한 후 Default 스토리에서 필수 Props인 body를 설정했다.

이렇게 〈BlogBody /〉 컴포넌트의 스토리 파일을 수정하고 저장한 후 브라우저를 확인해 보면, [그림 12-27]과 같이 우리가 설정한 데이터가 잘 표시되고 있는 것을 확인할 수 있다.

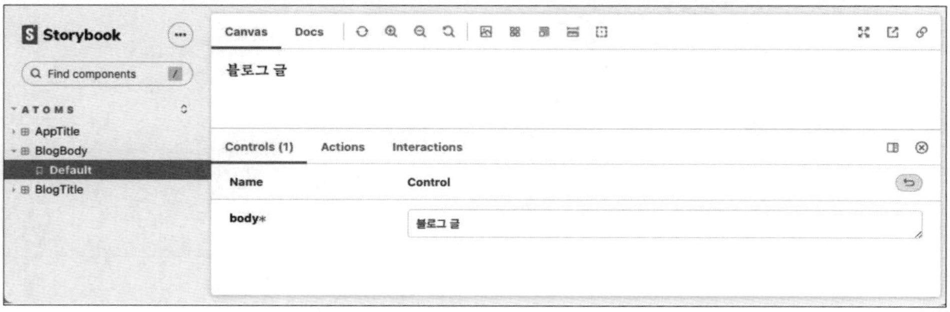

[그림 12-27] <BlogBody /> 원자 컴포넌트

또한 화면 하단의 Controls 탭에 표시된 〈BlogBody /〉 컴포넌트의 필수 Props인 body값을 변경하면, [그림 12-28]과 같이 스토리북 화면에서도 잘 변경되는 것을 확인할 수 있다.

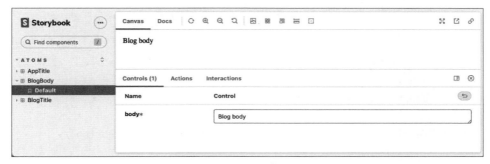

[그림 12-28] 〈BlogBody /〉 원자 컴포넌트

이것으로 블로그 글 목록 페이지에서 표시될 〈BlogBody /〉 컴포넌트를 컴포넌트 주도 개발을 통해 만들어 보았다. 계속해서 블로그 앱의 원자 컴포넌트를 제작해 보도록 하자.

4) 〈Button /〉 원자 컴포넌트

블로그 앱의 원자 컴포넌트 중 하나인 〈Button /〉 컴포넌트를 제작해 보도록 하자. 〈Button /〉 컴포넌트를 제작하기 위해 ./src/components/atoms/Button/index. tsx 파일을 생성하고 다음과 같이 수정한다.

```
export const Button = () => {
  return <button>버튼</button>;
};
```

현재는 단순히 "버튼"이라는 문자열을 HTML의 〈button /〉 태그를 사용하여 화면에 출력하는 컴포넌트를 만들었다. 이제 이 컴포넌트의 스토리 파일을 생성하여 스토리북 화면에 표시해 보도록 하자.

./src/components/atoms/Button/index.stories.tsx 파일을 생성하고 다음과 같이

수정하여 〈Button /〉 컴포넌트의 스토리 파일을 만든다.

```
import { ComponentStory, ComponentMeta } from '@storybook/react';

import { Button } from '.';

export default {
  title: 'Atoms/Button',
  component: Button,
} as ComponentMeta<typeof Button>;

const Template: ComponentStory<typeof Button> = () => <Button />;

export const Default = Template.bind({});
```

이전에 설명한 컴포넌트의 스토리 파일을 작성하는 내용과 동일하므로 자세한 설명은 생략하고 진행하도록 하겠다.

이렇게 〈Button /〉 컴포넌트의 스토리 파일을 수정하고 저장한 후 브라우저로 이동하여 새로고침을 해보면, [그림 12-29]와 같이 우리가 만든 〈Button /〉 컴포넌트가 잘 표시되는 것을 확인할 수 있다.

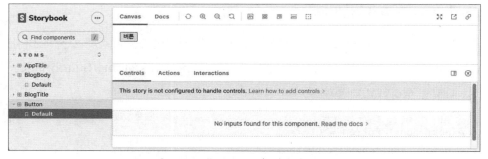

[그림 12-29] 〈Button /〉 원자 컴포넌트

이제 디자인을 참고하여 〈Button /〉 컴포넌트를 개발해 보자. 〈Button /〉 컴포넌트를 수정하기 위해 ./src/components/atoms/Button/index.tsx 파일을 열고 다음과 같이 수정한다.

```
import styled from '@emotion/styled';
```

```
const Container = styled.button`
  border: 0;
  color: #ffffff;
  background-color: #ff5722;
  cursor: pointer;
  padding: 8px 16px;
  border-radius: 4px;

  &:hover {
    background-color: #ff5722;
    opacity: 0.8;
  }

  &:active {
    box-shadow: inset 5px 5px 10px rgba(0, 0, 0, 0.2);
  }
`;

export const Button = () => {
  return <Container>버튼</Container>;
};
```

〈Button /〉 컴포넌트의 디자인을 위해 Emotion을 추가했으며 추가한 Emotion을 사용하여 디자인한 컴포넌트를 생성하고 해당 컴포넌트를 사용하도록 수정했다.

이렇게 〈Button /〉 컴포넌트를 수정하고 저장한 후 브라우저를 확인해 보면, [그림 12-30]과 같이 우리가 디자인한 〈Button /〉 컴포넌트가 잘 표시되는 것을 확인할 수 있다.

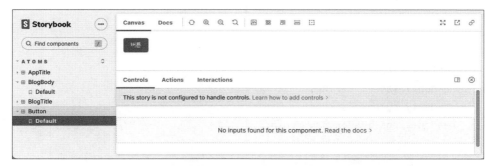

[그림 12-30] <Button /> 원자 컴포넌트

〈Button /〉 컴포넌트는 블로그 글 목록 페이지와 블로그 글 등록 대화 상자에서 등록 버튼이나 닫기 버튼 등 여러 부분에서 사용될 예정이다. 또한 각각의 역할에 따라 버튼의 배경색을 변경할 예정이므로 〈Button /〉 컴포넌트에 표시될 문자열과 배경색 그리고 클릭 이벤트를 부모 컴포넌트에서 사용할 수 있도록 수정하는 것이 좋다.

〈Button /〉 컴포넌트가 부모 컴포넌트로부터 데이터를 전달받을 수 있도록 만들기 위해 ./src/components/atoms/Button/index.tsx 파일을 열고 다음과 같이 수정한다.

```
import styled from '@emotion/styled';

interface ContainerProps {
  readonly color: string;
}

const Container = styled.button<ContainerProps>`
  border: 0;
  color: #ffffff;
  background-color: ${(props) => props.color};
  cursor: pointer;
  padding: 8px 16px;
  border-radius: 4px;

  &:hover {
    background-color: ${(props) => props.color};
    opacity: 0.8;
  }

  &:active {
    box-shadow: inset 5px 5px 10px rgba(0, 0, 0, 0.2);
  }
`;

interface Props {
  readonly label: string;
  readonly color?: string;
  readonly onClick?: () => void;
}
```

```
export const Button = ({ label, color = '#ff5722', onClick }: Props) => {
  return (
    <Container color={color} onClick={onClick}>
      {label}
    </Container>
  );
};
```

타입스크립트의 인터페이스를 사용하여 Props를 정의하고, 정의한 인터페이스를 사용하여 부모 컴포넌트로부터 데이터를 전달받도록 수정했다. 또한 부모 컴포넌트로부터 전달받은 Props 데이터를 화면에 표시하고 클릭 이벤트에 연결하도록 수정하여 부모 컴포넌트에서 〈Button /〉 컴포넌트에 표시할 내용과 이벤트를 연결할 수 있도록 했다.

또한 부모 컴포넌트로부터 전달받은 색상을 Emotion으로 만든 컴포넌트에 전달하기 위해 타입스크립트의 인터페이스를 사용하여 ContainerProps를 정의했으며 전달받은 데이터를 사용하도록 Emotion 컴포넌트를 수정했다.

이렇게 〈Button /〉 컴포넌트를 수정하고 저장한 후 브라우저를 확인해 보면, [그림 12-31]과 같은 화면을 확인할 수 있다.

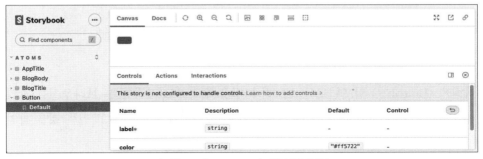

[그림 12-31] 〈Button /〉 원자 컴포넌트

우리는 아직 〈Button /〉 컴포넌트의 스토리 파일에서 〈Button /〉 컴포넌트의 필수 Props인 label을 설정하지 않았기 때문에 [그림 12-31]과 같이 스토리북 화면에는 그 어떤 문자열도 표시되지 않는 것을 확인할 수 있다. 또한 화면 하단의 Controls 탭에서는 우리가 설정한 〈Button /〉 컴포넌트의 Props들이 표시되고 있는 것을 확인할 수 있다.

이제 〈Button /〉 컴포넌트의 스토리 파일을 수정하여 〈Button /〉 컴포넌트의 필수 Props를 설정해 보도록 하자. 스토리 파일에서 〈Button /〉 컴포넌트의 필수 Props를 설정하기 위해 ./src/components/atoms/Button/index.stories.tsx 파일을 열고 다음과 같이 수정한다.

```
const Template: ComponentStory<typeof Button> = (args) => <Button
{...args} />;
export const Default = Template.bind({});
Default.args = {
  label: "등록",
};
```

〈Button /〉 컴포넌트가 Props 데이터를 전달받을 수 있도록 수정한 후 Default 스토리에서 필수 Props인 label을 설정했다.

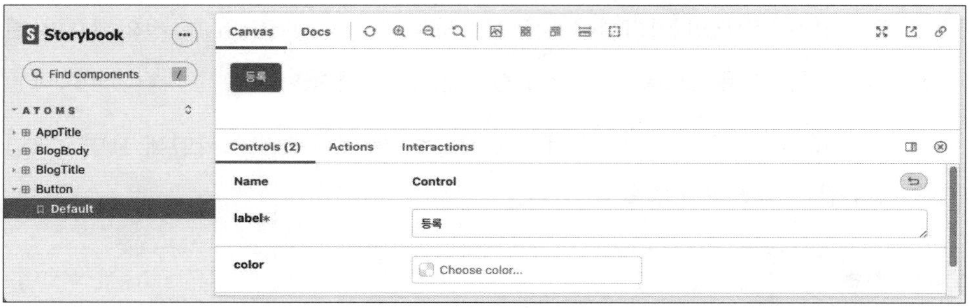

[그림 12-32] <Button /> 원자 컴포넌트

이렇게 〈Button /〉 컴포넌트의 스토리 파일을 수정하고 저장한 후 브라우저를 확인해 보면, [그림 12-32]와 같이 우리가 설정한 데이터가 잘 표시되고 있는 것을 확인할 수 있다.

또한 화면 하단의 Controls 탭에 표시된 〈Button /〉 컴포넌트의 Props값을 변경하면, [그림 12-33]과 같이 스토리북 화면에서도 잘 변경되는 것을 확인할 수 있다.

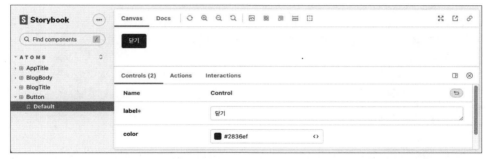

[그림 12-33] <Button /> 원자 컴포넌트

그리고 하단의 Actions 탭을 선택한 후 화면에 표시된 "닫기" 버튼을 클릭해 보면,
[그림 12-34]와 같이 onClick 이벤트가 잘 발생하는 것을 확인할 수 있다.

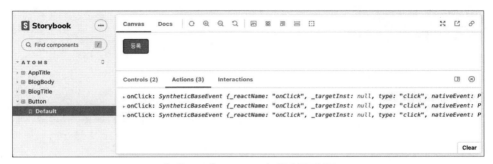

[그림 12-34] <Button /> 원자 컴포넌트

다시 〈Button /〉 컴포넌트의 디자인을 확인해 보면, 블로그 앱에서는 버튼이 크게
빨간색과 파란색으로 구분되어 있는 것을 확인할 수 있다. 따라서 〈Button /〉 컴포
넌트에 이 두 스토리를 작성해 두면, 추후 개발 시 좀 더 편하게 개발할 수 있다.

그러면 〈Button /〉 컴포넌트의 스토리를 수정하여 빨간색과 파란색으로 구분되는
스토리를 추가해 보자. ./src/components/atoms/Button/index.stories.tsx 파일을
다음과 같이 수정하여 〈Button /〉 컴포넌트에 스토리를 추가한다.

```
const Template: ComponentStory<typeof Button> = (args) => <Button
{...args} />;

export const RedButton = Template.bind({});
RedButton.args = {
  label: '등록',
```

```
};
export const BlueButton = Template.bind({});
BlueButton.args = {
  label: '닫기',
  color: '#304FFE',
};
```

기존에 있던 "Default" 스토리를 제거하고 "RedButton" 스토리와 "BlueButton" 스토리를 작성했다. 이렇게 〈Button /〉 컴포넌트의 스토리 파일을 수정하고 저장한 후 브라우저를 확인해 보면, [그림 12-35]와 같이 왼쪽 메뉴에 "Default" 스토리가 사라지고 "Red Button"과 "Blue Button" 스토리가 추가된 것을 확인할 수 있다.

[그림 12-35] <Button /> 원자 컴포넌트

이제 "Blue Button" 스토리를 클릭해 보면, [그림 12-36]과 같이 우리가 지정한 파란색이 잘 적용된 〈Button /〉 컴포넌트를 확인할 수 있다.

[그림 12-36] <Button /> 원자 컴포넌트

이와 같이 개발하고자 하는 프로젝트에서 자주 사용되는 컴포넌트 상태를 미리 만들어 놓으면, 다른 개발자들이 이를 참고하여 빠르게 개발할 수 있도록 도움을 줄 수 있다.

498

이것으로 블로그 글 목록 페이지에서 표시될 〈Button /〉 컴포넌트를 컴포넌트 주도 개발을 통해 만들어 보았다. 계속해서 블로그 앱의 원자 컴포넌트를 제작해 보도록 하자.

5) 〈DialogTitle /〉 원자 컴포넌트

블로그 글 등록 대화 상자의 원자 컴포넌트 중 하나인 〈DialogTitle /〉 컴포넌트를 제작해 보도록 하자. ./src/components/atoms/DialogTitle/index.tsx 파일을 생성하고 다음과 같이 수정하여 〈DialogTitle /〉 컴포넌트를 만든다.

```
export const DialogTitle = () => {
  return <div>블로그 글 등록</div>;
};
```

현재는 단순히 "블로그 글 등록"이라는 문자열을 화면에 출력하는 컴포넌트를 만들었다. 이제 이 컴포넌트를 스토리북을 사용하여 화면에 출력해 보도록 하자.

./src/components/atoms/DialogTitle/index.stories.tsx 파일을 생성하고 다음과 같이 수정하여 〈DialogTitle /〉 컴포넌트의 스토리 파일을 만든다.

```
import { ComponentStory, ComponentMeta } from '@storybook/react';

import { DialogTitle } from '.';

export default {
  title: 'Atoms/DialogTitle',
  component: DialogTitle,
} as ComponentMeta<typeof DialogTitle>;

const Template: ComponentStory<typeof DialogTitle> = () => <DialogTitle
/>;

export const Default = Template.bind({});
```

이전에 설명한 컴포넌트의 스토리 파일을 작성하는 내용과 동일하므로 자세한 설명은 생략하고 진행하도록 하겠다.

이렇게 〈DialogTitle /〉 컴포넌트의 스토리 파일을 수정하고 저장한 후 브라우저로 이동하여 새로고침을 해보면, [그림 12-37]과 같이 우리가 만든 〈DialogTitle /〉 컴포넌트가 잘 표시되는 것을 확인할 수 있다.

[그림 12-37] 〈DialogTitle /〉 원자 컴포넌트

이제 디자인을 참고하여 〈DialogTitle /〉 컴포넌트를 개발해 보자. 〈DialogTitle /〉 컴포넌트에 디자인을 추가하기 위해 ./src/components/atoms/DialogTitle/index. tsx 파일을 열고 다음과 같이 수정한다.

```
import styled from '@emotion/styled';

const Title = styled.div`
  font-size: 1.2rem;
  font-weight: bold;
  margin-bottom: 16px;
`;

export const DialogTitle = () => {
  return <Title>블로그 글 등록</Title>;
};
```

〈DialogTitle /〉 컴포넌트의 디자인을 위해 Emotion을 추가했으며 추가한 Emotion을 사용하여 〈DialogTitle /〉 컴포넌트에 디자인을 추가했다.

이렇게 〈DialogTitle /〉 컴포넌트를 수정하고 저장한 후 브라우저를 확인해 보면, [그림 12-38]과 같이 우리가 디자인한 〈DialogTitle /〉 컴포넌트가 잘 표시되는 것을 확인할 수 있다.

[그림 12-38] `<DialogTitle />` 원자 컴포넌트

〈DialogTitle /〉 컴포넌트가 이번 예제에서는 하나의 대화 상자에서만 사용되지만, 추가적으로 다른 대화 상자를 만들 경우 해당 대화 상자에서도 사용할 예정이다. 따라서 〈DialogTitle /〉 컴포넌트에 표시하는 문자열을 부모 컴포넌트로부터 전달받도록 Props를 추가하는 것이 좋다.

〈DialogTitle /〉 컴포넌트가 부모 컴포넌트로부터 데이터를 전달받을 수 있도록 만들기 위해 ./src/components/atoms/DialogTitle/index.tsx 파일을 열고 다음과 같이 수정한다.

```
import styled from '@emotion/styled';

const Title = styled.div`
  font-size: 1.2rem;
  font-weight: bold;
  margin-bottom: 16px;
`;

interface Props {
  readonly title: string;
}

export const DialogTitle = ({ title }: Props) => {
  return <Title>{title}</Title>;
};
```

타입스크립트의 인터페이스를 사용하여 Props를 정의하고, 정의한 인터페이스를 사용하여 부모 컴포넌트로부터 데이터를 전달받도록 수정했다. 또한 부모 컴포넌트

로부터 전달받은 Props 데이터를 화면에 표시하도록 수정하여 부모 컴포넌트에서
〈DialogTitle /〉 컴포넌트에 표시할 내용을 결정할 수 있도록 했다.

이렇게 〈DialogTitle /〉 컴포넌트를 수정하고 저장한 후 브라우저를 확인해 보면,
[그림 12-39]와 같은 화면을 확인할 수 있다.

[그림 12-39] 〈DialogTitle /〉 원자 컴포넌트

우리는 아직 〈DialogTitle /〉 컴포넌트의 스토리 파일에서 〈DialogTitle /〉 컴포넌
트의 필수 Props인 title을 설정하지 않았기 때문에 [그림 12-39]와 같이 스토리북
화면에는 그 어떤 문자열도 표시되지 않는 것을 확인할 수 있다. 또한 화면 하단의
Controls 탭에서는 우리가 설정한 title이 필수 Props로 표시되고 있는 것을 확인할
수 있다.

이제 〈DialogTitle /〉 컴포넌트의 스토리 파일을 수정하여 〈DialogTitle /〉 컴포넌트
의 필수 Props인 title을 설정해 보도록 하자. 스토리 파일에서 〈DialogTitle /〉 컴포
넌트의 필수 Props인 title을 설정하기 위해 ./src/components/atoms/DialogTitle/
index.stories.tsx 파일을 열고 다음과 같이 수정한다.

```
...
const Template: ComponentStory<typeof DialogTitle> = (args) =>
<DialogTitle {...args} />;

export const Default = Template.bind({});
Default.args = {
  title: '블로그글등록',
};
```

〈DialogTitle /〉 컴포넌트가 Props 데이터를 전달받을 수 있도록 수정한 후 Default
스토리에서 필수 Props인 title을 설정했다.

이렇게 〈DialogTitle /〉 컴포넌트의 스토리 파일을 수정하고 저장한 후 브라우저를
확인해 보면, [그림 12-40]과 같이 우리가 설정한 데이터가 잘 표시되고 있는 것을
확인할 수 있다.

[그림 12-40]   <DialogTitle /> 원자 컴포넌트

또한 화면 하단의 Controls 탭에 표시된 〈DialogTitle /〉 컴포넌트의 필수 Props인
title값을 변경하면, [그림 12-41]과 같이 스토리북 화면에서도 잘 변경되는 것을 확
인할 수 있다.

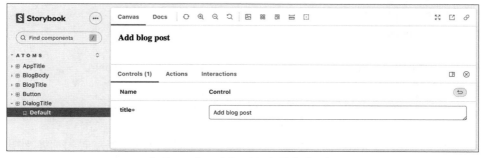

[그림 12-41]   <DialogTitle /> 원자 컴포넌트

이것으로 블로그 글 목록 페이지에서 하나의 블로그 글 제목을 표시할 〈DialogTitle
/〉 컴포넌트를 컴포넌트 주도 개발을 통해 만들어 보았다. 계속해서 블로그 앱의 원
자 컴포넌트를 제작해 보도록 하자.

6) 〈Label /〉 원자 컴포넌트

블로그 글 등록 대화 상자의 원자 컴포넌트 중 하나인 〈Label /〉 컴포넌트를 제작해
보도록 하자. ./src/components/atoms/Label/index.tsx 파일을 생성하고 다음과
같이 수정하여 〈Label /〉 컴포넌트를 만든다.

```
export const Label = () => {
  return <div>블로그 제목</div>;
};
```

현재는 단순히 "블로그 제목"이라는 문자열을 화면에 출력하는 컴포넌트를 만들었
다. 이제 이 컴포넌트를 스토리북을 사용하여 화면에 출력해 보도록 하자.

./src/components/atoms/Label/index.stories.tsx 파일을 생성하고 다음과 같이
수정하여 〈DialogTitle /〉 컴포넌트의 스토리 파일을 만든다.

```
import { ComponentStory, ComponentMeta } from '@storybook/react';

import { Label } from '.';

export default {
  title: 'Atoms/Label',
  component: Label,
} as ComponentMeta<typeof Label>;

const Template: ComponentStory<typeof Label> = () => <Label />;

export const Default = Template.bind({});
```

이전에 설명한 컴포넌트의 스토리 파일을 작성하는 내용과 동일하므로 자세한 설명
은 생략하고 진행하도록 하겠다.

이렇게 〈Label /〉 컴포넌트의 스토리 파일을 수정하고 저장한 후 브라우저로 이동하
여 새로고침을 해보면, [그림 12-42]와 같이 우리가 만든 〈Label /〉 컴포넌트가 잘
표시되는 것을 확인할 수 있다.

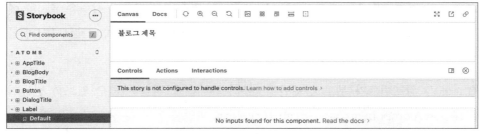

[그림 12-42] <Label /> 원자 컴포넌트

이제 디자인을 참고하여 <Label /> 컴포넌트를 개발해 보자. <Label /> 컴포넌트에 디자인을 추가하기 위해 ./src/components/atoms/Label/index.tsx 파일을 열고 다음과 같이 수정한다.

```
import styled from '@emotion/styled';

const Container = styled.div`
  font-size: 1.2rem;
`;
export const Label = () => {
  return <Container>블로그 제목</Container>;
};
```

<Label /> 컴포넌트의 디자인을 위해 Emotion을 추가했으며 추가한 Emotion을 사용하여 <Label /> 컴포넌트에 디자인을 추가했다.

이렇게 <Label /> 컴포넌트를 수정하고 저장한 후 브라우저를 확인해 보면, [그림 12-43]과 같이 우리가 디자인한 <Label /> 컴포넌트가 잘 표시되는 것을 확인할 수 있다.

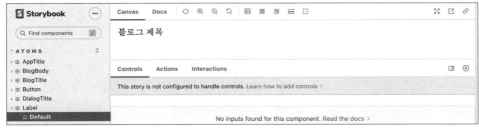

[그림 12-43] <Label /> 원자 컴포넌트

⟨Label /⟩ 컴포넌트에는 사용자 입력창마다 입력창에 대한 간단한 설명을 표시할 예정이다. 따라서 ⟨Label /⟩ 컴포넌트에 표시하는 문자열을 부모 컴포넌트로부터 전달받도록 Props를 추가하는 것이 좋다.

⟨Label /⟩ 컴포넌트가 부모 컴포넌트로부터 데이터를 전달받을 수 있도록 만들기 위해 ./src/components/atoms/Label/index.tsx 파일을 열고 다음과 같이 수정한다.

```
...
interface Props {
  readonly text: string;
}

export const Label = ({ text }: Props) => {
  return <Container>{text}</Container>;
};
```

타입스크립트의 인터페이스를 사용하여 Props를 정의하고, 정의한 인터페이스를 사용하여 부모 컴포넌트로부터 데이터를 전달받도록 수정했다. 또한 부모 컴포넌트로부터 전달받은 Props 데이터를 화면에 표시하도록 수정하여 부모 컴포넌트에서 ⟨Label /⟩ 컴포넌트에 표시할 내용을 결정할 수 있도록 했다.

이렇게 ⟨Label /⟩ 컴포넌트를 수정하고 저장한 후 브라우저를 확인해 보면, [그림 12-44]와 같은 화면을 확인할 수 있다.

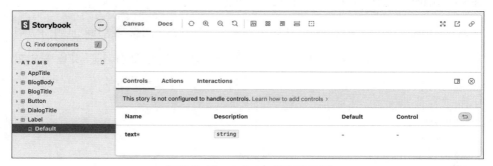

[그림 12-44] ⟨Label /⟩ 원자 컴포넌트

우리는 아직 ⟨Label /⟩ 컴포넌트의 스토리 파일에서 ⟨Label /⟩ 컴포넌트의 필수 Props인 text를 설정하지 않았기 때문에 [그림 12-44]와 같이 스토리북 화면에는 그 어떤 문자열도 표시되지 않는 것을 확인할 수 있다. 또한 화면 하단의 Controls 탭에서는 우리가 설정한 text가 필수 Props로 표시되고 있는 것을 확인할 수 있다.

이제 〈Label /〉 컴포넌트의 스토리 파일을 수정하여 〈Label /〉 컴포넌트의 필수 Props인 text를 설정해 보도록 하자. 스토리 파일에서 〈Label /〉 컴포넌트의 필수 Props인 text를 설정하기 위해 ./src/components/atoms/Label/index.stories.tsx 파일을 열고 다음과 같이 수정한다.

```
const Template: ComponentStory<typeof Label> = (args) => <Label
{...args} />;

export const Default = Template.bind({});
Default.args = {
  text: '블로그제목',
};
```

〈Label /〉 컴포넌트가 Props 데이터를 전달받을 수 있도록 수정한 후 Default 스토리에서 필수 Props인 text를 설정했다.

이렇게 〈Label /〉 컴포넌트의 스토리 파일을 수정하고 저장한 후 브라우저를 확인해보면, [그림 12-45]와 같이 우리가 설정한 데이터가 잘 표시되고 있는 것을 확인할 수 있다.

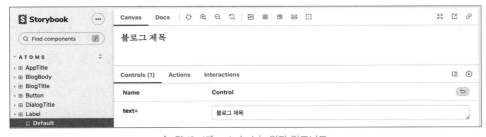

[그림 12-45] 〈Label /〉 원자 컴포넌트

또한 화면 하단의 Controls 탭에 표시된 〈Label /〉 컴포넌트의 필수 Props인 text 값을 변경하면, [그림 12-46]과 같이 스토리북 화면에서도 잘 변경되는 것을 확인할 수 있다.

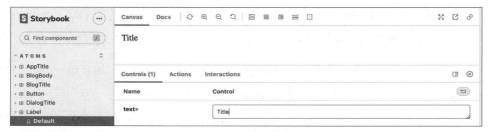

[그림 12-46] <Label /> 원자 컴포넌트

이것으로 블로그 글 목록 페이지에서 하나의 블로그 글 제목을 표시할 〈Label /〉 컴
포넌트를 컴포넌트 주도 개발을 통해 만들어 보았다. 계속해서 블로그 앱의 원자 컴
포넌트를 제작해 보도록 하자.

7) 〈InputText /〉 원자 컴포넌트

이제 블로그 앱의 마지막 원자 컴포넌트인 〈InputText /〉 컴포넌트를 제작해 보
도록 하자. 〈InputText /〉 컴포넌트를 제작하기 위해 ./src/components/atoms/
InputText/index.tsx 파일을 생성하고 다음과 같이 수정한다.

```
export const InputText = () => {
  return <input />;
};
```

현재는 단순히 HTML의 〈input /〉 태그를 화면에 출력하는 컴포넌트를 만들었다. 이
제 이 컴포넌트의 스토리 파일을 생성하여 스토리북 화면에 표시해 보도록 하자.

./src/components/atoms/InputText/index.stories.tsx 파일을 생성하고 다음과
같이 수정하여 〈InputText /〉 컴포넌트의 스토리 파일을 만든다.

```
import { ComponentStory, ComponentMeta } from '@storybook/react';

import { InputText } from '.';

export default {
  title: 'Atoms/InputText',
  component: InputText,
```

508

```
} as ComponentMeta<typeof InputText>;

const Template: ComponentStory<typeof InputText> = () => <InputText
/>;

export const Default = Template.bind({});
```

이전에 설명한 컴포넌트의 스토리 파일을 작성하는 내용과 동일하므로 자세한 설명
은 생략하고 진행하도록 하겠다.

이렇게 〈InputText /〉 컴포넌트의 스토리 파일을 수정하고 저장한 후 브라우저로 이
동하여 새로고침을 해보면, [그림 12-47]과 같이 우리가 만든 〈InputText /〉 컴포
넌트가 잘 표시되는 것을 확인할 수 있다.

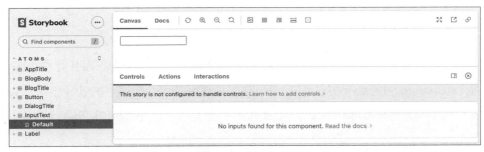

[그림 12-47] 〈InputText /〉 원자 컴포넌트

이제 디자인을 참고하여 〈InputText /〉 컴포넌트를 개발해 보자. 〈InputText /〉 컴
포넌트를 수정하기 위해 ./src/components/atoms/InputText/index.tsx 파일을
열고 다음과 같이 수정한다.

```
import styled from '@emotion/styled';

const Input = styled.input`
  font-size: 1.2rem;
`;

export const InputText = () => {
  return <Input />;
};
```

⟨InputText /⟩ 컴포넌트의 디자인을 위해 Emotion을 추가했으며 추가한 Emotion을 사용하여 디자인한 컴포넌트를 생성하고 해당 컴포넌트를 사용하도록 수정했다.

이렇게 ⟨InputText /⟩ 컴포넌트를 수정하고 저장한 후 브라우저를 확인해 보면, [그림 12-48]과 같이 우리가 디자인한 ⟨InputText /⟩ 컴포넌트가 잘 표시되는 것을 확인할 수 있다.

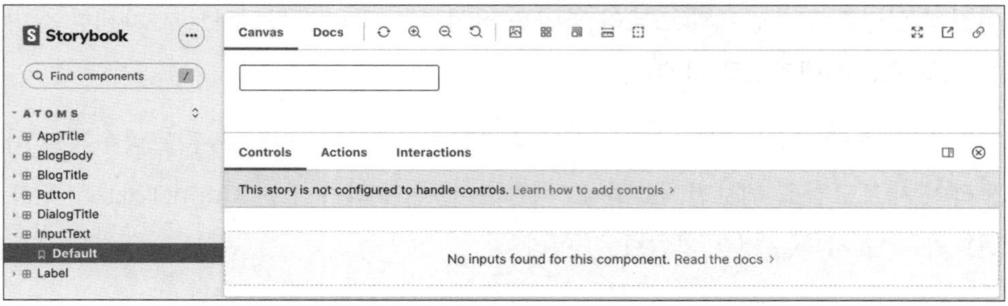

[그림 12-48]   ⟨InputText /⟩ 원자 컴포넌트

⟨InputText /⟩ 컴포넌트는 부모 컴포넌트에서 사용자가 입력한 값을 사용할 수 있도록 onChange 이벤트에 연결하고, 사용자가 입력한 값을 제거할 수 있어야 하므로 부모 컴포넌트에서 ⟨InputText /⟩ 컴포넌트에 값을 지정할 수 있어야 한다.

이렇게 ⟨InputText /⟩ 컴포넌트가 부모 컴포넌트로부터 데이터를 전달받을 수 있도록 만들기 위해 ./src/components/atoms/InputText/index.tsx 파일을 열고 다음과 같이 수정한다.

```
import styled from '@emotion/styled';

const TextInput = styled.input`
  font-size: 1.2rem;
  padding: 8px;
`;

interface Props {
  readonly value: string;
  readonly onChange: (text: string) => void;
}

export const Input = ({ value, onChange }: Props) => {
```

```
  return <TextInput value={value} onChange={(event) => onChange(event.
 target.value)} />;
 };
```

타입스크립트의 인터페이스를 사용하여 Props를 정의하고, 정의한 인터페이스를 사용하여 부모 컴포넌트로부터 데이터를 전달받도록 수정했다. 또한 부모 컴포넌트로부터 전달받은 Props 데이터를 화면에 표시하고 onChange 이벤트에 연결되도록 수정하여 부모 컴포넌트에서 〈InputText /〉 컴포넌트에 표시할 내용과 이벤트를 활용할 수 있도록 했다.

이렇게 〈InputText /〉 컴포넌트를 수정하고 저장한 후 브라우저를 확인해 보면, [그림 12-49]와 같은 화면을 확인할 수 있다.

[그림 12-49] 〈InputText /〉 원자 컴포넌트

우리는 아직 〈InputText /〉 컴포넌트의 스토리 파일에서 〈InputText /〉 컴포넌트의 필수 Props인 value와 onChange를 설정하지 않았다. 따라서 화면 하단의 Controls 탭에서는 value값을 변경할 수 없다.

이제 〈InputText /〉 컴포넌트의 스토리 파일을 수정하여 〈InputText /〉 컴포넌트의 필수 Props를 설정해 보도록 하자. 스토리 파일에서 〈InputText /〉 컴포넌트의 필수 Props를 설정하기 위해 ./src/components/atoms/InputText/index.stories.tsx 파일을 열고 다음과 같이 수정한다.

```
 ...
 const Template: ComponentStory<typeof InputText> = (args) => <InputText
 {...args} />;

 export const Default = Template.bind({});
```

```
Default.args = {
  value: '리액트란?',
};
```

⟨InputText /⟩ 컴포넌트가 Props 데이터를 전달받을 수 있도록 수정한 후 Default 스토리에서 필수 Props인 value값을 설정했다.

이렇게 ⟨InputText /⟩ 컴포넌트의 스토리 파일을 수정하고 저장한 후 브라우저를 확인해 보면, [그림 12-50]과 같이 우리가 만든 데이터가 잘 표시되고 있는 것을 확인할 수 있다.

[그림 12-50]   ⟨InputText /⟩ 원자 컴포넌트

또한 화면 하단의 Controls 탭에 표시된 ⟨InputText /⟩ 컴포넌트의 Props값을 변경하면, [그림 12-51]과 같이 스토리북 화면에서도 잘 변경되는 것을 확인할 수 있다.

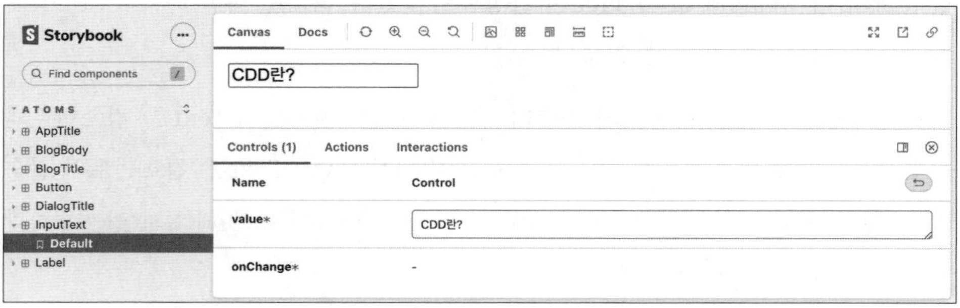

[그림 12-51]   ⟨InputText /⟩ 원자 컴포넌트

그리고 하단의 Actions 탭을 선택한 후 화면에 표시된 ⟨InputText /⟩ 컴포넌트의 내용을 변경해 보면, [그림 12-52]와 같이 onChange 이벤트가 잘 발생하는 것을 확

인할 수 있다.

[그림 12-52] <InputText /> 원자 컴포넌트

부모 컴포넌트에서 onChange 이벤트를 사용하여 〈InputText /〉 컴포넌트의 value값을 변경하는 처리가 들어가 있지 않기 때문에 스토리북 화면에 표시된 〈InputText /〉 컴포넌트의 내용은 변경되지 않고, Actions 탭에 로그만 표시되는 것을 알 수 있다.

실제 프로젝트에서는 부모 컴포넌트에서 useState를 사용하여 값이 변경되도록 할 예정이지만, 스토리북에서는 이와 같은 처리를 추가하지 않을 것이다.

이것으로 블로그 앱의 모든 원자 컴포넌트들을 컴포넌트 주도 개발을 통해 개발해 보았다. 이제 블로그 앱의 분자 컴포넌트를 제작해 보도록 하자.

8) 〈Input /〉 분자 컴포넌트

지금까지는 블로그 앱을 구성하기 위해 원자 컴포넌트를 컴포넌트 주도 개발을 통해 개발해 보았다. 이제 원자 컴포넌트를 조합하여 분자 컴포넌트를 개발해 보자.

블로그 앱에서는 [그림 12-53]과 같이 블로그 글 등록 대화 상자에서 분자 컴포넌트를 가지고 있다.

[그림 12-53] 블로그 글 등록 대화 상자의 분자 컴포넌트

이제 앞에서 만든 원자 컴포넌트를 조합하여 〈Input /〉 분자 컴포넌트를 만들어 보자. 〈Input /〉 분자 컴포넌트를 만들기 위해 ./src/components/molecules/Input/index.tsx 파일을 생성하고 다음과 같이 수정한다.

```
export const Input = () => {
  return <div>Input</div>;
};
```

그리고 만든 〈Input /〉 컴포넌트를 스토리북에 표시하기 위한 스토리 파일을 만들어 보자. 스토리 파일을 만들기 위해 ./src/components/molecules/Input/index.stories.tsx 파일을 생성하고 다음과 같이 수정한다.

```
import { ComponentStory, ComponentMeta } from '@storybook/react';

import { Input } from '.';

export default {
  title: 'Molecules/Input',
  component: Input,
} as ComponentMeta<typeof Input>;

const Template: ComponentStory<typeof Input> = () => <Input />;
export const Default = Template.bind({});
```

이전에 만든 원자 컴포넌트와 달리, 〈Input /〉 컴포넌트는 분자 컴포넌트이므로 스

토리 파일 설정의 "title"에 "Molecules/Input"을 설정하여 원자 컴포넌트들과 구별
되도록 새로운 그룹을 생성했다.

이렇게 〈Input /〉 컴포넌트의 스토리 파일을 수정하고 저장한 후 브라우저를 확인해
보면, [그림 12-54]와 같은 화면을 확인할 수 있다.

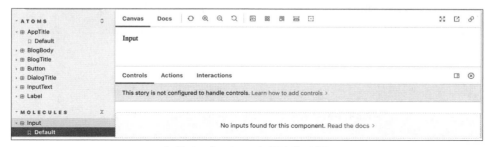

[그림 12-54]   〈Input /〉 분자 컴포넌트

이전과는 다르게 왼쪽 메뉴에 MOLECULES 메뉴가 생긴 것을 확인할 수 있으며, 해
당 메뉴 하단에서 Input 메뉴와 Default 스토리를 확인할 수 있다. Default를 클릭하
면, 오른쪽 Canvas에 우리가 작성한 Input이라는 문자열이 잘 표시되는 것을 확인
할 수 있다.

이제 〈Input /〉 컴포넌트와 〈Input /〉 컴포넌트의 스토리 파일을 준비했으므로 블로
그 앱의 원자 컴포넌트를 조합하여 〈Input /〉 컴포넌트를 만들어 보자.

./src/components/molecules/Input/index.tsx 파일을 열고 다음과 같이 수정하여
블로그 앱의 원자 컴포넌트를 조합해 〈Input /〉 컴포넌트를 만들어 보자.

```
import { Label } from 'components/atoms/Label';
import { InputText } from 'components/atoms/InputText';

export const Input = () => {
  return (
    <div>
      <Label text="Title" />
      <InputText value="" onChange={(text) => console.log(text)} />
    </div>
  );
};
```

원자 컴포넌트인 ⟨Label /⟩ 컴포넌트와 ⟨InputText /⟩ 컴포넌트를 가져와 화면에 표시하도록 구성하여 ⟨Input /⟩ 컴포넌트를 수정했다. 이때 각 컴포넌트의 필수 Props를 설정하도록 수정했다.

이렇게 ⟨Input /⟩ 컴포넌트를 수정하고 저장한 후 브라우저를 확인해 보면, [그림 12-55]와 같이 ⟨Input /⟩ 컴포넌트가 잘 표시되는 것을 확인할 수 있다.

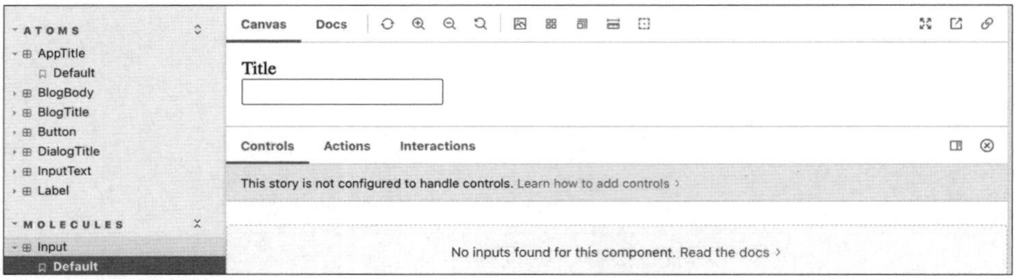

[그림 12-55] ⟨Input /⟩ 분자 컴포넌트

이제 디자인을 참고하여 ⟨Input /⟩ 컴포넌트를 개발해 보자. ⟨Input /⟩ 컴포넌트를 수정하기 위해 ./src/components/molecules/Input/index.tsx 파일을 열고 다음과 같이 수정한다.

```
import styled from '@emotion/styled';

import { Label } from 'components/atoms/Label';
import { InputText } from 'components/atoms/InputText';

const InputGroup = styled.div`
  margin-bottom: 16px;
`;

export const Input = () => {
  return (
    <InputGroup>
      <Label text="Title" />
      <InputText value="" onChange={(text) => console.log(text)} />
    </InputGroup>
  );
};
```

〈Input /〉 컴포넌트의 디자인을 위해 Emotion을 추가했으며 추가한 Emotion을 사용하여 디자인한 컴포넌트를 생성하고 해당 컴포넌트를 사용하도록 수정했다.

이렇게 〈Input /〉 컴포넌트를 수정하고 저장한 후 브라우저를 확인해 보면, [그림 12-56]과 같이 우리가 디자인한 〈Input /〉 컴포넌트가 잘 표시되는 것을 확인할 수 있다.

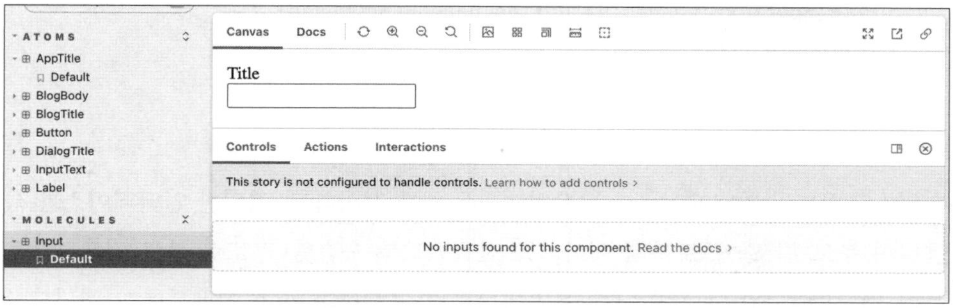

[그림 12–56]   <Input /> 분자 컴포넌트

〈Input /〉 컴포넌트는 분자 컴포넌트로, 여러 부분에서 활용될 예정이다. 따라서 부모 컴포넌트에서 표시될 내용을 결정하고 사용자가 입력한 값을 처리할 수 있어야 한다.

이렇게 〈Input /〉 컴포넌트가 부모 컴포넌트로부터 데이터를 전달받을 수 있도록 만들기 위해 ./src/components/molecules/Input/index.tsx 파일을 열고 다음과 같이 수정한다.

```
import styled from '@emotion/styled';

import { Label } from 'components/atoms/Label';
import { InputText } from 'components/atoms/InputText';

const InputGroup = styled.div`
  margin-bottom: 16px;
`;

interface Props {
  readonly label: string;
  readonly value: string;
```

```
  readonly onChange: (text: string) => void
}

export const Input = ({label, value, onChange}: Props) => {
  return (
    <InputGroup>
      <Label text={label} />
      <InputText value={value} onChange={onChange} />
    </InputGroup>
  );
};
```

타입스크립트의 인터페이스를 사용하여 Props를 정의하고, 정의한 인터페이스를 사용하여 부모 컴포넌트로부터 데이터를 전달받도록 수정했다. 또한 부모 컴포넌트로부터 전달받은 Props 데이터를 화면에 표시하고 onChange 이벤트에 연결되도록 수정하여 부모 컴포넌트에서 〈Input /〉 컴포넌트에 표시할 내용과 이벤트를 활용할 수 있도록 했다.

이렇게 〈Input /〉 컴포넌트를 수정하고 저장한 후 브라우저를 확인해 보면, [그림 12-57]과 같은 화면을 확인할 수 있다.

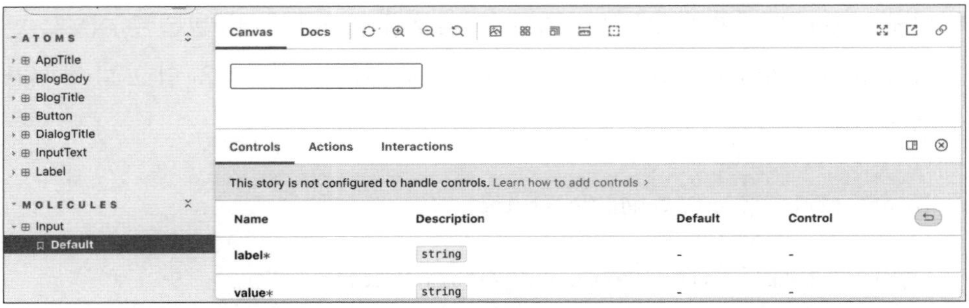

[그림 12-57] 〈Input /〉 분자 컴포넌트

우리는 아직 〈Input /〉 컴포넌트의 스토리 파일에서 〈Input /〉 컴포넌트의 필수 Props인 label, value 등을 설정하지 않았다. 따라서 화면 하단의 Controls 탭에서는 label과 value값을 변경할 수 없다.

이제 〈Input /〉 컴포넌트의 스토리 파일을 수정하여 〈Input /〉 컴포넌트의 필수 Props를 설정해 보도록 하자. 스토리 파일에서 〈Input /〉 컴포넌트의 필수 Props를 설정하기 위해 ./src/components/molecules/Input/index.stories.tsx 파일을 열고 다음과 같이 수정한다.

```
const Template: ComponentStory<typeof Input> = (args) => <Input
{...args} />;

export const Default = Template.bind({});
Default.args = {
  label: 'Title',
  value: '블로그제목',
};
```

〈Input /〉 컴포넌트가 Props 데이터를 전달받을 수 있도록 수정한 후 Default 스토리에서 필수 Props인 label과 value값을 설정했다.

이렇게 〈Input /〉 컴포넌트의 스토리 파일을 수정하고 저장한 후 브라우저를 확인해 보면, [그림 12-58]과 같이 우리가 만든 데이터가 잘 표시되고 있는 것을 확인할 수 있다.

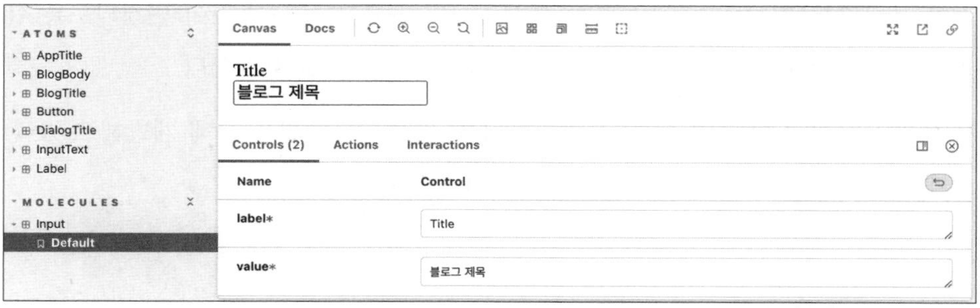

[그림 12-58] 〈Input /〉 분자 컴포넌트

또한 화면 하단의 Controls 탭에 표시된 〈Input /〉 컴포넌트의 Props값을 변경하면, [그림 12-59]와 같이 스토리북 화면에서도 잘 변경되는 것을 확인할 수 있다.

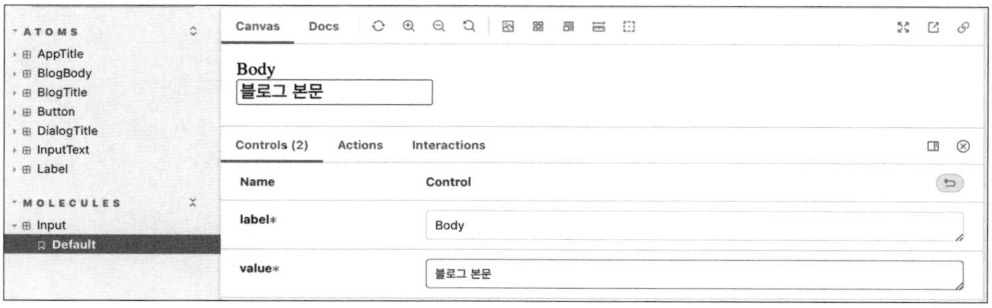

[그림 12-59] 〈Input /〉 분자 컴포넌트

그리고 하단의 Actions 탭을 선택한 후 화면에 표시된 〈Input /〉 컴포넌트의 내용을
변경해 보면, [그림 12-60]과 같이 onChange 이벤트가 잘 발생하는 것을 확인할
수 있다.

[그림 12-60] 〈Input /〉 분자 컴포넌트

부모 컴포넌트에서 onChange 이벤트를 사용하여 〈Input /〉 컴포넌트의 value값을
변경하는 처리가 들어가 있지 않기 때문에 스토리북 화면에 표시된 〈Input /〉 컴포
넌트의 내용은 변경되지 않고, Actions 탭에 로그만 표시되는 것을 알 수 있다.

실제 프로젝트에서는 부모 컴포넌트에서 useState를 사용하여 값이 변경되도록 할
예정이지만, 스토리북에서는 이와 같은 처리를 추가하지 않을 것이다.

이것으로 블로그 앱의 분자 컴포넌트를 컴포넌트 주도 개발을 통해 개발해 보았다.
이제 블로그 앱의 유기체 컴포넌트를 제작해 보도록 하자.

9) 〈Header /〉 유기체 컴포넌트

앞에서 우리는 블로그 앱을 원자 및 분자 컴포넌트로 나누고, 다시 [그림 12-61]과
같이 블로그 글 목록 페이지를 유기체 컴포넌트로 나눠 보았다.

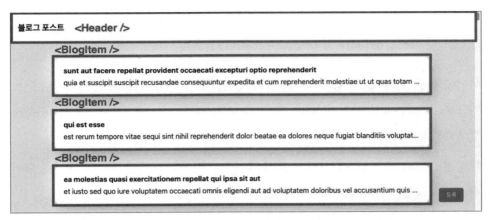

[그림 12-61] 블로그 글 목록 페이지의 유기체 컴포넌트

우리는 이미 원자, 분자 컴포넌트를 모두 제작했으므로 이제 원자, 분자 컴포넌트를 조합하여 유기체 컴포넌트를 생성해 보도록 하자.

〈Header /〉 유기체 컴포넌트를 만들기 위해 ./src/components/organisms/Header/index.tsx 파일을 생성하고 다음과 같이 수정한다.

```tsx
export const Header = () => {
  return <div>Header</div>;
};
```

그리고 만든 〈Header /〉 컴포넌트를 스토리북에 표시하기 위한 스토리 파일을 만들어 보자. 스토리 파일을 만들기 위해 ./src/components/organisms/Header/index.stories.tsx 파일을 생성하고 다음과 같이 수정한다.

```tsx
import { ComponentStory, ComponentMeta } from '@storybook/react';

import { Header } from '.';

export default {
  title: 'Organisms/Header',
  component: Header,
} as ComponentMeta<typeof Header>;

const Template: ComponentStory<typeof Header> = () => <Header />;
```

```
export const Default = Template.bind({});
```

이전에 만든 원자, 분자 컴포넌트와 달리, ⟨Header /⟩ 컴포넌트는 유기체 컴포넌트 이므로 스토리 파일 설정의 "title"에 "Organisms/Header"를 설정하여 원자, 분자 컴포넌트들과 구별되도록 새로운 그룹을 생성했다.

이렇게 ⟨Header /⟩ 컴포넌트의 스토리 파일을 수정하고 저장한 후 브라우저를 확인 해 보면, [그림 12-62]와 같은 화면을 확인할 수 있다.

이전과는 다르게 왼쪽 메뉴에 ORGANISMS 메뉴가 생긴 것을 확인할 수 있으며, 해당 메뉴 하단에서 Header 메뉴와 Default 스토리를 확인할 수 있다. Default를 클릭 하면, 오른쪽 Canvas에 우리가 작성한 Header라는 문자열이 잘 표시되는 것을 확인할 수 있다.

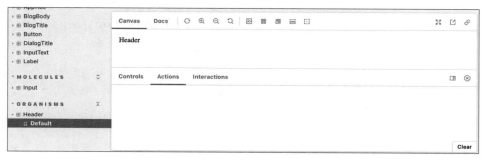

[그림 12-62] ⟨Header /⟩ 유기체 컴포넌트

이제 ⟨Header /⟩ 컴포넌트와 ⟨Header /⟩ 컴포넌트의 스토리 파일을 준비했으므로 블로그 앱의 원자 컴포넌트를 조합하여 ⟨Header /⟩ 컴포넌트를 만들어 보자.

./src/components/organisms/Header/index.tsx 파일을 열고 다음과 같이 수정 하여 블로그 앱의 원자 컴포넌트를 조합해 ⟨Header /⟩ 컴포넌트를 만들어 보자.

```
import { AppTitle } from 'components/atoms/AppTitle';

export const Header = () => {
  return (
    <div>
      <AppTitle />
```

```
    </div>
  );
};
```

원자 컴포넌트인 〈AppTitle /〉 컴포넌트를 가져와 화면에 표시하도록 구성하여 〈Header /〉 컴포넌트를 수정했다.

〈AppTitle /〉 원자 컴포넌트는 부모 컴포넌트로부터 전달받는 Props가 없으므로 특별히 데이터를 설정하지 않아도 아무 문제 없이 사용할 수 있다.

이렇게 〈Header /〉 컴포넌트의 스토리 파일을 수정하고 저장한 후 브라우저를 확인해 보면, [그림 12-63]과 같이 원자 컴포넌트인 〈AppTitle /〉 컴포넌트가 포함된 〈Header /〉 컴포넌트가 화면에 잘 표시되는 것을 확인할 수 있다.

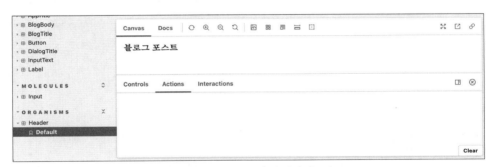

[그림 12-63]   <Header /> 유기체 컴포넌트

이제 〈Header /〉 컴포넌트에 디자인을 추가해 보도록 하자. Emotion을 사용하여 〈Header /〉 컴포넌트에 디자인을 추가하기 위해 ./src/components/organisms/ Header/index.tsx 파일을 열고 다음과 같이 수정한다.

```
import styled from '@emotion/styled';
import { AppTitle } from 'components/atoms/AppTitle';

const Container = styled.div`
  background-color: #ffffff;
  padding: 20px;
  width: calc(100% - 40px);
  margin-bottom: 20px;
`;
```

```
export const Header = () => {
  return (
    <Container>
      <AppTitle />
    </Container>
  );
};
```

Emotion을 사용하여 〈Container /〉 컴포넌트를 만들었고, 해당 컴포넌트를 적용하여 〈Header /〉 컴포넌트의 디자인을 변경했다. 이렇게 〈Header /〉 컴포넌트의 디자인을 수정하고 저장한 후 브라우저를 확인해 보면, [그림 12-64]와 같이 우리가 디자인한 〈Header /〉 컴포넌트가 잘 표시되는 것을 확인할 수 있다.

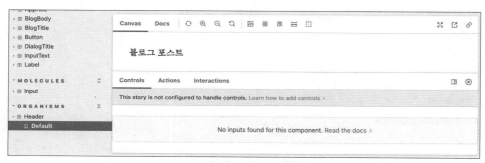

[그림 12-64] <Header /> 유기체 컴포넌트

이것으로 블로그 앱의 유기체 컴포넌트인 〈Header /〉 컴포넌트를 컴포넌트 주도 개발을 통해 개발해 보았다. 계속해서 블로그 앱의 유기체 컴포넌트를 제작해 보도록 하자.

10) 〈BlogItem /〉 유기체 컴포넌트

블로그 글 목록 페이지의 유기체 컴포넌트인 〈BlogItem /〉 컴포넌트를 제작해 보도록 하자. 〈BlogItem /〉 컴포넌트를 제작하기 위해 ./src/components/organisms/BlogItem/index.tsx 파일을 생성하고 다음과 같이 수정한다.

```
export const BlogItem = () => {
  return <div>BlogItem</div>;
```

```
};
```

현재는 단순히 HTML의 〈div /〉 태그를 사용하여 문자열을 화면에 출력하는 컴포넌트를 만들었다. 이제 이 컴포넌트의 스토리 파일을 생성하여 스토리북 화면에 표시해 보도록 하자.

./src/components/organisms/BlogItem/index.stories.tsx 파일을 생성하고 다음과 같이 수정하여 〈BlogItem /〉 컴포넌트의 스토리 파일을 만든다.

```
import { ComponentStory, ComponentMeta } from '@storybook/react';

import { BlogItem } from '.';

export default {
  title: 'Organisms/BlogItem',
  component: BlogItem,
} as ComponentMeta<typeof BlogItem>;

const Template: ComponentStory<typeof BlogItem> = () => <BlogItem />;

export const Default = Template.bind({});
```

이전에 설명한 컴포넌트의 스토리 파일을 작성하는 내용과 동일하므로 자세한 설명은 생략하고 진행하도록 하겠다.

이렇게 〈BlogItem /〉 컴포넌트의 스토리 파일을 수정하고 저장한 후 브라우저로 이동해 보면, [그림 12-65]와 같이 우리가 만든 〈BlogItem /〉 컴포넌트가 잘 표시되는 것을 확인할 수 있다.

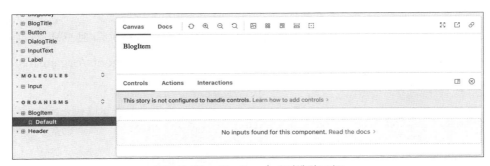

[그림 12-65] <BlogItem /> 유기체 컴포넌트

이제 블로그 앱의 원자 컴포넌트를 사용하여 〈BlogItem /〉 컴포넌트를 구성해 보도록 하자. ./src/components/organisms/BlogItem/index.tsx 파일을 열고 다음과 같이 수정한 후 원자 컴포넌트를 사용하여 〈BlogItem /〉 컴포넌트를 구성하도록 한다.

```
import { BlogTitle } from 'components/atoms/BlogTitle';
import { BlogBody } from 'components/atoms/BlogBody';

export const BlogItem = () => {
  return (
    <div>
      <BlogTitle title="블로그글" />
      <BlogBody body="블로그글내용" />
    </div>
  );
};
```

이와 같이 원자 컴포넌트를 사용하여 〈BlogItem /〉 컴포넌트를 구성하도록 수정하고 저장한 후 브라우저를 확인해 보면, [그림 12-66]과 같이 〈BlogItem /〉 컴포넌트가 잘 표시되는 것을 확인할 수 있다.

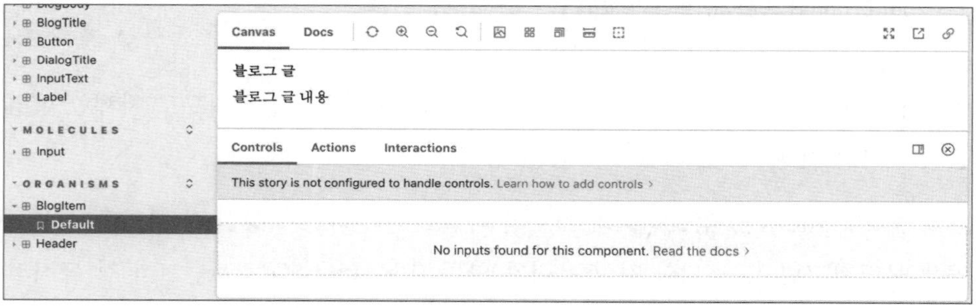

[그림 12-66] <BlogItem /> 유기체 컴포넌트

그런 다음 디자인을 참고하여 〈BlogItem /〉 컴포넌트를 수정해 보도록 하자. 〈BlogItem /〉 컴포넌트에 디자인을 추가하기 위해 ./src/components/organisms/BlogItem/index.tsx 파일을 열고 다음과 같이 수정한다.

```
import styled from '@emotion/styled';

import { BlogTitle } from 'components/atoms/BlogTitle';
```

526

```
import { BlogBody } from 'components/atoms/BlogBody';

const Container = styled.div`
  background-color: #ffffff;
  padding: 20px;
  margin: 20px;
  border-radius: 10px;
  box-shadow: 10px 10px 30px #d9d9d9, -10px -10px 30px #ffffff;
  width: 800px;
`;

export const BlogItem = () => {
  return (
    <Container>
      <BlogTitle title="블로그 글" />
      <BlogBody body="블로그 글 내용" />
    </Container>
  );
};
```

Emotion을 사용하여 〈BlogItem /〉 컴포넌트에 디자인을 추가하기 위해 〈Container /〉 컴포넌트를 만들었으며 만든 컴포넌트를 사용하도록 수정했다.

이렇게 〈BlogItem /〉 컴포넌트를 수정하고 저장한 후 브라우저를 확인해 보면, [그림 12-67]과 같이 잘 디자인된 〈BlogItem /〉 컴포넌트를 확인할 수 있다.

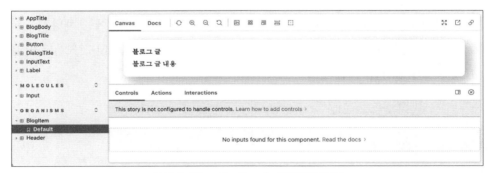

[그림 12-67] <BlogItem /> 유기체 컴포넌트

마지막으로 〈BlogItem /〉 컴포넌트에 Props를 추가하여 부모 컴포넌트로부터 전달받은 데이터를 표시하도록 수정해 보자.

./src/components/organisms/BlogItem/index.tsx 파일을 다음과 같이 수정하여 〈BlogItem /〉 컴포넌트에 Props를 추가해 보자.

```
...
interface Props {
  readonly title: string;
  readonly body: string;
}

export const BlogItem = ({ title, body }: Props) => {
  return (
    <Container>
      <BlogTitle title={title} />
      <BlogBody body={body} />
    </Container>
  );
};
```

부모 컴포넌트로부터 title과 body라는 Props를 통해 블로그 글 데이터를 전달받도록 할 예정이며, 전달받은 Props 데이터를 화면에 표시하도록 수정했다.

이렇게 〈BlogItem /〉 컴포넌트를 수정하고 브라우저를 확인해 보면, [그림 12-68]과 같이 화면에는 그 어떤 데이터도 표시되지 않는 것을 확인할 수 있다. 또한 하단의 Controls 탭에는 우리가 지정한 Props가 잘 표시되는 것을 확인할 수 있다.

우리는 〈BlogItem /〉 컴포넌트에는 Props를 추가하여 부모 컴포넌트로부터 데이터를 전달받도록 수정했지만, 〈BlogItem /〉 컴포넌트의 스토리 파일에는 해당 Props에 데이터를 설정하지 않았으므로 [그림 12-68]과 같이 아무 데이터도 표시되지 않고 있는 것을 확인할 수 있다.

[그림 12-68] <BlogItem /> 유기체 컴포넌트

이제 〈BlogItem /〉 컴포넌트의 스토리 파일을 수정하여 우리가 추가한 〈BlogItem
/〉 컴포넌트의 필수 Props를 설정해 보도록 하자. 〈BlogItem /〉 컴포넌트의 스토리
파일을 수정하기 위해 ./src/components/organisms/BlogItem/index.stories.tsx
파일을 열고 다음과 같이 수정한다.

```
...
const Template: ComponentStory<typeof BlogItem> = (args) => <BlogItem
{...args} />;

export const Default = Template.bind({});
Default.args = {
  title: '블로그글제목',
  body: '블로그글본문',
};
```

〈BlogItem /〉 컴포넌트에 Props를 설정할 수 있도록 수정한 후 Default 스토리에
〈BlogItem /〉 컴포넌트의 필수 Props인 title과 body를 설정했다.

이렇게 〈BlogItem /〉 컴포넌트의 스토리 파일을 수정하고 저장한 후 브라우저를 확
인해 보면, [그림 12-69]와 같이 우리가 설정한 Props가 잘 표시되는 것을 확인할
수 있다.

[그림 12-69] <BlogItem /> 유기체 컴포넌트

또한 하단의 Controls 탭에 표시된 title과 body의 데이터를 수정하면, [그림 12-
70]과 같이 수정한 title과 body 데이터가 화면에 잘 표시되는 것을 확인할 수 있다.

[그림 12-70] <BlogItem /> 유기체 컴포넌트

이것으로 블로그 앱의 유기체 컴포넌트인 〈BlogItem /〉 컴포넌트를 컴포넌트 주도 개발을 통해 개발해 보았다. 계속해서 블로그 앱의 유기체 컴포넌트를 제작해 보도록 하자.

11) 〈RegisterBlogDialog /〉 유기체 컴포넌트

지금까지는 블로그 글 목록 페이지의 유기체 컴포넌트를 제작해 보았다. 이제 블로그 글 등록 대화 상자에 관한 유기체 컴포넌트를 제작해 보자.

우리는 이미 앞에서 [그림 12-71]과 같이 블로그 글 등록 대화 상자의 유기체 컴포넌트를 구분해 두었다.

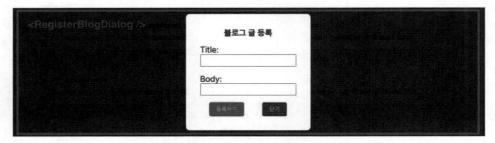

[그림 12-71] 블로그 글 등록 대화 상자의 유기체 컴포넌트

이제 블로그 앱의 원자 컴포넌트를 조합하여 〈RegisterBlogDialog /〉 유기체 컴포넌트를 만들어 보자. ./src/components/organisms/RegisterBlogDialog/index.tsx 파일을 생성하고 다음과 같이 수정하여 〈RegisterBlogDialog /〉 컴포넌트를 만든다.

```
export const RegisterBlogDialog = () => {
  return <div>RegisterBlogDialog</div>;
};
```

현재는 단순히 HTML의 〈div /〉 태그를 사용하여 문자열을 화면에 출력하는 컴포넌트를 만들었다. 이제 이 컴포넌트의 스토리 파일을 생성하여 스토리북 화면에 표시해 보도록 하자.

./src/components/organisms/RegisterBlogDialog/index.stories.tsx 파일을 생성하고 다음과 같이 수정하여 〈RegisterBlogDialog /〉 컴포넌트의 스토리 파일을 만든다.

```
import { ComponentStory, ComponentMeta } from '@storybook/react';

import { InputToDo } from '.';

export default {
  title: 'Organisms/InputToDo',
  component: InputToDo,
} as ComponentMeta<typeof InputToDo>;

const Template: ComponentStory<typeof InputToDo> = () => <InputToDo />;

export const Default = Template.bind({});
```

이전에 설명한 컴포넌트의 스토리 파일을 작성하는 내용과 동일하므로 자세한 설명은 생략하고 진행하도록 하겠다.

이렇게 〈RegisterBlogDialog /〉 컴포넌트의 스토리 파일을 수정하고 저장한 후 브라우저로 이동해 보면, [그림 12-72]와 같이 스토리북의 왼쪽 메뉴에 RegisterBlogDialog 메뉴와 하위에 Default 스토리가 추가된 것을 확인할 수 있다. 또한 왼쪽 메뉴에서 RegisterBlogDialog의 하위 메뉴인 Default 스토리를 클릭하면, 앞에서 우리가 만든 〈RegisterBlogDialog /〉 컴포넌트가 잘 표시되는 것을 확인할 수 있다.

[그림 12-72]　〈RegisterBlogDialog /〉 유기체 컴포넌트

이제 블로그 앱의 원자 컴포넌트를 사용하여 〈RegisterBlogDialog /〉 컴포넌트를
구성해 보도록 하자. 원자 컴포넌트를 사용하여 〈RegisterBlogDialog /〉 컴포넌트
를 구성하도록 수정하기 위해 ./src/components/organisms/RegisterBlogDialog/
index.tsx 파일을 열고 다음과 같이 수정한다.

```
import { DialogTitle } from 'components/atoms/DialogTitle';
import { Input } from 'components/molecules/Input';
import { Button } from 'components/atoms/Button';

export const RegisterBlogDialog = () => {
  return (
    <div>
      <DialogTitle title="블로그 글 등록" />
      <Input label="Title:" value="" onChange={(text) => console.
log(text)} />
      <Input label="Body:" value="" onChange={(text) => console.
log(text)} />
      <Button label="등록하기" />
      <Button label="닫기" color="#304FFE" />
    </div>
  );
};
```

〈RegisterBlogDialog /〉 컴포넌트에서 필요한 원자 컴포넌트인 〈DialogTitle /〉 컴
포넌트, 〈Input /〉 컴포넌트와 〈Button /〉 컴포넌트를 불러와 각각의 컴포넌트에 필
요한 필수 Props를 설정하여 화면에 표시했다.

이와 같이 원자 컴포넌트를 사용하여 ⟨RegisterBlogDialog /⟩ 컴포넌트를 구성하도록 수정하고 저장한 후 브라우저를 확인해 보면, [그림 12-73]과 같이 ⟨RegisterBlogDialog /⟩ 컴포넌트가 잘 표시되는 것을 확인할 수 있다.

[그림 12-73] ⟨RegisterBlogDialog /⟩ 유기체 컴포넌트

그런 다음 디자인을 참고하여 ⟨RegisterBlogDialog /⟩ 컴포넌트를 수정하여 디자인을 추가해 보도록 하자. ./src/components/organisms/RegisterBlogDialog/index.tsx 파일을 열고 다음과 같이 수정하여 ⟨RegisterBlogDialog /⟩ 컴포넌트에 디자인을 추가한다.

```
import styled from '@emotion/styled';

import { DialogTitle } from 'components/atoms/DialogTitle';
import { Input } from 'components/molecules/Input';
import { Button } from 'components/atoms/Button';

const Container = styled.div`
  position: absolute;
  top: 0;
  left: 0;
  bottom: 0;
  right: 0;
  display: flex;
  align-items: center;
  justify-content: center;
`;

const Background = styled.div`
```

```
    position: absolute;
    top: 0;
    left: 0;
    bottom: 0;
    right: 0;
    background-color: rgb(0 0 0 / 75%);
`;

const Contents = styled.div`
    display: flex;
    align-items: center;
    justify-content: center;
    flex-direction: column;
    background-color: #ffffff;
    padding: 32px;
    border-radius: 8px;
    z-index: 1;
`;

const Actions = styled.div`
    width: 100%;
    display: flex;
    flex-direction: row;
    justify-content: space-around;
`;

export const RegisterBlogDialog = () => {
    return (
        <Container>
            <Background />
            <Contents>
                <DialogTitle title="블로그 글 등록" />
                <Input label="Title:" value="" onChange={(text) => console.
log(text)} />
                <Input label="Body:" value="" onChange={(text) => console.
log(text)} />
                <Actions>
                    <Button label="등록하기" />
                    <Button label="닫기" color="#304FFE" />
                </Actions>
            </Contents>
        </Container>
```

```
    );
  };
```

Emotion을 사용하여 〈RegisterBlogDialog /〉 컴포넌트에 디자인을 추가하기 위해
컴포넌트들을 만들었으며 이 컴포넌트들을 사용하도록 수정했다.

이렇게 〈RegisterBlogDialog /〉 컴포넌트를 수정하고 저장한 후 브라우저를 확인해
보면, [그림 12-74]와 같이 잘 디자인된 〈RegisterBlogDialog /〉 컴포넌트를 확인
할 수 있다.

[그림 12-74] 〈RegisterBlogDialog /〉 유기체 컴포넌트

다음으로 〈RegisterBlogDialog /〉 컴포넌트에 State를 추가하여 사용자의 입력 데
이터를 저장할 수 있도록 변경해 보도록 하자.

./src/components/organisms/RegisterBlogDialog/index.tsx 파일을 다음과 같이
수정하여 〈RegisterBlogDialog /〉 컴포넌트에 State를 추가한다.

```
import { useState } from 'react';
...
export const RegisterBlogDialog = () => {
  const [title, setTitle] = useState('');
  const [body, setBody] = useState('');

  return (
    <Container>
      <Background />
      <Contents>
        <DialogTitle title="블로그 글 등록" />
```

```
        <Input label="Title:" value={title} onChange={setTitle} />
        <Input label="Body:" value={body} onChange={setBody} />
        <Actions>
          <Button label="등록하기" />
          <Button label="닫기" color="#304FFE" />
        </Actions>
      </Contents>
    </Container>
  );
};
```

사용자로부터 입력받은 블로그 글 데이터를 저장하기 위해 title과 body라는 State
를 생성했다. 이렇게 생성한 〈RegisterBlogDialog /〉 컴포넌트의 State인 title과
body를 〈Input /〉 컴포넌트의 필수 Props인 value에 설정했다. 또한 State의 set 함
수인 setTitle과 setBody 함수를 〈Input /〉 컴포넌트의 onChange 이벤트와 연결함
으로써 사용자의 데이터를 저장할 수 있도록 했다.

마지막으로 "등록하기" 버튼과 "닫기" 버튼의 이벤트를 처리해 보자. 사용자가 "등
록하기" 버튼을 클릭하면, JSONPlaceholder의 API를 사용하여 사용자가 입력한 데
이터를 저장하고 대화 상자를 닫을 예정이다. 또한 "닫기" 버튼을 클릭하면, 현재 표
시된 블로그 글 등록 대화 상자를 닫도록 할 예정이다.

블로그 글 등록 대화 상자를 표시하는 기능은 〈RegisterBlogDialog /〉 컴포넌트의
부모 컴포넌트가 결정해야 한다. 따라서 사용자가 "닫기" 버튼을 클릭했음을 부모
컴포넌트에게 알려주기 위해 Props를 추가해야 한다.

이제 사용자가 "닫기" 버튼을 클릭했을 때에 블로그 글 등록 대화 상자가 닫히도
록 하기 위해 ./src/components/organisms/RegisterBlogDialog/index.tsx 파일을
열고 다음과 같이 수정하여 〈RegisterBlogDialog /〉 컴포넌트에 Props를 추가한다.

```
...
interface Props {
  readonly onClose: ( ) => void;
}

export const RegisterBlogDialog = ({ onClose }: Props) => {
  ...
```

```
  return (
    <Container>
      <Background />
      <Contents>
        <DialogTitle title="블로그글등록" />
        <Input label="Title:" value={title} onChange={setTitle} />
        <Input label="Body:" value={body} onChange={setBody} />
        .<Actions>
          <Button label="등록하기" />
          <Button label="닫기" color="#304FFE" onClick={onClose} />
        </Actions>
      </Contents>
    </Container>
  );
};
```

타입스크립트의 인터페이스를 사용하여 〈RegisterBlogDialog /〉 컴포넌트의 필수 Props인 onClose를 정의했으며, 정의한 인터페이스를 사용하여 부모 컴포넌트로부터 데이터를 전달받도록 수정했다. 또한 부모 컴포넌트로부터 전달받은 onClose 함수를 "닫기" 버튼의 onClick 이벤트와 연결하여 사용자가 "닫기" 버튼을 클릭했을 때에 〈RegisterBlogDialog /〉 컴포넌트의 부모 컴포넌트에서 이를 활용할 수 있도록 했다.

이렇게 〈RegisterBlogDialog /〉 컴포넌트를 수정하고 저장한 후 브라우저를 이동하여 스토리북 화면 하단의 "Actions" 탭을 선택한 다음 "닫기" 버튼을 클릭해 보면, [그림 12-75]와 같이 아무런 로그가 화면에 표시되지 않는 것을 확인할 수 있다.

이는 우리가 〈RegisterBlogDialog /〉 컴포넌트에는 필수 Props를 설정했지만, 컴포넌트의 스토리 파일에서 이 Props를 사용하도록 수정하지 않았기 때문이다.

[그림 12-75] <RegisterBlogDialog /> 유기체 컴포넌트

이제 〈RegisterBlogDialog /〉 컴포넌트의 스토리 파일을 수정하여 사용자가 "닫기" 버튼을 클릭했을 때에 해당 이벤트가 스토리북에 잘 표시되도록 수정해 보자. 〈RegisterBlogDialog /〉 컴포넌트의 스토리 파일인 ./src/components/organisms/RegisterBlogDialog/index.stories.tsx 파일을 열고 다음과 같이 수정한다.

```
...
const Template: ComponentStory<typeof RegisterBlogDialog> = (args) => (
  <RegisterBlogDialog {...args} />
);
```

〈RegisterBlogDialog/〉 컴포넌트의 필수 Props를 전달받기 위해 Template을 수정했다. 다른 예제와는 다르게 〈RegisterBlogDialog /〉 컴포넌트의 필수 Props가 onClose 이벤트 함수 하나만 존재하기 때문에 Default 스토리에 해당 Props값을 설정하지 않았다.

이와 같이 〈RegisterBlogDialog /〉 컴포넌트의 필수 Props를 사용하도록 스토리 파일을 수정하고 저장한 후 브라우저로 이동하여 "닫기" 버튼을 클릭해 보면, [그림 12-76]과 같이 이전과는 다르게 onClose 이벤트가 잘 표시되는 것을 확인할 수 있다.

[그림 12-76] <RegisterBlogDialog /> 유기체 컴포넌트

이제 사용자가 "등록하기" 버튼을 클릭했을 때에 사용자가 작성한 블로그 글 데이터를 서버에 저장하도록 수정해 보자. 사용자가 "등록하기" 버튼을 클릭했을 때에 작성한 블로그 글 데이터를 서버에 저장하기 위해 ./src/components/organisms/RegisterBlogDialog/index.tsx 파일을 열고 다음과 같이 수정한다.

```
...
export const RegisterBlogDialog = ({ onClose }: Props) => {
  const [title, setTitle] = useState('');
  const [body, setBody] = useState('');

  const registerPost = () => {
    if (title === '' || body === '') return;

    fetch('https://jsonplaceholder.typicode.com/posts', {
      method: 'POST',
      body: JSON.stringify({
        userId: 1,
        title,
        body,
      }),
      headers: {
        'Content-type': 'application/json; charset=UTF-8',
      },
    })
      .then((response) => response.json())
      .then((json) => {
        console.log(json);
        if (typeof onClose === 'function') onClose();
      })
      .catch((error) => {
        console.error(error);
      });
  };

  return (
    <Container>
      <Background />
      <Contents>
        <DialogTitle title="블로그 글 등록" />
        <Input label="Title:" value={title} onChange={setTitle} />
        <Input label="Body:" value={body} onChange={setBody} />
        <Actions>
          <Button label="등록하기" onClick={registerPost} />
          <Button label="닫기" color="#304FFE" onClick={onClose} />
        </Actions>
      </Contents>
```

```
        </Container>
    );
};
```

사용자가 "등록하기" 버튼을 클릭했을 때에 실행되는 registerPost라는 함수를 만들었으며, 만든 함수를 "등록하기" 버튼의 onClick 이벤트에 연결했다.

registerPost 함수에서는 Fetch API를 사용하여 JSONPlaceholder의 블로그 글 등록 API를 실행하도록 했으며, 성공적으로 블로그 글이 등록되면 〈RegisterBlogDialog /〉 컴포넌트의 필수 Props인 onClose를 실행하여 부모 컴포넌트에서 〈RegisterBlogDialog /〉 컴포넌트를 닫을 수 있도록 했다.

이렇게 〈RegisterBlogDialog /〉 컴포넌트를 수정한 후 브라우저로 이동하여 [그림 12-77]과 같이 블로그 글 데이터를 입력한 다음 "등록하기" 버튼을 클릭하면, 블로그 글이 잘 등록되어 onClose 이벤트가 실행되는 것을 확인할 수 있다.

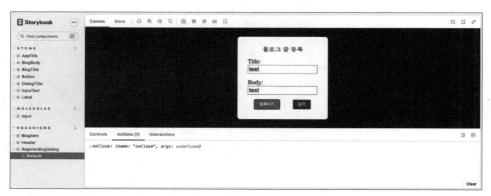

[그림 12-77]   〈RegisterBlogDialog /〉 유기체 컴포넌트

이것으로 블로그 앱의 모든 유기체 컴포넌트를 컴포넌트 주도 개발을 통해 개발해 보았다. 계속해서 블로그 앱의 템플릿 컴포넌트를 제작해 보도록 하자.

12) 〈BlogList /〉 템플릿 컴포넌트

이제 우리는 블로그 앱을 만들기 위한 모든 컴포넌트들이 준비됐으므로 사용자가 보게 될 화면을 구성해 보자. 사용자가 보게 될 화면을 구성하기 위해 아토믹 디자인의 템플릿을 만들어 보자.

우리는 이미 앞에서 디자인을 보면서 블로그 앱의 템플릿 컴포넌트를 [그림 12-78] 과 같이 만들어 두었다.

[그림 12-78] 블로그 앱의 템플릿 컴포넌트

이제 우리가 앞에서 만든 컴포넌트들을 활용하여 블로그 앱의 〈BlogList /〉 템플릿 컴포넌트를 만들어 보자.

./src/components/templates/BlogList/index.tsx 파일을 생성하고 다음과 같이 수 정하여 블로그 앱의 템플릿 컴포넌트를 만든다.

```
export const BlogList = () => {
  return <div>BlogList</div>;
};
```

그런 다음 〈BlogList /〉 컴포넌트를 스토리북에 표시하기 위해 스토리 파일을 만들 어 보자. ./src/components/templates/BlogList/index.stories.tsx 파일을 생성하 고 다음과 같이 수정하여 〈BlogList /〉 컴포넌트의 스토리 파일을 만든다.

```
import { ComponentStory, ComponentMeta } from '@storybook/react';

import { BlogList } from '.';

export default {
  title: 'Templates/BlogList',
  component: BlogList,
```

```
} as ComponentMeta<typeof BlogList>;

const Template: ComponentStory<typeof BlogList> = () => <BlogList />;

export const Default = Template.bind({});
```

〈BlogList /〉 컴포넌트의 스토리 파일 설정에서 "title" 부분에 "Templates/ BlogList"를 설정하여 이 컴포넌트가 아토믹 디자인의 템플릿 컴포넌트임을 밝혔다. 다른 내용은 앞에서 만든 스토리 파일의 내용과 동일하므로 자세한 설명은 생략하도 록 하겠다.

이렇게 〈BlogList /〉 컴포넌트의 스토리 파일을 수정하고 저장한 후 브라우저를 확 인해 보면, [그림 12-79]와 같이 스토리북의 왼쪽 메뉴에 TEMPLATES 메뉴가 추가 된 것을 확인할 수 있다.

[그림 12-79] 〈BlogList /〉 템플릿 컴포넌트

또한 TEMPLATES 메뉴 하위에 BlogList 메뉴와 Default 스토리가 추가된 것을 확인할 수 있다. Default 스토리를 클릭하면, [그림 12-79]와 같이 우리가 만든 〈BlogList /〉 컴포넌트가 잘 표시되는 것을 확인할 수 있다.

이제 〈BlogList /〉 템플릿 컴포넌트를 사용하여 사용자가 보게 될 화면을 구성 해 보자. 사용자가 보게 될 화면을 구성하기 위해 ./src/components/templates/ BlogList/index.tsx 파일을 열고 다음과 같이 수정한다.

```
import { Header } from 'components/organisms/Header';
import { BlogItem } from 'components/organisms/BlogItem';
```

```
import { Button } from 'components/atoms/Button';
import { RegisterBlogDialog } from 'components/organisms/
RegisterBlogDialog';

export const BlogList = () => {
  const posts = [
    { id: 1, title: 'blog title 1', body: 'blog body 1' },
    { id: 2, title: 'blog title 2', body: 'blog body 2' },
    { id: 3, title: 'blog title 3', body: 'blog body 3' },
  ];

  return (
    <div>
      <Header />
      {posts.map((blog) => (
        <BlogItem key={blog.id} title={blog.title} body={blog.body} />
      ))}
      <Button label="등록" />
      {false && <RegisterBlogDialog onClose={() => console.
log('onClose')} />}
    </div>
  );
};
```

〈BlogList /〉 컴포넌트의 화면을 구성하기 위해 필요한 컴포넌트인 〈Header /〉 컴
포넌트, 〈BlogItem /〉 컴포넌트, 〈Button /〉 컴포넌트, 〈RegisterBlogDialog /〉 컴
포넌트를 불러와 화면을 구성하도록 했다.

블로그 글 목록 데이터는 부모 컴포넌트로부터 전달받을 예정이다. 현재는 디자인을
확인하기 위해 하드 코딩으로 데이터를 표시하도록 설정했지만, 추후 Props를 사용
하도록 수정할 것이다.

〈RegisterBlogDialog /〉 컴포넌트는 화면 전체에 표시되는 컴포넌트이므로
〈BlogList /〉 컴포넌트를 디자인하는 데 방해가 되므로 false를 사용하여 일단 화면
에 표시되지 않도록 설정했다.

이렇게 〈BlogList /〉 컴포넌트를 수정하고 저장한 후 브라우저를 확인해 보면, [그림
12-80]과 같이 화면 구성에 필요한 컴포넌트가 잘 표시되는 것을 확인할 수 있다.

[그림 12-80] <BlogList /> 템플릿 컴포넌트

이제 스토리북에 표시된 〈BlogList /〉 컴포넌트와 디자인을 확인해 가면서 사용자에게 표시될 템플릿 컴포넌트를 제작해 보도록 하자.

./src/components/templates/BlogList/index.tsx 파일을 열고 다음과 같이 수정하여 〈BlogList /〉 컴포넌트에 디자인을 추가한다.

```
import styled from '@emotion/styled';

...

const Container = styled.div`
  height: 100vh;
  display: flex;
  flex-direction: column;
  align-items: center;
  background-color: #eeeeee;
  overflow: scroll;
`;

const ButtonContainer = styled.div`
  position: absolute;
  right: 40px;
  bottom: 40px;
`;

export const BlogList = () => {
  const posts = [
    { id: 1, title: 'blog title 1', body: 'blog body 1' },
```

```
    { id: 2, title: 'blog title 2', body: 'blog body 2' },
    { id: 3, title: 'blog title 3', body: 'blog body 3' },
  ];

  return (
    <Container>
      <Header />
      {posts.map((blog) => (
        <BlogItem key={blog.id} title={blog.title} body={blog.body} />
      ))}
      <ButtonContainer>
        <Button label="등록" />
      </ButtonContainer>
      {false && <RegisterBlogDialog onClose={() => console.
log('onClose')} />}
    </Container>
  );
};
```

Emotion을 사용하여 〈BlogList /〉 컴포넌트의 스타일을 적용했다.

이렇게 〈BlogList /〉 컴포넌트를 수정하고 저장한 후 브라우저를 확인해 보면, [그림 12-81]과 같이 우리가 원하는 디자인이 잘 적용된 〈BlogList /〉 컴포넌트를 확인할 수 있다.

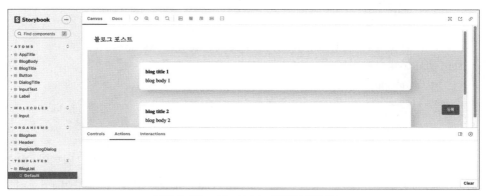

[그림 12-81] 〈BlogList /〉 템플릿 컴포넌트

현재 〈BlogList /〉 템플릿 컴포넌트에 표시된 블로그 글 목록 데이터는 하드 코딩되어 있으며, "등록" 버튼을 클릭했을 때에 블로그 글 등록 대화 상자가 표시되는 사양

이 포함되어 있지 않다.

우선 블로그 글 목록 데이터를 부모 컴포넌트로부터 전달받을 수 있도록 Props를 추가해 보도록 하자. ./src/components/templates/BlogList/index.tsx 파일을 열고 다음과 같이 수정하여 〈BlogList /〉 컴포넌트에 Props를 추가한다.

```
...
export interface Post {
  readonly id: number;
  readonly title: string;
  readonly body: string;
}

interface Props {
  readonly posts?: ReadonlyArray<Post>;
}

export const BlogList = ({ posts = [] }: Props) => {
  return (
    <Container>
      <Header />
      {posts.map((blog) => (
        <BlogItem key={blog.id} title={blog.title} body={blog.body} />
      ))}
      <ButtonContainer>
        <Button label="등록" />
      </ButtonContainer>
      {false && <RegisterBlogDialog onClose={() => console.
log('onClose')} />}
    </Container>
  );
};
```

부모 컴포넌트로부터 블로그 글 목록 데이터를 전달받기 위해 타입스크립트의 인터페이스를 사용하여 Post를 정의했고, 정의한 Post 인터페이스를 사용하여 Props를 정의했다. 또한 Post 인터페이스를 다른 곳에서도 사용이 가능하도록 export를 통해 외부에 노출시켰다.

Props는 필수가 아닌 데이터인 posts 데이터를 가지고 있으며 이 데이터를 전달받을 때에 초깃값으로 빈 리스트("posts = []")를 설정하여 데이터가 없는 경우에도 에러가 발생하지 않도록 수정했다.

이제 부모 컴포넌트로부터 화면에 표시될 블로그 글 목록 데이터를 전달받을 수 있도록 수정했다면, 〈BlogList /〉 컴포넌트의 스토리 파일을 수정하여 해당 데이터를 전달하도록 만들어 보자. ./src/components/templates/BlogList/index.stories.tsx 파일을 열고 다음과 같이 수정하여 〈BlogList /〉 컴포넌트에 Props 데이터를 전달하도록 수정한다.

```
...

const Template: ComponentStory<typeof BlogList> = (args) => <BlogList
{...args} />;

export const Default = Template.bind({});

export const WithData = Template.bind({});
WithData.args = {
  posts: [
    { id: 1, title: 'blog title 1', body: 'blog body 1' },
    { id: 2, title: 'blog title 2', body: 'blog body 2' },
    { id: 3, title: 'blog title 3', body: 'blog body 3' },
  ],
};
```

〈BlogList /〉 컴포넌트에 Props 데이터를 설정할 수 있도록 수정한 후 WithData라는 새로운 스토리를 추가했다. Default 스토리에는 이전과 동일하게 아무 데이터도 추가하지 않은 상태이며 새로운 데이터에는 〈BlogList /〉 컴포넌트의 Props 데이터인 posts를 설정하도록 수정했다.

이렇게 〈BlogList /〉 컴포넌트의 스토리 파일을 수정하고 저장한 후 브라우저를 확인해 보면, [그림 12-82]와 같이 〈BlogList /〉 컴포넌트가 잘 표시되는 것을 확인할 수 있다.

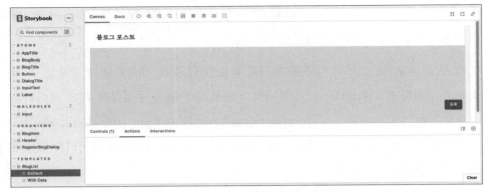

[그림 12-82] <BlogList /> 템플릿 컴포넌트

또한 스토리북의 왼쪽 메뉴를 확인해 보면, 우리가 〈BlogList /〉 컴포넌트의 스토리
파일에 새롭게 추가한 "With Data" 스토리가 표시되는 것을 확인할 수 있다. 새롭게
추가된 "With Data" 스토리를 클릭하면, [그림 12-83]과 같이 블로그 글 목록 데이
터와 함께 표시되는 〈BlogList /〉 컴포넌트를 확인할 수 있다.

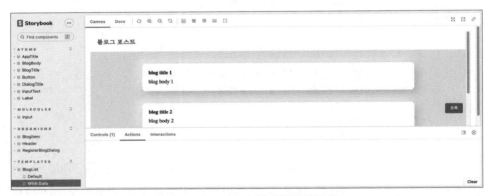

[그림 12-83] <BlogList /> 템플릿 컴포넌트

마지막으로 사용자가 "등록" 버튼을 클릭했을 때에 블로그 글 등록 대화 상자가 표
시되도록 만들어 보자. 블로그 글 등록 대화 상자를 표시하고 닫기 위해서는 State
를 사용해야 한다. 그러면 〈BlogList /〉 컴포넌트에 State를 추가하기 위해 ./src/
components/templates/BlogList/index.tsx 파일을 열고 다음과 같이 수정한다.

```
import { useState } from 'react';
...
export const BlogList = ({ posts = [] }: Props) => {
```

```
    const [showDialog, setShowDialog] = useState(false);
    return (
      <Container>
        <Header />
        ...
        <ButtonContainer>
          <Button label="등록" onClick={() => setShowDialog(true)} />
        </ButtonContainer>
        {showDialog && <RegisterBlogDialog onClose={() =>
  setShowDialog(false)} />}
      </Container>
    );
  };
```

함수 컴포넌트 안에서 State를 사용하기 위해 useState 훅을 추가했으며 추가한
useState 훅을 사용하여 showDialog라는 State를 생성했다. 이와 같이 생성한
showDialog 변수를 사용하여 〈RegisterBlogDialog /〉 컴포넌트의 표시 여부를 결
정하도록 수정했다.

또한 State의 set 함수를 사용하여 사용자가 "등록" 버튼을 클릭했을 때에 블로그
글 등록 대화 상자가 표시되도록 했으며 〈RegisterBlogDialog /〉 컴포넌트의 필수
Props인 onClose에도 set 함수를 사용하여 블로그 글 등록 대화 상자가 닫히도록
설정했다.

이와 같이 〈BlogList /〉 컴포넌트의 스토리 파일을 수정한 후 브라우저를 확인해 보
면, [그림 12-84]와 같이 여전히 〈BlogList /〉 컴포넌트가 잘 표시되는 것을 확인할
수 있다.

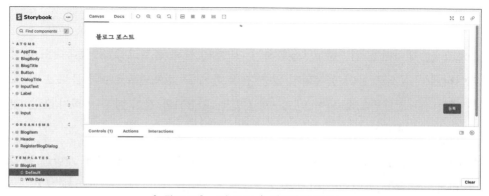

[그림 12-84] 〈BlogList /〉 템플릿 컴포넌트

이제 화면 오른쪽 하단에 표시된 "등록" 버튼을 클릭해 보면, [그림 12-85]와 같이 블로그 글 등록 대화 상자가 잘 표시되는 것을 확인할 수 있다.

[그림 12-85] <BlogList /> 템플릿 컴포넌트

표시된 블로그 글 등록 대화 상자에서 "닫기" 버튼을 클릭하거나 블로그 글 데이터를 입력한 후 "등록하기" 버튼을 클릭하면, 블로그 글 등록 대화 상자가 [그림 12-86]과 같이 잘 닫히는 것을 확인할 수 있다.

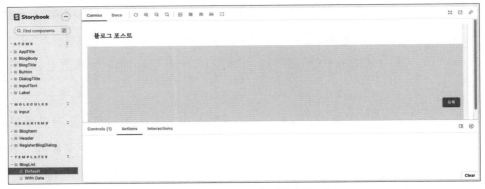

[그림 12-86] <BlogList /> 템플릿 컴포넌트

블로그 글 데이터를 입력하고 "등록하기" 버튼을 통해 블로그 글을 등록해도 해당 데이터에는 실제로 글이 등록되지 않는다. 또한 부모 컴포넌트로부터 블로그 글 목록 데이터를 전달받도록 되어 있으므로 [그림 12-86]과 같이 아무 변화가 없는 것을 확인할 수 있다.

이것으로 블로그 앱의 템플릿 컴포넌트를 컴포넌트 주도 개발을 통해 개발해 보았다. 다음으로 블로그 앱의 페이지 컴포넌트를 컴포넌트 주도 개발로 개발해 보자.

13) 〈BlogListPage /〉 페이지 컴포넌트

블로그 앱을 개발하기 위한 모든 컴포넌트가 준비됐다. 이제 블로그 앱에서 사용자가 볼 페이지에 해당하는 페이지 컴포넌트를 템플릿 컴포넌트를 활용하여 만들어 보자.

블로그 앱의 블로그 글 목록 페이지를 살펴보자. 우리는 앞에서 블로그 글 목록 페이지의 페이지 컴포넌트를 [그림 12-87]과 같이 구분해 두었다.

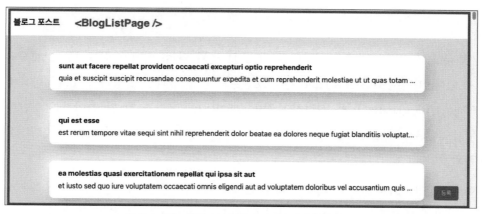

[그림 12-87] 블로그 글 목록 페이지의 페이지 컴포넌트

이제 〈BlogListPage /〉 컴포넌트를 개발해 보도록 하자. 〈BlogListPage /〉 컴포넌트를 개발하기 위해 ./src/pages/BlogListPage/index.tsx 파일을 생성하고 다음과 같이 수정한다.

```
export const BlogListPage = () => {
  return <div>BlogListPage</div>;
};
```

그런 다음 ./src/pages/BlogListPage/index.stories.tsx 파일을 생성하고 다음과 같이 수정하여 〈BlogListPage /〉 컴포넌트를 스토리북에 표시하도록 한다.

```
import { ComponentStory, ComponentMeta } from '@storybook/react';

import { BlogListPage } from '.';
```

```
export default {
  title: 'Pages/BlogListPage',
  component: BlogListPage,
} as ComponentMeta<typeof BlogListPage>;

const Template: ComponentStory<typeof BlogListPage> = ( ) =>
<BlogListPage />;

export const Default = Template.bind({});
```

〈BlogListpage /〉 컴포넌트는 다른 컴포넌트들과 달리, 페이지 컴포넌트로 제작되고 있다. 따라서 〈BlogListPage /〉 컴포넌트의 스토리 파일 설정에서 "title" 항목에 "Pages/BlogListpage"를 설정하여 〈BlogListPage /〉 컴포넌트가 페이지 컴포넌트임을 밝혔다. 다른 부분은 앞에서 만든 컴포넌트들의 스토리 파일과 동일하므로 자세한 설명은 생략하도록 하겠다.

이렇게 〈BlogListPage /〉 컴포넌트의 스토리 파일을 수정하고 저장한 후 브라우저를 확인해 보면, [그림 12-88]과 같이 〈BlogListPage /〉 컴포넌트가 잘 표시되고 있는 것을 확인할 수 있다.

[그림 12-88] 〈BlogListPage /〉 페이지 컴포넌트

이제 〈BlogListPage /〉 컴포넌트에서 앞에서 만든 템플릿 컴포넌트인 〈BlogList /〉 컴포넌트를 사용하여 실제 사용자가 보게 될 화면을 만들어 보자.

〈BlogListPage /〉 페이지 컴포넌트에서 〈BlogList /〉 템플릿 컴포넌트를 사용하도록 수정하기 위해 ./src/pages/BlogListPage/index.tsx 파일을 열고 다음과 같이 수정한다.

```
import { BlogList } from 'components/templates/BlogList';

export const BlogListPage = () => {
  return <BlogList />;
};
```

앞에서 만든 〈BlogList /〉 템플릿 컴포넌트를 불러와 화면에 표시되도록 〈BlogListPage /〉 컴포넌트를 수정했다.

이렇게 〈BlogListPage /〉 컴포넌트를 수정하고 저장한 후 브라우저를 확인해 보면, [그림 12-89]와 같이 〈BlogListPage /〉 컴포넌트가 잘 표시되는 것을 확인할 수 있다.

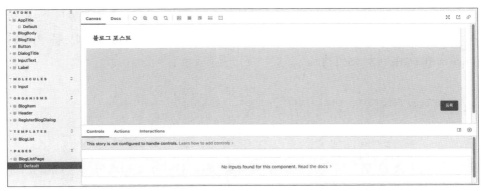

[그림 12-89] <BlogListPage /> 페이지 컴포넌트

현재는 블로그 글 목록 데이터를 설정하지 않았으므로 빈 화면이 표시되는 것을 확인할 수 있다. 이제 JSONPlaceholder의 API를 사용하여 블로그 글 목록 데이터를 가져오고 이렇게 가져온 데이터를 화면에 표시해 보도록 하자.

블로그 글 목록 데이터를 가져오기 위해 ./src/pages/BlogListPage/index.tsx 파일을 열고 다음과 같이 수정한다.

```
import { useState, useEffect } from 'react';
import { BlogList } from 'components/templates/BlogList';
import type { Post } from 'components/templates/BlogList';
```

```
export const BlogListPage = () => {
  const [posts, setPosts] = useState<ReadonlyArray<Post>>([]);

  useEffect(() => {
    fetch('https://jsonplaceholder.typicode.com/posts')
      .then((response) => response.json())
      .then((json) => setPosts(json))
      .catch((error) => {
        console.error(error);
      });
  }, []);

  return <BlogList posts={posts} />;
};
```

JSONPlaceholder의 API를 통해 가져온 블로그 글 목록 데이터를 컴포넌트 안에 저장하기 위해 useState를 가져왔으며, 외부 API를 호출하는 사이드 이펙트를 처리하기 위해 useEffect도 추가했다.

```
import { useState, useEffect } from 'react';
...
```

또한 〈BlogList /〉 템플릿 컴포넌트를 제작할 때에 선언한 인터페이스인 Post를 가져오도록 했다.

```
...
import type { Post } from 'components/templates/BlogList';
...
```

타입을 import할 때에는 컴포넌트와 구분하기 위해 "import type"을 사용하여 별도로 추가하는 것이 좋다.

이제 가져온 useState 훅과 Post 타입을 사용하여 〈BlogListPage /〉 컴포넌트에서 사용할 State 변수를 선언했다.

```
...
export const BlogListPage = () => {
```

```
  const [posts, setPosts] = useState<ReadonlyArray<Post>>([]);
  ...
};
```

그런 다음 useEffect 훅을 사용하여 〈BlogListPage /〉 컴포넌트가 화면에 표시된 후 한 번만 실행되도록 JSONPlaceholder의 API를 Fetch API를 사용하여 호출했다.

API 호출이 무사히 성공한다면, State의 Set 함수인 setPosts를 사용하여 API로부터 가져온 데이터를 State 변수에 저장하도록 했다.

```
...
  useEffect(() => {
    fetch('https://jsonplaceholder.typicode.com/posts')
      .then((response) => response.json())
      .then((json) => setPosts(json))
      .catch((error) => {
        console.error(error);
      });
  }, []);
...
```

만약 API 호출에서 에러가 발생한다면, "console.error"를 통해 개발자 도구에 에러를 표시하도록 수정했다.

이렇게 〈BlogListPage /〉 컴포넌트를 수정하고 저장한 후 브라우저를 확인해 보면, [그림 12-90]과 같이 〈BlogListPage /〉 컴포넌트가 데이터와 함께 잘 표시되는 것을 확인할 수 있다.

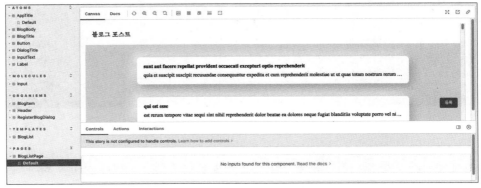

[그림 12-90] <BlogListPage /> 페이지 컴포넌트

이것으로 블로그 앱에 필요한 모든 컴포넌트들을 컴포넌트 주도 개발을 통해 개발해 보았다. 이제 이 컴포넌트들을 조합하여 블로그 앱을 완성해 보도록 하자.

14) 블로그 앱

스토리북을 사용하여 블로그 앱에 필요한 모든 컴포넌트의 개발이 끝났다. 이제 스토리북이 아닌 실제 개발 서버를 실행하여 최종적으로 블로그 앱을 개발해 보도록 하자.

블로그 앱을 개발하기 위해 현재 실행 중인 스토리북 서버를 종료시킨 후 다음 명령어를 실행하여 create-react-app의 개발 서버를 실행시킨다.

```
npm start
```

create-react-app의 개발 서버가 실행되면, 웹 브라우저에 http://localhost:3000/으로 페이지가 열리면서 [그림 12-91]과 같이 create-react-app의 기본 화면을 확인할 수 있다.

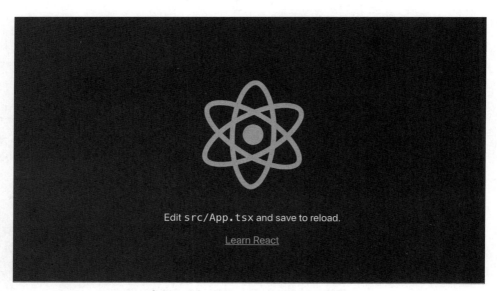

[그림 12-91] create-react-app의 기본 페이지

이제 우리가 만든 페이지 컴포넌트를 사용하여 블로그 앱을 개발해 보도록 하자. 블로그 앱을 개발하기 위해 ./src/App.tsx 파일을 열고 다음과 같이 수정한다.

556

```
import { BlogListPage } from 'pages/BlogListPage';

function App() {
  return <BlogListPage />;
}

export default App;
```

블로그 앱은 하나의 페이지만 가지고 있으므로 단순하게 우리가 만든 페이지 컴포넌트를 불러와 화면에 표시하도록 수정했다.

이렇게 블로그 앱을 개발하기 위해 ./src/App.tsx 파일을 수정하고 저장한 후 브라우저를 확인해 보면, [그림 12-92]와 같이 블로그 앱의 블로그 글 목록 페이지가 잘 표시되는 것을 확인할 수 있다.

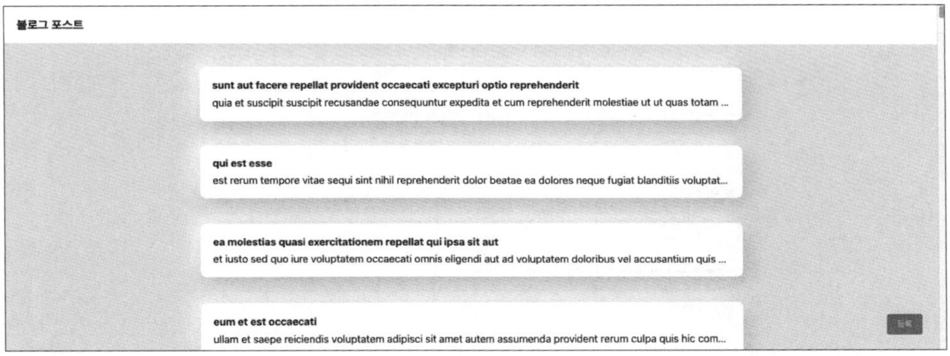

[그림 12-92] 블로그 글 목록 페이지

이렇게 블로그 앱의 블로그 글 목록 페이지가 잘 표시됐다면, 블로그 글 목록 페이지의 오른쪽 하단에 표시된 "등록" 버튼을 클릭하여 블로그 글 등록 대화 상자를 화면에 표시해 본다.

문제 없이 잘 개발됐다면, [그림 12-93]과 같이 블로그 글 등록 대화 상자가 잘 표시되는 것을 확인할 수 있다.

[그림 12-93] 블로그 글 등록 대화 상자

표시된 블로그 글 등록 대화 상자에서 "닫기" 또는 블로그 글 데이터를 입력한 후 "등록하기" 버튼을 클릭하면, [그림 12-94]와 같이 블로그 글 등록 대화 상자가 잘 닫히는 것을 확인할 수 있다.

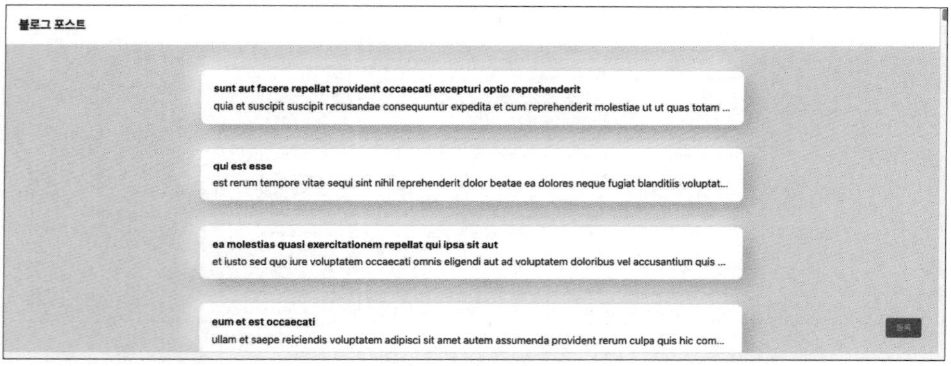

[그림 12-94] 블로그 앱-블로그 글 목록 페이지

블로그 글 데이터를 입력하고 "등록하기" 버튼을 클릭할 경우 JSONPlaceholder의 API를 통해 데이터를 저장하지만, 이 API는 연습용 API이기 때문에 실제로 데이터가 등록되지는 않는다. 따라서 우리가 입력한 블로그 글 데이터는 블로그 글 목록에 표시되지 않는다.

이것으로 스토리북과 아토믹 디자인을 사용하여 블로그 앱을 컴포넌트 주도 개발을 사용하여 개발하는 방법에 대해 알아보았다.

12.4 요약

12장에서는 스토리북과 아토믹 디자인을 사용하여 블로그 앱을 개발해 보았다. 이를 통해 스토리북의 사용 방법과 아토믹 디자인에 대한 복습을 했고, 리액트에서 컴포넌트 주도 개발로 개발하는 방법을 다시 한 번 확인할 수 있었다. 리액트에서 스토리북과 아토믹 디자인을 사용하는 컴포넌트 주도 개발에 대해 다시 한 번 살펴보면 다음과 같다.

컴포넌트 주도 개발을 하기 위해서는 우선 개발하고자 하는 웹 애플리케이션의 사양을 정의하고 디자인한 후 해당 디자인을 컴포넌트로 나누게 된다. 이때 우리는 아토믹 디자인을 사용하여 디자인을 원자, 분자, 유기체, 템플릿, 페이지로 나눴다.

그런 다음 스토리북을 사용하여 먼저 컴포넌트를 집중하여 개발했다. 컴포넌트를 개발할 때에는 앞에서 아토믹 디자인을 통해 나눈 컴포넌트별로 개발하고, 하위 컴포넌트들을 조합하여 상위 컴포넌트들을 개발했다.

스토리북을 통해 웹 애플리케이션을 개발하기 위한 모든 컴포넌트가 준비됐다면, 이를 조합하여 웹 애플리케이션을 개발하면 컴포넌트 주도 개발을 통해 웹 애플리케이션의 개발이 완료된다.

12장에서는 특히 JSONPlaceholder의 API를 사용하여 실제로 데이터를 저장하는 컴포넌트와 데이터를 불러오는 컴포넌트를 제작해 봄으로써 좀 더 실무에 가까운 컴포넌트들을 컴포넌트 주도 개발로 개발해 볼 수 있었다.

이것으로 스토리북과 아토믹 디자인을 사용하여 리액트 프로젝트에서 컴포넌트 주도 개발로 개발하는 방법에 대해 공부해 보았다. 단순한 카운터 앱부터 API를 사용하는 블로그 앱까지 제작해 봄으로써 다양한 컴포넌트들을 컴포넌트 주도 개발로 개발하는 방법에 대해서도 알아보았다. 이제 여러분이 직접 간단한 프로젝트들을 컴포넌트 주도 개발로 개발해 보면서 더욱 깊게 이해하는 시간을 가졌으면 좋겠다.

마지막으로 개발한 리액트 프로젝트를 배포하는 방법에 대해 간단하게 알아보고, 우리가 설정한 ESLint와 Prettier를 Git에 커밋하기 전에 실행하는 방법에 대해서도 알아보도록 하자.

부록

부록에서는 ESLint와 Prettier를 좀 더 잘 사용하기 위해 Lefthook을 설정하는 방법과 create-react-app으로 생성한 리액트 프로젝트를 배포하는 방법에 대해 알아볼 예정이다.

1. Lefthook

우리는 소스 코드를 정적으로 분석하고 코드 포맷을 맞추기 위해 ESLint와 Prettier를 설치하고 사용하는 방법에 대해 알아보았다.

ESLint와 Prettier는 여러 개발자들과 함께 개발할 때에 일관된 코드 스타일과 문제점을 빠르게 찾을 수 있어 실무에서 많이 사용된다. 실무에서는 모든 개발자들이 동일한 에디터나 개발 환경을 갖추고 있지 않기 때문에 CI/CD를 사용하여 정적 분석을 하여 동일한 환경에서 일관된 스타일을 유지하고 문제점을 찾도록 설정한다.

하지만 매번 CI/CD에서 문제점을 찾고, 다시 수정하는 일은 번거로울 수 있다. 그래서 수정한 코드를 서버(GitHub, GitLab 등)에 올리기 전에 명령어를 실행하여 코드를 일관된 스타일로 수정하고 문제점을 찾아 수정하는 경우가 많다. 이를 자동화하기 위해 사용하는 툴이 Lefthook이다.

– Lefthook: https://github.com/evilmartians/lefthook

Lefthook은 Git에 특정 명령어(push, commit 등) 실행이 발생하면, 해당 명령어가 실행되기 전에 다른 명령어들을 실행할 수 있도록 도와주는 툴이다. 즉, 수정한 코드를

Git에 커밋^{Commit}할 때에 Lefthook을 사용하여 ESLint와 Prettier 명령어를 자동으로 실행할 수 있도록 설정할 수 있다.

Lefthook을 활용하는 방법에 대해 알아보기 위해 리액트 프로젝트를 생성하고 Lefthook을 설치하여 사용하는 방법에 대해 알아보도록 하자.

1) 프로젝트 준비

Lefthook을 사용하는 방법에 대해 알아보기 위해 리액트 프로젝트를 생성해 보자. 다음 명령어를 실행하여 새로운 리액트 프로젝트를 생성한다.

```
npx create-react-app appendix-lefthook --template=typescript
```

프로젝트 생성이 완료되면, 컴포넌트를 절대 경로로 추가할 수 있도록 하기 위해 타입스크립트 설정 파일인 tsconfig.json을 열고 다음과 같이 baseUrl 옵션을 추가한다.

```
{
  "compilerOptions": {
    ...
    "jsx": "react-jsx",
    "baseUrl": "src"
  },
  ...
}
```

우리는 리액트 프로젝트에서 스타일링하기 위해 CSS-in-JS 라이브러리인 Emotion을 사용하고, Prettier와 ESLint를 사용하여 소스 코드 포맷 및 잠재적인 오류를 찾도록 할 예정이다. 따라서 다음 명령어를 실행하여 Emotion과 Prettier, ESLint를 설치한다.

```
npm install --save @emotion/react @emotion/styled
npm install --save-dev prettier eslint
```

설치가 완료됐다면, Prettier를 설정하기 위해 .prettierrc.js 파일을 생성하고 다음과 같이 수정한다.

```
module.exports = {
  singleQuote: true,
  trailingComma: 'all',
  printWidth: 100,
};
```

이제 ESLint를 설정하기 위해 다음 명령어를 실행한다.

```
npx eslint --init
```

명령어가 실행되면, ESLint를 설정하기 위한 질문들이 나온다. 다음과 같은 질문에 y 를 눌러 ESLint를 설정하도록 한다.

```
Ok to proceed? y
```

다음과 같은 질문에 To check syntax and find problems를 선택한다.

```
? How would you like to use ESLint? ...
  To check syntax only
› To check syntax and find problems
  To check syntax, find problems, and enforce code style
```

다음과 같은 질문에 JavaScript modules (import/export)를 선택한다.

```
? What type of modules does your project use? ...
› JavaScript modules (import/export)
  CommonJS (require/exports)
  None of these
```

다음과 같은 질문에 React를 선택한다.

```
? Which framework does your project use? ...
› React
  Vue.js
  None of these
```

다음과 같은 질문에 Yes를 선택한다.

```
? Does your project use TypeScript? › No / Yes
```

다음과 같은 질문에 Browser를 선택한다.

```
? Where does your code run? ...  (Press <space> to select, <a> to toggle
all, <i> to invert selection)
  Browser
  Node
```

다음과 같은 질문에 JavaScript를 선택한다.

```
? What format do you want your config file to be in? ...
› JavaScript
  YAML
  JSON
```

다음과 같은 질문에 Yes를 선택한다.

```
eslint-plugin-react@latest @typescript-eslint/eslint-plugin@latest @
typescript-eslint/parser@latest
? Would you like to install them now with npm? › No / Yes
```

마지막으로 ESLint가 리액트 버전을 인식할 수 있도록 하고, 불필요한 import문을
제거하기 위해 .eslintrc.js 파일을 다음과 같이 수정한다.

```
module.exports = {
  settings: {
    react: {
      version: 'detect',
    },
  },
  env: {
    ...
  },
  ...
```

```
  rules: {
    'react/react-in-jsx-scope': 'off',
  },
}
```

그런 다음 ./src/App.tsx 파일을 열고 다음과 같이 불필요한 import문을 제거한다.

```
import React from 'react';
```

Prettier와 ESLint를 설치하고 설정했다면, package.json 파일을 열고 다음과 같이 수정하여 Prettier와 ESLint를 실행하는 명령어를 추가한다.

```
{
  ...
  "scripts": {
    ...
    "eject": "react-scripts eject",
    "format": "prettier --check ./src",
    "format:fix": "prettier --write ./src",
    "lint": "eslint ./src",
    "lint:fix": "eslint --fix ./src"
  },
  ...
}
```

이제 명령 프롬프트를 열고 다음 명령어를 실행하여 Prettier와 ESLint의 룰에 맞게 파일들을 수정한다.

```
npm run format:fix
npm run lint:fix
```

명령어 실행을 완료했다면, 다음 명령어를 실행하여 Prettier와 ESLint의 룰을 잘 지키고 있는지 확인한다.

```
npm run format
npm run lint
```

이것으로 Lefthook을 사용하여 ESLint와 Prettier를 자동으로 실행하기 위한 프로젝트를 준비해 보았다. 이제 Lefthook을 설치하고 설정하는 방법에 대해 알아보도록 하자.

2) Lefthook 설치

Lefthook을 사용하는 방법을 알아보기 위해 다음 명령어를 사용하여 Lefthook을 설치한다.

```
npm install lefthook --save-dev
```

3) Lefthook 설정

설치한 Lefthook을 사용하여 ESLint와 Prettier를 자동으로 실행시키기 위해서는 Lefthook을 설정할 필요가 있다. Lefthook을 설정하기 위해 ./lefthook.yml 파일을 생성하고 다음과 같이 수정한다.

```
pre-commit:
  parallel: true
  commands:
    prettier:
      glob: './src/**'
      run: npm run format
    linter:
      glob: './src/**/*.{ts,tsx}'
      run: npm run lint
```

우리는 Lefthook의 pre-commit을 사용하여 Git에 커밋할 때에 수정 내용들이 커밋되기 전에 설정한 명령어들이 실행되도록 했다.

```
pre-commit:
```

또한 우리가 설정한 명령어들에 parallel 옵션을 사용하여 동시에 실행되도록 설정했다.

```
pre-commit:
  parallel: true
```

Lefthook을 사용하여 실행할 명령어들은 commands 옵션에 설정하게 된다. 우리는 여기에 prettier와 linter가 실행되도록 만들 예정이다.

```
pre-commit:
  parallel: true
  commands:
    prettier:
      ...
    linter:
      ...
```

실행되는 명령어들을 살펴보면, glob 옵션을 사용하여 glob 옵션에 설정된 파일들이 변경됐을 때에만 run 옵션에 설정된 명령어를 실행하도록 했다. 즉, prettier 명령어는 ./src 폴더 하위에 있는 파일 중 하나라도 변경 사항이 있다면, 실행될 것이다.

```
prettier:
  glob: './src/**'
  run: npm run format
```

linter 명령어는 ./src 폴더 안에 ts 또는 tsx 확장자명을 가지는 파일의 변경 사항이 발생했을 때에 run 옵션을 실행하도록 설정했다.

```
linter:
  glob: 'src/**/*.{ts,tsx}'
  run: npm run lint
```

이것으로 Lefthook의 모든 설정이 끝났다. 이제 설정한 Lefthook을 실행하고 적용하는 방법에 대해 알아보자.

4) Lefthook 실행

Lefthook을 설치하고 설정했다면, 다음 명령어를 실행하여 Lefthook을 실행해 본다.

```
npx lefthook run pre-commit
```

Lefthook을 잘 설치하고 설정했다면, 명령어가 실행된 후 다음과 같은 결과 화면을 확인할 수 있다.

```
SUMMARY: (done in 2.39 seconds)
  prettier
  linter
```

다시 한 번 Lefthook이 잘 동작하는지 확인하기 위해 ./src/App.tsx 파일을 열고 다음과 같이 수정한다.

```
import logo from './logo.svg';
import './App.css';

function App() {
  const temp = () => {};

  return (
    ...
  );
}

export default App;
```

ESLint가 실패하도록 아무 동작도 하지 않는 함수를 추가했다. 이렇게 에러가 발생하도록 수정한 후 다시 다음 명령어를 실행해 본다.

```
npx lefthook run pre-commit
```

이전과는 다르게 다음과 같이 ESLint가 실패하는 것을 확인할 수 있다.

```
/appendix-lefthook/src/App.tsx
```

```
  5:9   warning  'temp' is assigned a value but never used  @
typescript-eslint/no-unused-vars
  5:22  error    Unexpected empty arrow function            @
typescript-eslint/no-empty-function

✖ 2 problems (1 error, 1 warning)




SUMMARY: (done in 2.13 seconds)
  prettier
  linter
```

이것으로 우리는 Lefthook의 설치와 설정이 잘 됐다는 것을 알 수 있다. 앞으로 진
행될 내용에서 계속 문제가 되므로 ./src/App.tsx 파일에서 문제가 되는 부분을 제
거하고 진행하도록 하자. 이제 생성한 Lefthookdml 설정을 자동으로 실행되도록 적
용시켜 보자.

5) Lefthook 적용

우리가 Git에 커밋할 때에 Lefthook에 설정한 내용이 자동으로 실행되도록
Lefthook을 적용시켜 보자. Git에 커밋할 때에 자동으로 Lefthook의 설정된 내용이
실행되도록 하기 위해 다음 명령어를 실행한다.

```
npx lefthook install
```

이제 수정한 내용을 Git에 반영하기 위해 커밋할 때마다 Lefthook에 설정한 내용이
실행되는 것을 확인할 수 있다.

이것으로 Lefthook을 사용하여 ESLint와 Prettier를 Git에 커밋을 할 때에 자동으로
실행하는 방법에 대해 알아보았다. 이렇게 Lefthook을 설정해 두면, CI/CD에서 검
증하기 전에 미리 문제를 해결할 수 있어 큰 도움이 된다.

2. 배포

지금까지 개발을 하면서 사용한 create-react-app의 명령어는 리액트 프로젝트를 개발할 때에 사용하는 명령어이다. 따라서 실제 서비스를 운영할 때에는 해당 명령어를 사용하지 않는다.

```
npm start
```

그러면 우리가 create-react-app을 사용하여 개발한 리액트 프로젝트를 실제 서비스로 사용하려면 어떻게 해야 할까? create-react-app은 정적 파일들을 생성하여 실제 서비스에서 사용할 수 있는 파일들을 간단하게 생성하는 명령어를 제공하고 있다.

이제 create-react-app에서 제공하는 명령어를 사용하여 리액트 프로젝트를 배포하기 위해 빌드해 보자. 배포하고자 하는 리액트 프로젝트에서 다음 명령어를 실행한다.

```
npm run build
```

create-react-app으로 생성한 리액트 프로젝트에서 create-react-app이 제공하는 빌드 명령어를 실행하면, 이전에는 존재하지 않던 build 폴더가 생성되는 것을 확인할 수 있다. 해당 폴더를 열어보면, 다음과 같은 폴더 구조를 확인할 수 있다.

```
build
├── index.html
└── static
    ├── css
    └── js
```

이 책에서는 build 폴더 하위에 중요한 파일과 폴더만 표시했다. 리액트는 SPA^{Single Page Application}이므로 하나의 웹 페이지(index.html)가 존재해야 한다. create-react-app으로 빌드한 프로젝트에서는 ./build/index.html 파일이 그 역할을 한다.

또한 우리가 개발한 리액트 프로젝트가 js, css 폴더에 생성된 것을 확인할 수 있다. 자바스크립트는 자동으로 난독화되고, 모든 파일들은 압축^{Minify}되어 사람이 알아보기 힘들도록 수정된 것을 확인할 수 있다.

이제 생성된 build 폴더의 모든 파일들을 서버에 올리고 모든 URL이 index.html 파일을 전달하도록 설정하면, create-react-app으로 개발한 리액트 프로젝트를 확인할 수 있다.

create-react-app의 공식 홈페이지에서 Node 서버를 사용하여 모든 URL에 index.html 파일을 전달하도록 설정하는 예제를 확인할 수 있으며, Hekoku, GitHub Pages 등에 배포하는 방법을 확인할 수 있다.

— Deployment: https://create-react-app.dev/docs/deployment/

MEMO

MEMO